POLEN – POUVOIRS, LETTRES, NORMES
sous la direction de Jean-Baptiste Amadieu et Bernard Ribémont
29

Histoire des émotions collectives

Ouvrage publié avec le soutien de l'Université du Québec à Montréal, du Conseil de recherches en sciences humaines du Canada (CRSH) et du laboratoire Temps, espaces, langages. Europe Méridionale-Méditerranée (TELEMMe – UMR 7303) d'Aix-Marseille Université et du CNRS

Histoire des émotions collectives

Épistémologie, émergences, expériences

Sous la direction de Damien Boquet,
Piroska Nagy et Lidia Zanetti Domingues

PARIS
CLASSIQUES GARNIER
2022

Damien Boquet, professeur d'histoire médiévale à Aix-Marseille Université, spécialiste d'histoire religieuse et intellectuelle, étudie les anthropologies affectives médiévales. Il a notamment publié *Sainte vergogne. Les privilèges de la honte dans l'hagiographie féminine au XIII*[e] *siècle* (Paris, 2020).

Piroska Nagy, professeure d'histoire médiévale à l'UQÀM, travaille sur l'histoire et l'historiographie des expériences sensibles médiévales, tout particulièrement collectives. Elle coordonne avec Damien Boquet le programme de recherche « EMMA, les émotions au Moyen Âge ». Ensemble, ils ont écrit *Sensible Moyen Âge. Une histoire des émotions dans l'Occident médiéval* (Paris, 2015).

Lidia Luisa Zanetti Domingues, Marie Skłodowska-Curie Fellow à l'université de Milan, étudie l'évolution des attitudes à l'égard de la peine de mort dans l'Italie du XIVe siècle. Sa thèse, *Confession and Criminal Justice in Late Medieval Italy: Siena, 1260-1330* (Oxford, 2021), est consacrée à l'influence de la spiritualité pénitentielle sur le développement de la justice pénale à Sienne, à la fin du Moyen Âge.

ISBN 978-2-406-13100-7 (livre broché)
ISBN 978-2-406-13101-4 (livre relié)
ISSN 2490-8460

PREMIÈRE PARTIE

HISTOIRE INTELLECTUELLE DE LA NOTION D'ÉMOTION COLLECTIVE DEPUIS LE XIXe SIÈCLE

HISTOIRE DES ÉMOTIONS COLLECTIVES

Éléments pour la trajectoire d'un phénomène et d'un concept

INTRODUCTION

Faire l'histoire des émotions est devenue possible, depuis les années 1990, grâce à la reconnaissance scientifique du caractère social et culturel de la matière affective. Pourtant, paradoxalement (ou pas), la question des émotions collectives est longtemps restée à l'écart du foisonnement des études historiques autour de l'émotion, et ce jusqu'à la dernière décennie où l'actualité l'impose à la réflexion. Ainsi, des années 1990 à environ 2015, très peu de travaux ont vu le jour autour de ce sujet, ou du moins ils n'ont pas visé à *penser* l'histoire et la notion même d'émotion collective, la particularité de la dimension collective des émotions. Ce constat, étonnant à première vue, s'explique toutefois aisément lorsqu'on examine les conditions d'émergence de la nouvelle histoire des émotions. Il est aussi à l'origine de l'enquête dont cet ouvrage collectif souhaite poser les jalons.

En travaillant depuis longtemps sur les émotions – thématique qui nous a paru tout aussi insaisissable il y a vingt ans que ne paraît, aujourd'hui encore, celle d'émotion collective – nous nous sommes habitués à l'objet fuyant par excellence : on ne peut le définir que *situé* dans un contexte culturel et historique précis, mais aussi le plus souvent dans l'environnement d'un corpus spécifique, car les différents types de documents l'abordent sous divers angles. Notre but ici n'est donc pas de donner une définition universelle de l'émotion collective – une quête qui serait vouée à l'échec, tant les conceptions de l'émotion d'un côté, les analyses ou perceptions de ce qui la rend collective de l'autre sont multiples, liées qu'elles sont tant aux visions à la fois de l'humain et du social qu'aux épistémologies et disciplines[1]. Plutôt, nous visons à réfléchir à son *épistémologie*, comprise « comme l'étude de la constitution des connaissances » à son sujet, pour reprendre Jean Piaget[2], à partir de ses *émergences* historiques qui permettent de la circonscrire, toujours en lien étroit avec les circonstances ; et de ses *expériences*, telles que des acteurs historiques ont pu les formuler.

Pour ce faire, nous partons de deux regards bien distincts sur l'émotion collective qui cristallisent deux acceptions du terme utilisé ici.

- La première acception est épistémologique, et renvoie au *concept* d'émotion collective, utilisé dans les sciences sociales et humaines, mais aussi, en amont, dans l'historiographie ou la littérature. Dans une perspective historienne, il s'agit alors d'enquêter sur la constitution et les usages du concept même d'émotion collective, ainsi que sur les liens de ceux-ci avec les contextes d'émergence et d'expérience du phénomène.
- La seconde est phénoménologique : le *phénomène* d'émotion collective, partagé par une foule, un groupe humain pérenne ou momentané, est *décrit* ou *désigné* dans les circonstances les plus variables et à des moments nombreux de l'histoire et des sociétés humaines. Le phénomène, notre objet d'étude, existe donc dans la mesure où il est désigné ou décrit. Nous postulons par conséquent que nous pouvons en parler pour une époque ou dans un contexte donné, lorsque les protagonistes du moment le décrivent, le dépeignent, l'expérimentent – ce qui doit nous rendre attentifs à leur anthropologie, à leurs concepts et à la constellation de ceux-ci. Pour mieux saisir le phénomène à partir de ces occurrences, il conviendra de distinguer le regard ou la description *étique* (l'approche de l'émotion de l'extérieur, par un observateur qui peut être décalé dans le temps et dans l'espace) et *émique* (lorsque l'émotion est désignée ou décrite par l'acteur historique qui l'a vécue). C'est

1 Voir Laurence Kaufmann et Louis Quéré, « Présentation », dans *Eid.* (dir.), *Les Émotions collectives. Raisons pratiques*, vol. 29, Paris, Éd. de l'EHESS, 2020, p. 9-32. Voir aussi, pour mieux concevoir la multiplicité des approches, la somme de Christian von Scheve et Mikko Salmela (dir.), *Collective Emotions : Perspectives from Psychology, Philosophy, and Sociology*, Oxford, Oxford University Press, 2014.

2 Jean Piaget, *Logique et connaissance scientifique*, Paris, Gallimard, coll. « Encyclopédie de la Pléiade », 1967.

cette acception phénoménologique qui nous amène à étudier tant ses « émergences » – les circonstances dans et par lesquelles les contemporains décrivent, de l'extérieur ou de l'intérieur, l'émotion collective – que ses « expériences », en s'attachant aux deux points de vue possibles.

Par le choix de cette approche imbriquée, il s'agira avant tout d'éviter les pièges d'une enquête essentialiste ou ontologique : qu'est-ce que l'émotion collective ? est-ce qu'elle existe ? comment l'émotion peut-elle être collective[3] ? Du point de vue de l'historien, à ces questions seules les sources, au sens le plus large du terme, peuvent donner des réponses, à validité toujours limitée. Notre point de départ est donc le constat que des acteurs historiques ont bel et bien désigné, décrit, témoigné de phénomènes que nous rassemblons sous l'expression « émotion collective ». Or les mots et les regards des acteurs sont toujours arrimés à une vision historique de l'homme et de la société : ainsi pour ces femmes et hommes d'antan, l'émotion collective a bel et bien existé. Dès lors, il est à la fois possible et intéressant de s'interroger sur la manière dont le *phénomène*, ses émergences et expériences historiques, ont pu donner naissance tant au *concept* qu'à son introduction dans les sciences sociales.

L'itinéraire suivi ici exposera successivement : les raisons qui expliquent, selon nous, la mise à l'écart des émotions collectives pendant les années d'émergence de l'histoire des émotions (1), puis l'histoire du terme et de l'idée, de l'Antiquité à nos jours (2). Ce parcours nous mènera ensuite à retracer la trajectoire de l'histoire du concept dans les sciences sociales et l'historiographie depuis la fin du XIXe siècle (3), avant de proposer rapidement une boîte à outils d'analyse historique (4).

---

3 Ces questions sont envisagées de manière très intéressante par Laurence Kauffmann et Louis Quéré, « Présentation », art. cité., et par plusieurs articles de l'ouvrage, voir plus loin.

DE L'EXCLUSION DE L'ÉMOTION À L'OUBLI DU COLLECTIF

Lorsqu'il feuillète les articles et ouvrages majeurs du « tournant émotionnel », parus entre 1999 et 2012 voire 2015, l'historien ne peut que constater que d'émotion collective, il y est très peu question. Pourtant au siècle dernier, quand les premières interrogations historiques émergeaient au sujet de la vie affective – celles de Johan Huizinga, de Marc Bloch, de Lucien Febvre ou de Georges Lefebvre – la situation semblait inverse. Ces historiens, dont les propositions étaient révolutionnaires par rapport à la discipline académique pratiquée en leur temps, en venaient à penser l'émotion à partir de ses manifestations collectives ; c'est ce dont ils cherchaient, avant tout, à comprendre l'histoire. Comment une telle inversion s'est-elle produite ? Fait remarquable, le sociologue Christian Borch note la même inversion, la même éviction du collectif en sociologie, lors du XXe siècle. C'est bien la question originelle de son livre stimulant sur les foules : comment les foules et les masses, qui constituaient un sujet majeur de la sociologie du tournant de 1900, ont-elles été oubliées jusqu'à devenir un sujet parfaitement mineur, voire inexistant, lors de la seconde moitié du XXe siècle[4] ?

Pour tenter de saisir cette inversion d'abord du point de vue des émotions, l'historiographie permet d'esquisser trois étapes entre le XIXe et la fin du XXe siècle, chacune correspondant à une façon d'envisager le lien entre émotions et histoire. Par la suite, nous poserons quelques jalons pour une compréhension plus large du phénomène.

DES ÉMOTIONS COLLECTIVES, MAIS IRRATIONNELLES ET NATURELLES

Lors d'une première période qui a dominé certainement jusqu'après la première guerre mondiale, la question de l'émotion pour les historiens se conjugue de deux façons. D'une part, dans l'héritage de Jules

4 Christian Borch, *The Politics of Crowds. An Alternative History of Sociology*, Cambridge, Cambridge University Press, 2012 ; en amont, *id.*, « The Exclusion of the Crowd. The Destiny of a Sociological Figure of the Irrational », *European Journal of Social Theory*, 9/1 (2006), p. 83-102.

Michelet, d'Hippolyte Taine et surtout de la longue tradition occidentale de l'histoire-récit de type littéraire, l'émotion – largement autant collective qu'individuelle – était comprise comme une force agissante de l'histoire, et souvent convoquée comme une force tout aussi active de la rhétorique de la narration. Pour les auteurs qui en usaient, cette émotion, irrationnelle, renvoyait souvent aux « bas-fonds » de la conscience humaine et de la société, à ces lames de fond qui, en deçà de la volonté des individus, font et défont les grands mouvements historiques. Cette façon de les entrevoir reconnaissait une place importante aux émotions en histoire, mais au prix de leur naturalisation qu'on retrouve encore chez Johan Huizinga,

C'est bien pour cette raison que, d'autre part, au moment de sa constitution en discipline académique dans la seconde moitié du XIXe siècle, la « science historique » avait expulsé de l'arsenal de l'historien les émotions, aux côtés du récit et de la rhétorique, pour faire place aux méthodes rationnelles et scientifiques. Dès lors, les progrès de la raison dans l'histoire et l'histoire de la raison tendaient à se confondre ; l'émotion, jugée irrationnelle, n'avait plus droit de cité dans les champs historiques. Ainsi, c'est dans un paysage historique aride que sont apparues, lumineuses, les nouvelles propositions de l'entre-deux-guerres. Celle de Huizinga tout d'abord, le premier à réhabiliter l'émotion dans le récit historique puissant de *L'Automne du Moyen Âge* (1919) en tant qu'une force active centrale, liée aux formes d'expression collectives, mais qu'il représentait toujours selon les stéréotypes de l'irrationalité[5]. Son émotion, présente dans l'histoire, ne diffère pas en essence de celle de Michelet : selon cette vision, l'émotion, biologique et irrationnelle, agit dans l'histoire, mais elle *n'a pas d'histoire*.

PENSER UNE HISTOIRE DES ÉMOTIONS AVEC LE MYTHE DES PASSIONS ?

La deuxième étape fut franchie par les fondateurs des *Annales*, qui en appelaient à historiciser les émotions aussi bien individuelles que collectives. Leurs interventions s'inscrivaient dans le climat de l'entre-deux-guerres, qui a propulsé les émotions collectives à l'avant-scène politique et historique. À son retour de la Grande Guerre en 1921, Marc Bloch écrit ses « Réflexions d'un historien sur les fausses nouvelles de la

5 Voir Damien Boquet et Laurent Smagghe, « L'émotion comme désir de vie », dans Élodie Lecuppre-Desjardin (dir.), *L'Odeur du sang et des roses. Relire Huizinga aujourd'hui*, Villeneuve d'Ascq, Presses Universitaires du Septentrion, 2019, p. 195-214.

guerre[6] » : ces « singulières efflorescences de l'imagination collective », si présentes dans notre actualité depuis quelques années, il les comprend comme autant d'expressions inconscientes des préjugés et des émotions exacerbées dont la guerre serait par excellence la matrice, ce qui fait d'elle « une immense expérience de psychologie sociale, d'une richesse inouïe[7] ». Imagination, émotions, expériences collectives : chacun de ces phénomènes est questionné et pensé par Bloch sur le mode collectif et compris comme un *fait social* – une idée dont Georges Lefebvre fera son miel. Près de vingt ans plus tard, au seuil de la deuxième guerre mondiale, Lucien Febvre prononce le 9 juin 1938 un texte d'une grande lucidité historique à la dixième Semaine du Centre de Synthèse, une rencontre consacrée à « La sensibilité dans l'homme et dans la nature » :

> Sensibilité dans l'histoire, un sujet pour amateurs distingués… Vite, vite, retournons, n'est-ce pas, à la *véritable histoire* ? Aux circonstances de l'affaire Pritchard. À la question des Lieux saints. Ou au dénombrement des greniers à sel en 1563. Voilà de l'histoire. Qu'il convient d'enseigner à nos enfants dans les classes et à nos étudiants dans les universités. Mais l'histoire de la haine, l'histoire de la peur, l'histoire de la cruauté, l'histoire de l'amour : laissez-nous, de grâce, avec ces fades littératures. Ces fades littératures, étrangères à l'humanité, mais qui, demain, auront achevé de faire de l'univers un charnier puant[8].

Dans ce passage célèbre, Febvre souligne que l'émotion, autant qu'un problème d'histoire, est un problème d'historiens. À cette époque, la sensibilité, comprise par lui comme la vie affective et ses manifestations, n'est pas un objet qui retiendrait l'attention des historiens, bien qu'elle envahisse la place publique. L'article, publié d'abord dans les *Annales*, prend la forme d'un appel, avant d'être un état des lieux : « Je demande l'ouverture d'une vaste enquête collective sur les sentiments fondamentaux

6 Marc Bloch, « Réflexions d'un historien sur les fausses nouvelles de la guerre », *Revue de synthèse historique* (1921), réédité sous forme de livre : Marc Bloch, *Réflexions d'un historien sur les fausses nouvelles de la guerre*, Paris, Allia, 1999 – c'est l'édition utilisée ici.

7 *Ibid.*, p. 19.

8 Lucien Febvre, « La sensibilité et l'histoire. Comment reconstituer la vie affective d'autrefois ? », *Annales d'histoire économique et sociale*, 3 (1941), p. 5-20, repris dans *id.*, *Combats pour l'histoire*, Paris, 1953, p. 221-238 (ici p. 237-238). Febvre publie une autre version du texte deux ans plus tard : *id.*, « La sensibilité dans l'histoire : les "courants" collectifs de pensée et d'action », dans *La Sensibilité dans l'homme et dans la nature*, Paris, 1943 (Dixième Semaine internationale de Synthèse, 7-12 juin 1938), p. 77-100 (voir la discussion p. 101-106).

des hommes et leurs modalités ». Si dans la généalogie de l'histoire des émotions, l'appel tient lieu de point de départ symbolique[9], ni Bloch ni Febvre ne remettent en cause le principe d'irrationalité et de naturalité des émotions. Ce principe est la pièce maîtresse du paradigme qu'on a pris l'habitude d'appeler, à la suite du philosophe Robert C. Solomon puis de la médiéviste Barbara H. Rosenwein, la conception hydraulique de la vie affective ou le « mythe des passions[10] ». Le mythe des passions envisage les émotions-passions comme autant de liquides sous pression qui surgiraient contre notre gré et hors du contrôle de la raison, tels des résidus de notre nature animale que le processus de civilisation tente de contenir, de raisonner ou d'apprivoiser depuis des siècles[11]. Selon ce paradigme, les émotions sont des forces souterraines, inconscientes, irrationnelles et obscures qu'il faut contenir : une représentation qui prend une forme précise dans le modèle psychodynamique de Freud, lequel connaît à la même époque un grand succès[12]. Lors du siècle qui s'étend du milieu du XIXe au milieu du XXe siècle au moins, fondamental pour la constitution des disciplines académiques, c'était précisément la conviction du caractère naturel, donc a-culturel de l'émotion qui avait commandé soit sa relégation hors du domaine social et historique, soit sa marginalisation et son déclassement comme infantile. L'émotion naturelle, dont on pouvait étudier les usages et les représentations sociales, culturelles et historiques, était alors considérée comme un invariant humain, puisque naturel. Elle pouvait être présentée comme une « force » dans le champ historique, mais sans être historicisée. Elle

9 Voir Barbara H. Rosenwein, « Worrying about Emotions in History », *The American Historical Review*, 107 (2002), p. 821-845 ; Jan Plamper, *Geschichte und Gefühl. Grundlagen der Emotionsgeschichte*, Munich, 2012, p. 56-61 ; ou *id.*, « L'histoire des émotions », dans Christophe Granger (dir.), *À quoi pensent les historiens ? Faire de l'histoire au XXIe siècle*, Paris, Autrement, 2013, p. 225-240 ; Serena Ferente, « Storici ed emozioni », *Storica*, 15 (2009), n° 43-45, p. 371-392.

10 Robert C. Solomon, *The Passions. Emotions and the Meaning of Life*, Indianapolis, Hackett Publishing Company, 1993, p. 77 ; Barbara H. Rosenwein, « Worrying about Emotions in History », art. cité.

11 Pour une contextualisation plus large du phénomène et du processus, voir Damien Boquet et Piroska Nagy, « Plaidoyer pour une autre histoire des émotions » (publié sur notre blog EMMA, le 24 mars 2017 : https://emma.hypotheses.org/3007 ; consulté le 25 juin 2021) ; et en italien : « Una storia diversa delle emozioni », *Rivista Storica Italiana*, 128/2 (2016), p. 481-520.

12 Voir par exemple Sigmund Freud et Josef Breuer, *Études sur l'hystérie*, Paris, PUF, 2007 [1895] ; ou Sigmund Freud, *Métapsychologie*, Paris, Gallimard, coll. « Folio », 1988 [1915].

ne pouvait guère constituer, par conséquent, un objet d'histoire ; certains psychologues prétendaient même que les expressions physiques de l'émotion étaient, elles aussi, naturelles et de validité transculturelle[13].

La longue domination scientifique de ce paradigme explique en outre le « retard à l'allumage[14] » d'un large demi-siècle pris par les études historiques de l'émotion, entre les appels de Bloch et de Febvre, et le démarrage plus concerté d'enquêtes sur l'histoire affective. Ainsi, les premières enquêtes d'histoire sensible – même celles décalées dans le temps de plusieurs décennies, soucieuses de la dimension sociale et collective des émotions – l'étaient au prix de leur irrationalité[15]. C'est à partir des alentours du millénaire que l'histoire affective se dessine peu à peu comme un nouveau champ, grâce au changement paradigme qui sera présenté ici ; vers 2005, les études du domaine n'apparaissent plus comme des phénomènes rares dans le paysage historiographique, mais comme autant de jalons d'une nouvelle histoire qui se construit.

DES ÉMOTIONS COGNITIVES, CULTURELLES… ET INDIVIDUELLES

La troisième étape – celle de la substitution de l'ancien paradigme par celui de l'émotion cognitive et culturelle en sciences sociales – s'est étirée sur plusieurs décennies, entre les premières publications de Magda Arnold en 1960 et environ l'an 2000, dans un processus que nous avons déjà étudié ailleurs[16]. Stimulée tant par la psychologie, les sciences cognitives que par l'anthropologie culturelle[17], la nouvelle histoire des

---

13 L'exemple le plus célèbre est certainement le psychologue américain Paul Ekman (https://www.paulekman.com/, consulté le 14 mai 2021).

14 Voir Damien Boquet et Piroska Nagy, « Plaidoyer », art. cité ; ou « Una storia diversa delle emozioni », art. cité.

15 Quelques exemples chez Marc Bloch, *La Société féodale*, Paris, L'Évolution de l'humanité, 1939-1940, p. 117 ; Alberto Tenenti, *Il senso della morte e l'amore della vita nel Rinascimento (Francia e Italia)*, Turin, Einaudi, 1957 (trad. française en 1983) ; Robert Mandrou, *Introduction à la France moderne 1500-1640. Essai de psychologie historique*, Paris, Albin Michel, 1961, p. 75-89. La partie s'intéressant à l'*homme psychique* comprend deux chapitres, l'un consacré aux sensibilités et l'autre aux mentalités et aux croyances (p. 91-108).

16 Magda B. Arnold, *Emotion and Personality*, New York, Columbia University Press, 1960 ; Damien Boquet et Piroska Nagy, « Pour une histoire des émotions : l'historien face aux questions contemporaines », dans *Eid.* (dir.), dans *Le Sujet de l'émotion au Moyen Âge*, Paris, Beauchesne, 2009, p. 15-51.

17 Sur cette question, voir : Rom Harré (dir.), *The Social Construction of Emotions*, Oxford et New York, Basic Blackwell, 1986 ; Michelle Zimbalist Rosaldo, *Knowledge and Passion : Ilongot Notions of Self and Social Life*, Cambridge, Cambridge University Press, 1980 ;

émotions du tournant du millénaire s'est affirmée avant tout comme une histoire culturelle. Les études pionnières de Barbara H. Rosenwein, fondées sur l'affirmation du caractère culturel de l'émotion, ont vite changé la donne sur deux questions fondamentales pour l'historien. D'une part, à partir d'une critique lumineuse de son enracinement dans le paradigme hydraulique, elle a déboulonné la vision eliasienne et téléologique de l'affectivité qui affirmait sa maitrise progressive grâce aux progrès de la civilisation des mœurs, étroitement liés à ceux de l'État et de la raison, depuis la Renaissance. D'autre part, elle a élaboré et mis en application l'idée que plusieurs perceptions, conceptions et pratiques de l'émotion cohabitent dans une même société voire un même espace social, en ouvrant le champ à de multiples études micro-historiques[18].

Dans cette approche fondée avant tout sur la psychologie cognitive et sur ses retombées philosophiques, c'est la dimension collective des émotions qui s'est vue reléguée pour un temps : sans disparaître entièrement des analyses historiques, elle ne fait pas l'objet de conceptualisation ou d'historicisation. La nouvelle histoire des émotions s'est d'abord attachée, au début du millénaire, à étudier les conceptions et pratiques d'émotion, mais aussi les émotions individuelles, aux deux sens du terme : les émotions de l'individu, du sujet, dans une culture et une société donnée[19] ; mais aussi, telle ou telle émotion ou expression d'émotion – la colère, la tristesse, la surprise ou la mélancolie, le rire ou les pleurs,

---

Catherine Lutz, *Unnatural Emotions : Everyday Sentiments on a Micronesian Atoll and their Challenge to Western Theory*, Chicago, University of Chicago Press, 1988 ; Lila Abu-Lughod, *Veiled Sentiments : Honor and Poetry in a Bedouin Society*, New York, University of California Press, 1999 ; on peut y ajouter Owen M. Lynch (dir.), *Divine Passions*, *op. cit.* ; Benedicte Grima, *The Performance of Emotion : "The Misfortunes Which have Befallen Me"*, Oxford, Oxford University Press, 1993.

18 Barbara H. Rosenwein, « Worrying about Emotions in History », art. cité ; *Id.*, *Emotional Communities in the Early Middle Ages*, Ithaca et New York, Yale University Press, 2006. Voir aussi Damien Boquet, « Le concept de communauté émotionnelle selon Barbara H. Rosenwein », *BUCEMA* (hors-série), 5 (2013), en ligne http://journals.openedition.org/cem/12535 (consulté le 4 juillet 2021) : Dominique Iogna-Prat, « De Cluny à Auxerre, par la voie des "émotions". Un parcours d'historienne du Moyen Âge : Barbara H. Rosenwein », BUCEMA, 15 (2011), en ligne https://journals.openedition.org/cem/12058 (consulté le 4 juillet 2021).

19 Pour une présentation problématique, voir Damien Boquet et Piroska Nagy (dir.), *Le Sujet de l'émotion au Moyen Âge*, *op. cit.* Voir aussi la problématique de William M. Reddy, *The Navigation of Feeling. A Framework for the History of Emotions*, Cambridge, Cambridge University Press, 2001 ; et en français : *La Traversée des sentiments. Un cadre pour l'histoire des émotions (1700-1850)*, Dijon, Les Presses du réel, 2019 (autour de la navigation émotionnelle, la souffrance émotionnelle, la vie sous un régime émotionnel donné). Voir aussi

dans un contexte historique défini[20]. Les émotions sont ainsi devenues à la fois des objets historiques et des outils analytiques, pouvant révéler des structures anthropologiques, des imaginaires et représentations collectives, des pratiques sociales[21]. C'est dans la lignée des réflexions de l'anthropologie culturelle que firent alors surface les émotions proprement historiques, liées à une culture et à une époque, comme la componction ou la vergogne médiévales, l'acédie monastique, la mélancolie moderne ou le mal du pays contemporain, incompréhensibles hors du contexte qui les a faites naître[22]. Si les études menées pendant les dix ou quinze premières années du nouveau millénaire avaient également pour but d'enquêter sur les usages sociaux et culturels des émotions, par exemple dans le domaine politique[23], la part consacrée à la dimension collective restait mineure dans cette historiographie et ne s'accompagnait pas de réflexions épistémologiques sur les spécificités de l'émotion collective.

Damien Boquet et Piroska Nagy, « Émotions historiques, émotions historiennes », dans *Écrire l'histoire*, 2 (2008), p. 15-27.

20 Dans une mer de publications, quelques exemples : Anne-Claude Ambroise-Rendu et Christian Delporte (dir.), *L'Indignation. Histoire d'une émotion politique et morale, XIXe-XXe siècles*, Paris, Nouveau monde, 2008 ; Frédéric Chauvaud et Ludovic Gaussot (dir.), *La Haine. Histoire et actualité*, Rennes, Presses universitaires de Rennes, 2008 ; Marc Deleplace (dir.), *Les Discours de la haine. Récits et figures de la passion dans la Cité*, Villeneuve-d'Ascq, Presses universitaires du Septentrion, 2009 ; Damien Boquet, *Sainte vergogne. Les privilèges de la honte dans l'hagiographie féminine au XIIIe siècle*, Paris, Classiques Garnier, 2020 ; Yann Rodier, *Les Raisons de la haine. Histoire d'une passion dans la France du premier XVIIe siècle*, Paris, Champ Vallon, 2020 ; Barbara H. Rosenwein, *Anger. The Conflicted History of an Emotion*, Ithaca et New York, Yale University Press, 2020.

21 Quentin Deluermoz, Emmanuel Fureix, Hervé Mazurel et M'hamed Oualdi, « Écrire l'histoire des émotions : de l'objet à la catégorie d'analyse », *Revue d'Histoire du XIXe siècle*, 47 (2013), p. 155-189.

22 Sur la question des émotions disparues, voir Ute Frevert, *Emotions in History – Lost and Found*, Budapest, CEU Press, 2011. Les études ponctuelles sont nombreuses, voir en outre : William M. Reddy, *The Making of Romantic Love. Longing and Sexuality in Europe, South Asia, and Japan, 900-1200 CE*, Chicago, Chicago University Press, 2012 ; Thomas W. Dodman, *What Nostalgia Was : War, Empire, and the Time of a Deadly Emotion*, Chicago, Chicago University Press, 2018 ; Damien Boquet, *Sainte vergogne*, *op. cit.*

23 Pour une première sélection, voir Albert Hirschman, *The Passions and the Interests : Political Capitalism before its Triumph*, Princeton, Princeton University Press, 1977 ; Pierre Ansart, *La Gestion des passions politiques*, Lausanne, L'Âge d'homme, 1983 ; Robert H. Frank, *Passions within Reason : The Strategic Role of Émotions*, New York, Norton, 1988 ; Philippe Braud, *L'Émotion en politique*, Paris, Presses de Sciences Po, 1996 ; Sara Ahmed, *The Cultural Politics of Emotions*, Édimbourg, Edinburgh University Press, 2004 ; George E. Markus, *Le Citoyen sentimental*, Paris, Presses de Sciences Po, 2008 ; Isabelle Sommier et Xavier Crettiez (dir.), *Les Dimensions émotionnelles du politique. Chemins de traverse avec Philippe Braud*, Rennes, PUR, 2012 (disponible en ligne sur OpenEdition).

Cette mise à l'écart, surprenante à première vue – puisque la nouvelle histoire affective se fonde sur la reconnaissance du caractère social et culturel de l'émotion, un préalable indispensable à la possibilité d'en faire l'histoire – se comprend une fois replacée dans son contexte scientifique et social.

Premièrement, l'*émotion psychologique*, terme qui rend bien la perception actuelle de l'émotion malgré les différences d'approche de la psychologie cognitive, de la psychanalyse et des multiples mouvances thérapeutiques, est avant tout liée à l'étude du sujet, de l'individu. Nous retrouvons la même approche de l'émotion dans la philosophie de l'esprit, dont l'intérêt pour les phénomènes affectifs a précédé d'au moins une bonne décennie, et a donc aussi orienté, celui de l'histoire[24]. En termes de discours, il y va de la valorisation d'un individu-roi dont l'émotion serait l'expression authentique. Son triomphe, strictement contemporain de la diffusion « grand public » du discours thérapeutique en Occident, est à saisir dans le contexte qui a porté l'émotion à l'avant-scène des sociétés post-modernes : celui de la « culture thérapeutique », dessiné par Christopher Lasch et, plus largement, du « capitalisme sentimental » analysé par Eva Illouz – deux concepts qui articulent la valorisation de l'émotion individuelle avec le capitalisme post-moderne, un monde actuel tourné vers les besoins de l'individu et leur captation capitaliste par de multiples moyens[25]. Cette transformation, en cours depuis l'élaboration de la psychanalyse par Sigmund Freud un siècle plus tôt, devient particulièrement sensible à partir des années 1980, moment de la conquête du néolibéralisme comme idéologie hégémonique en Occident, proposant une vision du monde entièrement fondée sur l'individu et sur la négation

24 Voir la revue *Critique*, n° 625-626 « Penser les émotions » (1999). Quelques ouvrages qui étaient très influents en philosophie en leur temps : Robert C. Solomon, *The Passions. Emotions and the Meaning of Life*, *op. cit.* ; Ronald de Sousa, *The Rationality of Emotions*, Cambridge (Mass.), MIT Press, 1987 ; Jon Elster, *Alchemies of the Mind : Rationality and the Emotions*, Cambridge, Cambridge University Press, 1999 ; Pierre Livet, *Émotions et rationalité morale*, Paris, PUF, 2002. Soutenu par les neurosciences, le livre d'Antonio Damasio, *L'Erreur de Descartes*, est paru en traduction française en 1995 chez Odile Jacob, puis ont suivi chez le même éditeur *Le Sentiment même de soi : corps, émotions, conscience* en 1999 et *Spinoza avait raison* en 2003.

25 Christopher Lasch, *La Culture du narcissisme. La vie américaine à un âge de déclin des espérances*, Paris, Climats, 2000 ; Philip Rieff, *The Triumph of the Therapeutic : Uses of Faith after Freud*, Chicago, University of Chicago Press, 1987 ; Eva Illouz, *Les Sentiments du capitalisme*, Paris, Seuil, 2006 ; *id.*, *Saving the Modern Soul. Therapy, Emotions, and the Culture of Self-Help*, Berkeley et Londres, University of California Press, 2008.

du social. Pendant cette décennie qui a vu la chute du mur de Berlin et du « socialisme réel », ainsi que le déclin corollaire des gauches dans le monde occidental, la figure de l'individu, dont tous les maux doivent être soignés en thérapie, a pris le dessus sur la pensée du social et du collectif dont le souci relèverait du domaine politique. Parallèlement, au terme d'une longue évolution[26], l'imaginaire occidental libéral représente la société et ses institutions de plus en plus souvent comme autant de carcans.

Deuxièmement, la conquête d'une perception individualiste de l'émotion est également à relier au contexte qui a donné naissance aux études critiques des totalitarismes et des populismes dans la seconde moitié du XXe siècle, étroitement liées à une critique de la Raison et du rationalisme, figures phares de la modernité. Ces études alimentent alors une méfiance doublée d'un malaise, ressentis à l'égard de l'idée et du phénomène d'une émotion collectivement éprouvée ou exprimée. La figure même de la foule déchaînée et incontrôlable, dont l'émotion collective, irrationnelle et excessive, serait un attribut obligatoire, est entourée de méfiance. Cette figure n'a bien sûr rien de neuf. Déjà, au tournant de 1900, les premiers penseurs de la « psychologie des foules » qui l'ont conceptualisée, Gustave Le Bon, Gabriel Tarde avant tout, ne faisaient que repenser, pour ériger en science, un discours élitaire ancien, circulant dans la civilisation occidentale depuis l'Antiquité, dans le cadre de ce qui devient alors le paradigme psychopathologique et irrationnel des foules[27]. Or ce paradigme continue à survivre dans la culture commune : en témoigne encore et encore son succès auprès des médias dès qu'une action collective populaire se manifeste sur la scène publique aujourd'hui. La vision « commune » de l'émotion collective constitue ainsi le dernier avatar de l'opposition nature-culture, émotion-raison, dont le succès du cognitivisme a sonné le glas pour l'émotion individuelle[28]. La force de son influence nourrit donc un profond inconfort face à l'idée ou au concept même d'émotion collective, trop liés au paradigme psychopathologique des foules aux yeux de nombreux pratiquants des sciences humaines et

26 Voir Christian Borch, « The Exclusion of the Crowd : The Destiny of a Sociological Figure of the Irrational », *European Journal of Social Theory*, 9/1 (2006), p. 83-102.

27 Voir Julio Cesar Magalhães de Oliveira, *Potestas populi. Participation populaire et action collective dans les villes de l'Afrique romaine tardive (vers 300-430 après J-C.)*, Turnhout, Brepols, 2012 (ici p. 23).

28 Voir dans le même sens, Laurence Kaufmann et Louis Quéré, « Présentation », art. cité, p. 10-11.

sociales. Pour les plus sceptiques, encore aujourd'hui, la notion même d'émotion collective est étroitement liée à ce paradigme, et *donc* n'est pas une notion adéquate pour l'analyse en sciences sociales. C'est ainsi que, dans une conférence donnée à Londres en 2013, Steven Connor nie l'existence même de l'émotion collective[29]. Selon lui, si l'émotion est cognitive, elle est nécessairement individuelle ; l'idée même d'émotion collective appartient donc uniquement au passé et au mythe. Si son raisonnement, emblématique d'un individualisme méthodologique bien commun, est impeccable en termes dialectiques, il laisse songeur : peut-on prétendre évacuer la dimension collective des émotions sans remettre en cause l'émotion elle-même ? En tant qu'historiens, doit-on s'approprier la définition cognitive et individuelle de l'émotion, sans faire un pas en arrière pour la remettre en perspective historique ?

Les deux facettes de cette méfiance, face au phénomène social d'un côté, face à la notion de l'autre, permettent d'expliquer au moins en partie le silence embarrassé, ou la mise à l'écart de l'émotion collective dans la nouvelle histoire de l'émotion. Force est alors de constater : dans cette histoire rapide d'une émotion collective mal-aimée, on est passé d'une émotion collective comprise comme irrationnelle, contagieuse et naturelle – ce qui expliquait à la fois son usage comme force historique et son exclusion du champ historique entre le XIXe et le XXe siècle – à une remise en cause de l'irrationalité des émotions en histoire à partir des années 1980, au prix du délestage de la dimension collective des phénomènes affectifs. Aujourd'hui où la question de l'émotion de foule est portée au-devant de la scène politique aux quatre coins de la planète – du printemps arabe aux manifestations étudiantes du Québec en 2011-2012, des gilets jaunes en France en 2018-2019 aux occupant du Capitole en janvier 2021, des protestataires de Hongkong, de Myanmar ou de la Biélorussie en 2020-2021 aux électeurs qui ont porté au pouvoir Jair Bolsonaro au Brésil en 2019 ou aux foules occidentales qui protestent en 2019 pour une transition climatique, mais les années suivantes contre les mesures sanitaires – par son ambivalence inquiétante, elle requiert de nouveau toute notre attention, en vue d'une analyse sociologique et historique moins polarisée que celle du début et même du milieu du XXe siècle.

29 Steven Connor, « Collective Emotions : The Reasons to Feel Doubtfoul », *The History of Emotions Annual Lecture given at Queen Mary*, à l'Université de Londres, le 9 octobre 2013, en ligne http://stevenconnor.com/collective/collective.pdf (consulté le 17 mai 2021).

DES ÉMOTIONS COLLECTIVES AUX PHÉNOMÈNES DE FOULE

Pour notre enquête, un constat inévitable complique les choses. Que l'on cherche des émotions collectives du côté des sources ou de celui des études, nous rencontrons avant tout des perceptions et réflexions au sujet des phénomènes de masse et de foule, souvent liées à la notion complexe de peuple. Car si la notion scientifique d'émotion collective et la série de questions qu'elle pose sont relativement récentes[30], l'idée et les termes qui la désignent existent quant à eux depuis des siècles : *l'idée du phénomène* fait partie du patrimoine culturel occidental. La plupart du temps, l'émotion collective est assignée, sans qu'elle suscite une réflexion autonome. Notion et phénomène sont corollaires de l'imaginaire et de l'étude du peuple et des foules dans l'esprit d'auteurs qui, jusqu'au XVIIIe siècle au moins, appartenaient exclusivement aux élites. Ainsi, les plus diverses émotions collectives apparaissent dans des cadres très variés de la vie sociale et attestent de la présence du phénomène et de l'idée bien au-delà des situations critiques. Qu'il s'agisse d'observer dans les sources l'absence d'attention prêtée à de telles émotions ou au contraire, l'expression d'une grande autonomie émotionnelle des foules, les études les concernant sont à multiplier pour élargir la perspective. Car, force est de constater que le champ de la réflexion historiographique est avant tout occupé par les émotions collectives émergeant dans des situations critiques. Cette densité d'attention n'est évidemment pas due au hasard : comme le soulignent L. Bantigny et B. Gobille, un lien intrinsèque relie dynamiques de crise et dynamiques affectives[31].

Or à partir du second tiers du XXe siècle, et surtout après la seconde guerre mondiale, l'histoire sociale et l'histoire intellectuelle ont commencé à analyser les termes et les *topoï* que ceux-ci incarnent ou impliquent, leurs ramifications et mutations, enfin les contextes qui les ont faits naître. La structuration de l'historiographie et de la littérature de sciences humaines permet par conséquent de déceler l'existence de plusieurs

30 Laurence Kaufmann et Louis Quéré, « Présentation », art. cité (ici p. 9-32).

31 Ludivine Bantigny et Boris Gobille, « L'expérience sensible du politique. Protagonisme et antagonisme en mai-juin 1968 », *French Historical Studies*, 41/2 (2018), p. 275-303.

« grappes » – moments-clés et problématiques relatifs à des situations critiques – autour desquelles se sont cristallisés les études et les débats qui impliquent l'émotion collective, jamais étudiée pour elle-même. La plupart de ces grappes concernent deux types de sujets, dont le premier renvoie explicitement aux situations de crise : révoltes, révolutions, mouvements sociaux d'un côté ; la question du peuple et des foules, de sa sociologie et de son comportement, de l'autre. On peut ainsi identifier quelques grappes importantes : autour de la question du peuple à Rome ; de l'histoire de la Révolution française et des révoltes ou des soulèvements qui la précèdent ; du contexte du XIXe siècle qui voit naître le mouvement ouvrier, le paradigme psychopathologique des foules et les sciences sociales ; enfin des actions collectives contemporaines, des XXe-XXIe siècles, et leur analyse dans différentes disciplines, de l'histoire à la science politique en passant par l'anthropologie, la sociologie ou la psychologie sociale. Si cette introduction a pour but de saisir les inflexions historiques à la fois du langage des émotions de foule et de leur analyse, plusieurs articles du volume s'intéressent, quant à eux, à des exemples relatifs à ces grappes[32].

LES ÉMOTIONS DE QUI ?

Les premiers siècles du Moyen Âge marquent en Occident des mutations importantes dans l'usage du vocabulaire latin[33]. Ces mutations renvoient tant aux transformations sociales et culturelles qu'à un changement de regard conséquent sur les rassemblements populaires. Dans un contexte où, pour des raisons démographiques et civilisationnelles, les foules deviennent plus rares et temporaires, et les raisons de se rassembler changent radicalement, ce n'est pas la terminologie qui change, mais sa valence. Essentiellement sous l'effet de la christianisation de la littérature, plusieurs termes perdent leur connotation négative ; les nuances sémantiques se recomposent. Cette mutation, qui affecte plusieurs termes, peut être illustrée par le sort du mot *turba*, qui – bien que certains de ses usages aient pu être neutres – désignait à l'époque romaine une foule

32 Voir dans ce volume les articles de Ludivine Bantigny, Sylvain Forichon, Nathan Murray, Nicolas Vidoni et Sophie Wahnich.

33 Ce paragraphe se nourrit des recherches doctorales de Shane Bobrycki, que je remercie ici pour m'avoir communiqué sa thèse encore inédite, *id.*, *The Crowd in the Early Middle Ages (c. 500-c. 1000)*, PhD soutenu à l'Université de Harvard, Cambridge (Mass.), 2016.

souvent agitée, tumultueuse. En effet l'étymologie du terme renvoie à la turbulence, à l'activité violente, et son champ sémantique en latin classique était aussi proche de celui du trouble, de la perturbation, du désordre (*turbare*). La transformation qui l'affecte provient, selon Shane Bobrycki, avant tout de la traduction latine de la Bible par Jérôme au IVe siècle, et elle touche également les termes *populus* et *multitudo*, désormais interchangeables avec *turba* et à valence indéterminée. *Turba*, ce terme plutôt très mal connoté à l'époque romaine, vient alors désigner les foules de fidèles dans la Bible latine. Par conséquent, dès la fin du IVe siècle, ce sens devient majoritaire chez les auteurs chrétiens. Dès lors, son lien avec le désordre et la turbulence se dissout, et *turba* apparaît comme un terme souvent positif, particulièrement dans la littérature ecclésiastique[34], mais aussi dans la documentation civile alti-médiévale. Il peut qualifier une foule pieuse, docte, monastique ou civique, désigner une collectivité, des communautés abstraites ou physiques dont le consensus fait autorité[35]. On le retrouve aux côtés de *populus, multitudo, caterva, vulgus* dans la littérature hagiographique – des termes qui, eux aussi, ont perdu leur sens particulier en traversant les siècles orageux de l'Antiquité tardive. Par ailleurs, *populus* se transmue souvent en peuple de Dieu, alors que *plebs* peut désigner sa partie moins noble, le bas peuple, selon une distinction sémantique reprise par Isidore de Séville à Justinien[36]. *Plebs*, en latin médiéval, renvoie à la fois à l'assemblée urbaine et à la communauté paroissiale (d'où *pieve* en italien moderne), ce qui s'explique par son usage romain ; *vulgus* – comme *rustici* – désigne alors, sauf exception, une assemblée de rustres, au sens péjoratif du terme. Dans certains cas, *multitudo populi*, ou *turba populorum*, apparemment des pléonasmes, unissent un concept abstrait (*populus*) avec un rassemblement physique (*turba*, *multitudo*), où le rassemblement est parfois utilisé *pars pro toto*[37]. En ancien français, *peuple*, venant de *populus*, gagne ensuite la double signification de « bas peuple » et de « foule », à l'image de *vulgus* à Rome.

34 *Ibid.* (ici chap. 3, p. 199-253).

35 *Ibid.* (ici chap. 3, p. 232).

36 Voir l'article d'Anne-Gaëlle Weber dans ce volume (à la note 4 : *Instit.* I, 2, 4 ; *Etymol.* IX, 4, 5-6 ; PL 82, 349) ; Pierre Boglioni, « *Populus*, *vulgus* et termes apparentés chez Thomas d'Aquin, dans Pierre Boglioni, Robert Delort, Claude Gauvard (dir.), *Le Petit peuple dans l'Occident médiéval*, Paris, Éditions de la Sorbonne, 2002, p. 67.

37 Shane Bobrycki, *The Crowd in the Early Middle Ages (c. 500-c. 1000)*, *op. cit.* (ici chap. 3, p. 235).

DU PEUPLE AUX « COMMOTIONS »

Au-delà des facteurs contextuels et culturels, Bobrycki explique ces changements sémantiques et le discours alti-médiéval qui présentent les foules comme hiérarchisées et ordonnées, par le fait que les foules du haut Moyen Âge sont le plus souvent temporaires, prévisibles et donc contrôlables. Il analyse toutefois des cas contraires, comme celui des femmes gesticulant à l'église de Saint-Bénigne de Dijon au début des années 840. Ce type de rassemblement spontané de gens jugés marginaux était alors traité de « superstition », car il menaçait indirectement le fonctionnement de l'ordre public, dont la légitimité avait pour pilier le consensus des foules[38]. Dans l'espace frontalier septentrional de l'Empire carolingien, zone de mission et de contact avec les païens aux VIIIe-IXe siècles, les foules païennes pouvaient paraître elles aussi menaçantes aux yeux des missionnaires et de leurs hagiographes[39]. À ce type de danger, jugé modéré en l'absence de contestation ouverte, le discours élitaire attribuait facilement un caractère émotif – une manière de souligner leur manque de raison, devenant facilement « superstition » voire déraison.

Si les foules n'ont jamais disparu de la scène européenne, c'est toutefois surtout à partir du tournant du millénaire et pendant tout le Moyen Âge central, époque de croissance démographique et urbaine rapide, que l'on voit grandir la préoccupation des élites concernant les foules populaires sur la scène publique partout en Europe. C'est alors qu'émergent les phénomènes souvent commentés des assemblées et processions de paix de Dieu autour des reliques, des gros cortèges de processions ou de pèlerinages en Terre Sainte, des croisades officielles et populaires, ou encore des prédicateurs populaires et des protestations urbaines ou religieuses[40]. À partir du XIe siècle, les certitudes anciennes concernant l'émotivité et la mutabilité des foules refont surface chez

38 Shane Bobrycki, « The Flailing Women of Dijon : Crowds in Ninth Century Europe », *Past and Present*, 240/1 (2018), p. 3-46.

39 Voir la contribution d'Anne-Gaëlle Weber dans cet ouvrage.

40 Sur ce contexte bien connu, quelques références : Robert Ian Moore, « Family, Community and Cult on the Eve of the Gregorian Reform », *Transactions of the Royal Historical Society*, 30 (1980), p. 49-69 ; Robert Fossier, « Les mouvements populaires en Occident au XIe siècle », *Comptes rendus de l'Académie des Inscriptions et Belles Lettres*, 115/2 (1971), p. 257-269 ; Robert Fossier, « Remarques sur l'étude des "commotions" sociales aux XIe et XIIe siècles », *Cahiers de Civilisation Médiévale*, 16 (1973), p. 45-50.

les élites et, avec elles, la connotation négative ou ambivalente des mots qui les désignent. Pour nommer ces divers rassemblements, le XIe siècle voit émerger dans les textes latins les termes de *commotio*, *commovere* et leurs formes variées, dans le sens de se mettre en mouvement, qui sous-entend l'agitation constitutive des mouvements et révoltes populaires[41] ; on retrouve le terme *commotion* en ce sens en français dans les sources les plus variées de la fin du Moyen Âge[42]. Ce terme témoigne d'une transformation de la vision statique, hiératique des assemblées ordonnées, majoritaires au haut Moyen Âge, qui remplissaient la fonction soit de légitimer l'ordre social, soit de participer au maintien de l'ordre, et qui se rencontrent encore dans les descriptions des assemblées de paix convoquées par les évêques, ou parfois d'origine populaire mais canalisées par eux[43]. Le nouveau regard sur les rassemblements publics les perçoit au contraire comme autant d'incarnations de la mutabilité, très mal vue à l'époque, voire de la violence sociale. Les foules apparaissent dès lors dérangeantes aux yeux des élites lettrées, parce que spontanées et pas toujours, voire pas du tout contrôlables.

---

41 C'est le cas par exemple des sources de la Pataria milanaise. Les diverses formes du terme *commotio*, *commoveo* apparaissent 20 fois relativement au mouvement, dans une des sources principales, le livre III de la chronique de Landolfo Seniore : Landolfo Seniore, *Historia Mediolanensis*, édité par Ludwig Conrad Bethmann et Wilhelm Wattenbach, *MGH SS* VIII, Hannovre, Hahn, 1848, p. 32-100 (désormais abrégé LS, *HM*). Robert Fossier, dans son article « Remarques », utilise le terme tout au long de l'article sans jamais retourner aux sources pour en décortiquer l'usage (voir aussi l'autre article de Robert Fossier susmentionné). Pour la fin du Moyen Âge, les références sont nombreuses : à titre d'exemple, voir Marc Boone, « *Armes, coursses, assemblees et commocions.* Les gens de métiers et l'usage de la violence dans la société urbaine flamande à la fin du Moyen Âge », *Revue du Nord*, 359/1 (2005), p. 7-33 ; Justine Firnhaber-Baeker et Dirk Shoenaers (dir.) *The Routledge History Handbook of Medieval Revolt*, Londres, Routledge, 2017 ; voir aussi l'article de Vincent Challet dans ce volume.

42 Parmi d'autres, la thèse inédite de Vincent Challet, *Mundare et auferre malas erbas. La Révolte des Tuchins en Languedoc (1348-1382)*, soutenue à l'Université Paris I en 2002, permet de voir l'usage répandu du terme en latin comme en français dans les sources de l'époque avec ce sens. C'est le cas aussi dans les révoltes urbaines de la Flandre au XVe siècle, voir Marc Boone, « *Armes, coursses, assemblees et commocions* », art. cité. Enfin sur le lien entre mutabilité et pensée du corps social à la fin du Moyen Âge, voir Nicole Hochner, « Le corps social à l'origine de l'invention du mot "émotion" », *L'Atelier du Centre de recherches historiques*, 16 (2016), en ligne : http://journals.openedition.org.proxy.bibliotheques.uqam.ca/acrh/7357 (consulté le 19 janvier 2021).

43 Robert Ian Moore, « Family, Community and Cult on the Eve of the Gregorian Reform », art. cité, p. 52.

Dans ce nouveau contexte, certains usages de *commotio/commotion* ou de ses formes verbales (*commoveo*, *commotus*, etc.) rendent compte de la rencontre de deux champs sémantiques fondamentaux pour notre enquête : celui du mouvement et de l'émotion d'un côté ; celui des troubles sociaux ou agitations de l'autre. *Cum* + *motio* implique, dans un de ses usages les plus fréquents, le fait de mettre en mouvement, ébranler ou bouleverser ; ou bien celui du mouvement, physique ou celui de l'âme. Chez des auteurs du Xe siècle – Atton de Verceil, Flodoard de Reims, Liutprand de Crémone – le terme a souvent un sens émotionnel, lié même parfois à l'agitation[44]. Il est donc corrélé à l'un des termes latins qui désignent, aux côtés d'*affectus*, l'émotion de la manière la plus stable depuis l'Antiquité : *motus animi*, concevant l'émotion comme un mouvement de l'âme ou une action[45]. *Commotio*, qui n'est pas un terme neuf au Moyen Âge central, subit donc en fait peu à peu une inflexion qu'il conviendra de retracer[46]. Il apparaît déjà avec le sens de violence, voie de fait ou de lutte, dans deux capitulaires de Charlemagne[47] qui le lient, tout comme deux autres occurrences du XIIe siècle, aux faides ou vengeances féodales ; ou, au milieu du IXe siècle avec le sens de dispute, litige[48]. Dès les XIe-XIIe siècles, le mot affleure de plus en plus souvent dans les contextes faisant référence à une agitation politique, voire à des mouvements collectifs ou des révoltes (en latin, dans

44 Atto Vercellensis, *Expositio epistolarum S. Pauli*, dans Jacques-Paul Migne éd., *Patrologia Latina* 134, Paris, Jacques-Paul Migne, 1853, col. 125-832., col. 328A, 349A, 365C, 447D, 500C : *commoti animi* ; *mentis commotione* ; *exagitati et commoti* ; *commotorum hominum corda tranquillabat.*

45 *Affectio, affectus* exprime le dynamisme sensible de l'âme, et est particulièrement favorisé dans le monde monastique, qui n'est toutefois pas au cœur de l'enquête ici. Sur le champ sémantique de l'histoire d'*affectus*, voir Damien Boquet, *L'Ordre de l'affect. Autour de l'anthropologie affective d'Aelred de Rievaulx*, Caen, Publications du CRAHM, 2005.

46 Cette recherche est en cours notamment à partir des bases de données en ligne, *Corpus Corporum* (http://www.mlat.uzh.ch/MLS/, consulté le 15 août 2021) en premier, sur une série de termes qui nous intéressent ici, menée par Anne-Gaëlle Weber et l'auteure de ces lignes.

47 « *De faidosis hominibus, qui solent incongruas commotiones facere* », Karoli M. capit. (a. 813/814), c. 2, I, p. 175 ; « *Pro hoc nullam faidam portet aut commotionem faciat* », Capit. Ital. Karolo M. adscr., c. 7, I, p. 217. Voir « *Commotio* » dans *Mediae Latinitatis Lexicon Minus*, éd. par Jan Frederik Niermeyer et Co van de Kieft, révisé par Jan W. J. Burgers, en ligne : https://dictionaries-brillonline-com (consulté le 10 janvier 2021).

48 *Quidam commotio exorta fuit inter L. Juvavensis ecclesie archiepiscopum et B. Radesbone civitatis episcopum de venatione et piscatione eorum.* Voir « *Commotio* » dans *Mediae Latinitatis Lexicon Minus*, éd. Jan Frederik Niermeyer et Co van de Kieft, révisé par Jan W. J. Burgers, en ligne : https://dictionaries-brillonline-com. (consulté le 10 janvier 2021).

le dossier de la Pataria milanaise [1057-1075][49] ; en français chez Wace [v. 1130][50], et en anglo-normand également au XIIe siècle[51]). Au tournant de 1300, on le retrouve dans un contexte d'agitation religieuse, perçu par certains comme inquiétant, pour désigner le premier mouvement flagellant à Pérouse et en Italie, en 1260-1261, dans une chronique laïque datée du début du XIVe siècle[52]. Si Vincent Challet note « la concordance sémantique et chronologique qui fait d'un XIVe siècle particulièrement séditieux l'une des séquences majeures où se noue la relation complexe entre rébellion et émotion[53] », à nos yeux l'alliance sémantique – où *commotio* n'est plus compris comme une mise en mouvement individuel et intérieur, mais collectif et physique – se fait déjà bien plus tôt. Le caractère épars des sources, souligné en son temps par Robert Fossier[54], rend toutefois difficile d'en établir la chronologie fine. Quoi qu'il en soit, le renversement est clair à la fin du Moyen Âge : de l'époque du haut Moyen Âge où les foules étaient la plupart du temps perçues comme paisibles, et remplissaient une fonction de légitimation de l'ordre public dans les textes qui nous les font connaître, on est passé à une période où elles servent avant tout d'indicateurs de troubles sociaux et politiques. Dès lors les auteurs assignent l'émotion collective aux foules populaires (tout comme aux adversaires) afin de prouver leur manque de motivation et de raisonnement politiques, voire leur déraison. Bien entendu, une partie écrasante de ces mentions provient de chroniqueurs, ecclésiastiques ou laïques ; par elles, on rejoint une littérature d'élite dans les sociétés tardo-médiévales à littératie restreinte, concernant la vision des groupes ou foules en émotion – une vision qui devient topique dans la longue durée. Car, il ne faut pas l'oublier, la majorité de ces lettrés connaissait Cicéron et les autres grands auteurs romains ; s'ils héritaient de leur vocabulaire, ils partageaient aussi leur *regard*.

49 Voir n. 47, et Piroska Nagy, « Quand l'émotion collective prend corps. La Pataria milanaise 1057-1075 », *La Chair du politique. Sensibilités*, 7 (2020), p. 1-8.

50 Voir la notice étymologique du CNRTL, en ligne : https://www.cnrtl.fr/etymologie/commotion, (consulté le 10 janvier 2021).

51 Voir *Anglo-Norman Dictionary*, https://anglo-norman.net/entry/commociun (consulté le 10 juillet 2021) ; je remercie Alessandro Arcangeli pour m'avoir indiqué cette référence.

52 Guglielmo Ventura, *Chronicon Astense* (*Memoriale Gulielmi Venturae*), (v. 1300-1322) éd. Ludovico Antonio Muratori, *Rerum Italicarum Scriptores*, vol. 11, Milan, 1727, ex typographia Societatis Palatinae, c. 153. Voir dans ce volume, l'article de Piroska Nagy plus loin.

53 Voir la contribution de Vincent Challet dans ce volume.

54 Robert Fossier, « Les mouvements populaires en Occident au XIe siècle », art. cité.

DE L'ESMOUVEMENT À L'ÉMOTION

À travers les changements et enrichissements de son champ sémantique, *commotio* et *commovere* apparaissent comme des termes directement liés à notre idée d'émotion collective ; en moyen français, *commocion* ou *commotion* devient particulièrement fréquent au XIVe siècle en ce sens. Ce terme couvre alors trois champs sémantiques, d'après le *Dictionnaire de moyen français* de l'ATILF, parmi lesquels le plus souvent attesté est celui de soulèvement populaire, émeute, aux côtés de mouvement brusque, secousse, agitation (du vent, de l'eau ou du sang) d'une part et de l'agitation de l'âme ou de l'émotion violente de l'autre[55]. Ainsi la convergence de trois ordres de phénomènes indique la cohabitation de trois registres : individuel, collectif et naturel. À la fin du Moyen Âge, *esmouvement* et *esmotion* le concurrencent quelque peu, mais sans en effacer l'usage. *Esmouvement* ou *émouvement* – qui reprend à *commocion* l'idée de mettre en mouvement, le fait de susciter quelque chose ou l'émergence de quelque chose – prend déjà le sens particulier de révolte ou émeute dans *Le roman de Renart contrefait*, écrit entre 1328 et 1342, et de façon certaine chez Jehan Froissart, à la fin du siècle[56].

Vincent Challet, qui critique dans ce volume la chronologie établie par un article fondamental de Nicole Hochner, qui souligne le lien entre l'imaginaire du corps social et l'émergence du terme émotion en moyen français[57], affirme qu'*esmotion* apparaît en français plutôt à la fin du XVe siècle que dans son premier tiers. Or *esmotion* dédouble, dans un premier temps, le sens non seulement de *commocion*, mais d'*esmouvement* et d'*esmouvoir*, des termes très largement utilisés depuis le XIVe siècle et par de nombreux auteurs au XVe siècle : ces termes, qui récupèrent le champ sémantique de *emovere/exmovere* en latin – ôter d'un lieu, déplacer, remuer, ébranler – ont précisément le sens de troubles sociaux, d'émeute ou d'effervescence qui relie mouvement physique, remue-ménage et émotion. Le terme *esmotion*, à son émergence, renvoie donc avant tout à un phénomène collectif ; comme Hochner l'a montré, son usage est lié à la transformation de la représentation du corps social. Celle-ci passe, précisément à cette toute fin du Moyen Âge, d'un imaginaire de corps stable, qui hiérarchise les

55 Voir pour « commotion », dans l'*ATILF, Dictionnaire de moyen français*, https://www.atilf.fr/ressources/dmf/ (consulté le 19 janvier 2021).

56 Voir pour « émouvement », dans l'*ATILF, Dictionnaire de moyen français*, https://www.atilf.fr/ressources/dmf/ (Consulté le 19 janvier 2021).

57 Nicole Hochner, « Le corps social à l'origine de l'invention du mot "émotion" », art. cité.

fonctions politiques en leur assignant des parties de corps ou des organes, à une représentation sous forme d'humeurs en mouvement incessant, qui requièrent donc un rééquilibrage constant[58]. La pensée politique semble alors enregistrer et théoriser, avec un certain retard, la transformation socio-politique déjà entamée depuis plusieurs siècles.

Si l'émergence graduelle et tardo-médiévale arrime le terme émotion, dans sa première acception collective, à la pensée politique et à la réalité des mouvements de contestation, voire plus largement des situations de crise, le vocabulaire étudié en amont et son usage permettent de soutenir sans difficulté que l'idée d'émotion collective préexiste au terme d'*esmotion* et encore plus à la naissance du concept scientifique qui la réinvestit à la fin du XIXe siècle.

Considérant les approches de l'émotion collective, la réflexion dont nous héritons du siècle passé est encore fortement déterminée par l'usage topique et idéologique de la notion – et par les réactions qu'il a suscitées. Comme l'a remarqué J. S. McClelland, la pensée politique occidentale est parcourue par un puissant courant élitiste, qui considère les gouvernés comme une simple foule ou attroupement, potentiellement dangereux[59]. Étant donné l'importance de ce courant dans la pensée politique occidentale, le discours et la discussion sur l'émotion collective restent profondément politisés dans la modernité – un fait qui explique à son tour l'attention minime qui leur est accordée *hors* des situations critiques, dans des contextes plus ordinaires. Ces discussions ont été, et restent encore largement déterminées par un clivage politique qui renvoie à deux conceptions concurrentes de la démocratie : d'un côté, les partisans de la stabilité, méfiants face aux mouvements de foules et au peuple ; de l'autre, les partisans du mouvement et du renouveau, favorables aux foules[60]. L'on considèrera d'abord les formes empruntées par le mythe de la foule déchaînée et par son analyse, avant de s'intéresser aux propositions alternatives qui ont pu voir le jour depuis un siècle.

---

58 *Ibid.*

59 John S. McClelland, *The Crowd and the Mob from Plato to Canetti*, Londres, Unwin Hymain, 1989 ; voir le compte rendu de Erika G. King dans *Journal of the History of Behavioral Sciences*, 27 (1991), p. 271-273.

60 Ce n'est pas par hasard que je ne qualifie pas les uns « de droite » et les autres « de gauche », ni les seconds de « populistes ». Comme les configurations de la scène politique du début du XXIe siècle ne s'y prêtent plus du tout, les qualifications politiques traditionnelles risquent de brouiller le regard sur les questions évoquées.

LE MYTHE DE LA FOULE DÉCHAÎNÉE : DU SCÉNARIO CULTUREL À LA PATHOLOGIE SOCIALE

Avant de fonder la première conceptualisation des problèmes des foules et des émotions collectives en sciences sociales, leur image topique constituait un scénario ou *script culturel*, composé par une série de traits bien connus, facilement mobilisables et interchangeables, enrichis et transformés à chaque époque depuis l'élaboration du scénario à l'époque grecque puis romaine[61]. La notion de script ou de scénario, mise en œuvre d'abord par des psychologues, a été appliquée à l'analyse des émotions historiques pour la première fois par Robert A. Kaster[62]. Elle sert à analyser des séquences d'interactions culturellement codifiées en rapport avec les émotions qu'elles provoquent, canalisent ou acheminent, afin de comprendre la séquence de normes et de gestes qui suscitent, ou que mobilisent les émotions en question. Le *topos* de la foule émue – nommé *le mythe de la foule déchaînée* par le sociologue américain Clark McPhail[63] – fonctionne en effet comme un script ou scénario culturel, constitué d'un réservoir d'attributs et de liens qui peuvent être activés par des discours variés (politique, historique, littéraire et scientifique), tout particulièrement dans des situations sociales et politiques critiques, pour dénoncer et délégitimer l'action des foules. Il est assigné avec dédain par les élites lettrées depuis les temps anciens jusqu'à notre époque, quand bien même les acteurs sociaux et leurs gestes changent d'une époque à l'autre, tout autant que les types d'écrits. Mille fois commenté, ce scénario, mythe ou image topique mérite encore notre attention, ne serait-ce que parce qu'il reste le dernier ressac d'une conception hydraulique des émotions dans le monde contemporain. Du point de vue de l'histoire intellectuelle et sociale, il est dès lors important de se pencher sur chacun de ses avatars ou incarnations, toujours étroitement liés à l'anthropologie et à la vision de la société, ainsi qu'au contexte spécifique qui les ont faits naître. On

61 En amont des exemples romains analysés plus haut, voir à la fois John S. McClelland, *The Crowd and the Mob*, *op. cit.* ; et Vincent Rubio, *La Foule : un mythe républicain ?*, Paris, Vuibert, 2008.

62 Robert A. Kaster, *Emotion, Restraint and Community in Ancient Rome*, Oxford, Oxford University Press, 2005. L'outil est repris par la suite dans les travaux de l'alti-médiéviste Nira Pancer, et est développé dans la belle thèse (inédite) de Xavier Biron-Ouellet, *Un prédicateur et sa cité : spiritualité, émotion et société dans la Toscane du* XIV*e* *siècle. Le cas de Simone Fidati da Cascia*, soutenue à l'UQÀM et à l'EHESS en janvier 2019.

63 Clark McPhail, *The Myth of the Madding Crowd*, New York, de Gruyter, 1991.

l'a dit plus haut, ce sont avant tout les moments historiques chauds voire brûlants – ceux des diverses turbulences, révoltes, soulèvements et révolutions – qui ont à la fois suscité la réflexion et concentré l'intérêt historien sur l'émotion collective ; bien d'autres types d'occasions sont ainsi restés dans l'ombre. Prenons un exemple médiéval, valide encore au début de la modernité : si le culte des reliques, les pèlerinages et les scènes de miracle, tout comme les exécutions publiques[64], offrent d'innombrables scènes de foule et d'émotion collective dans les sources historiques qui les décrivent, celles-ci ont été bien moins étudiées que les grands moments révolutionnaires ou de révolte. La situation est différente pour le monde contemporain, où les foules des événements sportifs, culturels ou politiques ont concentré plus d'attention[65], même si globalement le constat reste le même : les foules des situations de crise attirent toujours plus d'intérêt.

Du point de vue de l'approche des foules, une époque nouvelle commence avec la Révolution française en Occident. Si la Révolution était la preuve éclatante du fait que le peuple ne pouvait plus être ignoré dans la modernité, elle a aussi cristallisé toutes les passions. Un siècle plus tard, l'irruption des masses urbaines sur la scène politique occidentale, et tout particulièrement l'événement de la Commune de Paris en 1871, ravive à la fois la crainte et l'aversion des élites face à la menace populaire et l'intérêt pour comprendre la foule en mouvement. Véhiculé par la littérature et par l'écriture historique qui s'en distingue depuis peu, le scénario topique de l'émotion de foule, compris au pied de la lettre, prend alors la forme d'une nouvelle science à mi-chemin entre sociologie et psychologie, qui permet d'ériger la peur du peuple en science sociale, comme le souligne Jean-Jacques Courtine dans ce volume[66] ; elle détermine pour longtemps les formes et les prémisses de la conception de la foule et des émotions collectives. En effet c'est aux lendemains de la Commune que Hippolyte Taine publie les premiers volumes de ses *Origines de la France contemporaine*[67]. Gustave Le Bon, auteur réactionnaire

---

64 Voir l'étude de Lidia Zanetti Domingues et de Gábor Klaniczay dans ce volume.

65 Voir Nicolas Mariot, *Bains de foule. Les voyages présidentiels en province, 1888-2002*, Paris, Belin, 2006.

66 Sur ce sujet, voir aussi Francis Dupuis-Déri, *La Peur du peuple. Agoraphobie et agoraphilie politiques*, Montréal, Lux, 2016.

67 Hippolyte Taine, *Les Origines de la France contemporaine*, vol. 1 (*L'Ancien Régime*) et vol. 2 (*La Révolution. L'Anarchie*), édition originale 1975 en ligne : http://classiques.uqac.ca/classiques/taine_hippolyte/origine_France/origine_France.html (consulté le 20 décembre 2020).

de la fameuse *Psychologie des foules*, paru en 1895[68], dont l'ouvrage reste une référence incontournable pour comprendre le *Zeitgeist* de la fin du siècle, est directement inspiré par les pages sur la Révolution française de Taine. Le contexte explosif explique en partie le caractère hostile et stigmatisant de cette première tentative de conceptualisation des foules. Toutefois c'est légèrement en amont, chez une série d'autres intellectuels polymathes de la période – comme le criminologue Scipio Sighele ou le sociologue et psychologue Gabriel Tarde[69] – que ces éléments se cristallisent en une véritable *sémantique de la foule* (C. Borch), pour former le paradigme pychopathologique et irrationnel des masses populaires.

Le cœur du discours topique est constitué par la « prose contre-révolutionnaire[70] » (*prose of counter-insurgency*), pour reprendre le terme de Ranajit Guha, l'un des pionniers de l'histoire subalterne. Il a été disséqué de nombreuses fois, étant donné qu'une partie importante de ce dispositif est un héritage de longue durée. Pour le début du XXe siècle, un ouvrage moins connu de Le Bon, mais non moins éloquent, *La Révolution française et la psychologie des révolutions*, paru en 1912, rend le lien entre pensée contre-révolutionnaire et psychologie des foules particulièrement limpide. Non seulement il intitule un chapitre (livre II, chap. 3) « La mentalité révolutionnaire et la mentalité criminelle », mais l'auteur affirme par exemple :

> Le rôle du peuple a été le même dans toutes les révolutions. Ce n'est jamais lui qui les conçoit, ni les dirige. Son action est déchaînée par des meneurs. [...] Le peuple fait une révolution parce qu'on le pousse à la faire, mais tout en ne comprenant pas grand'chose aux idées de ses meneurs, il les interprète à sa façon et cette façon n'est pas du tout celle des vrais auteurs du mouvement. La Révolution française en fournit un frappant exemple. [...] À partir du moment où la Révolution descendit de la bourgeoisie dans les couches populaires, elle cessa d'être une domination du rationnel sur l'instinctif et devint au contraire l'effort de l'instinctif pour dominer le rationnel[71].

---

68 Gustave Le Bon, *Psychologie des foules*, Paris, F. Alcan, 1895.

69 Gabriel Tarde, *L'Opinion et la Foule*, Paris, F. Alcan, 1901 ; en amont, Scipio Sighele, *La Foule criminelle. Essai de psychologie collective*, Paris, F. Alcan, 1892 (traduction de *La folla delinquente*, Turin, Fratelli Bocca, 1891).

70 Ranajit Guha, « The Prose of Counter-insurgency », dans Ranajit Guha (dir.), *Subaltern Studies II : Writings on South-Asian History and Society*, Delhi, Oxford et New York, Oxford University Press, 1983, p. 45-85.

71 Gustave Le Bon, *La Révolution française et la psychologie des révolutions*, Paris, Flammarion, 1912 (ici 1re partie, livre 1, chap. 4 « Le rôle du peuple dans les révolutions » dans l'édition

Le scénario commande ainsi une vision verticale des groupes ou masses populaires, méprisés et regardés de haut, auxquels sont assignés l'incapacité de raisonner et le manque d'autonomie, par conséquent la manipulabilité (sous les notions de « suggestibilité » et de « contagion »), conduisant à un besoin de meneur, ou au « désir d'être commandés[72] », qui permet enfin de justifier l'ordre social et le rôle, nécessaire, de ses dirigeants. Autant de traits de la prose contre-révolutionnaire qui visent à délégitimer décisions, actions et revendications populaires[73].

Du scénario et du procédé de disqualification, nous avons entrevu plus haut quelques avatars romains ou tardo-médiévaux. Déborah Cohen a pu montrer en étudiant l'imaginaire du peuple au XVIIIe siècle la naturalisation, la déshumanisation et la décontextualisation de la figure de la foule[74] ; dans d'autres circonstances, on la trouve féminisée, pour en prouver tant la mutabilité que la faiblesse intrinsèque[75]. Or si les procédés de naturalisation et de déshumanisation prennent des formes différentes selon les époques, l'émotivité en est un élément assez constant, convoqué par les élites lettrées pour disqualifier l'adversaire. Pour les théoriciens de la « psychologie des foules », non seulement l'émotion collective voire l'émotivité sont des caractéristiques fondamentales du petit peuple – du peuple des exclus, opposé alors au peuple inclusif de la nation, du sujet politique collectif[76] – mais surtout, cette émotion,

---

accessible en ligne : http://classiques.uqac.ca/classiques/le_bon_gustave/revolution_francaise/revolution_franc_tdm.html ; comparée avec le texte de l'édition des Amis de Gustave Le Bon, Paris, 1983, sur Gallica : https://gallica.bnf.fr/ark:/12148/bpt6k5547g/f1.item ; tous deux consultés le 15 février 2021.

72 Gustave Le Bon, *Psychologie des foules*. Pour une toute récente incarnation, voir l'intervention d'Éric Anceau, historien, à propos des gilets jaunes, dans *id.*, *Le Temps du débat*, France Culture : « Peut-on sortir de l'opposition entre "peuple" et "élites" ? », en ligne : https://www.franceculture.fr/emissions/le-temps-du-debat/peut-sortir-de-lopposition-entre-peuple-et-elite (consulté le 28 janvier 2021).

73 Voir dans ce volume les études de Vincent Challet, analysant le topos de la foule émue à la fin du Moyen Âge. Giulia Morosini, dans son étude sur le monde émotionnel militaire de la Renaissance italienne, montre à l'inverse le *topos* à l'œuvre.

74 Déborah Cohen, *La Nature du peuple. Les formes de l'imaginaire social (XVIIIe-XXIe siècles)*, Seyssel, Champ Vallon, 2010.

75 Shane Bobrycki, « The Flailing Women of Dijon », art. cité.

76 Bien en amont de la distinction binaire bien connue de Giorgio Agamben, « Qu'est-ce qu'un peuple ? », dans *id.*, *Moyens sans fin. Notes sur la politique*, Paris, Payot, Rivages, 2002, p. 20-21, voir la tripartition de Gilles Gagné, « La populace, la foule et la majorité », *Bulletin du MAUSS*, 21 (1987), p. 11-28. Agamben parle de la « fracture biopolitique fondamentale », au cœur de la notion du peuple, qui désigne à la fois « le sujet politique

nécessairement opposée à la raison, se conçoit par le registre de la contagion (ou de la « suggestibilité »), voire de la criminologie, et plus largement de la pathologie sociale. La société qui la sécrète est perçue comme un organisme malade dont les foules déchaînées sont les agents pathogènes, mettant en péril tout l'édifice social et politique, rationnel et institutionnel. Cette vision, à la fois psychologique et pathologique, désamorce toute lecture politique – et par là même réduit au silence toute revendication populaire. Il va donc de soi qu'aux yeux de l'architecte de la psychologie des foules, le contexte socio-historique n'a point de grâce. Le Bon explique le comportement de la « foule psychologique » par son irrationalité – impulsivité et émotivité – mais aussi par une « âme collective », qui la distingue de la somme des individus qui la composent. Bien que ce rapprochement puisse paraître hasardeux à cause de la distance paradigmatique qui les sépare, l'idée d'âme collective entre en résonance, dans la culture du XIXe siècle français, avec le collectif « peuple » chez Michelet quelques décennies plus tôt, aux valeurs inversées ; elle confère également une force collective particulière aux foules populaires, fondamentale dans la théorie psychopathologique. On le sait, Le Bon était amplement lu : il a influencé, parmi d'autres, Sigmund Freud qui, dans *La Psychologie de masse et analyse du moi*, publié en 1921, utilise largement Le Bon lorsqu'il explique le comportement de la masse à partir de sa propre théorie de la psychologie individuelle[77]. En langage freudien, dans la foule, les barrières du Surmoi sautent, en libérant l'irrationalité et l'émotivité originelles et refoulées. Sortes de surrections de l'être primitif, elles nourrissent l'inconscient qui prend alors le gouvernail ; la libido libérée explique également l'attirance des foules vers les chefs. Freud postule donc une connivence d'ordre naturel entre la foule, rapprochée des tribus primitives, et les bas-fonds de la psyché, ce qui rend les masses particulièrement dangereuses pour les plus hautes valeurs de la conscience et de la civilisation[78]. Son œuvre participe, aux côtés de celles de Marx et de Nietzsche, à la rupture épistémologique de la période, qui introduit « un doute majeur envers

---

constitutif et la classe qui, de fait sinon de droit, est exclue de la politique ». L'analyse de Gagné ajoute une troisième figure du peuple : celle de la majorité silencieuse.

77 Sigmund Freud, *Psychologie de masse et analyse du moi*, trad. inédite par Dominique Tassel, présentation par Patrick Hochart, Paris, Point, 2014.

78 *Ibid.* ; voir aussi Marthe Robert, *D'Œdipe à Moïse. Freud et la conscience juive*, Paris, Calmann Lévy, 1974, p. 81.

tout ce qui se donne pour universel, rationnel et vrai », pour reprendre les termes d'Hervé Mazurel : « Le sens donné, immédiat et visible, n'est jamais pour eux qu'une façade [...] derrière [laquelle] agissent, pour Nietzsche, des "instincts", pour Marx, des "intérêts", pour Freud, des "pulsions"[79] ». C'est bien ce contexte épistémologique qui explique l'avènement, à la fin du XIXe siècle, de l'intérêt scientifique pour les foules et les mentalités collectives, deux sujets jumeaux de la période.

Dans ce paysage intellectuel, la psychologie des foules semble n'avoir fait que s'approprier le mythe ancien qui conjugue l'imaginaire des « classes laborieuses, classes dangereuses[80] » avec le topos de la foule déchaînée pour en faire une pathologie sociale. Convaincante par sa cohérence et sa puissance explicative, la théorie topique des foules émues a continué à fasciner tout au long du XXe siècle[81]. C'est ce que prouve encore la théorie d'Elias Canetti en 1960[82], qui oppose les foules ou masses ouvertes aux foules fermées – les premières, dangereuses et les secondes, encadrées – ou encore l'ouvrage du sociologue Serge Moscovici paru en 1981, *L'Âge des foules* : malgré l'intérêt de leurs approches, aucun des deux ne remet en cause le fond et les soubassements de l'analyse des penseurs de la psychologie des foules. Et, quoi que l'on pense aujourd'hui de la sémantique sociologique et des raccourcis méthodologiques qui l'ont mise en œuvre, force est de constater le mérite historique de la psychologie des foules : avoir formulé et problématisé la question des foules, ces agrégats humains au comportement particulier, et d'en amorcer l'analyse. La fascination qu'elle a provoquée ne peut donc aucunement être réduite à l'errance.

C'est à partir des années 1960-1970, où l'intérêt pour les foules et les mouvements sociaux est revigoré par l'actualité, que les conditions de la naissance de la « psychologie des foules » ont enfin été analysées et historicisées. Plusieurs ouvrages sont consacrés en vingt ans au terreau politique et intellectuel où s'enracinent les idées des concepteurs de la psychologie des foules : le travail pionnier que l'historien américain Robert A. Nye consacre à Le Bon et à la crise de la démocratie sous la

79 Hervé Mazurel, « De la psychologie des profondeurs à l'histoire des sensibilités. Une généalogie intellectuelle », *Vingtième siècle. Revue d'Histoire*, 123/3 (2014), p. 22-38 (ici p. 26).

80 Louis Chevalier, *Classes laborieuses et classes dangereuses pendant la première moitié du* XIXe *siècle*, Paris, Plon, 1958.

81 Voir sur la question Clark McPhail, *The Myth of the Madding Crowd*, *op. cit.*

82 Elias Canetti, *Masse et puissance*, Paris, Gallimard, 1966 [1960].

Troisième République (1975) ; le livre de l'historienne Susanna Barrows, *Miroirs déformants* (1981 ; traduit en 1990), sous-titré *Réflexions sur la foule en France à la fin du XIXe siècle*[83] ; enfin celui du sociologue Jaap Van Ginneken, dans *Crowds, Pyschology and Politics, 1871-1899* (1992), qui inclut les penseurs italiens dans le monde intellectuel des dernières décennies du XIXe siècle[84]. Barrows et Van Ginneken retracent comment Le Bon et Tarde recyclaient directement dans leur « théorie » les narrations des grandes figures de la littérature française du XIXe siècle : Michelet, Balzac, Zola, ainsi que les idées réactionnaires de Hippolyte Taine sur la Révolution française et la théorie sociale du criminologue italien Scipio Sighele, copiée par Le Bon. Ils prouvent de façon claire que si Tarde et Sighele s'étaient mutuellement influencés, c'est Le Bon qui est parti avec la caisse, pour reprendre l'heureuse expression de Stephen Reicher[85]. Cette liste serait enfin incomplète sans la mention du travail du sociologue Christian Borch, dont le livre *The Politics of Crowds. An Alternative History of Sociology* (2012) a l'immense intérêt d'étudier l'histoire de la perception des foules dans le contexte de la sociologie du XXe siècle, en s'interrogeant sur la transformation, puis la dissolution de la sémantique sociologique des foules.

COMPRENDRE L'ACTION DES FOULES, RATIONALISER L'ÉMOTION

De la fin du XIXe siècle à la Seconde Guerre mondiale voire aux années 1960-1970, c'était la question des *représentations collectives* qui était au

83 Robert A. Nye, *The Origins of Crowd Psychology. Gustave Le Bon and the Crisis of Mass Democracy in the Third Republic*, Beverly Hills et Londres, SAGE publications, 1975 ; Susanna Barrows, *Miroirs déformants. Réflexions sur la foule en France à la fin du XIXe siècle*, Paris, Aubier, 1990 [1981] ; pour une belle discussion critique, Yvon J. Thiers et Jean-René Tréanton, « La foule comme objet de "science" », *Revue française de sociologie*, 24 (1983), p. 119-136.

84 Robert A. Nye, *The Origins*, *op. cit.* ; Susanna Barrows, *Miroirs déformants*, *op. cit.* ; Jaap van Ginneken, *Crowds, Pyschology and Politics, 1871-1899*, Cambridge, Cambridge University Press, 1992.

85 Stephen Reicher, compte-rendu de Jaap van Ginneken, *Crowds, Psychology and Politics, 1871-1899* dans *History of the Human Sciences* 7/4 (1994), p. 126-129 (ici p. 128).

cœur des discussions en sciences sociales, impliquant nécessairement une vision du peuple, de la foule ou des masses. Parmi les nombreux auteurs qui s'y sont frottés, on compte deux géants, Émile Durkheim et Marcel Mauss parmi bien d'autres ; en histoire, on retrouvera les historiens de la Révolution française tout au long du XXe siècle ; enfin, à la fois des historiens et des scientifiques du social à partir des années 1960, période dont l'actualité politique a ramené la notion à l'agenda de la recherche. Dans cette littérature, la peur des foules érigée en science ne constituait qu'une des deux ramifications majeures des réflexions sur les phénomènes sociaux collectifs, à la lisière de la psychologie et de la sociologie. Il serait erroné d'opposer frontalement deux discours, correspondant à un clivage politique et idéologique, tant les questionnements sont communs, même si les réponses diffèrent.

SOCIOLOGIE

Animé par les mêmes interrogations que les penseurs de la foule, Émile Durkheim s'intéresse, en même temps que Tarde, Le Bon et plusieurs autres intellectuels français, aux phénomènes et aux représentations collectifs qu'il considère au cœur des phénomènes sociaux, et qu'il n'entend point réduire à des phénomènes naturels[86]. Un des points cruciaux de son opposition aux idées de Tarde, au tournant du siècle, tient précisément à cela : il s'intéresse aux phénomènes comme des *faits sociaux*, base de sa sociologie. Un passage de l'article théorique « Sociologie » de M. Mauss et de P. Fauconnet, paru en 1901 dans *La Grande Encyclopédie*, permet clairement d'en illustrer l'idée :

> La force des faits sociaux leur vient de l'opinion. [...] Et l'on peut même dire que tout changement dans les institutions est un changement dans l'opinion. [...] Les faits sociaux sont donc des causes parce qu'ils sont des représentations ou agissent sur des représentations. Le fond intime de la vie sociale est un ensemble de représentations. En ce sens, donc, on pourrait dire que la sociologie est une psychologie[87].

86 Voir Laurent Mucchielli, *Mythes et histoire en sciences humaines*, Paris, 2004 (ici chap. 5. « Sociologie et psychologie en France, l'appel à un territoire commun. Vers une psychologie collective (1890-1940) », p. 129-160).

87 Marcel Mauss et Paul Fauconnet, « La sociologie », *La Grande Encyclopédie*, Paris, vol. 30, 1901, p. 165-175 ; repris dans Marcel Mauss, *Œuvres*, Minuit, Paris, 1969, p. 160. Cité par Laurent Mucchielli, *Mythes et histoire* (ici chap. 5, paragr. 22).

Si la réflexion la plus connue de Durkheim sur les émotions collectives, formulée dans *Les Formes élémentaires de la vie religieuse* (1912), reste dans un cadre conceptuel marqué par les dichotomies de *primitif/civilisé*, *émotion/raison*, où les phénomènes collectifs, analysés alors chez des peuples catégorisés comme primitifs sont à ses yeux plus fondamentaux que dans la civilisation qui l'entoure, il ne parle pas de pathologie ou de menace de la foule pour la société. Au contraire, Durkheim perçoit alors l'émotion collective comme une effervescence, un enthousiasme collectif, une exaltation positive, dans un registre religieux qui est à la racine des connaissances[88]. Énergie positive et créatrice, la conscience collective est ce que la vie psychique peut produire de plus élevé, dans la mesure où elle participe à la création et à la recréation des formes symboliques de la société[89]. Ses conférences, parues sous le titre *L'Éducation morale*, publiées à titre posthume en 1925, donnent un éclairage un peu différent sur la question. Durkheim y considère que la société n'est pas fondamentalement différente de la foule, elle en est plutôt une forme stabilisée ; aussi voit-il dans l'éducation, et particulièrement dans la discipline, la force qui peut rationaliser et ordonner les comportements de foule, dont il reconnaît la nature irrationnelle[90]. Dans un autre cadre, il conviendra de poursuivre l'enquête chez Mauss, mais aussi chez Lucien Lévy-Bruhl, et jusqu'à Maurice Halbwachs, pour bien saisir les rameaux de la réflexion française sur la manière d'articuler représentations collectives, émotions partagées et faits sociaux[91]. Si nous nous arrêtons à cette esquisse des approches concurrentes au début du XXe siècle, qui partagent pourtant un vocabulaire et un paysage intellectuel, c'est qu'elles traduisent aussi

88 Voir là-dessus, Dominique Merllié, « Lévy-Bruhl et Durkheim : notes biographiques en marge d'une correspondance », *Revue Philosophique de la France et de l'Étranger*, 179/4 (1989), p. 493-514.

89 Émile Durkheim, *Les Formes élémentaires de la vie religieuse*, Paris, éditions du CNRS, 2007 (ici livre II, chap. 7, IV, p. 335-343). Voir aussi *id.*, « Représentations individuelles et représentations collectives », *Revue de Métaphysique et de Morale*, 6/3 (1898), p. 273-302.

90 Voir sur le sujet Christian Borch, *The Politics of Crowds*, *op. cit.*, p. 75-77.

91 En reprenant le beau travail par Laurent Mucchielli, je projette de cartographier en détail du point de vue des concepts qui nous intéressent ici (autour du « collectif » : psychologie collective, âme collective, inconscient collectif, sentiments ou émotions collectifs, mentalités et représentations collectives…) les ramifications de la pensée de plusieurs intellectuels de la pépinière du premier XXe siècle, à commencer par Émile Durkheim, Lucien Lévy-Bruhl, Charles Blondel, Marcel Mauss, Maurice Halbwachs – tout en explorant leurs liens aux géants germaniques de leur temps, Sigmund Freud, Max Weber, Georg Simmel.

bien la polysémie que les enjeux épistémologiques et politiques de l'émotion collective – enjeux que l'on retrouve jusqu'à aujourd'hui, où l'émotion collective apparaît toujours comme un concept fondamental, à la fois ambigu et neutre.

Dans le monde dynamique des sciences sociales émergentes du premier XXe siècle, Durkheim et Mauss, ainsi que plusieurs intellectuels français marqués à gauche portaient, chacun à sa façon, un regard positif sur le peuple ou les « primitifs », ainsi que sur leur créativité collective, que ce soit dans le cadre religieux, rituel, ou plus large et indéfini : social. Ils proposaient donc une voie alternative au scénario de la foule déchaînée, perpétué par les plus conservateurs et érigé en savoir scientifique. Avec Durkheim et Mauss, on retrouve le cadre intellectuel discuté au début de cet article, dans lequel Marc Bloch et Lucien Febvre ont accouché du projet des *Annales*, qui sera le véritable héritier de ce projet intellectuel dans la longue durée[92]. Car en amont du vocabulaire et des concepts, ce sont les lectures et l'horizon intellectuel que ces hommes partagent : un horizon où psychologie et sociologie sont étroitement liées. Si pour Durkheim, la foule est un fait social, Henri Wallon considère l'émotion comme le fait psychologique primitif : « Ce qui soude l'individu à la vie sociale par ce qu'il peut y avoir de plus fondamental dans sa vie biologique », car c'est l'émotion qui « ouvre la voie à la représentation et au concept que façonne le langage, c'est-à-dire la société[93] ». Or ce socle théorique commun à la psychologie et à la sociologie, qui avait produit la psychologie collective française élaborée dans la première moitié du XXe siècle, a été mis à l'écart dans la seconde moitié du siècle : nous revoici devant le constat de départ, nous invitant à de nouveaux travaux d'histoire intellectuelle.

C'est pourtant en se fondant sur ce socle que la théorie psychopathologique de la foule a pu être analysée et critiquée entre les années 1930 et les années 1970, ce qui a permis de développer, en plusieurs vagues,

92 C'est ainsi qu'on comprend par exemple le fait que Lucien Febvre écrit une recension sur Henri Wallon, *Principes de psychologie appliquée*, intitulé « Questions de fait et de méthode. La psychologie appliquée : problèmes de méthode et solutions appliquées », *Annales d'histoire économique et sociale*, 3/10 (1931), p. 261-265.

93 Henri Wallon, « L'organique et le social chez l'homme », *Enfance*, 16/1-2 (1963) au n° 1 : *Henri Wallon. Buts et méthodes de la* psychologie, p. 59-65 (ici p. 64). Sur l'imbrication du biologique et du social, *voir* aussi Henri Wallon, *L'Évolution psychologique de l'enfant*, Paris, Armand Colin, 1941, p. 34-47 ; ensuite, Laurent Mucchielli, *Mythes et histoire*, *op. cit.* (ici chap. 5, paragr. 60).

une série d'autres approches du peuple et de la foule en émotion. Ces approches ont pour caractéristiques communes le fait que leurs auteurs contestent le regard conservateur et négatif sur l'émotion de foule et sur les mouvements populaires et sociaux ; par conséquent, elles tendent à rationaliser l'émotion collective et/ou les phénomènes populaires et de foule pour les faire rentrer dans le cadre de l'analyse sociale. Cette rationalisation dans l'analyse définissait l'attitude des sociologues de l'École de Chicago, critiques de la psychologie des foules, qui avaient en commun leur horizon libéral avec des accents très variés. Ainsi, certains soulignaient le danger que représentaient les foules, que ce soit pour les structures communautaires ou l'individu libéral, alors que d'autres, selon une lecture fonctionnaliste, s'intéressaient au potentiel « libérateur » de la foule. Il s'agissait alors de souligner la capacité de la foule à libérer l'individu des contraintes sociales ou, dans une perspective plus européenne, à créer de nouvelles institutions ou liens sociaux (idée qu'on retrouve aussi chez des sociologues allemands de la république de Weimar)[94]. La sociologie américaine a ainsi permis de déplacer l'intérêt des foules d'abord vers les « comportements collectifs », moins connotés, et vers la problématique des « sociétés de masse » contemporaines puis, notamment avec Talcott Parsons, vers la question de l'action sociale.

HISTOIRE

En France, c'est à cette même époque, à partir des années 1930, que se développe l'histoire sociale qui jette un autre regard sur la foule en émotion, au sens médiéval du terme. L'historien de la Révolution française Georges Lefebvre, qui était aussi un militant de gauche, rédige *La Grande Peur de 1789*, paru en 1932, et dans son prolongement, un article conséquent sur « Les foules révolutionnaires[95] », prononcé à la Quatrième Semaine Internationale de Synthèse, organisée par Henri Berr et consacrée aux foules en 1932. Pour Lefebvre, qui est le premier à combattre ouvertement les idées de Le Bon, il s'agit à la fois de réhabiliter le peuple qui vit la peur pendant la Révolution, et d'expliquer le « mystère » du peuple que l'émotion collective pousse à l'action. En s'appuyant sur des penseurs

94 Christian Borch, *The Politics of Crowds*, *op. cit.* (ici chap. 4, p. 124, 144, 162-164 ; voir aussi le chap. 3 « Weimar developments »).

95 Georges Lefebvre, *La Grande Peur de 1789, suivi* de *Les Foules révolutionnaires*, présentation de Michel Biard et Hervé Leuwers, Paris, Armand Colin, 2014.

des sciences sociales contemporaines (É. Durkheim, M. Halbwachs, G. Dumas) et sur une méthode historique rigoureuse, il fait de l'histoire une science sociale. Son article sur la foule propose des pistes d'analyse des phénomènes de groupe et de foule à partir de la notion de *mentalité collective*. Notion omniprésente et fondamentale chez les penseurs des sciences sociales du premier XXe siècle français, la mentalité collective est la véritable clé de la réflexion de Lefebvre qui lui permet de démolir le cœur des arguments leboniens et de catégoriser les différents types de foule. Si son ouvrage *La Grande Peur de 1789* identifie pour la première fois cette vague d'effroi survenue dans les campagnes françaises à la fin juillet 1789 par crainte d'un « complot aristocratique », il contient très peu de descriptions phénoménologiques de la peur collective et aucune psychologisation. Lefebvre étudie minutieusement les mécanismes du phénomène de la « Grande Peur[96] » : les origines et les causes socio-économiques, la mise en branle et la propagation de la panique qui s'est emparée tour à tour de nombreuses régions de France ; ses mobiles, dont la disette et le brigandage qui sévissaient déjà depuis plusieurs mois. Il montre que la peur collective a rapidement cristallisé une première organisation défensive des villages et des villes par les populations qui se sentaient menacées : en se tournant contre l'aristocratie, celles-ci réquisitionnaient les vivres, rassemblaient les munitions, réparaient les remparts. À l'idée d'une grande panique populaire, Lefebvre oppose ainsi l'analyse du comportement conscient, responsable et rationnel d'un peuple qui prend son sort en main[97].

Lefebvre, qui n'est curieusement pas mentionné par Lucien Febvre dans son manifeste, a ouvert la voie à une toute nouvelle considération du peuple au sens large, des foules anonymes aux mouvements sociaux – voie que les historiens modernistes, et de la Révolution ont été longtemps les plus nombreux à poursuivre. Dans la lutte contre la représentation des foules ou du peuple comme un amas irrationnel et passionné d'individus qui s'y perdent, la rationalisation de leurs motivations et manières d'agir était un outil fondamental, à une époque encore longtemps prisonnière du paradigme hydraulique des émotions. S'il ne peut être question ici d'analyser toutes ces approches, il convient de mentionner George Rudé,

96 Sur Lefebvre, voir aussi l'article de Sophie Wahnich dans ce volume.

97 Voir aussi : Damien Boquet et Piroska Nagy, « Plaidoyer pour une autre histoire des émotions », art. cité.

élève de Lefebvre. Son livre intitulé *The Crowd in History, 1730-1848* et les articles qui y ont mené, reposent sur une compréhension très étroite de la foule (*crowd*) comme foule protestataire ou révoltée[98], en France et en Angleterre. Le mérite essentiel de Rudé est d'opposer les actions populaires pré-industrielles à celles des débuts de l'industrialisation[99] ; toutefois, la question des émotions n'est guère incluse dans son spectre.

Alors même que la question des émotions fut généralement absente de l'enquête des historiens pendant les années 1960-1980, une série de transformations décisives s'y produisirent, incluant progressivement l'expérience populaire et collective dans le champ de l'histoire sociale, politique et culturelle. Elles sont liées à l'émergence à peu près concomitante de l'histoire subalterne, de l'anthropologie historique et de la sociologie des actions collectives. Pour commencer, elles s'attachent aux travaux de l'immense historien britannique Edward Palmer Thompson, inventeur de l'expression « histoire par le bas » (*history from below*) mais aussi de la notion d'agentivité (*agency*)[100] pour s'intéresser à l'ordinaire du vécu des masses, de ceux « en bas » de la société par contraste avec les élites et les institutions. Dans cette perspective, le terme de « subalterne » pour désigner les personnes ou groupes de rang ou statut inférieur en termes de classe, de genre, d'ethnie, de religion, d'orientation sexuelle ou de race, s'est imposé grâce à un groupe d'intellectuels avant tout d'origine indienne (tels D. Chakrabarty et G. Chakravorty Spivak parmi d'autres). Chez Ranajit Guha, un des plus importants historiens du groupe, le terme « subalterne » renvoie au départ aux idées de Gramsci. Originellement utilisé pour les sociétés contemporaines post-coloniales, le terme s'est largement répandu aujourd'hui au-delà de ce champ spatio-temporel. Cette transformation progressive survint alors même que pour ces historiens, l'objectif premier restait de légitimer l'action des masses en en montrant les ressorts, la rationalité collective et l'ancrage profond dans leur expérience quotidienne, tout en s'intéressant tant à leur vécu

98 George Rudé, *The Crowd in History. A Study of Popular Disturbances in France and England 1730-1848*, Londres et New York, John Wiley and sons, 1964, p. 4 ; *id.*, « The Crowd in History », *Social History*, 3/2 (1978), p. 223.

99 *Ibid.* ; voir aussi le compte rendu de Charles Tilly dans *American Sociological Review*, 30 (1965), p. 604-605.

100 En français : Edward P. Thompson, *La Formation de la classe ouvrière anglaise*, Paris, Seuil, coll. « Points », 2012 (titre original : *The Making of the English Working Class*, paru en 1963). Il convient d'y ajouter son article le plus cité, « The Moral Economy of the English Crowd in the 18th century », *Past and Present*, 50/1 (1971), p. 76-136.

qu'aux enjeux de pouvoir dont ils participaient. À peu près en même temps que Thompson, l'historienne canadienne Natalie Zemon Davis s'interrogeait sur la question des foules religieuses pendant les guerres de religion du XVIe siècle à partir d'une forte inspiration anthropologique[101], en intégrant notamment l'étude des rituels et des significations symboliques au questionnaire des historiens concernant les foules en révolte. La conjonction des approches de Thompson et de Davis a conduit à un nouveau regard sur les foules incarnant les couches populaires, qui s'éloignait des explications uniquement socio-culturelles pour intégrer aussi bien la motivation, la vie quotidienne et les rituels, la signification symbolique des gestes, les problèmes de l'identité collective et de la communauté, enfin les enjeux de pouvoir locaux[102] : c'est ce qu'on a l'habitude d'appeler la nouvelle histoire sociale, *New Social History*.

Le sociologue-historien Charles Tilly est la dernière figure importante de la génération de Thompson et de Davis dont les travaux ont particulièrement marqué l'étude des foules et des mobilisations – un terme qu'il est peut-être le premier à utiliser dans le titre de son ouvrage, *From Mobilization to Revolution* (1978). Tilly travaillait sur l'histoire de la France dans la longue durée – ses siècles modernes – avec un outillage de sociologue et une grande exigence de théorisation ; on lui doit notamment la notion de *répertoire d'action collective*, pour décrire les types d'actions ou gestes, toujours propres à un type de société et d'organisation sociale, voire à un groupe social bien précis, que les membres de ce groupe connaissent et peuvent mobiliser pour contester, selon des scénarios plus ou moins prédéfinis[103]. Ainsi les *haro* des *esmouvements* médiévaux et les manifestations de rue de nos jours appartiennent chacun au répertoire d'action d'une société à la configuration sociale et politique précise. Les travaux du trio formé par Thompson, Zemon Davis et Tilly, ainsi que de l'histoire « par le bas » – sans aucun doute liés à leur actualité à partir des années 1960 – ont contribué de façon déterminante à renouveler le

101 Voir en premier lieu, Natalie Zemon Davis, « The Rites of Violence : Religious Riot in Sixteenth Century France », *Past and Present* 59 (1973), p. 51-91 ; *id.*, « Writing "The Rites of Violence" and Afterward », *Past and Present, Supplement*, 7 (2012), p. 8-29.

102 Suzanne Desan, « Crowds, Community, and Ritual in the Work of Edward P. Thompson and Natalie Davis », dans Lynn Hunt (dir.), *New Cultural History*, Berkeley, University of California Press, 1989, p. 47-71.

103 Charles Tilly, *The Contentious French : Four Centuries of Popular Struggle*, Cambridge (Mass.), Harvard University Press, 1986, p. 390-398.

regard sur le peuple commun, le phénomène des foules et leurs mobilisations. C'est sous leur effet que s'est opérée la réorientation de l'histoire sociale vers les formes et manifestations de l'expérience populaire, mettant en avant la notion d'*expérience*. Encore une fois dû à Thompson, ce terme et cette notion laissent progressivement place à l'émotion plutôt qu'ils ne visent à l'évincer : une approche que l'on retrouve dans l'*Alltagsgeschichte*, histoire de la vie quotidienne, en Allemagne. L'intérêt pour l'expérience a été affinée dès les années 1970 par les premiers auteurs italiens de *micro-storia*, Giovanni Levi et Carlo Ginzburg, qui cherchaient à comprendre aussi bien l'expérience et les formes d'action des petites gens « sans nom », les dynamiques des communautés locales et les rapports de force qui les traversaient, que les rationalités propres à l'action du monde des « subalternes », que celle-ci soit directement politique ou pas[104]. Dans cette grande réorientation historiographique, mettant en avant ceux et celles qui avaient été négligés par une histoire plus traditionnelle, l'on doit intégrer la notion d'agentivité ou *agency*[105] qui vise avant tout à réhabiliter la *capacité d'agir*, la rationalité de l'action des subalternes. Inventée par Thompson pour parler de la classe ouvrière anglaise – qu'il visait alors à la décrire comme prenant activement part à sa propre formation, au lieu d'être seulement déterminée par les forces plus larges de l'histoire –, la notion est largement reprise par la suite. L'*agentivité* renvoie ainsi à l'aptitude (individuelle ou collective) toujours historiquement située à formuler les choses et une vision du monde ; de ce regard sur le monde découle une capacité à exercer du pouvoir et à se percevoir comme acteur(s)[106].

---

104 Carlo Ginzburg, *Le Fromage et les vers. L'univers d'un meunier du* XVI*e* *siècle*, Paris, Flammarion, 1980 [1976] ; Giovanni Levi, *Le Pouvoir au village. Histoire d'un exorciste dans le Piémont du* XVII*e* *siècle*, Paris, Gallimard, 1989 [1985].

105 Pour l'historien, quelques articles utiles sur un sujet très populaire : Walter Johnson, « On Agency », *Journal of Social History*, 37 (2003), p. 113-124 ; John Robb, « Beyond Agency », *World Archaeology*, 42/4 (2010), p. 493-520 ; Lynn M. Thomas, « Historicising Agency », *Gender and History*, 28/2 (2016), p. 324-339 ; Kent den Heyer, « Historical Agency. Stories of Choice, Action, and Social Change », dans Scott Alan Metzger (dir.), *The Wiley International Handbook of History Teaching and Learning*, Hoboken, Wiley-Blackwell, 2018, p. 227-251.

106 Francesca Trivellato, « Microstoria/Microhistoire/Microhistory », *French Politics, Culture & Society*, 33/1 (2015), p. 122-134 (ici p. 127) ; Naomi J. Andrews et Jennifer E. Sessions, « The Politics of Empire in Post-Revolutionary France », *French Politics, Culture & Society*, 33/1 (2015), p. 1-10.

EXPÉRIENCE ET AFFECTIVITÉ

Pendant une grande partie du XXe siècle et peut-être jusqu'à aujourd'hui même, les diverses problématiques (action et mobilisation, qualité de vie et expérience) liées au peuple et aux foules sont restées fortement teintées de politique et d'idéologie en sciences sociales, étant donné le lien organique de l'objet avec une question centrale de nos démocraties modernes. Or à partir des années 1970, les nouvelles approches d'anthropologie historique, micro-historiques ou d'histoire culturelle ont progressivement réussi à déplacer le regard et à casser la dynamique idéologico-politique sous-jacente, sans pour autant la faire disparaître. Ce contexte proprement historiographique a permis de favoriser, à son tour, l'ouverture des champs historiques vers les dimensions affectives et sensorielles du vécu, puisque l'enjeu principal n'était plus le combat idéologique concernant la légitimité, la motivation et la compréhension rationnelle et politique de l'action des foules et de la parole du peuple, mais l'étude pour elle-même de la vie et des gestes des « subalternes ».

Si les travaux dans ce très large sillage n'ont jamais cessé depuis et se sont revitalisés depuis le début du millénaire, la définition et la perception de la notion d'expérience, étroitement liées à celles de l'émotion, se sont également transformées dans l'historiographie des trente dernières années. Alors que pour Thompson, elle apparaît avant tout comme l'ensemble de ce qui constitue la vie des petites gens, que l'historien britannique oppose tant aux statistiques des économistes qu'aux discours des élites[107] – raison pour laquelle, d'ailleurs, l'usage historien de la notion d'expérience s'est vue critiquer par les tenants du *linguistic turn*[108] qui la comprenaient comme naturalisante, et soulignaient au contraire son caractère profondément culturel et ancré dans le discours – aujourd'hui les historiens qui s'en réclament l'envisagent comme un objet et un outil analytique permettant d'embrasser à la fois les dimensions sensorielle, affective, corporelle et cognitive du vécu humain, dans une perspective où l'être humain et la société se conçoivent tous deux comme des constructions bio-culturelles[109]. Ainsi, l'expérience qui

107 Edward P. Thompson, *La Formation de la classe ouvrière*, *op. cit.* (préface, p. 15 *sq.*).

108 Joan W. Scott, « The Evidence of Experience », *Critical Inquiry, 17/4 (1991)*, p. 773-797.

109 Rob Boddice, *The History of Emotions*, Manchester, Manchester University Press, 2018 ; Rob Boddice et Mark Smith, *Emotion, Sense, Experience*, Cambridge, Cambridge University Press, 2020 ; Sari Katajala-Peltomaa et Raisa Maria Toivo, « Introduction : Religion as

inclut l'affectivité ne s'oppose aucunement au discours et au langage, et son étude conçoit les aspects individuel et social, voire collectif du vécu comme formant un ensemble aux liens multiples et inextricables.

LA BOÎTE À OUTILS DE L'HISTORIEN : ÉMOTION DE FOULE, AGENTIVITÉ ET CONSCIENCE COLLECTIVE

À la fin de ce parcours nous espérons avoir éclairci tant le contexte que le processus par lesquels la dimension affective des phénomènes sociaux a d'abord été évincée, puis très progressivement réintégrée dans les enquêtes en sciences sociales. De nombreuses études récentes – avant tout en psychologie sociale et en anthropologie, mais aussi en sociologie des mouvements sociaux ou en science politique – ont montré de diverses façons à quel point les engagements et décisions politiques ou sociales sont profondément motivés par l'affectivité[110], dont fait partie l'émotion collectivement vécue. C'est ce qui permet de penser aujourd'hui l'affectivité au cœur de la socialité, de la communication sociale et politique, où l'impact des émotions et des sentiments générés par l'être-ensemble peut être fondamental dans l'élaboration des réactions collectives, des décisions communes, de l'urgence d'agir ou du sentiment d'appartenance et d'identité. Il convient donc de repenser le travail sur l'émotion collective sur la base de son lien étroit avec les processus cognitifs et les expériences sensorielles et corporelles, tout en la réintégrant dans l'analyse historique des processus sociaux et des événements, où elle est omniprésente. Pour ce faire, nous disposons aussi bien d'approches toujours plus diverses des émotions collectives que d'outils d'analyse désormais classiques, créés par les historiens des émotions.

Parmi les approches contemporaines élaborées par les sciences sociales dans les dernières décennies qui proposent différents angles de vue pour

Historical Experience », Sari Katajala-Peltomaa et Raisa Maria Toivo (dir.), *Histories of Experience in the World of Lived Religion*, à paraître ; Lisa Feldman Barrett, *How Emotions are Made*, New York, HMHO, 2017.

110 Voir supra, p. 18, et note 23.

saisir les émotions collectives[111], certaines rejoignent particulièrement les préoccupations des historiens, esquissées plus haut. L'intérêt de ces approches – dont on ne présentera ici que quelques-unes – tient au fait qu'au lieu de contourner la force de l'émotion collective, comme l'avaient fait les auteurs des générations précédentes, elles visent à l'intégrer à l'analyse sociale en lui conférant une signification, ce qui leur permet d'inverser les affirmations topiques concernant l'émotion de foule. Cette liste commence nécessairement par le livre très accessible mais aussi très discutable, qui a connu un grand succès, de James Surowiecki, *La Sagesse des foules* (éd. américaine en 2004)[112], écrit pour le grand public, dont le titre, on le voit bien, fait écho à l'idée de la *madding crowd* (C. McPhail) ou de la *madness of crowds* (C. Mackay[113]). L'ouvrage cherche à illustrer l'intelligence des groupes par la « sagesse des nombres ». Construit à partir d'études de cas, il vise à prouver que la foule – ou le grand nombre – serait *statistiquement* plus intelligente et juste, somme toute plus sage que les individus qui y participent, tant en termes de connaissance, de coordination que de coopération ; ses cas impliquent des foules ou groupes décentralisés, composés de participants divers et indépendants. Alors que Surowiecki argumente à partir de cas isolés, de statistiques et de nombres, une démarche voisine, fortement liée aux sciences naturelles, est suivie par Mehdi Moussaïd dans son petit ouvrage, là aussi de vulgarisation scientifique, intitulé *Fouloscopie*. Moussaïd s'intéresse aux mécanismes et aux automatismes déployés par les foules – foules que l'auteur conçoit en tant qu'*agrégats de particules humaines* lesquelles créent des flux qui possèdent leur propre intelligence[114]. Cette dimension des groupes humains, fondée sur le mimétisme et la « contagion », est alors traitée sans jugement ; la démarche révèle le caractère irréductible de l'ambivalence des foules. Ces deux approches, intéressantes parce qu'elles font réfléchir de façon originale sur la nature des agrégats humains, sont aussi troublantes par le soupçon de naturalisation des participants de

111 Deux ouvrages importants leur sont consacrés : Christian von Scheve et Mikko Salmela (dir.), *Collective Emotions*, *op. cit.* ; Laurence Kaufmann et Louis Quéré (dir.), *Les Émotions collectives*, *op. cit.* Pour des raisons de place évidentes, il ne peut être question ici de rendre compte de toutes les approches, très intéressantes, que contiennent ces deux recueils.

112 James Surowiecki, *La Sagesse des foules*, Paris, Lattès, 2008 [2004].

113 Charles Mackay, *Memoirs of Extraordinary Popular Delusions and the Madness of Crowds, Londres, Richard Bentley*, 1841.

114 Mehdi Moussaïd, *Fouloscopie. Ce que la foule dit de nous*, Paris, HumenSciences, 2019.

la foule, bien qu'elles le fassent très différemment l'une de l'autre ; en cela, elles sont peut-être moins éloignées qu'elles ne le voudraient des modèles qu'elles récusent. Dans la même lignée, une troisième approche doit être citée, celle qui s'intéresse aux émotions collectives sous l'angle de la contagion[115], où le terme de contagion – une métaphore venant du vocabulaire médical – est souvent appliqué à la diffusion d'idées, d'humeurs ou d'émotions, comprise alors comme un « phénomène doté d'une dynamique d'expansion exponentielle et d'autant plus angoissante qu'elle semble souvent dépourvue d'une origine définie et d'une fin prévisible[116] ». Par un mécanisme intellectuel analysé plus haut, le recours à la notion de contagion peut facilement mener à priver les acteurs impliqués de leur agentivité ; les émotions apparaissent encore là comme des forces obscures et irrationnelles.

Alors que les philosophes s'interrogent souvent sur les modalités du partage de l'émotion et sur l'intentionnalité collective[117], dans toutes les approches citées ci-dessus on retrouve des échos ou réminiscences plus ou moins lointains de l'idée durkheimienne d'*effervescence*. Les idées de Durkheim et de ses élèves (Mauss et Halbwachs avant tout[118]) nourrissent plus fortement encore le travail de certains sociologues, psychologues sociaux et anthropologues étudiant l'émotion collective, notamment parce qu'elles permettent de conférer du sens aux gestes et à toute la dimension sensible d'une action collective ou d'un rituel. C'est le chemin choisi par Gérôme Truc, qui reprend de Durkheim et surtout de Halbwachs l'idée que c'est le fait de mettre en jeu le

115 Voir *Contagions, Tracés. Revue de sciences humaines*, 21/2 (2011) ; et maintenant Béatrice Delaurenti et Thomas Le Roux (dir.), *De la Contagion*, Paris, Vendémiaire, 2020.

116 Florent Coste, Adrien Minard et Aurélien Robert, « Contagions. Histoire de la précarité humaine », *Contagions, Tracés. Revue de sciences humaines*, 21/2 (2011), p. 7-20 (ici p. 7).

117 Voir Mikko Salmela, « Les émotions peuvent-elles être collectives ? » et Anita Konzelmann-Ziv, « La sémiologie de l'émotion partagée », tous deux dans Laurence Kaufmann et Louis Quéré, *L'Émotion collective*, respectivement p. 35-66 et 69-95 ; Raimo Tuomela, *The Philosophy of Sociality*, New York et Oxford, Oxford University Press, 2007 ; Margaret Gilbert, « How We Feel : Understanding Everyday Collective Emotion Ascription », dans Christian von Scheve et Mikko Salmela (dir.), *Collective Emotions*, *op. cit.*, p. 17-31 ; *id.*, *Joint Commitment : How We Make the Social World*, Oxford, Oxford University Press, 2014 ; Philip Pettit, « The reality of group agents » dans Chrysostomos Mantzavinos (dir.), *Philosophy of the Social Sciences : Philosophical Theory and Scientific Practice*, Cambridge, Cambridge University Press, 2009, p. 67-91 ; et « Collective Intentionality » dans *Stanford Encyclopedia of Philosophy*.

118 Voir aussi Laurence Kaufmann et Louis Quéré, « Présentation », art. cité, p. 21.

collectif au sein duquel elle s'exprime qui rend une émotion publique collective au sens fort : non seulement leur expression, mais leur objet est également collectif[119]. Cependant, ce qui est le plus souvent retenu du Durkheim des *Formes élémentaires de la vie religieuse*, c'est l'idée que l'émotion « se collectivise » à travers une série de gestes collectivement performées, qui mettent en jeu des symboles et des objets partagés : gestes, actes et mouvements dont la signification est reconnue par tous permettent la collectivisation de l'expérience[120].

Les idées de Durkheim façonnent également l'approche de Stephen Reicher, un psycho-sociologue britannique, qui considère la foule, l'agentivité et la passion à la racine du lien social. Il construit un modèle d'identité sociale en affirmant que la participation aux groupes ou aux foules, où l'émotion collectivement expérimentée est à l'œuvre, crée trois types de transformations qui orchestrent la formation de l'identité collective : cognitive, relationnelle et affective[121]. La transformation cognitive mène à prioriser les valeurs, les normes et les intérêts du groupe sur les siens propres, de sorte qu'un comportement devient socialement sensé parce qu'il reflète le système de signification sociale du groupe. L'identification au groupe fait alors naître une transformation relationnelle, marquée par une forte solidarité et intimité, ce qui crée les conditions idéales pour mener une action coordonnée et efficace dans une direction commune. Enfin, la forte cohésion engendre l'expression et l'action passionnées chez les membres du groupe, de sorte que les gens sont totalement investis dans ce qu'ils font, sans que cela diminue leur rationalité ou efface les frontières de l'individu. De la sorte, tout ce qui met en valeur l'agentivité collective, le pouvoir social, est socialement validée.

---

119 Gérôme Truc, « Tous concernés ? La dimension collective des émotions en situation d'attentats », dans *L'Émotion collective*, *op. cit.*, p. 97-132, surtout p. 101-102, où il discute Maurice Halbwachs, « L'expression des émotions dans la société », *Vingtième* siècle 123 (1947), p. 39-48.

120 Voir dans cet ouvrage les études de Ludivine Bantigny et de Piroska Nagy ; Marika Moisseeff et Michael Houseman, « L'orchestration rituelle du partage des émotions et ses ressorts interactionnels », dans Laurence Kaufmann et Louis Quéré (dir.), *L'Émotion collective*, *op. cit.*, p. 133-166 ; Laurence Kaufmann et Louis Quéré, « Présentation », art. cité, p. 22-23.

121 Stephen Reicher, « Crowds, Agency and Passion. Reconsidering the Roots of the Social Bond », dans Ruth Parkin-Gounelas (dir.) *The Psychology and Politics of the Collective. Groups, Crowds and Mass Identifications*, Londres et New York, Routledge, 2012, p. 67-85.

Si les idées de Reicher s'accordent avec l'hypothèse de Durkheim, qui affirmait que les rassemblements collectifs permettent à leurs participants d'expérimenter un sens d'unité et une capacité d'agir accrus, qu'aujourd'hui on nomme parfois l'empuissance (*empowerment*), sa théorie est aussi mise à l'épreuve par des études expérimentales menées par d'autres psycho-sociologues, souvent publiant en équipe, notamment autour de Bernard Rimé[122] ; celles-ci entrent en résonance avec les idées d'anthropologues travaillant sur le rituel[123]. Les enquêtes entreprises par Rimé et ses collaborateurs visent à explorer, sur divers plans, le *modus operandi* et les significations des émotions expérimentées ensemble, ce qui engendre ou réactive la force cohésive du groupe, leur efficacité dans la communication sociale, enfin leur intégration à des processus sociaux plus vastes. Les auteurs cherchent à comprendre ce qui est à l'œuvre dans l'intensité de l'émotion collective, cette « effervescence » durkheimienne, souvent vue comme dangereuse. Il ne s'agit alors pas de discréditer une passion qui serait privée de raison mais, au contraire, d'explorer le sentiment d'immersion collective dans l'émotion et l'action. Ils qualifient l'état affectif qui se crée alors de *flow collectif*, en reprenant la notion que le psychologue Mihály Csíkszentmihályi avait inventée pour expliquer le sentiment de bien-être individuel qui prend forme lorsqu'on s'immerge complètement dans une activité jugée significative ou plaisante pour la personne – que ce soit l'écriture d'un livre, jouer du piano, une activité créative ou politique individuelle ou collective, etc. Les résultats des études d'anthropologues sur des « rituels coûteux » – les rituels qui demandent un sacrifice important à leurs participants en vue d'un but commun – vont dans un sens identique. Ces études montrent que le partage de l'expérience cognitive, multi-sensorielle, corporelle et affective, par le fait de performer ensemble, de façon rythmique, des gestes et paroles,

122 Quelques articles d'un groupe collaboratif de psycho-sociologues, souvent publiant ensemble : Dario Páez et Bernard Rimé, « Collective Emotional Gatherings. Their Impact upon Identity Fusion, Shared Beliefs and Social Integration », dans Christian von Scheve et Mikko Salmela (dir.), *Collective Emotions*, *op. cit.*, p. 204-216 ; Dario Páez, Bernard Rimé *et al.*, « Psychosocial Effects of Perceived Emotional Synchrony in Collective Gatherings », *Journal of Personality and Social Psychology*, 108/5 (2015), p. 711-729 ; Larraitz Zumeta, Nekane Basabe *et al.*, « Shared flow and positive collective gatherings », *Anales de Psicología*, 32/3 (2016), p. 717-727.

123 Marika Moisseeff et Michael Houseman, « L'orchestration rituelle », art. cité ; Dimitris Xygalatas *et al.*, « Extreme Rituals Promote Prosociality », *Psychological Science*, 24/8 (2013), p. 1602-1605.

de ressentir les mêmes odeurs et sons, mais aussi la même fatigue et douleur, de réactiver les mêmes images culturelles, connues de tous les membres du groupe, qui contribuent tous au but commun, concourt lors des rassemblements et rituels à créer et à entretenir le sentiment d'identité collective, la forte identification au groupe[124]. Marika Moisseeff et Michael Houseman, quant à eux, soulignent à partir de l'étude de divers types de rituels le fait qu'ils ont pour dénominateur commun le *travail d'orchestration* des affects, où les rôles différents des participants servent à « mutualiser » les ressentis, sur un mode d'expression à la fois stylisé et exacerbé, de sorte que les « émotions rituelles » deviennent comme « des embrayeurs de vécus affectifs », le résultat étant par ce travail harmonisé, mais non homogénéisé[125]. On retrouve ici l'idée de « travail » en rapport avec les émotions, mise en avant par la sociologue Arlie Hochschild, dans un livre important et précoce sur la gestion des émotions en milieu de travail[126].

Comme Reicher le souligne : « Au total, l'émotion des foules dérive, plutôt qu'elle ne la nie, de la nature socialement significative de l'action commune [...]. Plus l'action est significative et plus la foule est soudée, plus les émotions seront puissantes, qu'il s'agisse de la joie à mettre en œuvre une vision commune ou la colère contre ceux qui entravent cette réalisation[127] ». Dans toutes ces approches donc, les émotions collectives sont considérées comme participant à la coopération – voire, comme une forme d'*agentivité partagée*.

Contrairement aux autres sciences sociales qui s'intéressent à établir des règles et à comprendre les normes en observant les régularités, l'histoire vise à saisir et à expliquer le contingent : *ce qui est advenu*, à partir des traces matérielles qui nous en sont parvenues. Notre approche primaire est dès lors nécessairement pragmatique et herméneutique : elle repose toujours sur une lecture adéquate des sources, dépendante de leur typologie et du contexte de la période. Pour ce qui est de l'émotion collective, dans un premier temps, il s'agit ainsi non pas de mettre de

---

124 Dimitris Xygalatas *et al.*, « Extreme rituals promote prosociality », art. cité.

125 Marika Moisseeff et Michael Houseman, « L'orchestration rituelle », art. cité ; Laurence Kaufmann et Louis Quéré, « Présentation », art. cité, p. 23.

126 Arlie Rusell Hochschild, *The Managed Heart : The Commercialization of Human Feeling*, Berkeley, The University of California Press, 1983 (traduction française chez La Découvert, parue en 2017 : *Le Prix des sentiments. Au cœur du travail émotionnel*).

127 Stephen Reicher, « Crowds, Agency and Passion », art. cité, p. 81.

côté mais d'affronter le *topos* – les formules schématiques, les descriptions stéréotypées – pour comprendre les raisons pour lesquelles un auteur y recourt. Que veut-il dire et que veut-il cacher ? À quel contexte et situation précis, à quel rapport de force renvoie la mise en circulation des *topoï* ? Que fait ou crée, précisément, une rhétorique topique ? En effet la plupart du temps, le recours au *topos* de la foule émue vise à dissimuler voire à anéantir ce qui déclenche son usage chez un auteur : l'action de la foule, mettant en œuvre une forme d'agentivité populaire. Dans un second temps, si la documentation le permet, il peut être intéressant d'enquêter sur la manière précise dont, dans un contexte culturel et documentaire, l'émotion collective opère et fonctionne. En cela, l'étude des émotions collectives ne diffère guère de celle des émotions individuelles ou communes ; le répertoire d'outils d'analyse reste le même et, il convient de le souligner, certains contextes et certaines sources mènent l'historien à s'interroger sur la pertinence de la distinction entre émotion individuelle et collective : l'émotion collective peut apparaître non pas comme une *catégorie*, mais comme une *configuration*.

Au-delà de la base de tout travail historique, à savoir l'étude d'un discours, qu'il soit textuel ou iconographique, des concepts-outils désormais classiques élaborés par les historiens des émotions autour de l'an 2000 sont toujours utiles pour l'analyse des émotions collectives : la *communauté émotionnelle* de Barbara H. Rosenwein et le *régime émotionnel* de William M. Reddy, pour ne citer que les plus populaires d'entre eux[128], qui permettent de penser de deux manières différentes une norme et une culture émotionnelles partagées par un groupe ou une société. On doit y ajouter les scripts ou scénarios, expliqués plus haut[129], qui fonctionnent parce qu'ils ont une signification connue et respectée de tous ; aussi peut-on les comprendre comme des cousins de deux concepts également utiles pour l'histoire des émotions collectives, *l'émotif* (*emotive*) de Reddy – désignant un énoncé ou geste d'émotion qui, à la manière des performatifs de John Austin, « fait ce qu'il dit », ou encore performe un acte social de façon efficace – et le concept de *rituel*, une notion très discutée par les sciences sociales ces dernières décennies, mais toujours utile. L'efficacité, tout comme l'agentivité, est une notion qui ne va pas

128 Barbara H. Rosenwein, *Emotional Communities*, *op. cit.* ; William M. Reddy, *The Navigation of Feeling*, *op. cit.*

129 Voir plus haut, « Le mythe de la foule déchaînée », art. cité, p. 31.

de soi : il convient de la contextualiser, la préciser et la qualifier pour qu'elle prenne sens dans une analyse.

Le fait même que tous ces concepts-outils ne peuvent être compris qu'au sein d'une culture, large ou étroite (qui peut donc être celle d'une *communauté émotionnelle* par exemple), attire l'attention sur l'immense importance de l'analyse plus large et en même temps contextuelle de *l'anthropologie affective* d'une société, d'une culture et d'une époque données. On entend par anthropologie affective la manière dont les fonctions sociales et les représentations de l'affectivité et de ses composantes s'intègrent dans une vision donnée de l'humain, au sein de laquelle elle s'articule avec les phénomènes cognitifs, sensoriels et corporels d'une manière toujours particulière[130]. L'anthropologie affective est en quelque sorte le cadre culturel vaste qui soutient – rend possible et valide – la naissance et le fonctionnement des émotions et donc des scénarios, des communautés émotionnelles ou des émotifs. Sa compréhension est fondamentale pour décrypter une *culture émotionnelle*, ou le *paysage émotionnel* d'une personne ou d'une communauté. Enfin, l'anthropologie affective est assortie d'*une sociologie affective* et d'une *émotionologie* (P. N. Stearns) : par cette dernière, on entend un système normatif qui commande si l'expression d'une émotion est valorisée ou dévalorisée dans une situation donnée. Ainsi par exemple, si l'expression des émotions dans l'espace privé occidental est plutôt bienvenue, considérée même indispensable aujourd'hui dans l'intimité – dans l'espace public, sur le lieu de travail, une certaine réserve est de mise, avec une force contraignante très différente d'ailleurs pour les hommes et pour les femmes, sauf dans des circonstances exceptionnelles (par ex., les attentats).

Dès lors l'émotion collective apparaît à la fois comme une *pratique sociale*, étroitement soumise à la culture qui prescrit le complexe d'attitudes, d'attentes, de codes de comportements que l'on peut respecter ou au contraire, contourner, négocier ; et comme un *processus*, car engager des émotions – comme William Reddy l'a bien montré sous le terme de *navigation émotionnelle* ou de « traversée des sentiments » et l'idée de la performativité de l'expression des émotions, l'*émotif* – embarque la ou les personne/s sur un chemin de transformation à la fois intérieure et relationnelle, en soulignant par là l'efficacité de l'expression des émotions

130 Voir par exemple Damien Boquet et Piroska Nagy, *Sensible Moyen Âge. Une histoire des émotions dans l'Occident médiéval*, Paris, Seuil, 2015.

dans la communication sociale. La pratique sociale est ce qui permet de « naviguer » et de prévoir : en tant que pratique, elle est articulée autour d'émotions culturellement codées, mises en jeu dans la société selon des scénarios souvent précis, qui peuvent fonctionner ou dysfonctionner, à des occasions définies et parfois ritualisées ; et qu'on peut également appliquer ou détourner voire contourner. C'est pourquoi la notion de *répertoire d'action* de Ch. Tilly peut nous être également utile, pour l'analyse des émotions collectives, tout comme celle d'*agentivité* pour tenir compte de la mise en acte d'une capacité d'action porteuse de sens pour celles ou ceux qui agissent.

Pour conclure, on peut se demander si l'inquiétude et la méfiance qui pèsent jusqu'à aujourd'hui sur la notion d'émotion collective viennent du fait qu'elle est considérée comme dangereuse, soit à cause des présupposés qui l'entourent, soit au contraire à cause d'une reconnaissance de son efficacité, qu'elle soit sociale, religieuse ou politique. En effet, si on la prend au sérieux, l'*empuissance* (*empowerment*) des foules, du peuple ou de collectifs qu'elle opère peut apparaître comme une arme à double tranchant. De fait, l'ambivalence de l'émotion collective reste fondamentale : non seulement parce qu'elle sert souvent d'arme politique, mais aussi parce que son évaluation positive ou négative dépend avant tout du point de vue qu'on adopte : émique ou étique, d'identification ou de distanciation par rapport au groupe qui l'expérimente.

Piroska NAGY
UQÀM, GRHS – UMR 7303
TELEMMe CNRS-AMU

BIBLIOGRAPHIE

SOURCES

ATTO VERCELLENSIS, *Expositio epistolarum S. Pauli*, édité par Jacques-Paul Migne, *Patrologia Latina* 134, Paris, J. P. Migne, 1853, col. 125-832.

Corpus Corporum. Repositorium operum latinorum apud universitatem Turicensem, Base de données en ligne de l'Université de Zurich : http://www.mlat.uzh.ch/MLS/, (consulté le 14 août 2021).

GUIGLELMO VENTURA, *Memoriale Guilielmi Venturae civis Astensis De gestis civium Astensium et plurium illorum*, in *Rerum Italicarum Scriptores*, vol. XI, Milan, ex typographia Societatis Palatinae, 1727, col. 153-268.

LANDOLFO SENIORE, *Historia Mediolanensis*, édité par Ludwig. C. Bethmann et Wilhelm Wattenbach, *MGH SS* VIII, Hanovre, Hahn, 1848.

ÉTUDES

ABU-LUGHOD, Lila, *Veiled Sentiments : Honor and Poetry in a Bedouin Society*, New York, University of California Press, 1999.

AGAMBEN, Giorgio, « Qu'est-ce qu'un peuple ? », dans *id.*, *Moyens sans fin. Notes sur la politique*, Paris, Payot, Rivages, p. 20-21.

AHMED, Sara, *The Cultural Politics of Émotions*, Édimbourg, Edinburgh University Press, 2004.

AMBROISE-RENDU, Anne-Claude et Christian DELPORTE (dir.), *L'Indignation. Histoire d'une émotion politique et morale, XIXe-XXe siècles*, Paris, Nouveau monde, 2008.

ANDREWS, Naomi J. et Jennifer E. SESSIONS, « The Politics of Empire in Post-Revolutionary France », *French Politics, Culture & Society*, 33/1 (2015), p. 1-10.

Anglo-Norman Dictionary, https://anglo-norman.net/entry/commociun (consulté le 10 juillet 2021).

ANSART, Pierre, *La Gestion des passions politiques*, Lausanne, L'Âge d'homme, 1983.

ARNOLD, Magda B., *Emotion and Personality*, New York, Columbia University Press, 1960.

BANTIGNY, Ludivine et Boris GOBILLE, « L'expérience sensible du politique. Protagonisme et antagonisme en mai-juin 1968 », *French Historical Studies*, 41/2 (2018), p. 275-303.

BARROWS, Susanna, *Miroirs déformants. Réflexions sur la foule en France à la fin du XIXe siècle*, Paris, Aubier, 1990 [1981].

BLOCH, Marc, « Réflexions d'un historien sur les fausses nouvelles de la guerre », *Revue de synthèse historique*, 33 (1921), p. 13-35 ; réédité sous forme d'ouvrage : *Réflexions d'un historien sur les fausses nouvelles de la guerre*, Paris, Allia, 1999.

BLOCH, Marc, *La Société féodale*, Paris, L'Évolution de l'humanité, 1939-1940.

BLOCH, Marc, *Écrits de Guerre*, Paris, Armand Colin, 1997.

BLOCH, Marc, *Réflexions d'un historien sur les fausses nouvelles de la guerre*, Paris, Allia, 1999.

BOBRYCKI, Shane, *The Crowd in the Early Middle Ages (c. 500-c. 1000)*, PhD soutenu à l'Université de Harvard, Cambridge (Mass.), 2016.

BOBRYCKI, Shane, « The Flailing Women of Dijon : Crowds in Ninth Century Europe », *Past and Present*, 240/1 (2018), p. 3-46.

BODDICE, Rob, *The History of Emotions*, Manchester, Manchester University Press, 2018.

BODDICE, Rob, et Mark SMITH, *Emotion, Sense, Experience*, Cambridge, Cambridge University Press, 2020.

BOGLIONI, Pierre « *Populus*, *vulgus* et termes apparentés chez Thomas d'Aquin », dans Pierre Boglioni, Robert Delort, Claude Gauvard (dir.), *Le Petit peuple dans l'Occident médiéval*, Paris, Éditions de la Sorbonne, 2002, p. 69-100.

BOONE, Marc, « *Armes*, *coursses*, *assemblees* et *commocions.* Les gens de métiers et l'usage de la violence dans la société urbaine flamande à la fin du Moyen Âge », *Revue du Nord*, 359/1 (2005), p. 7-33.

BOQUET, Damien, *L'Ordre de l'affect. Autour de l'anthropologie affective d'Aelred de Rievaulx*, Caen, Publications du CRAHM, 2005.

BOQUET, Damien, « Le concept de communauté émotionnelle selon B. H. Rosenwein », *BUCEMA* (hors-série), 5 (2013), en ligne : http://journals.openedition.org/cem/12535 (consulté le 4 juillet 2021).

BOQUET, Damien, et Piroska NAGY, « Pour une histoire des émotions : l'historien face aux questions contemporaines », dans *Eid.* (dir.), *Le Sujet des émotions au Moyen Âge*, Paris, Beauchesne, 2009, p. 15-51.

BOQUET, Damien, et Piroska NAGY, « Émotions historiques, émotions historiennes », dans *Écrire l'histoire*, 2 (2008), p. 15-27.

BOQUET, Damien, et Piroska NAGY, *Sensible Moyen Âge. Une histoire des émotions dans l'Occident médiéval*, Paris, Seuil, 2015.

BOQUET, Damien et Piroska NAGY, « Una storia diversa delle emozioni », *Rivista Storica Italiana*, 128/2 (2016), p. 481-520.

BOQUET, Damien, et Piroska NAGY, « Plaidoyer pour une autre histoire des émotions », 2017, en ligne : https://emma.hypotheses.org/3007 (consulté le 4 juillet 2021).

BOQUET, Damien, et Laurent SMAGGHE, « L'émotion comme désir de vie », dans Élodie Lecuppre-Desjardin (dir.), *L'Odeur du sang et des roses. Relire Huizinga aujourd'hui*, Villeneuve d'Ascq, Presses Universitaires du Septentrion, 2019, p. 195-214.

BOQUET, Damien, *Sainte vergogne. Les privilèges de la honte dans l'hagiographie féminine au XIIIe siècle*, Paris, Classiques Garnier, 2020.

BORCH, Christian, *The Politics of Crowds. An Alternative History of Sociology*, Cambridge, Cambridge University Press, 2012.

BORCH, Christian, « The Exclusion of the Crowd. The Destiny of a Sociological Figure of the Irrational », *European Journal of Social Theory*, 9/1 (2006), p. 83-102.

BRAUD, Philippe, *L'Émotion en politique*, Paris, Presses de Sciences Po, 1996

CANETTI, Elias, *Masse et puissance*, Paris, Gallimard, 1966 [1960].

CHALLET, Vincent, *Mundare et auferre malas erbas. La Révolte des Tuchins en Languedoc (1348-1382)*, thèse soutenue à l'Université Paris I, Paris, 2002.

CHAUVAUD, Frédéric et Ludovic GAUSSOT (dir.), *La Haine. Histoire et actualité*, Rennes, Presses universitaires de Rennes, 2008.

CHEVALIER, Louis, *Classes laborieuses et classes dangereuses pendant la première moitié du XIXe siècle*, Paris, Plon, 1958.

COHEN, Déborah, *La Nature du peuple. Les formes de l'imaginaire social (*XVIIIe-XXIe *siècles)*, Seyssel, Champ Vallon, 2010.

CONNOR, Steven, « Collective Emotions : The Reasons to Feel Doubtfoul », *The History of Emotions Annual Lecture given at Queen Mary*, à l'Université de Londres, le 9 octobre 2013, en ligne http://stevenconnor.com/collective/collective.pdf (consulté le 17 mai 2021).

COSTE, Florent, Adrien MINARD et Aurélien ROBERT, « Contagions. Histoire de la précarité humaine », *Contagions*, *Tracés. Revue de sciences humaines*, 21/2 (2011), p. 7-20.

DAMASIO, Antonio, *L'Erreur de Descartes*, Paris, Odile Jacob, 1995.

DAMASIO, Antonio, *Le Sentiment même de soi : corps, émotions, conscience*, Paris, Odile Jacob, 1999.

DAMASIO, Antonio, *Spinoza avait raison*, Paris, Odile Jacob, 2003.

DAVIS, Natalie Zemon, « The Rites of Violence : Religious Riot in Sixteenth Century France », *Past and Present* 59 (1973), p. 51-91.

DAVIS, Natalie Zemon, « Writing "The Rites of Violence" and Afterward », *Past and Present, Supplement*, 7 (2012), p. 8-29.

DELAURENTI, Béatrice et Thomas LE ROUX (dir.), *De la Contagion*, Paris, Vendémiaire, 2020.

DELEPLACE, Marc (dir.), *Les Discours de la haine. Récits et figures de la passion dans la Cité*, Villeneuve-d'Ascq, Presses universitaires du Septentrion, 2009.

DELUERMOZ, Quentin, Emmanuel FUREIX, Hervé MAZUREL et M'hamed OUALDI, « Écrire l'histoire des émotions : de l'objet à la catégorie d'analyse », *Revue d'Histoire du XIXe siècle*, 47 (2013), p. 155-189.

DEN HEYER, Kent, « Historical Agency. Stories of Choice, Action, and Social Change », dans Scott Alan Metzer (dir.), *The Wiley International Handbook of History Teaching and Learning*, Hoboken, Wiley-Blackwell, 2018, p. 227-251.

DESAN, Suzanne, « Crowds, Community, and Ritual in the Work of E. P. Thompson and Natalie Davis », dans Lynn Hunt (dir.), *New Cultural History*, Berkeley, University of California Press, 1989, p. 47-71.

DE SOUSA, Ronaldo, *The Rationality of Emotions*, Cambridge (Mass.), MIT Press, 1987.

Dictionnaire de moyen français, https://www.atilf.fr/ressources/dmf/ (consulté le 19 janvier 2021).

DODMAN, Thomas W., *What Nostalgia Was : War, Empire, and the Time of a Deadly Emotion*, Chicago, Chicago University Press, 2018.

DUPUIS-DÉRI, Francis, *La Peur du peuple. Agoraphobie et agoraphilie politiques*, Montréal, Lux, 2016.

DURKHEIM, Émile, « Représentations individuelles et représentations collectives », *Revue de Métaphysique et de Morale*, 6/3 (1898), p. 273-302.

DURKHEIM, Émile, *Les Formes élémentaires de la vie religieuse*, Paris, Éditions du CNRS, 2007.

ELSTER, Jon, *Alchemies of the Mind : Rationality and the Emotions*, Cambridge, Cambridge University Press, 1999.

FEBVRE, Lucien, « La sensibilité et l'histoire. Comment reconstituer la vie affective d'autrefois ? », *Annales d'histoire économique et sociale*, 3 (1941), p. 5-20.

FEBVRE, Lucien, « La sensibilité dans l'histoire : les "courants" collectifs de pensée et d'action », dans *La Sensibilité dans l'homme et dans la nature*, Paris, 1943, p. 77-100.

FEBVRE, Lucien, *Combats pour l'histoire*, Paris, 1953.

FELDMAN BARRETT, Lisa, *How Emotions are Made*, New York, HMHO, 2017.

FERENTE, Serena, « Storici ed emozioni », *Storica*, 15 (2009), n° 43-45, p. 371-392.

FIRNHABER-BAEKER, Justine et Dirk SHOENAERS (dir.) *The Routledge History Handbook of Medieval Revolt*, Londres, Routledge, 2017.

FOSSIER, Robert, « Les mouvements populaires en Occident au XIe siècle », *Comptes rendus de l'Académie des Inscriptions et Belles Lettres*, 115/2 (1971), p. 257-269.

FOSSIER, Robert, « Remarques sur l'étude des "commotions" sociales aux XIe et XIIe siècles », *Cahiers de Civilisation Médiévale*, 16 (1973), p. 45-50.

FRANK, Robert H., *Passions within Reason : The Strategic Role of Emotions*, New York, Norton, 1988.

FREUD, Sigmund, *Métapsychologie*, Paris, Gallimard, coll. « Folio », 1988 [1915].

FREUD, Sigmund, et Josef BREUER, *Études sur l'hystérie*, Paris, PUF, 2007 [1895].

FREUD, Sigmund, *Psychologie de masse et analyse du moi*, trad. inédite par D. Tassel, présentation par P. Hochart, Paris, Points Seuil, 2014.

Frevert, Ute, *Emotions in History – Lost and Found*, Budapest, CEU Press, 2011.

Gagné, Gilles, « La populace, la foule et la majorité », *Bulletin du MAUSS*, 21 (1987), p. 11-28.

Gilbert, Marthe, « How We Feel : Understanding Everyday Collective emotion Ascription », dans Christian Von Scheve et Mikko Salmela (dir.), *Collective Emotions*, Oxford, Oxford Scholarship Online, p. 17-31.

Gilbert, Marthe, *Joint Commitment : How We Make the Social World*, Oxford, Oxford University Press, 2014.

Ginzburg, Carlo, *Le Fromage et les vers. L'univers d'un meunier du* XVIe *siècle*, Paris, Flammarion, 1980 [1976].

Grima, Benedicte, *The Performance of Emotion : "The Misfortunes Which Have Befallen Me"*, Oxford, Oxford University Press, 1993.

Guha, Ranajit, « The prose of counter-insurgency », Ranajit Guha (dir.), *Subaltern Studies II : Writings on South-Asian History and Society*, Delhi, Oxford et New York, Oxford University Press, 1983, p. 45-85.

Halbwachs, Maurice, « L'expression des émotions dans la société », *Vingtième siècle*, 123 (1947), p. 39-48.

Harré, Rom (dir.), *The Social Construction of Emotions*, Oxford et New York, Basic Blackwell, 1986.

Hirschman, Albert, *The Passions and the Interests : Political Capitalism before its Triumph*, Princeton, Princeton University Press, 1977.

Hochner, Nicole, « Le corps social à l'origine de l'invention du mot "émotion" », *L'Atelier du Centre de recherches historiques*, 16 (2016), en ligne : http://journals.openedition.org.proxy.bibliotheques.uqam.ca/acrh/7357 (consulté le 19 janvier 2021).

Hochschild, Arlie, *The Managed Heart : The Commercialization of Human Feeling*, Berkeley, The University of California Press, 1983.

Illouz, Eva, *Les Sentiments du capitalisme*, Paris, Seuil, 2006.

Illouz, Eva, *Saving the Modern Soul. Therapy, Emotions, and the Culture of Self-Help*, Berkeley et London, University of California Press, 2008.

Iogna-Prat, Dominique, « De Cluny à Auxerre, par la voie des "émotions". Un parcours d'historienne du Moyen Âge : Barbara H. Rosenwein », BUCEMA, 15 (2011), en ligne https://journals.openedition.org/cem/12058 (consulté le 4 juillet 2021).

Johnson, Walter, « On Agency », *Journal of Social History*, 37 (2003), p. 113-124.

Kaster, Robert A., *Emotion, Restraint and Community in Ancient Rome*, Oxford, Oxford University Press, 2005.

Katajala-Peltomaa, Sari et Raisa Maria Toivo, « Introduction : Religion as Historical Experience », dans *id.* (dir.), *Histories of Experience in the World of Lived Religion*, à paraître.

KAUFMANN, Laurence et Louis QUÉRÉ (dir.), *Les Émotions collectives. Raisons pratiques*, vol. 29, Paris, Éd. de l'EHESS, 2020.

KAUFMANN, Laurence et Louis QUÉRÉ, « Présentation », dans *id.* (dir.), *Les Émotions collectives*, p. 9-32.

KING, Erika G., Compte-rendu de l'ouvrage *The Crowd and the Mob from Plato to Canetti*, *Journal of the History of Behavioral Sciences*, 27 (1991), p. 271-273.

KONZELMANN-ZIV, Anita, « La sémiologie de l'émotion partagée », dans Laurence Kaufmann et Louis Quéré, *L'Émotion collective*, *op. cit.*, p. 69-95.

LASCH, Christopher, *La Culture du narcissisme. La vie américaine à un âge de déclin des espérances*, Paris, Climats, 2000.

LE BON, Gustave, *Psychologie des foules*, Paris, F. Alcan, 1895.

LE BON, Gustave, *La Révolution français et la psychologie des révolutions*, Paris, Flammarion, 1912.

LEFEBVRE, Georges, *La Grande Peur de 1789,* suivi de *Les Foules révolutionnaires*, Paris, Armand Colin, 2014.

LEVI, Giovanni, *Le Pouvoir au village. Histoire d'un exorciste dans le Piémont du XVII*[e] *siècle*, Paris, Gallimard, 1989 [1985].

LIVET, Pierre, *Émotions et rationalité morale*, Paris, PUF, 2002.

LUTZ, Catherine, *Unnatural Emotions : Everyday Sentiments on a Micronesian Atoll and their Challenge to Western Theory*, Chicago, University of Chicago Press, 1988.

MACKAY, Charles, *Memoirs of Extraordinary Popular Delusions and the Madness of Crowds, Londres, Richard Bentley*, 1841.

MAGALHÃES DE OLIVEIRA, Julio Cesar, *Potestas populi. Participation populaire et action collective dans les villes de l'Afrique romaine tardive (vers 300-430 après J-C.)*, Turnhout, Brepols, 2012.

MANDROU, Robert, *Introduction à la France moderne 1500-1640. Essai de psychologie historique*, Paris, Albin Michel, 1961.

MARKUS, George E., *Le Citoyen sentimental*, Paris, Presses de Sciences Po, 2008.

MARIOT, Nicolas, *Bains de foule. Les voyages présidentiels en province, 1888-2002*, Paris, Belin, 2006.

MAUSS, Marcel et Paul FAUCONNET, « La sociologie », *La Grande Encyclopédie*, vol. 30, Paris, 1901, p. 165-175.

MAUSS, Marcel, *Œuvres*, Minuit, Paris, 1969.

MAZUREL, Hervé, « De la psychologie des profondeurs à l'histoire des sensibilités. Une généalogie intellectuelle », *Vingtième siècle. Revue d'Histoire*, 123/3 (2014), p. 22-38.

MCCLELLAND, John S., *The Crowd and the Mob from Plato to Canetti*, Londres, Unwin Hymain, 1989.

MCPHAIL, Clark, *The Myth of the Madding Crowd*, New York, de Gruyter, 1991.

Mediae Latinitatis Lexicon Minus, dir. Jan Frederik Niermeyer et Co van de Kieft, révisé par Jan W. J. Burgers, en ligne : https://dictionaries-brillonline-com, (consulté le 10 janvier 2021).

MERLLIÉ, Dominique, « Lévy-Bruhl et Durkheim : notes biographiques en marge d'une correspondance », *Revue Philosophique de la France et de l'Étranger*, 179/4 (1989), p. 493-514.

MOISSEEFF, Marika et Michael HOUSEMAN, « L'orchestration rituelle du partage des émotions et ses ressorts interactionnels », dans Laurence Kaufmann et Louis Quéré (dir.), *L'Émotion collective*, *op. cit.*, p. 133-166.

MOORE, Robert Ian, « Family, Community and Cult on the Eve of the Gregorian Reform », *Transactions of the Royal Historical Society*, 30 (1980), p. 49-69.

MOUSSAÏD, Mehdi, *Fouloscopie. Ce que la foule dit de nous*, Paris, HumenSciences, 2019.

MUCCHIELLI, Laurent, *Mythes et histoire en sciences humaines*, Paris, La Découverte, 2004 (disponible en ligne sur OpenEdition).

NAGY, Piroska, « Quand l'émotion collective prend corps. La Pataria milanaise 1057-1075 », *La Chair du politique. Sensibilités*, 7 (2020), p. 1-8.

NYE, Robert A., *The Origins of Crowd Psychology. Gustave Le Bon and the Crisis of Mass Democracy in the Third Republic*, Beverly Hills et Londres, SAGE publications, 1975.

PÁEZ, D. et B. RIMÉ, « Collective emotional gatherings. Their impact upon identity fusion, shared beliefs and social integration », dans Christian von Scheve et Mikko Salmela (dir.), *Collective Émotions*, *op. cit.*, p. 204-216.

PÁEZ, Dario, Bernard RIMÉ *et al.*, « Psychosocial effects of perceived emotional synchrony in collective gatherings », *Journal of Personality and Social Psychology*, 108/5 (2015), p. 711-729.

PETTIT, Philip, « The reality of group agents » dans Chrysostomos Mantzavinos (dir.), *Philosophy of the Social Sciences : Philosophical Theory and Scientific Practice*, Cambridge, Cambridge University Press, 2009, p. 67-91.

PIAGET, Jean, *Logique et connaissance scientifique*, Paris, Gallimard, coll. « Encyclopédie de la Pléiade », 1967.

PLAMPER, Jan, *Geschichte und Gefühl. Grundlagen der Emotionsgeschichte*, Munich, 2012.

PLAMPER, Jan, « L'histoire des émotions », dans Christophe Granger (dir.), *À quoi pensent les historiens ? Faire de l'histoire au XXI*^e^ *siècle*, Paris, Autrement, 2013, p. 225-240.

REDDY, William M., *The Navigation of Feeling. A Framework for the History of Emotions*, Cambridge, Cambridge University Press, 2001.

REDDY, William M., *The Making of Romantic Love. Longing and Sexuality in Europe, South Asia, and Japan, 900-1200 CE*, Chicago, Chicago University Press, 2012.

REDDY, William M., *La Traversée des sentiments. Un cadre pour l'histoire des émotions (1700-1850)*, Dijon, Les Presses du réel, 2019.

REICHER, Stephen, « Crowds, Agency and Passion. Reconsidering the Roots of the Social Bond », dans Ruth Parkin-Gournelas (dir.) *The Psychology and Politics of the Collective. Groups, Crowds and Mass Identifications*, Londres et New York, Routledge, 2012, p. 67-85.

REICHER, Stephen, compte-rendu de Jaap Van Ginneken, *Crowds, Psychology and Politics, 1871-1899* dans *History of the Human Sciences* 7/4 (1994), p. 126-129.

RIEFF, Philip, *The Triumph of the Therapeutic : Uses of Faith after Freud*, Chicago, University of Chicago Press, 1987.

ROBB, John, « Beyond agency », *World Archaeology*, 42/4 (2010), p. 493-520.

ROBERT, Marthe, *D'Œdipe à Moïse. Freud et la conscience juive*, Paris, Calmann Lévy, 1974.

RODIER, Yann, *Les Raisons de la haine. Histoire d'une passion dans la France du premier XVIIe siècle*, Paris, Champ Vallon, 2020.

ROSALDO, Michelle Zimbalist, *Knowledge and Passion : Ilongot Notions of Self and Social Life*, Cambridge, Cambridge University Press, 1980.

ROSENWEIN, Barbara H., « Worrying about Emotions in History », *The American Historical Review*, 107 (2002), p. 821-845.

ROSENWEIN, Barbara H., *Emotional Communities in the Early Middle Ages*, Ithaca et New York, Yale University Press, 2006.

ROSENWEIN, Barbara H., *Anger. The Conflicted History of an Emotion*, Ithaca et New York, Yale University Press, 2020.

RUBIO, Vincent, *La Foule : un mythe républicain ?*, Paris, Vuibert, 2008.

RUDÉ, George, *The Crowd in History. A Study of Popular Disturbances in France and England 1730-1848*, Londres et New York, John Wiley and sons, 1964.

SALMELA, Mikko, « Les émotions peuvent-elles être collectives ? », dans Laurence Kaufmann et Louis Quéré (dir.), *L'Émotion collective*, *op. cit.*, p. 35-66.

SCOTT, Joan W., « The Evidence of Experience », *Critical Inquiry, 17/4 (1991)*, p. 773-797.

SIGHELE, Scipio, *La Foule criminelle. Essai de psychologie collective*, Paris, F. Alcan, 1892.

SOLOMON, Robert C., *The Passions. Emotions and the Meaning of Life*, Indianapolis, Hackett Publishing Company, 1993.

SOMMIER, Isabelle et Xavier CRETTIEZ (dir.), *Les Dimensions émotionnelles du politique. Chemins de traverse avec Philippe Braud*, Rennes, PUR, 2012 (disponible en ligne sur OpenEdition).

SUROWIECKI, James, *La Sagesse des foules*, Paris, Lattès, 2008 [2004].

TAINE, Hippolyte, *Les Origines de la France contemporaine*, vol. 1 et 2, édition originale 1975 en ligne : http://classiques.uqac.ca/classiques/taine_hippolyte/origine_France/origine_France.html (consulté le 20 décembre 2020).

TARDE, Gabriel, *L'Opinion et la Foule*, Paris, F. Alcan, 1901.

TENENTI, Alberto, *Il senso della morte e l'amore della vita nel Rinascimento (Francia e Italia)*, Turin, Einaudi, 1957.

THIERS, Yvon J., et Jean-René TRÉANTON, « La foule comme objet de "science" », *Revue française de sociologie*, 24 (1983), p. 119-136.

THOMAS, Lynn M., « Historicising Agency », *Gender and History*, 28/2 (2016), p. 324-339.

THOMPSON, Edward P., « The Moral Economy of the English Crowd in the 18th century », *Past and Present*, 50/1 (1971), p. 76-136.

THOMPSON, Edward P., *La Formation de la classe ouvrière anglaise*, Paris, Seuil, coll. « Points », 2012.

TILLY, Charles, compte-rendu de *The Crowd in History, A Study of Popular Disturbances in France and England 1730-1848* dans *American Sociological Review*, 30 (1965), p. 604-605.

TILLY, Charles, *The Contentious French : Four Centuries of Popular Struggle*, Cambridge (Mass.), Harvard University Press, 1986, p. 390-398.

TRIVELLATO, Francesca, « Microstoria/Microhistoire/Microhistory », *French Politics, Culture & Society*, 33/1 (2015), p. 122-134.

TRUC, Gérôme, « Tous concernés ? La dimension collective des émotions en situation d'attentats », dans Laurence Kaufmann et Louis Quéré (dir.), *L'Émotion collective*, p. 97-132.

TUOMELA, Raimo, *The Philosophy of Sociality*, New York et Oxford, Oxford University Press, 2007.

VAN GINNEKEN, Jaap, *Crowds, Pyschology and Politics, 1871-1899*, Cambridge, Cambridge University Press, 1992.

VON SCHEVE, Christian et Mikko SALMELA (dir.), *Collective Emotions. Perspectives from Psychology, Philosophy, and Sociology*, Oxford, Oxford University Press, 2014.

WALLON, Henri, *L'Évolution psychologique de l'enfant*, Paris, Armand Colin, 1941.

WALLON, Henri, « L'organique et le social chez l'homme », *Enfance*, 16/1-2 (1963), p. 59-65.

WALLON, Henri, « Questions de fait et de méthode. La psychologie appliquée : problèmes de méthode et solutions appliquées », *Annales d'histoire économique et sociale*, 3/10 (1931), p. 261-265.

XYGALATAS, Dimitris *et al.*, « Extreme Rituals Promote Prosociality », *Psychological Science*, 24/8 (2013), p. 1602-1605.

ZUMETA, Larraitz, Nekane BASABE *et al.*, « Shared Flow and Positive Collective Gatherings », *Anales de Psicología*, 32/3 (2016), p. 717-727.

UN DÉSIR DE FOULE

Du collectif de l'émotion à l'émotion collective dans la psychologie scientifique (XIXe – début XXe siècle)

Nommer un objet historique n'est pas un acte anodin. S'il revient à l'historien de définir et d'expliciter les contours des champs qu'il explore, les termes qu'il utilise pour les désigner sont porteurs d'une histoire qui en oriente la perception. Ainsi l'« histoire des émotions », telle qu'elle s'est dénommée elle-même à partir de la fin des années 1980, s'est inscrite à l'origine dans une réévaluation des phénomènes affectifs entreprise depuis les années 1960 sous la bannière du mot « émotion » par certains courants de la psychologie, en particulier la psychologie cognitive. Cela ne signifie pas que l'histoire des émotions relève nécessairement d'une psychohistoire – et nous avons milité dans le cadre du projet EMMA pour qu'elle s'en détache radicalement[1] – mais il est indispensable d'entreprendre un travail d'épistémologie historique sur le lexique qu'elle emploie.

« Émotion collective », « sentiment collectif », « émotion populaire », « effervescence collective », « émotion partagée », « émotion intersubjective », « passion commune », « contagion des émotions », « émotion de foule » : ces différentes formulations que l'on rencontre dans les sciences psychologiques et sociales depuis la fin du XIXe siècle pour désigner les manifestations collectives de l'émotion ou la circulation de l'émotion à l'intérieur d'un groupe ne sont pas interchangeables et possèdent chacune leur singularité sémantique. Si aujourd'hui le syntagme « émotion collective » s'est imposé pour désigner de façon générique le champ dans son ensemble – de même que le mot « émotion » a fini par unifier le champ diffus de l'affectivité –, ce consensus terminologique est assez récent[2].

1 Voir Damien Boquet et Piroska Nagy, « Una storia diversa delle emozioni », *Rivista storica italiana*, 128/2 (2016), p. 481-520.

2 Pour s'en tenir au français, une interrogation conjointe des syntagmes « sentiments collectifs » et « émotions collectives », au moyen de *NGram-Viewer* qui indexe le contenu des

Or, de même que le recours au vocable « émotion » faisait écho à la psychologie cognitive, de même le syntagme « émotion collective » renvoie à la psychologie collective qui s'est constituée en science au tournant du XXe siècle. Là encore, cela ne signifie pas que l'émotion collective soit livrée sans retouche ni aménagement aux sciences humaines et sociales du XXIe siècle, d'autant que, comme nous le verrons, l'expression « émotion collective » est plutôt rare dans les écrits relevant de la psychologie collective. Libre à l'historien comme au psychologue du XXIe siècle de s'approprier l'émotion collective, d'en faire un outil pertinent d'analyse et d'interprétation sans avoir de compte à rendre au passé. Pour autant, il serait dommageable de considérer l'expression comme vierge de toute orientation historiquement constituée.

Comme le rappelle Piroska Nagy dans l'introduction générale qui ouvre ce volume, il est essentiel de replacer l'émergence d'une science psychologique des émotions collectives à la fin du XIXe siècle dans le contexte politique et social qui marque ces décennies de transformations profondes des sociétés occidentales. De la même façon, on ne saurait isoler la théorie psychologique des émotions collectives de la pensée économique des sentiments moraux d'Adam Smith (1723-1790) ou de la pensée politique des passions démocratiques chez Rousseau (1712-1778), Tocqueville (1805-1859) ou Marx (1818-1883). La psychologie scientifique au XIXe siècle se développe dans un environnement politique, économique et intellectuel où la question du collectif – la foule, la masse, le peuple, la nation, la race, la civilisation – est centrale voire obsédante. Mais il convient également de prendre la mesure du tropisme qui, à l'intérieur même des sciences psychologiques, oriente le concept d'émotion vers le collectif.

C'est ce travail de généalogie intellectuelle que je voudrais engager ici. Malgré la rupture opérée dans le courant du XVIIe siècle, qui conduisit à faire de l'émotion un phénomène individuel au service d'une théorie alternative à la philosophie des passions de l'âme, le concept ne s'est jamais départi de la dimension collective qui le caractérisait au moment de son émergence à la fin du Moyen Âge, lorsque l'*esmotion* signifiait un acte politique de révolte collective[3]. D'une certaine

---

ouvrages référencés dans *Google Books*, montre qu'il faut attendre le début des années 2000 pour que le syntagme « émotions collectives » prenne le pas sur « sentiments collectifs ». Voir https://books.google.com/ngrams/info (consulté le 11 mai 2020).

3 Voir Nicole Hochner, « Le corps social à l'origine de l'invention du mot *émotion* », dans Damien Boquet et Piroska Nagy (dir.), *Histoire intellectuelle des émotions, de l'Antiquité à*

façon, on peut dire que la catégorie d'émotion collective telle qu'elle se constitue dans la psychologie collective franco-italienne à la fin du XIXe siècle était déjà en gestation dans le concept d'émotion théorisé par la psychologie britannique depuis le début du siècle. En raison d'un certain cloisonnement entre les historiographies anglophone et francophone, ces deux branches de la psychologie scientifique de l'émotion au XIXe siècle sont souvent dissociées dans les études historiques. Ainsi, par exemple, Michela Nacci dans un article consacré à la naissance de la psychologie collective affirme en ouverture : « Les Français lisent les Italiens, les Italiens lisent les Français, et tous ignorent en général la culture anglo-saxonne qui voit entre-temps paraître certains textes importants sur le sujet[4] ». Comme nous le verrons, les principaux fondateurs de la psychologie collective franco-italienne, voire leurs précurseurs, sont au contraire pour la plupart d'attentifs lecteurs de la psychologie anglophone et germanophone. De leur côté, les synthèses récentes sur l'histoire de la psychologie des émotions parues en anglais ou en allemand accordent peu de place aux auteurs issus d'autres aires linguistiques, hormis quelques figures incontournables tels Descartes (1596-1650) ou Durkheim (1858-1917)[5]. C'est aussi ce hiatus que je souhaite combler : si la psychologie collective franco-italienne en vient à exploiter pleinement la part collective inhérente au concept d'émotion au tournant du XXe siècle, c'est en grande partie le résultat de l'influence qu'exerce alors la psychologie scientifique anglophone et germanophone sur ses principaux concepteurs.

---

nos jours, Paris, L'Atelier du Centre de recherches historiques, 2016, p. 253-301 et https://journals.openedition.org/acrh/7357 (consulté le 12 mai 2020) et l'article de Vincent Challet dans ce volume.

4 Voir Michela Nacci, « La psychologie collective », *Revue historique*, 677 (2016), p. 129-137 (ici p. 129). Sur la généalogie franco-italienne de la psychologie des foules, voir également Elena Bovo, *Pensée de la foule, pensée de l'inconscient. Généalogie de la psychologie des foules (1875-1895)*, Besançon, Presses universitaires de Franche-Comté, 2021.

5 Voir par exemple Thomas Dixon, *From Passions to Emotions. The Creation of a Secular Psychological Category*, Cambridge, Cambridge University Press, 2003 ou Jan Plamper, *Geschichte und Gefühl. Grundlagen der Emotionsgeschichte*, Munich, Siedler, 2012 (trad. anglaise : *The History of Emotions. An Introduction*, Oxford, Oxford University Press, 2015). On trouvera une approche plus équilibrée dans Rob Boddice, *The History of Emotions*, Manchester, Manchester University Press, 2018 et dans Barbara H. Rosenwein et Riccardo Cristiani, *What is the History of Emotions ?*, Cambridge, Polity, 2018.

LE TROPISME COLLECTIF DE L'ÉMOTION PSYCHOLOGIQUE : DE DAVID HUME À WILLIAM JAMES[6]

Les travaux de Susan James et de Thomas Dixon[7] ont permis de mettre en lumière comment, progressivement à partir du XVIIe siècle, le terme « émotion » apparaît dans la philosophie moderne avec un sens distinct de son sens médiéval de mouvement politique collectif pour désigner un mouvement de l'âme. Ainsi, Descartes dans *Les Passions de l'âme* emploie « émotion » dans un sens proche de « passion » si ce n'est que, selon lui, les « émotions intérieures » dépendent uniquement de l'âme tandis que les passions sont avant tout des perceptions induites par le mouvement des esprits corporels[8]. Dans la philosophie britannique, ce serait le philosophe écossais David Hume (1711-1776) qui aurait employé le premier le terme *emotion* avec ce sens nouveau[9], psychologique et individuel, en le reprenant probablement à Descartes[10]. Une étape est franchie au sein de la philosophie empiriste écossaise avec Thomas Brown (1778-1820), professeur de philosophie morale à l'université d'Édimbourg, qui fait de l'émotion une catégorie psychologique à part

6 Cette première partie, qui s'appuie largement sur l'historiographie anglophone récente, met l'accent sur les auteurs et les courants principaux qui ont eu une influence directe sur la psychologie collective franco-italienne, puisque telle est la perspective généalogique de mon propos.

7 Voir Susan James, *Passion and Action. The Emotions in Seventeenth-Century Philosophy*, Oxford, Clarendon Press, 1997 et Thomas Dixon, *From Passions to Emotions*, *op. cit.*

8 Voir René Descartes, *Les Passions de l'âme*, art. 147-148, introduction, notes, bibliographie et chronologie par Pascale d'Arcy, Paris, GF Flammarion, 1996, p. 191-192. Concernant la distinction passion/émotion chez Descartes, voir Susan James, *Passion and Action*, *op. cit.*, p. 94-108 et Thomas Dixon, *From Passions to Emotions*, *op. cit.*, p. 108-109.

9 Voir David Hume, *A Treatise of Human Nature*, édité par Lewis Amherst Selby-Bigge et Peter Nidditch, Oxford, Clarendon Press, 1978 [1739-1740], livre II : Of the Passions.

10 Voir Thomas Dixon, *From Passions to Emotions*, *op. cit.*, p. 104-105, qui souligne que chez Hume *passion* et *emotion* sont souvent équivalents. Pour une interprétation différente, voir Annette Baier, *A Progress of Sentiments : Reflections on Hume's* Treatise, Cambridge (MA), Harvard University Press, 1991. Rappelons que le mot *emotion* en anglais aurait été introduit en 1596 par John Florio dans sa traduction des *Essais* de Montaigne : voir David Thorley, « Towards a History of Emotion, 1562-1660 », *The Seventeenth Century*, 28 (2013), p. 3-19 et Nicole Hochner, « Le corps social à l'origine de l'invention du mot *émotion* », art. cité, p. 259-260.

entière et l'insère dans une théorie physiologiste de l'âme[11]. Le vocable *emotion* se diffuse alors dans la psychologie scientifique britannique, aussi bien du côté des spiritualistes que des physiologistes. Il existe ainsi, durant la première moitié du XIXe siècle, une grande fluidité sémantique entre les émotions et les sentiments, les passions ou les affections de l'âme. Le concept psychologique d'émotion n'est donc pas nécessairement séparé de la raison, de la volonté, des enjeux moraux. Il reste que le terme « émotion » est privilégié par les partisans d'une psychologie physiologiste, dans la lignée de Brown, à partir du milieu du XIXe siècle : par Alexander Bain (1818-1903) – écossais lui aussi –, Herbert Spencer (1820-1903) ou Charles Darwin (1809-1882)[12]. Bain publie *The Emotions and the Will* en 1859, l'année où paraît *The Origin of Species* de Darwin[13]. Si l'influence de la psychologie évolutionniste des émotions de Darwin, au travers notamment de son traité *The Expression of the Emotions in Man and Animals*, paru en 1872 et traduit en français en 1890, est bien prise en compte par l'historiographie francophone des émotions, celle-ci a été moins attentive à l'influence de Spencer et moins encore à celle de Bain, qui pourtant entretiennent tous deux des rapports étroits avec l'école positiviste française. Or, du fait de l'ancrage physiologique de l'émotion – Dixon parle à propos de Bain d'un « embodiment of Brownian psychology[14] » –, ces courants accentuent certains traits qui rendent le concept d'émotion parfaitement adapté aux phénomènes collectifs spontanés, notamment en le faisant sortir de la sphère d'influence du libre arbitre – puisque l'émotion est contrainte par la biologie – ou encore parce que les perspectives évolutionnistes de Spencer ou Darwin font glisser la question de l'émotion individuelle vers une histoire de l'espèce[15]. Le concept d'émotion semble ainsi renouer

---

11 Voir Thomas Brown, *Lectures on the Philosophy of the Human Mind*, Édimbourg, Tait, 1820. Pour une analyse, voir Thomas Dixon, *From Passions to Emotions*, *op. cit.*, p. 109-127. Si la philosophie empiriste britannique se positionne en partie contre Descartes, la circulation des idées et le dialogue sont constants des deux côtés de la Manche, en particulier avec le courant sensualiste incarné en France par Étienne Bonnot de Condillac (1715-1780) dont le *Traité des sensations* (1754) aura un écho important outre-Manche ; voir Jacqueline Carroy, Annick Ohayon et Régine Plas, *Histoire de la psychologie en France, XIXe-XXe siècles*, Paris, La Découverte, 2006, p. 11-12.

12 Voir Thomas Dixon, *From Passions to Emotions*, *op. cit.*, p. 147-179.

13 Voir Rob Boddice, *The History of Emotions*, *op. cit.*, p. 18.

14 Thomas Dixon, *From Passions to Emotions*, *op. cit.*, p. 155.

15 Je renvoie ici aux analyses de Thomas Dixon portant sur Bain, Spencer ou Darwin, *ibid.*, p. 148 *sq.* : « *The introduction of evolutionary hypotheses about the heritability of acquired mental*

avec la dimension collective qui l'habitait au temps de son apparition à la fin du Moyen Âge, si ce n'est que celle-ci relève désormais des lois de la physique naturelle et non de l'action politique.

Dans le creuset de la psychologie physiologiste britannique, les émotions apparaissent comme des états psychiques élémentaires associés à des modifications physiologiques, dont la source se situe dans le système nerveux cérébral[16]. Pour autant, elles n'échappent pas à l'emprise des constructions sociales. L'émotion ainsi conçue est un mouvement primitif, une réaction nerveuse qui cependant peut être reconfigurée par l'éducation et passer ainsi d'un stade primaire à un stade secondaire[17]. On retrouve cette idée d'une évolution dans l'expression des émotions sous l'effet de la civilisation par exemple chez Darwin à propos du rougissement de la honte qui est un processus physiologique mais qui se marque différemment chez les primitifs et chez les populations plus civilisées[18]. Chez les premiers, c'est une grande surface du corps qui rougit – parce qu'ils vivent quasiment nus et que les idées morales sont peu développées – tandis que chez l'homme civilisé, seul le visage rougit et, sous l'effet d'une intériorisation morale, le rougissement peut disparaitre quand la honte devient sentiment de culpabilité. Ainsi, l'interaction humaine et la construction sociale des émotions sont complètement intégrées à leur causalité physiologique.

À la fin du siècle, la théorie de l'émotion développée par William James (1842-1910), professeur de philosophie et de psychologie à l'université de Harvard, et Carl Lange (1834-1900), médecin de formation et enseignant à l'université de Copenhague, renforce encore cette intégration de l'individuel et du collectif dans la pensée psychologique de l'émotion.

---

powers and behavioural habits had the effect of transforming psychology from a study of individual histories to a study of the history of the species » (p. 148).

16 On constate ainsi qu'à mesure que se construit cette nouvelle lecture de l'émotion dans la psychologie scientifique, le cerveau devient son lieu d'origine, ce qui donne à méditer sur la tautologie des actuelles neurosciences affectives dans la mesure où c'est historiquement une donnée constitutive de l'élaboration de la catégorie neurophysiologique même d'émotion. Voir en ce sens Rafael Mandressi, « L'historien, le cerveau et l'ivresse des profondeurs », *Tracés. Revue de Sciences humaines*, 14 (2014), p. 113-126.

17 Voir Rob Boddice, *The History of Emotions*, *op. cit.*, p. 19-21, qui souligne notamment l'influence de la théorie des sentiments moraux d'Adam Smith sur la psychologie physiologiste de Bain. Voir également Rob Boddice, *The Science of Sympathy : Morality, Evolution and Victorian Civilization*, Urbana-Chapaign, University of Illinois Press, 2016.

18 Voir Charles Darwin, *L'Expression des émotions chez l'homme et les animaux*, Paris, C. Reinwald, 1890 [1872], p. 332-372.

Ce qu'il est convenu d'appeler la « théorie de James-Lange » aura une influence majeure sur la psychologie collective dès les années 1890[19]. L'opuscule de James, *What Is an Emotion ?* paraît en 1884[20] ; l'essai de Lange, *Les Émotions. Étude psychophysiologique*, l'année suivante[21]. Bien que les deux textes aient été publiés indépendamment, ils développent l'un et l'autre des thèses très proches, et tous deux sont fortement influencés par la théorie évolutionniste de Darwin. James se démarque cependant dans le groupe des physiologistes des approches strictement cérébrales des émotions : les émotions ne sont pas produites originellement par un état mental mais résultent de la perception de réflexes périphériques, au niveau des viscères et des muscles, qui sont des acquis de l'évolution. Pour James, ce ne sont pas tant les émotions qui sont associées à des modifications physiologiques mais ce sont plutôt ces modifications qui sont elles-mêmes les émotions. James rejoint alors implicitement Darwin dans l'idée que ces réflexes, qui agissent comme des instincts, sont l'expression d'une identité collective façonnée par l'histoire des populations. Les émotions sont des manifestations certes individuelles mais qui expriment le fond commun d'un groupe qui partage la même histoire, une sorte d'instinct social qui se transmet par l'hérédité. Cette idée devient explicite chez Lange que je cite ici dans la traduction française réalisée par Georges Dumas à partir de l'édition allemande et révisée par Lange lui-même :

> Comme on le sait, les grandes différences dans l'émotivité font le caractère particulier des races, et comme d'autre part nous ne pouvons pas savoir grand'chose de la différence d'excitabilité vaso-motrice dans les diverses races humaines, nous devons peut-être retourner nos conclusions et conclure de la plus ou moins grande émotivité à l'excitabilité correspondante des nerfs vasculaires. Un fait mérite une attention particulière par les perspectives qu'il ouvre sur l'avenir : c'est que les individus, comme les peuples en général, sont d'autant moins accessibles aux émotions qu'ils sont plus civilisés.

19 Pour une présentation, voir notamment Bernard Rimé, « L'émergence des émotions dans les sciences psychologiques », dans Damien Boquet et Piroska Nagy (dir.), *Histoire intellectuelle des émotions*, *op. cit.*, p. 25-44 (ici p. 31-32) et https://journals.openedition.org/acrh/7293 (consulté le 13 mai 2020); Thomas Dixon, *From Passions to Emotions*, *op. cit.*, p. 204-230 ; Barbara H. Rosenwein et Riccardo Cristiani, *What is the History of Emotions ?*, *op. cit.*, p. 14-16.

20 William James, « What Is an Emotion ? », *Mind*, 9 (1884), p. 188-205.

21 Initialement paru en danois, l'essai de Lange est rapidement traduit en allemand en 1887, puis en français à partir de l'édition allemande par Georges Dumas (1866-1946) en 1895 : Carl Lange, *Les Émotions. Étude psychophysiologique*, trad. Georges Dumas, Paris, Alcan, 1895 [1885].

> Les peuples appelés sauvages, quand les tendances particulières de leur race ne s'y opposent pas, sont plus violents, plus indociles, plus exubérants dans leur joie, plus abattus dans leur tristesse que les peuples civilisés ; la même différence apparaît entre les générations d'une même race ; nous sommes paisibles et doux à côté de nos barbares aïeux, dont le plus grand plaisir était de se mettre sans raison dans des fureurs batailleuses, mais qui se laissaient si facilement abattre par le malheur qu'ils s'enlevaient la vie pour une bagatelle. Enfin nous retrouvons la même différence entre les diverses classes sociales d'une même génération ; c'est à ce point que le signe le plus certain de l'éducation, c'est la paisible possession de soi-même, l'impassibilité, devant les événements qui détermineraient chez des gens du peuple des explosions de passion par trop effrénées[22].

Les émotions agissent donc selon Lange comme les instincts des peuples, à savoir des traits naturels infléchis par l'histoire et la culture qui se transmettent de façon héréditaire. On voit bien ici comment cette conception instaure une histoire civilisatrice de l'émotion qui va du collectif, qui est la part aliénante du peuple ou de la classe sociale, vers l'individu. Plus l'émotion est civilisée, plus elle est individualisée et intériorisée, et partant ses effets s'estompent dans la maîtrise. À l'inverse, on comprend, selon cette lecture, qu'une émotion collective est appelée à être nécessairement perçue comme régressive, et qu'elle l'est davantage dans les couches populaires.

Au terme de ce parcours sélectif – passé au tamis des auteurs qui se situent dans la sphère d'influence de la psychologie britannique, et qui seront lus et repris par les promoteurs de la psychologie collective et de la psychologie des foules à la fin du XIXe siècle –, on perçoit qu'avant même que l'objet « émotion collective » soit constitué comme tel dans la psychologie, celui-ci est en germe dans le concept même d'émotion, tout particulièrement chez les partisans d'une théorie physiologique du psychisme. En outre, si cette dimension collective apparaît elle-même comme un effet de la biologie, préparant en quelque sorte les approches déterministes, spontanées et conditionnées de l'émotion collective, elle n'obère pas pour autant la dimension sociale. Au contraire, celle-ci est enchâssée à l'intérieur de la mécanique naturelle : les distinctions tout comme les hiérarchies entre les peuples ou entre les classes, reproduites de génération en génération, finissent par inscrire leur empreinte dans la biologie des groupes humains et deviennent alors un élément

22 Carl Lange, *Les Émotions*, *op. cit.*, p. 138-139.

du patrimoine social. Ce sont donc les présupposés idéologiques des savants qui, bien en amont, paramètrent leur lecture de la physiologie des émotions.

UNE RÉCEPTION FRANÇAISE : HIPPOLYTE TAINE ET THÉODULE RIBOT

Pour comprendre dans un second temps comment cette généalogie intellectuelle de l'émotion oriente vers l'émotion collective et influence la psychologie collective franco-italienne, il faut s'extraire d'une approche trop resserrée et un peu téléologique conduite à partir de Gustave Le Bon (1841-1931), et qui est ramifiée ensuite de façon rétrospective vers Hippolyte Taine (1828-1893) et la criminologie italienne. Il faut partir de Taine et de Théodule Ribot (1839-1916) qui ont exercé une influence majeure sur la psychologie collective et qui synthétisent en quelque sorte cette matière scientifique élaborée à l'échelle européenne. Dans le chapitre que Susanna Barrows consacre à Taine dans son livre sur la foule en France à la fin du XIXe siècle[23], elle n'évoque que très succinctement son traité *De l'intelligence*, publié juste avant la guerre de 1870, pour en venir rapidement à sa grande œuvre, *Les Origines de la France contemporaine* écrite en réaction à la Commune[24]. De la psychologie de Taine, elle privilégie son orientation vers les courants de la pathologie mentale, qui renvoient ici à la psychiatrie aliéniste très solidement implantée en France[25]. Cependant Taine, anglophile convaincu, historien de la littérature anglaise, qui a fait plusieurs longs séjours en Angleterre, est aussi un excellent connaisseur de la psychologie britannique[26]. À ses yeux, tout le vivant, y compris la « machine intellectuelle », peut se ramener à des états élémentaires, des « cellules de diverses sortes », qui s'associent de façon automatique sous l'influence de facteurs internes et externes :

23 Susanna Barrows, *Miroirs déformants. Réflexions sur la foule en France à la fin du XIXe siècle*, Paris, Aubier, 1990 [1981].

24 Hippolyte Taine, *Les Origines de la France contemporaine*, 6 vol., Paris, Hachette, 1876-1894.

25 Voir Susanna Barrows, *Miroirs déformants*, *op. cit.*, p. 69-70.

26 Bain, Spencer, Tyndall, Darwin, John Stuart Mill : autant d'auteurs que Taine cite et avec lesquels il débat dans *De l'intelligence*.

> Ce que l'observation démêle au fond de l'être vivant en physiologie, ce sont des cellules de diverses sortes, capables de développement spontané, et modifiées dans la direction de leur développement par le concours ou l'antagonisme de leurs voisines. Ce que l'observation démêle au fond de l'être pensant en psychologie, ce sont, outre les sensations, des images de diverses sortes, primitives ou consécutives, douées de certaines tendances, et modifiées dans leur développement par le concours ou l'antagonisme d'autres images simultanées ou contiguës. De même que le corps vivant est un polypier de cellules mutuellement dépendantes, de même l'esprit agissant est un polypier d'images mutuellement dépendantes, et l'unité, dans l'un comme dans l'autre, n'est qu'une harmonie ou un effet[27].

Cependant, Taine ne suit pas jusqu'au bout les physiologistes britanniques. Pour lui, les mouvements moléculaires sont à l'origine de toute action cérébrale mais celle-ci ne s'y réduit pas. L'une des clés de la perception de la foule de Taine vient de la théorie associationniste anglaise, combinée à la vision régressive de la pathologie. Les sensations génèrent des images qui par association produisent ces formes complexes que sont les émotions et les pensées. C'est ce même usage du concept d'émotion qu'il fait dans *Les Origines* avec cet enchaînement, qu'il qualifie souvent de subit et spontané, entre les sensations, les émotions et les pensées[28]. Ce principe qu'il appelle la « contagion » s'applique aussi bien à l'activité cérébrale qu'à la transmission interindividuelle des émotions. Concernant ce processus social, Taine évoque la « contagion mutuelle » ou encore les « transports contagieux » de l'émotion :

> Prenez des femmes qui ont faim et des hommes qui ont bu ; mettez-en mille ensemble, laissez-les s'échauffer par leurs cris, par l'attente, par la contagion mutuelle de leur émotion croissante ; au bout de quelques heures, vous n'aurez qu'une cohue de fous dangereux[29].
>
> [...] Son organisation mentale plus fine [que celle du singe] a fait [de l'homme], dès les premiers jours, un être imaginatif en qui les songes pullulants se développent d'eux-mêmes en chimères monstrueuses, pour amplifier au-delà de toute mesure ses craintes, ses espérances et ses désirs. De là en lui un excès de sensibilité, des afflux soudains d'émotion, de transports contagieux, des courants de passion irrésistible, des épidémies de crédulité et de soupçon, bref l'enthousiasme et la panique, surtout s'il est Français, c'est-à-dire excitable et communicatif, aisément jeté hors de son assiette et prompt à recevoir les

27 Hippolyte Taine, *De l'intelligence*, Paris, Hachette, 6e éd. 1892 [1870], t. 1, p. 124.

28 Voir Hippolyte Taine, *Les Origines de la France contemporaine. Tome 1 : L'Ancien régime*, Paris, Hachette, 1876, p. 289-290.

29 *Ibid.*, p. 311-312.

> impulsions étrangères, dépourvu du lest naturel que le tempérament flegmatique et la concentration de la pensée solitaire entretiennent chez ses voisins Germains ou Latins ; on verra cela à l'œuvre[30].

Par ailleurs, Taine peut employer le mot « émotion » dans le sens commun de soulèvement qu'il a encore à la fin du XVIIIe siècle, par exemple quand il cite le député de la Convention Durand de Maillane qui évoque le « peuple en émotion[31] ». Taine parle quant à lui d'« émotion populaire[32] », ou d'« émotion publique[33] ». On est ici au plus près de l'émotion collective dont Taine conçoit la dimension psychologique comme une rencontre entre l'émotion-émeute (du trouble individuel au transport collectif) et l'émotion physiologique, les deux étant régies par le même principe de contamination, au plan moléculaire comme au plan social. Le glissement de l'un à l'autre registre est ainsi engagé. La « loi de la contagion mentale » que Taine déroule dans sa présentation des foules révolutionnaires provient donc directement de la veine de la nouvelle psychologie physiologiste des émotions ouverte par Bain et Spencer, puis creusée par Darwin et qui se prolonge au-delà chez James et Lange. La différence vient de ce que Darwin ou Spencer proposent une lecture évolutionniste de l'histoire alors que Taine, s'il opère la même circulation entre l'individu et le groupe, en propose une lecture régressive.

Une autre voie d'entrée de la psychologie de l'émotion anglo-saxonne ou allemande en France se fait par et autour de Théodule Ribot (1839-1916). Par sa position institutionnelle privilégiée[34], Ribot représente le versant universitaire et académique de ce processus. Or, Ribot est lui aussi

30 *Ibid.*, p. 315-316.

31 Hippolyte Taine, *Les Origines de la France contemporaine. La Révolution. Tome 2 : La conquête jacobine*, Paris, Hachette, 1881, p. 428.

32 *Ibid.*, p. 60 ou 174.

33 Hippolyte Taine, *Les Origines de la France contemporaine. La Révolution. Tome 1*, Paris, Hachette, 1881 [1878], p. 262.

34 Fondateur en 1876 et directeur de la *Revue philosophique de la France et de l'étranger*, organe majeur de diffusion de la psychologie scientifique à la fin du XIXe siècle, Ribot est nommé au Collège de France en 1888 à la chaire de « psychologie expérimentale et comparée » qui vient d'être créée. Il est également à l'initiative du premier laboratoire de psychologie fondé sur le modèle anglais en France à l'EPHE en 1889. Voir Jacqueline Carroy, Annick Ohayon et Régine Plas, *Histoire de la psychologie en France*, *op. cit.*, p. 40-48. Sur le rayonnement intellectuel de Ribot et de la *Revue philosophique*, voir Laurent Mucchielli, « Aux origines de la psychologie universitaire en France (1870-1900) : enjeux intellectuels, contexte politique, réseaux et stratégies d'alliance autour de la *Revue philosophique* de Théodule Ribot », *Annals of Science*, 55 (1998), p. 263-289 et Jacqueline Carroy, Wolf

un promoteur infatigable de la psychologie physiologiste britannique, notamment de Spencer et de Bain et de la philosophie associationniste de David Hartley (1705-1757), sur qui il fait sa thèse latine, ou de John Stuart Mill (1806-1873)[35]. En 1870, l'année où Taine publie *De l'intelligence*, Ribot publie *La Psychologie anglaise contemporaine*[36]. Par le choix des auteurs qu'il présente (Hartley, James Mill [1773-1836], John Stuart Mill, Spencer – dont il traduit avec Alfred Espinas [1844-1922] en 1874 les *Principes de psychologie* –, Bain, George Henry Lewes [1817-1878], Samuel Bailey [1791-1870]), Ribot construit une généalogie de la psychologie physiologiste qu'il établit en « école expérimentale ». Comme Taine, il en perçoit l'unité dans la « loi de l'association[37] » : association des sensations, des émotions, des idées entre elles et les unes avec les autres. Ribot considère cependant en 1870 que l'étude des « phénomènes affectifs, émotions, sentiments, est assez incomplète [...] dans l'école expérimentale d'Angleterre[38] ». Un manque qu'il va combler en publiant en 1879 *La Psychologie allemande contemporaine*[39], lisant les auteurs allemands dans la même perspective, notamment Wilhelm Wundt (1832-1920) pour ce qui concerne les sentiments. Ribot publiera lui-même trois essais sur les phénomènes affectifs, le plus diffusé étant *La Psychologie des sentiments* qui paraît en 1896[40]. Malgré son titre, Ribot y traite bien essentiellement des émotions, qu'il répartit entre émotions simples et émotions complexes : « La psychologie des sentiments a son point de départ dans les émotions complexes que la vie journalière met à chaque instant sous nos yeux[41] ». Placées en position dynamique au cœur de la vie affective, les émotions sont des états psychiques suscités directement par des sensations externes et internes[42]. En ce sens, la

---

Feuerhahn, Régine Plas et Thibaud Trochu, « Les entreprises intellectuelles de Théodule Ribot », *Revue philosophique de la France et de l'étranger*, 206 (2016), p. 451-464.

35 Voir Jacqueline Carroy, Annick Ohayon et Régine Plas, *Histoire de la psychologie en France*, *op. cit.*, p. 30-31.

36 Théodule Ribot, *La Psychologie anglaise contemporaine (école expérimentale)*, Paris, Librairie philosophique de Ladrange, 1870.

37 *Ibid.*, p. 413.

38 *Ibid.*, p. 416.

39 Théodule Ribot, *La Psychologie allemande contemporaine (école expérimentale)*, Paris, Librairie Germer Baillière et Compagnie, 1879.

40 Voir Théodule Ribot, *La Psychologie des sentiments*, Paris, Alcan, 1896 ; *La Logique des sentiments*, Paris, Alcan, 1905 ; *Essai sur les passions*, Paris, Alcan, 1907.

41 Théodule Ribot, *La Psychologie des sentiments*, *op. cit.*, p. 432.

42 *Ibid.*, ch. VII : « La nature des émotions », p. 92-113.

« nouvelle psychologie », dit-il, est passée de l'étude des passions à celle des émotions, qu'il rattache là encore directement à l'école britannique ou à James et Lange. Même s'ils ne cherchent guère à théoriser les modalités collectives de l'émotion, il est clair que Ribot, ainsi que son disciple Georges Dumas ou encore son ami Alfred Espinas, ont joué un rôle déterminant, par leurs écrits et leurs traductions, dans la pénétration du vocable « émotion » dans la psychologie française, si bien que certains manuels scolaires de la classe de philosophie contiennent dès les années 1920 un développement consacré aux émotions[43].

Ribot et Taine ont ainsi été dès les années 1870 les principaux vulgarisateurs de la psychologie britannique de l'émotion en France, dans son approche physiologiste et associationniste, laquelle se diffuse par leur intermédiaire parfois avant que ses principaux textes soient traduits[44] : Ribot pour l'insérer dans une théorie complète des faits de conscience et Taine pour en préparer l'efficacité au plan collectif et historique. Dans la mesure où ces deux auteurs ont été parmi les principales sources des promoteurs de la psychologie collective aussi bien en France qu'en Italie, il n'est pas tenable d'affirmer que les sphères intellectuelles latine et anglo-germanophone de la psychologie scientifique – pour peu qu'il soit pertinent de les appréhender comme deux ensembles distincts – étaient isolées dans les années 1880-1890, quand bien même les apports se font pour certains auteurs de façon indirecte. Si donc le vocable « émotion » entendu dans son sens psychologique est à l'origine une invention française, puisqu'on le doit à Descartes[45], la catégorie d'émotion collective qui émerge à la fin du XIXe siècle dans le sillage de la psychologie collective franco-italienne est bien forgée à partir du matériau contemporain reçu principalement de la psychologie britannique.

---

43 Voir par exemple Félicien Challaye, *Psychologie et métaphysique. Classe de philosophie*, Paris, Librairie Fernand Nathan, 1925, ch. VII : « L'émotion » et ch. VIII : « L'expression des émotions. Le langage naturel » p. 109-162, qui accorde une place importante à la théorie de James-Lange (p. 118-141).

44 Les thèses de James sur l'émotion ne seront en effet accessibles en français qu'en 1902, voir William James, *La Théorie de l'émotion*, trad. Georges Dumas, Paris, Alcan, 1902. Alfred Binet en propose alors un long compte rendu critique dans *L'Année psychologique*, 9 (1902), p. 388-401.

45 Invention toute relative cependant puisque Descartes réinvestit ainsi le sens étymologique de *motus animi*, le « mouvement de l'âme ».

L'INVENTION DE L'ÉMOTION COLLECTIVE DANS LA PSYCHOLOGIE SCIENTIFIQUE

À partir des années 1870, le concept d'émotion s'affirme dans la psychologie scientifique européenne aux côtés des sensations, des passions ou des sentiments pour rendre compte de la vie affective. Si l'on prend comme témoin la *Revue philosophique*, fondée en 1876, on constate que les articles contenant le mot « émotion » sont plus nombreux d'année en année, jusqu'à la fin des années 1900[46]. Une décrue s'amorce ensuite à partir des années 1910 puis s'accélère dans les années 1920[47]. Même si ces articles ne s'inscrivent pas tous, loin de là, dans le sillage de la psychophysiologie britannique, ni même relèvent de la psychologie, il est difficile de ne pas voir, dans cette forte présence des thématiques affectives en général et des émotions en particulier, l'empreinte de Ribot lui-même qui dirigea la revue jusqu'à sa mort en 1916. On note d'ailleurs que les premières occurrences du terme, dans le premier volume de la revue, se rencontrent dans un article de Ribot et dans la transcription d'une conférence de Spencer donnée à l'Institut anthropologique de la Grande-Bretagne[48].

Cette période faste de l'émotion dans la *Revue philosophique* coïncide avec l'émergence de la psychologie des foules et de la psychologie collective. Pour autant, si l'on se tourne vers les principaux ouvrages qui en constituent le corpus de référence dans ces années 1880-1900, on constate que ce ne sont pas ses représentants français qui sont les plus enclins à faire un usage averti du terme « émotion » mais Scipio Sighele (1868-1913) dans *La folla delinquente. Studio di psicologia collettiva* publié en 1891 et traduit en français l'année suivante[49]. Sighele est un fin connaisseur de

46 De 1876 à 1880, 37 articles contiennent une ou plusieurs occurrences de la forme « émotion » ; 61 sur la période 1881-1885 ; 70 sur la période 1886-1890 ; 74 sur la période 1891-1895 ; 87 sur la période 1896-1900, 105 sur la période 1901-1905. Enquête conduite à partir de la base *Jstor*.

47 75 articles encore sur la période 1906-1910 mais seulement 27 sur la période 1926-1930.

48 Herbert Spencer, « Esquisse d'une psychologie comparée de l'homme. Lecture faite à l'Institut anthropologique de la Grande-Bretagne », *Revue philosophique de la France et de l'étranger*, 1 (1876), p. 45-61 et Théodule Ribot, « De la durée des actes psychiques : d'après les travaux récents », *Revue philosophique de la France et de l'étranger*, 1 (1876), p. 267-288.

49 Scipio Sighele, *La folla delinquente. Studio di psicologia collettiva*, Turin, Bocca, 1891. Traduction de Paul Vigny : *La Foule criminelle. Essai de psychologie collective*, Paris, Alcan, 1892.

la littérature psychologique internationale, de Taine, Ribot, Espinas ou Gabriel Tarde (1843-1904) comme de Spencer, Bain ou encore Lange. C'est au contact de ces auteurs qu'il forge sa conception de l'émotion comme acte réflexe répondant à une impulsion extérieure[50], et c'est d'ailleurs à Espinas qu'il se réfère lorsqu'il dit trouver dans l'émotion « l'explication physiologique de la psychologie des foules[51] ». En France, Henry Fournial (1866-1932), Le Bon ou Tarde font un usage plus limité, voire parcimonieux, du mot « émotion[52] », lui préférant celui plus familier et éprouvé de « sentiment », quitte à accorder au sentiment la même teneur qu'à l'émotion psychophysiologique[53]. C'est le cas notamment de Fournial dans son *Essai sur la psychologie des foules* (1892) qui emploie tantôt l'un, tantôt l'autre, voire accole les deux termes. Tous ces auteurs n'ont pas la même familiarité avec les auteurs étrangers mais il existe bien dans les années 1890 une science psychologique animée à l'échelle européenne. Ainsi les caractéristiques physiologiques du concept d'émotion héritées de la psychologie britannique sont largement partagées des deux côtés des Alpes. Même s'ils ne l'évaluent pas pareillement, tous conçoivent l'émotion comme l'élément dynamique qui met en branle la contagion mentale, ainsi que le formule Sighele en citant Espinas : « C'est une loi universelle dans tout le domaine de la vie intelligente, que la représentation d'un état émotionnel provoque la naissance de ce même état chez

---

50 Voir Scipio Sighele, *La Foule criminelle*, *op. cit.*, p. 44.

51 *Ibid.*, p. 55. Michela Nacci souligne en ce sens le rôle précurseur d'Espinas qui propose « la première description scientifique de la foule et de son comportement, avec la formulation scientifique d'une théorie pour l'expliquer », dans Alfred Victor Espinas, *Des sociétés animales. Étude de psychologie comparée*, Paris, Librairie Germer Baillière, 1877 ; voir Michela Nacci, « La psychologie collective », art. cité, p. 131.

52 Fournial emploie le mot « émotion(s) » à 18 reprises dans son *Essai sur la psychologie des foules* (1892) ; Le Bon 5 fois dans *Psychologie des foules* (1895) et Tarde 6 fois dans *L'Opinion et la foule* (1901).

53 Thomas Dixon ne manque pas de souligner l'ironie : alors que le vocable « émotion » est parvenu dans la psychologie anglophone via le français au XVIIe siècle, les psychologues français du XIXe siècle lui préfèrent ceux de « passion » ou de « sentiment » (*From Passions to Emotions*, *op. cit.*, p. 108, n. 47). Il reste qu'avant même que l'émotion retrouve sa place dans le lexique de la psychologie francophone, son sens se communique aux vocables traditionnels de sentiment et de passion. Ribot ou Fournial sont à ce titre d'excellents témoins de cette phase de transition, avant qu'une partition plus stable ne s'établisse, entre les émotions, éphémères et spontanées, et les sentiments, durables et construits. Depuis une vingtaine d'années, un processus inverse s'est engagé, sous l'influence là encore de l'anglais, puisqu'il est fréquent aujourd'hui d'englober sous le vocable « émotion » le champ sémantique du sentiment.

celui qui en est témoin[54] ». S'il ne fait aucun doute pour les théoriciens de la psychologie des foules que l'émotion est contagieuse, c'est donc parce que le concept d'émotion tel qu'ils le reçoivent et l'investissent est déjà habité par le collectif : en fusionnant dans le groupe, l'émotion réalise sa nature propre.

Venons-en alors à la formation de l'expression « émotion collective » elle-même dans la psychologie scientifique à la fin du XIXe siècle. Une remarque préalable qui ne saurait surprendre : le syntagme « émotion(s) collective(s) », qui n'a rien de spécifique, n'est pas une exclusivité de la psychologie scientifique. On le rencontre au XIXe siècle dans des contextes variés, avec un sens plutôt laudateur, pour signifier notamment les mouvements de communion dans les arts, les grands élans patriotiques ou le génie des masses révolutionnaires[55]. Cependant, il reste rare dans les écrits relevant de la psychologie collective à la fin du XIXe siècle et au début du XXe siècle. Ainsi, ses occurrences dans la *Revue philosophique* avant la première guerre mondiale se comptent sur les doigts d'une main. Les premières occurrences qui se rapprochent de l'environnement intellectuel de la psychologie scientifique datent des années 1870-1880. L'expression apparaît par exemple en 1875 chez Pierre Laffitte (1823-1903)[56], philosophe positiviste et disciple d'Auguste Comte (1798-1857), ou quelques années plus tard sous la plume de Guillaume de Greef (1842-1924), professeur de sciences sociales à l'université de Bruxelles, dans son *Introduction à la sociologie* parue en 1886[57]. Greef conçoit la sociologie scientifique à l'instar de ses premiers défenseurs, non comme une science séparée de

54 Alfred Victor Espinas, *Des sociétés animales*, *op. cit.*, p. 198, cité dans Scipio Sighele, *La Foule criminelle*, *op. cit.*, p. 56.

55 Voir par exemple dans ces différents sens Henri Martin, *De la France, de son génie, de sa destinée*, Paris, Furne, 1847, p. 318 ; Georges Guéroult, « Du rôle du mouvement dans les émotions esthétiques », *Revue philosophique de la France et de l'étranger*, 12 (1881), p. 32-52 (ici p. 37 et 50) ; Maurice de Guérin, *Le Centenaire de 1789*, Paris, Alcan, 1889, p. 150, 193 ou 207.

56 Dans un livre consacré aux « grands types d'humanité », Laffitte loue la tentative dans l'établissement d'un calendrier révolutionnaire « de satisfaire aux besoins des émotions collectives, d'unir à de certains jours tous les cœurs dans un même sentiment et une même pensée ». Voir Pierre Laffitte, *Les Grands types de l'humanité. Appréciation systématique des principaux agents de l'évolution humaine*, Paris, Ernest Ledoux, 1875, p. 51-52. On trouve également l'expression « collective emotions », pour qualifier les élans nationaux autour des grands poètes, chez l'un des principaux représentants du positivisme anglais proche de Laffitte, John Henry Bridges (1794-1869), *Five Discourses on Positive Religion*, Londres, Reeves and Turner, 1882, p. 75.

57 Guillaume de Greef, *Introduction à la sociologie (première partie) : éléments*, Bruxelles, Gustave Mayolez – Paris, Alcan, 1886.

la psychologie mais plutôt comme son aboutissement : « De même que la biologie était la base indispensable de la science de l'intelligence, de même la psychologie positive unie à la biologie était la matrice où la science sociale en gestation devait se développer et s'alimenter avant de s'affirmer comme création indépendante[58] ». Formé au positivisme de Comte, Greef puise dans la psychologie physiologiste de Spencer, Bain, Wundt ou Ribot les éléments biologiques qui lui permettent de dépasser la « conception purement idéaliste de la société » vers laquelle « dégénéra » selon lui la philosophie du maître[59]. Dès lors, c'est la rencontre même entre ces deux sciences qui lui permet de penser l'articulation entre l'émotion individuelle et l'émotion collective :

> Les émotions, ces excitations vives, actuelles et directes des centres nerveux, ont leurs phénomènes correspondants dans ces émotions collectives qui, à certains moments de l'histoire, soulèvent les masses et leurs gouvernements, surtout dans les grands centres, sans permettre, pour ainsi dire, à aucune délibération consciente d'arrêter ou de régulariser ces brusques mouvements d'ensemble[60].

On ne peut exprimer de façon plus explicite l'analogie, mais aussi le continuum, entre l'individu et la société, entre l'émotion neurophysiologique et l'émotion collective où les centres urbains ont la même fonction à l'échelle d'une société que les centres nerveux dans le cerveau. Chemin faisant, c'est aussi le sens ancien de l'émotion-émeute qui est absorbé dans les nouveaux schémas intellectuels de la psychologie sociale.

Si la catégorie d'émotion collective est clairement constituée dans les écrits qui fondent la psychologie des foules dans les années 1890, l'expression elle-même n'apparaît pas – du moins je ne l'ai pas trouvée –, ni chez les Italiens Sighele ou Cesare Lombroso (1835-1909), ni chez les Français Fournial, Le Bon ou Tarde. Elle est employée une seule fois par Charles Féré (1852-1907) dans *La Pathologie des émotions* (1892) pour désigner « les passions de la foule [qui] se propagent par un mécanisme dont la physiologie peut rendre compte[61] ». Les premières occurrences que l'on puisse placer sous la bannière d'un promoteur de

58 *Ibid.*, p. 2.
59 *Ibid.*, p. 14.
60 *Ibid.*, p. 104.
61 Charles Féré, *La Pathologie des émotions. Études physiologiques et cliniques*, Paris, Alcan, 1892, p. 566.

la psychologie collective sont dues à Pasquale Rossi (1867-1905) dans *Sociologia e psicologia collettiva*, paru en 1904[62]. En France, on la trouve en 1911 dans un article de la *Revue philosophique* au titre évocateur – « Épidémies mentales et folies collectives[63] » – signé par Georges Dumas, qui fut l'une des principales figures de la psychopathologie des émotions dans l'entre-deux-guerres[64]. Enfin, signalons que Le Bon lui-même finit par s'approprier l'expression qu'il emploie dans un recueil de « pensées brèves » paru en 1918, reconnaissant sur le tard une capacité aux émotions collectives à dessiner un avenir et non seulement à détruire le présent : « Les émotions collectives résultant d'une guerre prolongée rapprochent les hommes qui les ont ressenties en commun. Elles créent entre eux une solidarité susceptible de survivre à la disparition de ces émotions[65] ».

Malgré sa rareté, l'expression trouve peu à peu sa place dans l'outillage intellectuel de la psychologie mais aussi des sciences sociales. On la trouve en effet à partir de la fin des années 1890 dans le cercle des durkheimiens. Ainsi, lorsque Gaston Richard (1860-1945) rédige un compte rendu dans la *Revue philosophique* de la traduction française de *La Femme criminelle* parue en 1896, il reformule la thèse de Lombroso en parlant de la « contagion des émotions collectives » plus forte chez les femmes[66]. L'expression est employée ensuite ponctuellement par Robert Hertz (1881-1915)[67]

62 Voir Pasquale Rossi, *Sociologia e psicologia collettiva*, Rome, C. Colombo, 1904, p. 168 et 179.

63 Selon les principes régissant la loi de la contagion mentale, Dumas perçoit l'émotion collective comme la conséquence d'une contamination de l'émotion d'abord individuelle qui se répand par suggestion à toute une population. Voir Georges Dumas, « Épidémies mentales et folies collectives », *Revue philosophique de la France et de l'étranger*, 71 (1911), p. 384-407 (ici p. 396).

64 Voir Jacqueline Carroy, Annick Ohayon et Régine Plas, *Histoire de la psychologie en France*, *op. cit.*, p. 135-137. Concernant l'influence de Dumas sur la génération des Lagache, Sartre, Lacan, etc., voir Annick Ohayon, *Psychologie et psychanalyse en France. L'impossible rencontre, 1919-1969*, Paris, La Découverte, 2006. Les principaux écrits de Dumas sur les émotions sont rassemblés dans Georges Dumas, *La Vie affective. Physiologie, psychologie, socialisation*, Paris, PUF, 1948. Les émotions collectives y sont abordées au chapitre IX, « Les réactions émotionnelles communes ».

65 Gustave Le Bon, *Hier et demain. Pensées brèves*, Paris, Ernest Flammarion, 1918, p. 143.

66 Voir Gaston Richard, compte rendu de Cesare Lombroso et Guglielmo Ferrero, *La Femme criminelle et la prostituée*, Paris, Alcan, 1896, dans *Revue philosophique de la France et de l'étranger*, 42 (1896), p. 525-535 (ici p. 527).

67 Voir Robert Hertz, « Contribution à une étude sur les représentations collectives de la mort » [1907], dans Robert Hertz, *Sociologie religieuse et folklore*, éd. Marcel Mauss, Paris, PUF, 1928, p. 76 et résumé de cours pour l'année 1908, *École pratique des hautes études, Section des sciences religieuses*, 18 (1908), p. 44.

puis par Marcel Mauss (1872-1950)[68] qui la déleste cependant de son ancrage physiologique originel et de la tonalité réactionnaire qu'elle avait dans la psychologie des foules. L'émotion collective dans la sociologie devient alors l'expression affective des croyances et des représentations collectives, ce qu'elle était déjà en partie chez Tarde. Dans sa théorie des « sentiments obligatoires », Mauss transpose en quelque sorte dans le social la dimension automatique de l'émotion induite par sa nature biologique chez les psychologues. Même si Émile Durkheim lui-même préfère parler, comme la plupart de ses contemporains, de « sentiment collectif » ou de « passion commune », il ouvre une nouvelle voie pour établir la dimension intrinsèquement collective de toute émotion au nom du primat en tout du social. Quelques années plus tard, Maurice Halbwachs (1877-1945) l'emprunte sans hésiter et en tire la conclusion qui s'impose de l'antériorité collective de l'émotion :

> En résumé, ce qui frappe surtout, et ce que nous avons essayé d'établir, c'est que non seulement l'expression des émotions mais à travers elle les émotions elles-mêmes sont pliées aux coutumes et aux traditions et s'inspirent d'un conformisme à la fois extérieur et interne. Amour, haine, joie, douleur, crainte, colère, ont d'abord été éprouvés et manifestés en commun, sous forme de réactions collectives. C'est dans les groupes dont nous faisons partie que nous avons appris à les exprimer, mais aussi à les ressentir. Même isolés, nous avons appris à les exprimer, mais aussi à les ressentir. Même isolés, livrés à nous-mêmes, seuls en présence de nous-mêmes, nous nous comportons à cet égard comme si les autres nous observaient, nous surveillaient[69].

Ainsi par une autre voie que la psychologie physiologiste – une voie inverse pourrait-on dire –, la sociologie durkheimienne permet à son tour de penser l'émotion comme un fait originellement collectif.

Partant à la recherche de l'expression « émotion collective » dans les sciences psychologiques au XIXe siècle, nous avons fait une autre rencontre, à la fois inattendue et familière, celle de l'émotion elle-même qui, malgré les ruptures revendiquées, n'a rien perdu de la force collective qui l'animait au moment de son avènement à la fin du Moyen Âge, si ce n'est que la nature de ce collectif de l'émotion s'est profondément transformée

---

68 Voir Marcel Mauss, « Rapports réels et pratiques de la psychologie et de la sociologie » (1924), dans Marcel Mauss, *Sociologie et anthropologie*, Paris, PUF, 2004 [1950], p. 281-310 (ici p. 290).

69 Maurice Halbwachs, *L'Expression des émotions et la société* (1939), texte présenté et annoté par Christophe Granger, *Vingtième Siècle. Revue d'histoire*, 123 (2014), p. 39-48 (ici p. 48).

au fil des siècles : collectif de la communauté politique au Moyen Âge, collectif de l'espèce au XIXe siècle, collectif de la société au début du XXe siècle. Les rivalités entre disciplines émergentes et les positionnements épistémologiques parfois incompatibles ne doivent pas faire oublier que, lorsque l'émotion devient collective à la fin du XIXe siècle, elle ne fait que réaliser l'une de ses potentialités. D'une certaine façon, si le syntagme « émotion collective » apparaît peu chez les pionniers de la psychologie collective, c'est parce que pour ces penseurs le mot « émotion », tel qu'ils le reçoivent de la psychologie britannique, contient intrinsèquement une potentialité vers le collectif, ce qui rend le plus souvent superflu l'emploi de l'épithète « collective ». Dès lors, ce n'est peut-être pas tant la foule qui est constituée par la contagion de l'émotion que l'émotion qui est, en chaque individu, l'expression d'un désir de foule.

Le succès récent de l'« émotion collective » dans les sciences sociales signe tout autant le besoin de se réapproprier la part collective de l'émotion dans nos sociétés dominées depuis des décennies par l'individualisation qu'elle trahit une forme d'oubli de ce que fut historiquement l'émotion. Sous le clapotis de l'émotion individuelle, il y a, aujourd'hui comme hier, la lame de fond de l'émotion collective. De même qu'en soubassement de l'*esmotion* médiévale, il y a le *motus animi*, le mouvement de l'âme individuelle, dans un rapport permanent de correspondances entre le microcosme et le macrocosme[70]. Je ne suggère pas qu'il faille réduire l'épistémologie historique des émotions collectives à une approche nominaliste, ni à une lecture génétique du concept d'émotion, mais au-delà de l'idée générale il est essentiel d'être attentif à la généalogie des termes et des concepts qui nous servent aujourd'hui d'outils de questionnement, parce qu'ils sont porteurs de choix qui ont été faits dans la masse compacte des discours disponibles. L'émotion collective est-elle une projection sur la scène publique de l'émotion individuelle ou bien l'émotion individuelle est-elle le fruit d'une privatisation de l'émotion collective ? L'histoire intellectuelle du concept d'émotion nous apprend que ces deux registres ne sont jamais vraiment séparés, que l'émotion elle-même ne prend corps et sens que dans la relation, dans le mouvement. L'historien doit y voir une invitation à ne pas aborder les émotions collectives comme un fait psychosocial intemporel répondant à des lois

70 Voir dans ce volume l'article de Piroska Nagy, « Événement et émotion collective. Le cas des Flagellants de Pérouse (1260) ».

intangibles, mais avant tout comme un outil herméneutique dont il hérite et qu'il lui revient de réinvestir afin d'enrichir la compréhension des dynamiques sociales et culturelles telles qu'elles sont pensées et vécues par les acteurs historiques eux-mêmes.

Damien BOQUET
Aix-Marseille Université
UMR 7303 TELEMMe
CNRS-AMU

BIBLIOGRAPHIE

SOURCES

BINET, Alfred, Compte rendu de William James, *La Théorie de l'émotion*, *L'Année psychologique*, 9 (1902), p. 388-401.

BRIDGES, John Henry, *Five Discourses on Positive Religion*, Londres, Reeves and Turner, 1882.

BROWN, Thomas, *Lectures on the Philosophy of the Human Mind*, Édimbourg, Tait, 1820.

CHALLAYE, Félicien, *Psychologie et métaphysique. Classe de philosophie*, Paris, Librairie Fernand Nathan, 1925.

DARWIN, Charles., *L'Expression des émotions chez l'homme et les animaux*, Paris, C. Reinwald, 1890.

DESCARTES, René, *Les Passions de l'âme*, introduction, notes, bibliographie et chronologie par Pascale d'Arcy, Paris, GF Flammarion, 1996.

DUMAS, Georges, « Épidémies mentales et folies collectives », *Revue philosophique de la France et de l'étranger*, 71 (1911), p. 384-407.

DUMAS, Georges, *La Vie affective. Physiologie, psychologie, socialisation*, Paris, PUF, 1948.

ESPINAS, Alfred Victor, *Des sociétés animales. Étude de psychologie comparée*, Paris, Librairie Germer Baillière, 1877.

FÉRÉ, Charles, *La Pathologie des émotions. Études physiologiques et cliniques*, Paris, F. Alcan, 1892.

DE GREEF, Guillaume, *Introduction à la sociologie (première partie) : éléments*, Bruxelles, Gustave Mayolez – Paris, F. Alcan, 1886.

DE GUÉRIN, Maurice, *Le Centenaire de 1789*, Paris, F. Alcan, 1889.

GUÉROULT, Georges, « Du rôle du mouvement dans les émotions esthétiques », *Revue philosophique de la France et de l'étranger*, 12 (1881), p. 32-52.

HALBWACHS, Maurice, *L'Expression des émotions et la société* (1939), texte présenté et annoté par Christophe Granger, *Vingtième Siècle. Revue d'histoire*, 123 (2014), p. 39-48.

HERTZ, Robert, Résumé de cours pour l'année 1908, *École pratique des hautes études, Section des sciences religieuses*, 18 (1908), p. 44.

HERTZ, Robert, *Sociologie religieuse et folklore*, édité par Marcel Mauss, Paris, PUF, 1928.

HUME, David, *A Treatise of Human Nature*, édité par Lewis Selby-Bigge et Peter Nidditch, Oxford, Clarendon Press, 1978.

JAMES, William, « What Is an Emotion ? », *Mind*, 9 (1884), p. 188-205.

JAMES, William, *La Théorie de l'émotion*, traduit par Georges Dumas, Paris, F. Alcan, 1902.

LAFFITTE, Pierre, *Les Grands types de l'humanité. Appréciation systématique des principaux agents de l'évolution humaine*, Paris, Ernest Ledoux, 1875.

LANGE, Carl, *Les Émotions. Étude psychophysiologique*, traduit par Georges Dumas, Paris, F. Alcan, 1895.

LE BON, Gustave, *Hier et demain. Pensées brèves*, Paris, Ernest Flammarion, 1918.

LOMBROSO, Cesare et Guglielmo FERRERO, *La Femme criminelle et la prostituée*, Paris, G. Alcan, 1896.

MARTIN, Henri, *De la France, de son génie, de sa destinée*, Paris, Furne, 1847.

MAUSS, Marcel, *Sociologie et anthropologie*, Paris, PUF, 2004.

RIBOT, Théodule, *La Psychologie anglaise contemporaine (école expérimentale)*, Paris, Librairie philosophique de Ladrange, 1870.

RIBOT, Théodule, « De la durée des actes psychiques : d'après les travaux récents », *Revue philosophique de la France et de l'étranger*, 1 (1876), p. 267-288.

RIBOT, Théodule, *La Psychologie allemande contemporaine (école expérimentale)*, Paris, Librairie Germer Baillière et Compagnie, 1879.

RIBOT, Théodule, *La Psychologie des sentiments*, Paris, Alcan, 1896.

RIBOT, Théodule, *La Logique des sentiments*, Paris, F. Alcan, 1905.

RIBOT, Théodule, *Essai sur les passions*, Paris, F. Alcan, 1907.

RICHARD, Gaston, Compte rendu de Cesare Lombroso et Guglielmo Ferrero, *La Femme criminelle et la prostituée*, *Revue philosophique de la France et de l'étranger*, 42 (1896), p. 525-535

ROSSI, Pasquale, *Sociologia e psicologia collettiva*, Rome, C. Colombo, 1904.

SIGHELE, Scipio, *La folla delinquente. Studio di psicologia collettiva*, Turin, Bocca, 1891.

SIGHELE, Scipio, *La Foule criminelle. Essai de psychologie collective*, traduit par Paul Vigny, Paris, F. Alcan, 1892.

SPENCER, Herbert, « Esquisse d'une psychologie comparée de l'homme. Lecture faite à l'Institut anthropologique de la Grande-Bretagne », *Revue philosophique de la France et de l'étranger*, 1 (1876), p. 45-61.

TAINE, Hippolyte, *Les Origines de la France contemporaine*, 6 vol., Paris, Hachette, 1876-1894.

TAINE, Hippolyte, *De l'intelligence*, Paris, Hachette, 6e éd. 1892.

ÉTUDES

BAIER, Annette, *A Progress of Sentiments : Reflections on Hume's* Treatise, Cambridge (MA), Harvard University Press, 1991.

BARROWS, Susanna, *Miroirs déformants. Réflexions sur la foule en France à la fin du XIXe siècle*, Paris, Aubier, 1990.

BODDICE, Rob, *The Science of Sympathy : Morality, Evolution and Victorian Civilization*, Urbana-Chapaign, University of Illinois Press, 2016.

BODDICE, Rob, *The History of Emotions*, Manchester, Manchester University Press, 2018.

BOQUET, Damien et NAGY, Piroska, « Una storia diversa delle emozioni », *Rivista storica italiana*, 128/2 (2016), p. 481-520.

BOVO, Elena, *Pensée de la foule, pensée de l'inconscient. Généalogie de la psychologie des foules (1875-1895)*, Besançon, Presses universitaires de Franche-Comté, 2021.

CARROY, Jacqueline, FEUERHAHN, Wolf, PLAS, Régine et TROCHU, Thibaud, « Les entreprises intellectuelles de Théodule Ribot », *Revue philosophique de la France et de l'étranger*, 206 (2016), p. 451-464.

CARROY, Jacqueline, OHAYON, Annick et PLAS, Régine, *Histoire de la psychologie en France, XIXe-XXe siècles*, Paris, La Découverte, 2006.

DIXON, Thomas, *From Passions to Emotions. The Creation of a Secular Psychological Category*, Cambridge, Cambridge University Press, 2003.

HOCHNER, Nicole, « Le corps social à l'origine de l'invention du mot *émotion* », dans Damien Boquet et Piroska Nagy (dir.), *Histoire intellectuelle des émotions, de l'Antiquité à nos jours*, Paris, L'Atelier du Centre de recherches historiques, 2016, p. 253-301 et https://journals.openedition.org/acrh/7357.

JAMES, Susan, *Passion and Action. The Emotions in Seventeenth-Century Philosophy*, Oxford, Clarendon Press, 1997.

MANDRESSI, Rafael, « L'historien, le cerveau et l'ivresse des profondeurs », *Tracés. Revue de Sciences humaines*, 14 (2014), p. 113-126.

MUCCHIELLI, Laurent, « Aux origines de la psychologie universitaire en France (1870-1900) : enjeux intellectuels, contexte politique, réseaux et stratégies d'alliance autour de la *Revue philosophique* de Théodule Ribot », *Annals of Science*, 55 (1998), p. 263-289.

NACCI, Michela, « La psychologie collective », *Revue historique*, 677 (2016), p. 129-137.

OHAYON, Annick, *Psychologie et psychanalyse en France. L'impossible rencontre, 1919-1969*, Paris, La Découverte, 2006.

PLAMPER, Jan, *Geschichte und Gefühl. Grundlagen der Emotionsgeschichte*, Munich, Siedler, 2012.

RIMÉ, Bernard, « L'émergence des émotions dans les sciences psychologiques », dans Damien Boquet et Piroska Nagy (dir.), *Histoire intellectuelle des émotions, de l'Antiquité à nos jours*, Paris, L'Atelier du Centre de recherches historiques, 2016, p. 25-44 et https://journals.openedition.org/acrh/7293.

ROSENWEIN, Barbara H. et CRISTIANI, Riccardo, *What is the History of Emotions ?*, Cambridge, Polity, 2018.
THORLEY, David, « Towards a History of Emotion, 1562-1660 », *The Seventeenth Century*, 28 (2013), p. 3-19.

LA VOIX DU PEUPLE

Les émotions, le langage et la foule à l'aube de l'ère des masses

> Alors que nos antiques croyances chancellent et disparaissent, que les vieilles colonnes des sociétés s'effondrent tour à tour, l'action des foules est l'unique force que rien ne menace et dont le prestige grandisse toujours. L'âge où nous entrons sera véritablement l'ère des foules[1].
>
> Gustave LE BON

Le travail dont on trouvera ici quelques éléments provient d'une enquête historique sur la parole populaire[2]. Cette généalogie de la voix du peuple a bien évidemment croisé la question des foules et celle des émotions, alors que naissent les sociétés de masse des dernières décennies du XIXe siècle aux premières du XXe siècle.

Nous voilà donc au cœur même de notre sujet : l'émergence de la foule émotive. On voit en effet le plus souvent dans le fameux ouvrage de Gustave Le Bon, *Psychologie des foules*, publié en 1895, un élément décisif (quoique ce ne soit pas le seul) à l'origine de la découverte du rôle des émotions dans la vie publique, des contagions émotionnelles qui parcourent les rassemblements humains. J'aimerais faire ici de ce livre une lecture sensiblement différente : plutôt que de situer dans l'ouvrage de Le Bon l'origine de la découverte du rôle de l'émotion dans la vie politique, y déceler la présence d'une émotion, prévalente dans le climat social de l'époque, à l'origine de l'écriture du livre. C'est-à-dire

1 Gustave Le Bon, *Psychologie des foules*, Paris, Alcan, 1895, p. 2.

2 Parue dans un livre que nous avons dirigé, Carlos Piovezani et moi-même, sur l'histoire de la parole publique : *id.* (dir.), *Historia da fala publica*, Petrópolis, Vozes, 2016.

renverser la perspective, et tirer les conséquences de ce renversement quant à une archéologie de la foule émotive. Cela devrait nous inciter à penser que le livre de Le Bon ne signe pas tant l'invention de la foule moderne qu'il est inscrit dans une généalogie bien plus ancienne, et dans une autre histoire politique que celle où d'ordinaire on la situe. Quel est donc le régime émotionnel, et quel est le dispositif de pensée qui ont présidé à la conception de *Psychologie des foules* ?

L'INVENTION DE LA FOULE

« L'âge où nous entrons sera véritablement l'ère des foules » : Gustave Le Bon avait un côté prophète, ou tout au moins prédicateur. *Psychologie des foules* ne laisse en effet aucune place au doute, ni aucune illusion sur l'avenir : c'est la peur de la foule, avant toute autre chose, qui a fait de celle-ci un objet de pensée ; et c'est cette même peur qui inaugure et promet une période historique de désordre, de chaos et d'anarchie. Le Bon voit ainsi se multiplier, entre les années 1880 et la Grande Guerre, les signes de l'inquiétante puissance des foules, prélude à la destruction de la civilisation par le déchaînement de ces « multitudes inconscientes et brutales, justement qualifiées de barbares[3] ».

Il faut sans doute, pour comprendre cette peur aussi bien que les effets différés qu'elle exerce encore sur la représentation des rassemblements humains, la resituer dans son contexte. C'est « la force aveugle du nombre », c'est-à-dire le développement de la démocratie politique, qui inquiète si fort Le Bon et certains de ses contemporains[4], telle qu'elle se manifeste, dans les deux dernières décennies du XIXe siècle, dans la violence politique et sociale des grèves, les progrès du mouvement ouvrier et du socialisme, ou encore l'aventure du boulangisme. Mais la psychologie des foules porte aussi la trace des savoirs scientifiques de son temps : dans l'anthropologie criminelle de Lombroso, Le Bon saura

3 Gustave Le Bon, *Psychologie des foules*, *op. cit.*, p. 3-4.

4 C'est dans la description que Hippolyte Taine laissa des foules de la Révolution française dans *id.*, *Les Origines de la France contemporaine*, 5 vol., Paris, 1878-1887, que Le Bon trouva une bonne part de ses références, et de son inspiration.

trouver les germes criminogènes qu'abritent les masses humaines[5] ; chez Charcot, aux séances duquel il est assidu, il puisera l'idée de l'hystérie pathologique des foules ; comme Durkheim, Tarde ou les grandes enquêtes sociales aux confins de la médecine et de la sociologie naissante, il voudra découvrir « les lois de l'unité mentale des foules[6] », nous dit-il, devenir une sorte de Claude Bernard de la vie collective[7].

La psychologie des foules scelle donc l'alliance de la peur et de la science, ce qui explique sans doute une bonne part de son succès immédiat et quasi-universel, puis de sa longévité, puisque ni la peur ni la science n'allaient faire défaut au cours du siècle qui vient de s'achever. Ses idées centrales vont ainsi traverser le XXe siècle pour venir, encore pratiquement intactes au début du nôtre, expliquer le comportement des individus dans les masses. Il y a en outre une autre raison à cela : les traits des foules « découverts » par Le Bon sont proprement anhistoriques, renvoient la foule à un état de nature, et l'on ne voit donc guère ce qui pourrait venir troubler leur caractère éternel. Et ce d'autant moins que les états psychologiques qu'elles manifestent – impulsivité, irritabilité, suggestibilité, exagération et simplisme des sentiments, crédulité… – « sont observables chez des êtres appartenant à des formes inférieures d'évolution, comme le sauvage et l'enfant[8] », et, convient-il aussitôt d'ajouter, l'hystérique. C'est là ce que Le Bon aura retenu des leçons de Charcot, relu à la lumière des préludes du darwinisme social : « Les foules sont partout féminines, mais les plus féminines de toutes sont les foules latines[9] ».

On comprend mieux dès lors le succès et la longévité des thèses de Le Bon : c'est dans les modèles les plus archaïques de la domination sexuée qu'il est allé chercher le dispositif intellectuel qui vient expliquer l'irrationalité, l'imprévisibilité de « la foule » – on lit « la foule », et on entend « la femme » – tout autant que la nécessité de son contrôle. C'est pourquoi, chez Le Bon, « la foule » reste partout et toujours égale

5 Idée que développera dans le même contexte Scipio Sighele, *La Foule criminelle. Essai de psychologie collective*, Paris, Alcan, 1891.

6 Gustave Le Bon, *Psychologie des foules*, *op. cit.*, p. 11.

7 Sur le contexte politique et culturel des travaux de Le Bon, voir notamment : Susanna Barrows, *Miroirs déformants. Réflexions sur la foule en France à la fin du XIXe siècle*, Paris, Aubier, 1990 ; Serge Moscovici, *L'Âge des foules*, Paris, Complexe, 1981 ; Robert A. Nye, *The Origin of Crowd Psychology. Gustave Le Bon & The Crisis of Democracy in the 3rd Republic*, London, Sage, 1975.

8 Gustave Le Bon, *Psychologie des foules*, *op. cit.*, p. 17.

9 *Ibid.*, p. 19.

à elle-même, toujours égarée, toujours dangereuse. Pas de place ici pour les foules réelles, ni pour leur existence historique ; pas de place non plus pour les différents caractères des foules, tantôt statiques et paisibles, tantôt fiévreuses et instables ; pas de place enfin pour les classifications que saura établir plus tard Elias Canetti, ses distinctions des meutes et des masses[10]. « La foule » est un état de nature, et cette nature est féminine. Elle se cherche donc un maitre, et le trouvera. La relation du meneur à la foule, cruciale dans la perspective de Le Bon, s'inscrit bien dans le cadre du « modèle archaïque dominant », pour parler comme Françoise Héritier[11] : celui de la domination masculine.

Surprenante persistance et étrange destin, cependant, que ceux des idées de Le Bon. Notons tout d'abord que leur relecture freudienne entreprise en 1921 dans *Psychologie collective et analyse du moi* ne les ont guère remises en cause. Puis que les usages qui en furent faits au cours du siècle dernier auraient pu suffire à la disqualifier. Car le but poursuivi par Le Bon était véritablement celui du contrôle et de la manipulation des rassemblements humains à l'aube de l'ère des masses, et l'on voit à juste titre en lui l'un des inventeurs des formes modernes de la propagande politique[12]. Certains de ses lecteurs ne s'y sont pas trompés : Hitler s'en est largement inspiré dans *Mein Kampf*, et l'ouvrage de Le Bon a fourni à Mussolini, dit-on, son livre de chevet favori[13]. Mais ni ce lourd héritage idéologique, ni la restructuration des rassemblements populaires par des inventions technologiques inenvisageables lorsqu'écrivait Le Bon n'ont altéré cette opinion commune : c'est dans le cadre de la psychologie des foules que l'on se représente encore le plus souvent la vie des « émotions collectives ». L'histoire des émotions serait bien inspirée d'en entreprendre une sérieuse lecture critique.

10 Elias Canetti, *Masse et puissance*, Paris, Gallimard, 1966.

11 Voir Françoise Héritier (dir.), *Hommes/Femmes. La construction de la différence*, Paris, Le Pommier et Cité des Sciences et de l'Industrie, 2005.

12 Sur la postérité de Le Bon, voir notamment : Sergueï Tchakhotine, *Le Viol des foules par la propagande politique*, Paris, Gallimard, 1939.

13 Voir, respectivement, Jay Y. Gonen, *The Roots of Nazi Psychology*, Lexington, The University Press of Kentucky, 2013, p. 92 ; et Jaap van Ginneken, *Crowds Psychology & Politics, 1871-1899*, Cambridge, Cambridge University Press, 1992, p. 186.

BRUITS DE FOULE

Comment le peuple, rassemblé en foule, parle-t-il ? Justement, il ne parle pas. Il y a, dans *Psychologie des foules*, un mépris absolu pour la parole populaire. Ce dédain est d'ailleurs fort répandu, et résonne même à l'autre extrémité du spectre politique, ce qui dit sa prégnance idéologique. Écoutons-le s'exprimer dans la clairière de Germinal, où Étienne Lantier vient d'achever son discours :

> Une furie de visages, des yeux luisants, des bouches ouvertes, tout un rut de peuple… Les femmes déliraient, La Mahaude sortie de son calme, prise du vertige de la faim. La Levaque hurlante, la vieille Brûlé hors d'elle-même agitant des bras de sorcière, et la Mouquette si allumée qu'elle criait des mots tendres à l'orateur[14].

Ce ne sont donc que des bruits qui s'échappent de la foule : certaines femmes se taisent, « recueillies […], graves, ainsi qu'à l'église », tandis que d'autres rient, toussent, jurent[15]. Le peuple en foule ne possède pas de registre intermédiaire entre le mutisme et la clameur : murmures confus du souffle, du soupir ou de la rumeur ; ou bien éclats de voix, exclamations, cris ou jurons. Mais quelle que soit son intensité sonore, ce n'est pas à un régime proprement langagier que l'on a affaire, mais à une forme d'expression collective dont la description puise dans des sources métaphoriques que la lecture de Le Bon a contribué à rendre familières : les déchaînements de la nature[16], les paroxysmes de l'émotion, les débordements de la sexualité. La foule hurle, délire ou râle, de colère ou de plaisir : la masse ne parle pas.

Bref, en guise de parole populaire, ce que l'on trouve avant tout, chez le romancier de la grève comme chez le théoricien de la foule, c'est du bruit, et du corps. Car c'est bien ainsi qu'est perçue la foule à l'aube de l'ère des masses : le grouillement organique d'un grand corps collectif,

---

14 Émile Zola, *Germinal*, Paris, Garnier et Flammarion, 1968 [1895], p. 286-287.

15 « La Maheude, muette, hochait la tête aux sourds jurons de le Levaque. Philomène toussait, reprise par sa bronchite depuis l'hiver. Seule la Mouquette riait à belles dents » : *ibid.*, p. 282-283.

16 « Tonnerre des exclamations », « ouragan des voix », « houle des têtes » … : *ibid.*, p. 283 et 286.

anonyme, bruyant, convulsionnaire. Une confusion de gestes violents, mimétiques, empruntés au registre de l'habitus populaire, alimentée par la fureur des femmes[17]. Il y a en effet deux points sur lequel s'accordent les théoriciens des multitudes. « Contagion » pour Le Bon, identification sous hypnose des individus les uns aux autres pour Freud, « décharge », plus tard, pour Canetti : la première des conditions pour que les individus deviennent masse est l'effacement des limites individuelles de la personne et l'abolition des distances qui la séparent des autres. « Soudain, tout se passe comme à l'intérieur d'un même corps[18] » :

> C'est la décharge qui constitue la masse [...]. Dans la décharge, ils rejettent ce qui les sépare et se sentent tous égaux. Dans cette complicité où il ne reste guère de place entre eux, où un corps presse l'autre, chacun est aussi proche de l'autre que de soi-même. *Soulagement immense.* C'est pour jouir de cet instant heureux, où nul n'est plus, n'est meilleur que l'autre, que les hommes deviennent masse[19].

Les masses qui naissent ainsi demeurent cependant instables, et c'est la seconde des préoccupations qu'expriment les analystes de la foule : la nécessité de son contrôle. Nous sommes bien ici sur le terrain de ce que Michel Foucault nomme la « gouvernementalité », celui des analyses, des calculs et des « dispositifs de sécurité » qui prennent la population pour cible. Mais on aurait tort de voir dans l'ouvrage de Le Bon l'origine de la découverte de la dangerosité des foules, ou du besoin de leur soumission. Elle ne me semble pas se situer non plus, comme on le pense d'ordinaire, dans l'irruption des foules révolutionnaires telles que Taine avait pu les percevoir, mais elle relève, bien en-deçà, d'une généalogie plus ancienne.

---

17 « Les femmes s'enrageaient : la Levaque, les poings aux hanches, s'empoignait avec Philomène [...] ; la Mouquette parlait de démonter les gendarmes à coups de pieds quelque part ; la Brûlé, qui venait de gifler Lydie... continuait d'allonger des claques dans le vide, pour tous les patrons qu'elle aurait voulu tenir » ... : *ibid.*, p. 291-292.

18 Elias Canetti, *Masse et puissance*, *op. cit.*, p. 12.

19 *Ibid.*, p. 14 et 15.

GÉNÉALOGIES : LE CONTRÔLE DES RASSEMBLEMENTS HUMAINS

La perception de l'inquiétante instabilité des entassements populaires et des dangers de la contagion qui les parcourent préexiste à la formation de la société de masse de la fin du XIXe siècle. Cette perception a une histoire, qui nait avec la grande ville et ses rassemblements humains au cours du XVIIIe siècle. Et se fait jour aussitôt la nécessité de leur contrôle.

Car la psychologie des foules, au fond, a peu inventé. Les observateurs des foules parisiennes accumulent en effet un siècle avant Le Bon ou Zola des descriptions où se constituent les fondements archéologiques des peurs politiques qui vont prendre corps à la fin du XIXe siècle. La plupart des ingrédients de la psychologie des foules y sont déjà présents à l'état embryonnaire. Il n'y a qu'à lire Mercier et son *Tableau de Paris*, parmi bien d'autres, et Restif ou Barbier, pour les y découvrir à peu près tous. Il en va ainsi de la contagion, pièce centrale de l'appareillage conceptuel de Le Bon :

> Qu'un homme lève les yeux en l'air et regarde attentivement un objet, vous en verrez plusieurs autres s'arrêter aussitôt et promener leurs regards du même côté, croyant fixer le même objet. Peu à peu la foule augmentera, et voilà toute la rue obstruée[20]...

La foule a donc été un problème de circulation urbaine avant de devenir une grande crainte politique : elle nait avec la ville, et les pouvoirs qu'on lui prête comme les peurs qu'elle suscite croissent avec celle-ci. Car elle pose aussitôt la question de l'attroupement, et du désordre qui en parait la conséquence inéluctable. La foule semble être, aux yeux de ces observateurs de la grande ville, le berceau naturel de la sédition. C'est ainsi que les premières formes modernes de « gouvernementalité » urbaine vont être extrêmement sensibles aux divertissements, aux distractions des foules, à tout ce qui peut, littéralement[21], modifier leur parcours, interrompre la fluidité de leur écoulement, provoquer des engorgements et des débordements collectifs.

---

20 Louis-Sébastien Mercier, *Tableau de Paris*, 12 vol., Amsterdam, SN, 1782-1788 (ici vol. IX, p. 166).

21 L'étymologie, comme souvent, est ici précieuse : « divertir » vient du latin *di-vertere*, « faire changer de chemin » ; « distraire » du latin *dis-trahere*, « tirer de côté ».

Se met ainsi en place, au cours du XVIIe et surtout du XVIIIe siècle, une police des rues qui va prêter à la formation spontanée des groupes humains dans la ville une attention toute particulière. Les dictionnaires de police en témoignent abondamment, qui surveillent de près les amuseurs publics, comme tous ceux qui « portent atteinte à l'ordre public en attroupant, pour ainsi dire, une foule d'oisifs », et invitent à « tarir une source aussi dangereuse de désordres[22] ». Car sous cette crainte des attroupements se dessine déjà une peur proprement politique, et s'esquisse un projet de contrôle des masses urbaines :

> C'est une assemblée tumultueuse de gens qui veulent s'opposer à l'autorité légitime [...]. C'est surtout dans les grandes villes qu'on doit sans cesse avoir les yeux ouverts sur les moindres mouvements qui annoncent un projet d'attroupement ; car le peuple n'est pas trop difficile à séduire par les exemples d'insubordination et de licence qu'on lui offre. Il est prêt à courir au premier signal et à suivre l'homme audacieux qui lui promet une vie plus heureuse que celle dont il jouit[23].

Ainsi, dans le *Dictionnaire universel de police* de Nicolas Toussaint le Moyne des Essarts, publié à la veille de la Révolution, les pièces essentielles du dispositif de *Psychologie des foules* sont d'ores et déjà rassemblées : le nombre, la contagion, le désordre politique, le meneur. Manquent à l'appel le gouvernement des foules par l'imagination et la violence de la métamorphose qu'elle entraine chez les individus ordinaires. Les voici :

> [...] incapable de réflexion, ce qui frappe son imagination l'entraine, et le citoyen paisible devient, en un instant, un furieux prêt à sacrifier tout à l'aveugle et chimérique espoir qu'on lui a donné[24].

POLICE DES BRUITS, SILENCE DES MASSES

De la même manière, le lien entre la masse, le bruit et le désordre que perçoivent aussi bien Le Bon que Zola s'inscrit-il dans une histoire

22 Nicolas Toussaint le Moyne des Essarts, *Dictionnaire universel de police*, 7 vol., Paris, Moutard, 1786-1789 (ici vol. III, p. 526).
23 *Ibid.* (ici vol. I, p. 464).
24 *Ibid.*

de plus longue durée, où s'est formée l'idée que le bruit est la nature sonore, la condition vocale du peuple des villes.

Ainsi les observateurs de la ville moderne ont-ils très tôt remarqué – pour les déplorer – les « cris de Paris », cette « musique sociale[25] » du peuple des rues, qui résonne aux carrefours. Les cris de marchands et colporteurs appartiennent à une tradition immémoriale que les chroniques du Paris du XVIIIe siècle jugent braillarde et discordante.

> Non, il n'y a point de ville au monde où les crieurs et les crieuses des rues aient une voix plus aigüe et plus perçante [...]. Leur gosier surmonte le bruit et le tapage des carrefours [...] sur un mode haut et déchirant[26].

« Clameurs confuses », « glapissement perpétuel », « pitoyable criaillerie », « sons rauques et épouvantables[27] » : bien avant que *Psychologie des foules* ne le perçoive, le peuple émet une sorte de brouhaha organique, exhale une manière de puanteur acoustique révulsant les oreilles bourgeoises, qui associent le vacarme à la dangerosité et la criminalité populaires[28]. Et la tentation surgit bientôt de supprimer les cris de Paris, comme le propose Restif de la Bretonne[29]. Se met alors en place une police des attroupements de rue et des salles de spectacle qui va prêter une oreille extrêmement attentive aux disharmonies vocales : le bruit devient un indicateur sonore du niveau de dangerosité des foules et définit une échelle, allant *crescendo*, des désordres populaires.

Il existe donc, du point de vue de la gestion administrative de l'ordre urbain, des sonorités acceptables : ainsi les applaudissements demeurent-ils légitimes, « les défendre serait une chose injuste et impraticable[30] ».

---

25 Jean-Georges Kastner, *Les Voix de Paris. Essai d'une histoire littéraire et musicale des cris populaires de la capitale depuis le Moyen Âge jusqu'à nos jours*, Paris, G. Brandus, Dufour & Co., 1857.

26 Louis-Sébastien Mercier, *Tableau de Paris*, Paris, Robert Laffont, 1990 [1785], p. 182.

27 *Ibid.*

28 Car c'est bien ainsi qu'est perçue la voix du peuple au XVIIIe siècle : « Elle est abîmée par le travail, déclassée et signe de danger. Les élites la craignent. Les moins bien intentionnées la fustigent, en la qualifiant d'inepte et d'animale [...] Elle semble écorcher durablement les oreilles des lettrés. » : Arlette Farge, *Essai pour une histoire des voix au XVIIe siècle*, Paris, Bayard, 2009, p. 199 et 202.

29 « Tous les membres des cris de Paris sont de mauvais sujets, dont les enfants ne sont que des espions, des voleurs, des prostituées [...]. J'ai toujours abhorré les chanteurs des rues [...] » : Jean-Georges Kastner, *Les Voix de Paris...*, *op. cit.*, p. 57.

30 Nicolas Toussaint le Moyne des Essarts, *Dictionnaire universel de Police*, *op. cit.* (ici vol. I, « Acclamations », p. 38).

Il n'en va pas de même du brouhaha, « cris confus et tumultueux », « applaudissements affectés ou bruyants », qui menacent de dégénérer en « ris immodérés[31] ». C'est alors que vont être prises dans les spectacles parisiens des mesures visant à la mise au silence des spectateurs, et les sifflets deviendront passibles de prison[32]. Car il y a tout à craindre du tumulte, et de sa conséquence naturelle, le débordement :

> Dans les moments d'enthousiasme, la Police doit veiller à maintenir l'ordre et à prévenir le tumulte qui n'accompagne que trop souvent les grandes acclamations. Elle doit empêcher, par des précautions sages, que la foule, comme un torrent impétueux, ne renverse ce qu'elle rencontre sur son passage et ce n'est pas une fonction des moins difficiles des magistrats et des officiers de police[33].

Avec le tumulte, le tapage, ou le « bacanal », un seuil sonore est ainsi franchi qui prélude à la conversion du bruit en mouvement : c'est alors que la masse déborde, et que surgit la métaphore de la foule comme élément liquide, masse mobile que rien ne saurait plus arrêter, flot humain dont Mercier fut un jour le témoin et la victime : « Je fus porté en l'air pendant près de quatre minutes par les flots tumultueux d'un peuple qui avait à la lettre l'impétuosité d'un torrent[34] ».

La métaphore est ancienne, elle a l'âge de la ville, on la trouve déjà dans les premières perceptions des rassemblements du forum ou du cirque sous la plume des observateurs de la cité antique[35]. Mais elle acquiert avec la naissance de la ville moderne une résonnance nouvelle qui lui vient des grands nombres. Et sa prégnance croît encore quand s'inaugure l'ère des masses, et que le torrent qui menaçait d'emporter Mercier devient, pour les contemporains de Le Bon, marée humaine, et le contrôle de celle-ci une priorité politique. Canaliser les flots humains, endiguer les débordements populaires, faire barrage aux foules… La crainte se fait alors sentir de ce que Canetti nomme la masse « ouverte », que l'on pourrait aussi bien dire « liquide », et

31 *Ibid.* (ici vol. II, p. 307).

32 Ordonnance du 28 novembre 1713, contre les perturbateurs de la tranquillité des spectacles : René d'Argenson, *Rapports inédits du Lieutenant de Police d'Argenson*, édité par Paul Cottin, Paris, E. Plon, 1891, p. CXXXIV.

33 Nicolas Toussaint le Moyne des Essarts, *Dictionnaire universel de Police*, *op. cit.* (ici vol. I, « Acclamations », p. 38-39).

34 Louis-Sébastien Mercier, *Tableau de Paris*, *op. cit.*, p. 1357.

35 Voir, dans ce même volume, l'article de Sylvain Forichon.

où il voit son « état naturel » : « Dès qu'elle s'est constituée, elle a tendance à augmenter[36] ».

LA DOMESTICATION DES MASSES

On comprend mieux dès lors la genèse de *Psychologie des foules*, dans la perspective des intuitions foucaldiennes sur la « gouvernementalité » comme gestion des populations : l'un des projets politiques essentiels qui a traversé le XXe siècle a été celui de la domestication des masses, ou, pour parler comme Canetti, de la conversion des masses « ouvertes » en masses « fermées ». C'est-à-dire de masses disposant d'une « limite », « d'assises », à la manière d'un « liquide contenu dans un récipient[37] ». La masse fermée « renonce alors à s'accroître et s'attache surtout à durer [...]. La limite empêche un accroissement désordonné, mais elle est aussi un obstacle et un frein à la dispersion[38] ». La masse perd ainsi en potentialités d'accroissement ce qu'elle gagne en stabilité.

L'obsession politique du XXe siècle, qu'annonce en toute clarté le succès universel de l'ouvrage de Le Bon, aura donc été celui de la *fermeture des masses* : que ce soit par leur intégration sous forme de partis dans le jeu de la démocratie politique, ou encore par leur mobilisation permanente et leur mise en mouvement continue au profit d'un projet totalitaire ; que ce soit par leur lente absorption dans les rituels des échanges économiques d'une société néo-libérale de consommation ou enfin par leur immobilisation continue dans les rouages d'une bureaucratie.

Ainsi, le livre de Le Bon, bien trop longtemps considéré comme la fondation scientifique d'une psychologie collective, doit être lu avant tout comme ce qu'il est : un traité politique, qui s'inscrit dans la longue généalogie des arts de gouverner. À l'aube de l'ère des masses, il en réactualise la tradition : il donne corps aux peurs qu'occasionne la montée du mouvement ouvrier dans les sociétés démocratiques, offre un moyen de conjurer ses périls, appelle de ses vœux l'ère des hommes forts,

36 Elias Canetti, *Masse et puissance*, *op. cit.*, p. 13.
37 *Ibid.*, p. 14.
38 *Ibid.*

préfigure le « viol des foules » par la propagande politique. On peut lire *Psychologie des foules* comme l'esquisse d'un programme politique autoritaire, profondément réactionnaire, pour le premier XXe siècle, un manuel de domestication des masses et des techniques du commandement, une contribution à cet ensemble de savoirs et de pratiques que Michel Foucault nommait la « gouvernementalité », ou le contrôle des populations.

Cela doit nous conduire en toute logique à soumettre à un inventaire critique un élément central dans le dispositif mis en place par Le Bon et ses lecteurs : celui d'« émotion collective ». Il n'est évidemment pas question ici de nier que des flux émotionnels puissent parcourir les rassemblements humains, quelle que soit la manière dont on les nomme, « contagion », « imitation », « effervescence », « hypnose » ou « décharge »... Et l'on trouvera respectivement chez Le Bon, Tarde, Durkheim, Freud ou Canetti les analyses qui en attestent la présence. Mais ce qu'il convient de mettre en doute, c'est l'existence d'une « âme des foules », agitée d'émotions collectives que l'on puisse rapporter à un corps unique et attribuer aux masses humaines. Que des flux d'effervescence, des courants d'enthousiasme, des vents de panique puissent traverser les foules ne fait guère de doute, encore qu'il vaille mieux à cet égard, plutôt que d'émotions collectives, choisir de parler d'une « agrégation » d'émotions, qui ne suppose en rien l'attribution à la foule d'une âme et d'un corps collectif[39]. Car il existe des foules stables, statiques, dont rien ne semble pouvoir venir troubler l'inertie. Toutes les foules ne sont pas excitables, volatiles, dangereuses. Toutes les foules n'obéissent pas, comme un seul homme, au martèlement des mots d'ordre. Certaines foules n'ont de vocation qu'à la dispersion ; certains individus, dans la foule, loin d'être saisis d'une quelconque contagion, n'y éprouvent que de la répulsion du contact, et le désir de s'en extraire. De tout cela, de nos besoins et nos craintes d'être en foule, la pandémie de Covid-19 vient de faire la démonstration brutale, d'administrer la preuve par le confinement : phobies des proximités, nécessité des distanciations, angoisse des contagions tout autant que de l'isolement. Ce qui est apparu alors, de façon plus générale, c'est que la notion d'émotion collective vient simplifier à l'extrême la distribution complexe, instable, irrégulière et éphémère des régimes émotionnels dont la diversité et la

39 Voir à ce propos Steven Connor : « Collective Emotions : Reasons to Feel Doubtful », *The History of Emotions annual lecture*, Queen Mary, University of London, 9 octobre 2013, en ligne, http://stevenconnor.com/collective.html (consulté le 16 août 2021).

versatilité des rassemblements humains sont capables dans toute société. Plus encore aujourd'hui, où il arrive que les foules ne soient plus que des regroupements occasionnels, quand règne de façon continue la nuée des masses virtuelles et que s'étend l'empire des communautés imaginées, quand c'est sur Twitter que parfois on gouverne et que c'est sur Facebook que les contagions prolifèrent, sans qu'on puisse les endiguer.

« L'âge où nous entrons sera véritablement l'ère des foules », prédisait ainsi Le Bon en ouverture de ce texte : la représentation qu'il a laissée de la foule, en proie aux émotions collectives, sensible aux formes dégradées de la parole publique, et obéissant à une nature quasi-biologique des masses humaines n'est rien d'autre qu'une *fiction politique*, historiquement située et datée, contemporaine de la violence des affrontements de classe et de la montée des nationalismes guerriers dans l'Europe de la fin du XIXe siècle. Cette fiction va jouer un rôle central dans la « gouvernementalité » des populations européennes au cours du premier XXe siècle, en particulier dans la domestication des masses au profit des régimes totalitaires : qui, sinon ceux-ci, souhaitent voir dans la foule un corps unique où les individus se fondent, une masse compacte d'émotions collectives, le jouet d'un chef charismatique ayant su confisquer la voix du peuple à son profit ?

On perçoit plus clairement aujourd'hui, au terme d'un siècle de violence tragique où les foules ont eu toute leur place, la relativité historique de la prophétie de Le Bon. Et l'on pourrait ajouter, si on souhaitait prolonger son propos : « L'âge dont nous sortons est l'ère des foules, encore que leur règne ne soit pas achevé[40]. L'âge où nous entrons, l'âge où nous sommes déjà, sera véritablement l'ère des masses ». Masses humaines, masses émotives, masses virtuelles…

Jean-Jacques COURTINE
Université Sorbonne Nouvelle
– Paris III

40 Ce dont Don De Lillo fait une spectaculaire démonstration dans son roman *Mao II*, New York et Londres, Viking, 1991. Voir à ce propos : Paul Elie, « The Present Belongs to Crowds », *The New Yorker*, 5 juillet 2020, en ligne, https://www.newyorker.com/news/daily-comment/the-present-belongs-to-crowds (consulté le 16 août 2021).

BIBLIOGRAPHIE

SOURCES

D'ARGENSON, René, *Rapports inédits du Lieutenant de Police d'Argenson*, édité par Paul Cottin, Paris, E. Plon, 1891.

KASTNER, Jean-Georges, *Les Voix de Paris. Essai d'une histoire littéraire et musicale des cris populaires de la capitale depuis le Moyen Âge jusqu'à nos jours*, Paris, G. Brandus, Dufour & Co., 1857.

LE BON, Gustave, *Psychologie des foules*, Paris, Alcan, 1895.

LE MOYNE DES ESSARTS, Nicolas Toussaint, *Dictionnaire universel de police*, 7 vol., Paris, Moutard, 1786-1789.

MERCIER, Louis-Sébastien, *Tableau de Paris*, vol. IX, Nouvelle édition, Amsterdam, 1788.

TAINE, Hippolyte, *Les Origines de la France contemporaine*, Paris, Hachette, 1878-1887.

ZOLA, Émile, *Germinal*, Paris, Garnier et Flammarion, 1968 [1895].

ÉTUDES

BARROWS, Susanna, *Miroirs déformants. Réflexions sur la foule en France à la fin du XIXe siècle*, Paris, Aubier, 1990.

CANETTI, Elias, *Masse et puissance*, Paris, Gallimard, 1966

CONNOR, Steven, « Collective Emotions : Reasons to be Doubtful », *The History of Emotions Annual Lecture*, Queen Mary, University of London, en ligne, http://stevenconnor.com/collective.htlm.

COURTINE, Jean-Jacques et Carlos PIOVEZANI, *Historia da fala publica*, Petropolis, Vozes, 2016.

DE LILLO, Don, *Mao II*, New York et London, Viking, 1991.

ELIE, Paul, « The Present Belongs to Crowds », *The New Yorker*, 5 juillet 2020, en ligne, https://www.newyorker.com/news/daily-comment/the-present-belongs-to-crowds.

FARGE, Arlette, *Essai pour une histoire des voix au XVIIe siècle*, Paris, Bayard, 2009.

GONEN, Jay Y., *The Roots of Nazi Psychology*, Lexington, The University Press of Kentucky, 2013.

HÉRITIER, Françoise (dir.), *Hommes/Femmes. La construction de la différence*, Paris, Le Pommier et Cité des Sciences et de l'Industrie, 2005.

MOSCOVICI, Serge, *L'Âge des foules*, Paris, Complexe, 1981.

NYE, Robert A., *The Origin of Crowd Psychology. Gustave Le Bon & The Crisis of Democracy in the 3rd Republic*, London, Sage, 1975.

TCHAKHOTINE, Sergueï, *Le Viol des foules par la propagande politique*, Paris, Gallimard, 1939.

VAN GINNEKEN, Jaap, *Crowds Psychology & Politics, 1871-1899*, Cambridge, Cambridge University Press, 1992.

DEUXIÈME PARTIE

FABRIQUE DE LA FOULE ÉMUE

ÉTUDE DE QUELQUES CAS D'ÉMOTIONS DE FOULE LORS DES SPECTACLES DE L'ANTIQUITÉ ROMAINE[1]

Dans la Rome antique, comme dans les autres grandes cités de l'Empire romain, de multiples occasions donnaient lieu à des rassemblements humains, comme les spectacles, les processions religieuses ou encore les triomphes. Pour désigner ce que nous appelons communément de nos jours une foule, les auteurs de l'Antiquité romaine ont eu recours à différentes expressions, en latin comme en grec[2]. Dans les textes latins, les mots les plus fréquemment usités en ce sens sont *multitudo*, *turba*, *frequentia*, *celebritas*, *vulgus*, de même que parfois *populus* dans les écrits de l'époque impériale. Les auteurs latins se plaisaient aussi parfois à employer des métonymies. Ainsi, au Ier siècle av. J.-C., Cicéron utilise à plusieurs reprises le terme *theatrum* pour qualifier la foule dans les théâtres[3]. Dans les textes grecs d'époque romaine, la foule y est généralement désignée par *ὄχλος*, *πλῆθος* et *πολλοί*, parfois aussi par *ὅμιλος*, voire *δῆμος*. Il faut préciser cependant que tous ces termes n'ont pas systématiquement le sens de foule dans la littérature antique – c'est avant tout le contexte qui détermine leur sens – et lorsque c'est le cas, chacun de ces mots renvoie à des rassemblements humains dont l'importance et la composition demeurent très variables d'un texte à un autre. Néanmoins,

1 Je tiens à remercier Pierre Katuszweski, Hélène Ménard, Damien Nelis et Marco Vespa pour leur relecture et leurs remarques pertinentes. Les noms des auteurs anciens et les titres de leurs œuvres ont été abrégés selon les normes du *Oxford Classical Dictionary*.

2 Sur ce point : Zvi Yavetz, *La Plèbe et le Prince. Foule et vie politique sous le Haut-Empire romain*, Paris, Éditions La Découverte, 1984, p. 189-209 ; Hélène Ménard, *L'Ordre public dans l'Occident romain : violences et désordres populaires en milieu urbain (IIe-IVe siècles ap. J.-C.)*, thèse de doctorat, université Paris IV (université Paris-Sorbonne), Paris, 2002, p. 64-69 et Patrizia Arena, « *Turba quae in foro litigat, spectat in theatris* (Sen. *Cons. Ad Marc.* 11, 2). Osservazioni sull'utilizzo del sostantivo *turba* in Seneca, Tacito e Suetonio », dans Elio Lo Cascio et Giovanna Daniela Merola (dir.), *Forme di aggregazione nel mondo romano*, Bari, Edipuglia, 2007, p. 13-30.

3 *Div.*, I, 28, 59 ; *Phil.*, I, 12, 30 ; *Tusc.*, I, 44, 106 ; *De or.*, III, 50, 196.

et quel que soit le vocable employé, les foules, d'une manière générale, sont fréquemment l'objet de jugements dépréciatifs dans la littérature ancienne[4]. On notera d'ailleurs que les adjectifs utilisés par les auteurs anciens à leur sujet sont souvent méprisants[5].

S'il est généralement assez aisé d'identifier dans les textes anciens les lieux où la foule se rassemble (les rues et les *fora* lors des triomphes et des processions du cirque, les édifices de spectacle lors des jeux et des combats de gladiateurs…), il est en revanche souvent beaucoup plus difficile d'évaluer l'importance, la composition ou encore la durée de ces rassemblements. À cet égard, les foules qui envahissaient les gradins des édifices de spectacle constituent un cas d'étude singulier pour l'historien moderne. Elles possédaient tout d'abord une unité de lieu (les gradins des théâtres, des cirques ou des amphithéâtres) et de temps (celui des spectacles), éléments qui sont difficiles à déterminer pour d'autres types de rassemblements. En outre, leur importance peut être évaluée avec une relative précision. À Rome par exemple, le *Circus Maximus* pouvait accueillir entre 200 000 et 225 000 spectateurs au début du IIe siècle ap. J.-C., après sa réfection menée sous le règne de Trajan[6]. L'amphithéâtre Flavien, plus connu de nos jours sous le nom

4 D'une manière générale, sur les foules dans l'Antiquité romaine : Zvi Yavetz, *La Plèbe et le Prince*, *op. cit.* ; Paul J. J. Vanderbroeck, *Popular Leadership and Collective Behavior in the Late Roman Republic (ca. 80-50 B.C.)*, Amsterdam, J. C. Gieben, 1987 ; John S. McClelland, « The Crowd in the Ancient World », dans *The Crowd and the Mob : from Plato to Canetti*, Londres et Boston, Unwin Hyman, 1989, p. 34-59 (en particulier les p. 46-54); Fergus Millar, *The Crowd in Rome in the Late Republic*, Ann Arbor, University of Michigan Press, 1998 ; Julio Cesar Magalhães de Oliveira, Potestas Populi *: participation populaire et action collective dans les villes de l'Afrique romaine tardive (vers 300-430 apr. J.-C.)*, Turnhout, Brepols, 2012 ; Erika Manders et Daniëlle Slootjes (dir.), *Leadership, Ideology and Crowds in the Roman Empire of the Fourth Century AD*, Stuttgart, Franz Steiner Verlag, 2020.

5 Dans un passage d'Hérodien (*Cf.* VII, 7, 1), les foules (ὄχλοι) sont qualifiées notamment de légères (κοῦφοι). De même, Tacite (*Cf. Hist.*, II, 61) évoque une *multitudo* frénétique (*fanatica*) et un *uulgus* stupide (*stolidum*), *uulgus* qu'il traite par ailleurs de crédule (*credulum*) (*Cf. Hist.*, II, 72 et IV, 49) ou encore d'ignorant (*imperitum*) (*Cf. Ann.*, II, 77). Sénèque (*Cf. De ben.*, III, 15) décrit une *turba* très ignoble/vile (*sordidissima*). Sur la perception des foules par quelques auteurs anciens : Jean-Marie Engel, *Tacite et l'étude du comportement collectif*, thèse de doctorat, université de Bourgogne, Lille, 1972 ; Antonella Borgo, « Aspetti della psicologia di massa in Lucano ed in Tacito », *Vichiana*, 5 (1976), p. 243-257. Plus globalement, sur la perception des foules : Zvi Yavetz, *La Plèbe et le Prince*, *op. cit.*, p. 201-202 et Hélène Ménard, *L'Ordre public dans l'Occident romain*, *op. cit.*, p. 69-82.

6 Marialetizia Buonfiglio, « Traiano e la ricostruzione del Circo Massimo », dans *Traiano : costruire l'impero, creare l'Europa (catalogo della mostra, Mercati di Traiano, Museo dei Fori imperiali, 29 novembre 2017-16 settembre 2018)*, Rome, De Luca Editori d'Arte, 2017, p. 230.

de Colisée, comptait quant à lui environ 50 000 places dès son inauguration en 80 ap. J.-C.[7], le théâtre de Pompée environ 21 000 après la réfection de la *cavea* sous le règne d'Auguste[8]. Par ailleurs, ce type de foule était très hétérogène. Certes, la plèbe urbaine représentait une part importante du public, mais tous les habitants de l'Empire avaient le droit d'assister aux spectacles, quels que fussent leur statut social, leur âge et leur sexe[9]. À Rome notamment, la présence de provinciaux lors des spectacles, et même d'étrangers, est attestée par plusieurs textes[10]. Notons que malgré leur importance et leur hétérogénéité, ces rassemblements lors des spectacles sont souvent désignés dans les textes anciens par des expressions au singulier – telles que *multitudo*, *turba*, *populus*, *uulgus*, *consessus* en latin ou encore *ὄχλος*, *πλῆθος*, *ὅμιλος* ou *δῆμος* en grec[11] – soit à peu près les mêmes termes que ceux qui sont utilisés pour désigner une foule d'une manière générale, quel que soit le lieu.

L'étude des émotions des foules lors des spectacles de l'Antiquité romaine n'est pas sans poser plusieurs difficultés. Tout d'abord, l'analyse des témoignages antiques sur ce sujet révèle que leurs auteurs ont surtout insisté sur les réactions corporelles du public, en particulier ses cris et ses gesticulations. Si la plupart de ces manifestations paraissent être en lien avec des émotions, ces dernières ne sont pas toujours nommées explicitement dans les textes, leurs auteurs se contentant le plus souvent de décrire les réactions qu'ils observent[12]. Ensuite, plusieurs textes

7 Jean-Claude Golvin, *L'Amphithéâtre romain : essai sur la théorisation de sa forme et de ses fonctions*, Paris, De Boccard, 1988, p. 287, tableau 30.

8 Antonio J. Monterroso Checa, Theatrum Pompei *: Forma y arquitectura de la génesis del modelo teatral de Roma*, Madrid, Consejo Superior de Investigaciones Científicas, 2010, p. 296 et 324.

9 Auguste avait néanmoins imposé des restrictions à la présence des femmes lors de certains spectacles (*Cf.* Suet., *Aug.*, XLIV, 2). Sur les femmes et les spectacles dans la Rome impériale : Maria Carla Spadoni Cerroni, « Donne e spettacoli a Roma ed in Italia in età imperiale », *RIL*, 128 (1994), p. 215-250.

10 Eutr., III, 1 ; Ov., *Ars am.*, I, 174-175 ; Sen., *Helu.*, VI, 2 ; Mart., *Spect.*, III.

11 Sur les termes employés par les auteurs anciens pour désigner le public des cirques : Sylvain Forichon, *Les Spectateurs des jeux du cirque à Rome (du Ier siècle a.C. au VIe siècle p.C.) : passion, émotions et manifestations*, Bordeaux, Ausonius Éditions, Scripta Antiqua 133, 2020, p. 59, tableau 1.

12 Pour un aperçu général des émotions lors des spectacles romains : Anne Vial-Logeay, « L'univers romain », dans Georges Vigarello (dir.), *Histoire des émotions. 1. De l'Antiquité aux Lumières*, Paris, Seuil, 2016, p. 75-77. Sur celles des spectateurs lors des courses de chars : Sylvain Forichon, « *Furor circensis* : étude des émotions et des expressions corporelles des spectateurs lors d'une course de chars », *Nikephoros*, 25 (2012), p. 159-203 ; Alexander Puk, *Das römische*

montrent que tous les spectateurs ne partageaient pas forcément les mêmes émotions au même moment. C'était le cas notamment lors des courses de chars dans les cirques[13]. D'autres sources laissent entendre que certaines réactions pourraient avoir été plutôt le propre des femmes[14] ou des enfants[15], encore que les témoignages à ce sujet soient peu nombreux, et il convient de rester extrêmement prudent sur ce point, car notre documentation littéraire provient d'hommes adultes, appartenant pour beaucoup d'entre eux à l'ordre sénatorial ou équestre. Ainsi, lorsqu'ils évoquent les réactions de certaines femmes ou d'enfants durant les spectacles, leurs propos semblent rarement dénués d'a priori. Il en est de même lorsqu'ils relatent le comportement de la plèbe ou d'étrangers. Il demeure néanmoins quelques témoignages dans lesquels une émotion

---

Spielewesen in der Spätantike, Berlin, De Gruyter, 2014, p. 205-213 et Sylvain Forichon, *Les Spectateurs des jeux du cirque à Rome*, *op. cit.* Sur les émotions du public lors des chasses dans les amphithéâtres ou dans les cirques : Helmut Krasser, « Statius and the Weeping Emperor (*Silv.*, 2.5) : Tears as a Means of Communication in the Amphitheatre », dans Thorsten Fögen (dir.), *Tears in the Graeco-Roman World*, Berlin et New York, W. de Gruyter, p. 253-275 ; Garrett G. Fagan, *The Lure of the Arena : Social Psychology and the Crowd at the Roman Games*, Cambridge, Cambridge University Press, 2011, p. 246-252 ; Sylvain Forichon, *Les Spectateurs des jeux du cirque*, *op. cit.*, p. 184-190. Sur les émotions et les réactions des spectateurs dans les amphithéâtres : Garrett G. Fagan, *The Lure of the Arena*, *op. cit.* Sur les émotions du public lors des jeux scéniques, voir en particulier Florence Dupont, *L'Orateur sans visage. Essai sur l'acteur romain et son masque*, Paris, PUF, 2000, p. 175-202 et sur les réactions des spectateurs lors des pantomimes : Ruth Webb, *Demons and Dancers : Performance in Late Antiquity*, Cambridge et Londres, Harvard University Press, 2008, p. 87-90 et 168-196. Plus globalement, pour un bilan et des perspectives de recherche sur l'histoire des émotions dans l'Antiquité, voir l'excellente introduction dans Douglas Cairns et Damien Nelis (dir.), *Emotions in the Classical World : Methods, Approaches, and Directions*, Stuttgart, Franz Steiner Verlag, 2017, p. 7-30. Et dernièrement : Douglas Cairns (dir.), *A Cultural History of the Emotions in Antiquity*, Londres, Bloomsbury Academic, 2019 ; Hedvig von Ehrenheim et Marina Prusac-Lindhagen (dir.), *Reading Roman Emotions. Visual and Textual Interpretations*, Stockholm, Skrifter utgivna av Svenska Institutet i Rom 4, n° 64, 2020.

13 Par exemple, Novatien (*Cf. De spect.*, V, 3-4), un auteur du IIIe siècle apr. J.-C., prétend qu'une partie de la foule au cirque se réjouit de la rapidité d'un cheval, tandis qu'une autre partie se désole de la lenteur d'un de ses concurrents.

14 Par exemple, Juvénal (*Cf.* VI, 63-66) évoque avec ironie les réactions de certaines spectatrices, notamment les soupirs plaintifs d'une certaine Apula, devant les danses lascives et sensuelles du pantomime Bathylle au théâtre. Mais il faut bien préciser que ce passage appartient à la 6e satire dans lequel Juvénal dénigre avec violence les mœurs des femmes de son époque. Sur les femmes en tant que spectatrices : Maria Carla Spadoni Cerroni, « Donne e spettacoli », art. cité, p. 222-227.

15 Juvénal (*Cf.* III, 172-176) décrit un jeune enfant, en provenance de la campagne (*infans rusticus*), effrayé lorsqu'il voit apparaître un acteur masqué dans un théâtre, mais cette réaction semble surtout due à ses origines rurales, plus qu'à son jeune âge.

collective est non seulement mentionnée de manière explicite, mais cette dernière est présentée comme un vecteur d'unité de la foule – sans réelle considération d'âge, de sexe ou de classe sociale – à un moment précis d'un spectacle.

Nous voudrions revenir, dans le cadre de cette étude, sur quelques-uns de ces exemples d'émotions collectives et unificatrices, ainsi que sur les circonstances de leur apparition, sans prétendre bien évidemment à l'exhaustivité. Trois questions guideront notre réflexion : quels étaient les éléments déclencheurs de ces émotions qui parvenaient à unir des foules aussi importantes et hétérogènes ? De quelles émotions s'agit-il ? Comment ces foules « émotives » sont-elles perçues dans les textes antiques ?

Notre étude s'appuie sur les sources littéraires dans lesquelles nous avons identifié trois circonstances propices à l'émergence de ces émotions de foule. Tout d'abord, la musique et les chants apparaissent comme d'importants vecteurs d'émotions collectives lors des jeux dans les théâtres, en particulier lors des tragédies. Ensuite, lors des combats de gladiateurs ou lors des supplices des chrétiens dans l'arène, l'attitude et les réactions de certains combattants ou condamnés ont parfois provoqué la colère, voire la fureur de la foule dans les gradins. Nous verrons pourquoi. Enfin, la foule fut parfois saisie par la panique dès lors que sa sécurité lui semblait menacée à la suite d'un événement imprévu.

LA MUSIQUE ET LES CHANTS COMME VECTEURS D'ÉMOTIONS DE FOULES DANS LES THÉÂTRES

Au Iᵉʳ siècle av. J.-C., Cicéron évoque dans plusieurs passages des *Tusculanes* les effets de la musique et du chant sur les foules dans les théâtres lors de tragédies[16]. Par exemple, les chants, ainsi que la musique lente (*pressus*) et larmoyante (*flebilis*) qui accompagnent l'apparition du fantôme de Polydore sur la scène dans l'*Ilioné*, une tragédie de Pacuvius, plongeraient selon Cicéron des théâtres entiers dans le chagrin (*maestitia*) :

16 Sur ce point : Florence Dupont, *L'Orateur sans visage*, *op. cit.*, p. 175-196.

> En voici un autre qui sort de terre pour empêcher sa mère de dormir : « Mère c'est à toi que je m'adresse, toi qui cherches à adoucir ta peine en l'oubliant dans le sommeil. Tu n'as pas pitié de moi, lève-toi et ensevelis-moi… » Quand ces mots sont chantés avec une musique lente et larmoyante qui plonge des théâtres entiers dans le chagrin, il est difficile de ne pas juger pitoyables ceux qui sont privés de sépulture[17].

Le chant et la musique auraient, selon Cicéron, des effets similaires sur la foule lors d'une autre tragédie, dont nous ignorons cette fois-ci le nom :

> En effet, la foule assise du théâtre, dans laquelle figurent femmelettes et enfants, est émue en entendant ce chant si impressionnant : « Me voici, j'arrive de l'Achéron à grand peine, par un chemin profond et ardu, à travers des cavernes formées de rocs hérissés, menaçants, immenses, et où s'épaississent les lourdes et glaciales ténèbres des Enfers[18] ».

Dans ce second extrait, la précision de Cicéron, selon laquelle cette foule comprend des femmelettes (*muliercula*) et des enfants (*pueri*), n'est peut-être pas fortuite. Dans le *Traité des Lois*[19], le même auteur affirme partager l'avis de Platon selon lequel la musique agit particulièrement sur les esprits jeunes et sensibles/efféminés (*in animos teneros atque molles influere*). D'une manière générale, plusieurs auteurs antiques prêtent aux femmes une sensibilité exacerbée et lorsqu'ils évoquent des foules féminines, ou du moins comprenant un grand nombre de femmes, ces dernières paraissent souvent immodérées et agissant sous l'emprise de leurs émotions[20]. Bien évidemment, il faut voir dans ces allégations les a

17 Cic., *Tusc.*, I, 44, 106 : *Ecce alius exoritur e terra, qui matrem dormire non sinat : « Mater, te appello, tu, quae curam somno suspensam leuas, / Neque te mei miseret, surge et sepeli natum –. » Haec cum pressis et flebilibus modis, qui totis theatris maestitiam inferant, concinuntur, difficile est non eos qui inhumati sint miseros iudicare.* Texte latin de la CUF. Trad. (modifiée) de Florence Dupont issue de Florence Dupont, *L'Orateur sans visage*, *op. cit.*, p. 153.

18 Cic., *Tusc.*, I, 16, 37 : *Frequens enim consessus theatri, in quo sunt mulierculae et pueri, mouetur audiens tam grande carmen : « Adsum atque aduenio Acherunte uix uia alta atque ardua / Per speluncas saxis structas asperis pendentibus / Maxumis, ubi rigida constat crassa caligo inferum ».* Sur les effets de la musique sur l'auditoire lors des tragédies : Valérie Péché et Christophe Vendries, *Musique et spectacles à Rome et dans l'Occident romain : sous la République et le Haut-Empire*, Paris, Errance, 2001, p. 39-42. Sur la musique dans les tragédies romaines : Timothy J. Moore, « Music in Roman Tragedy », dans Stavros A. Frangoulidis, Stephen J. Harrison et Gesine Manuwald (dir.), *Roman Drama and its Contexts*, Berlin et Boston, De Gruyter, 2016, p. 345-361.

19 Cic., *Leg.*, II, 15, 38.

20 Voir par exemple un extrait de Symmaque (*Cf. Ep.*, VIII, 41) ou encore la description par Tite-Live (*Cf.* XXII, 7, 11-13) des réactions d'une foule, majoritairement féminine, et de

priori de certains hommes de l'Antiquité à l'égard des femmes. Toutefois, en ce qui concerne la musique, et selon une opinion exprimée par d'autres auteurs antiques, elle aurait le pouvoir de modifier le comportement des individus, des femmes comme des hommes[21]. En tout cas, la musique et les chants avaient vocation à émouvoir l'ensemble du public lors des jeux scéniques et de telles réactions collectives étaient non seulement attendues, mais aussi recherchées par les organisateurs de ces spectacles. Dans les amphithéâtres en revanche – voués traditionnellement aux combats de gladiateurs, aux chasses et aux exécutions capitales –, il semble que ce fût plutôt l'attitude de certains gladiateurs ou condamnés à mort qui ait parfois généré de vives réactions collectives et uni la foule dans une même émotion, en l'occurrence la colère.

DES GLADIATEURS ET DES CHRÉTIENS DONT LE COMPORTEMENT IRRITE LA FOULE

Plusieurs sources font mention en effet de foules unies dans la colère, voire la haine, lors de spectacles dans des amphithéâtres, à Rome ou dans d'autres cités de l'Empire. Par exemple, dans un extrait du *De ira*, Sénèque, philosophe du Iᵉʳ siècle ap. J.-C., évoque le sentiment de mépris qu'éprouveraient les foules des amphithéâtres lorsqu'un gladiateur refuse de mourir « de bonne grâce ». Se sentant ainsi méprisée, la foule s'emporte contre lui :

> Et pourquoi la foule s'irrite-t-elle contre les gladiateurs, et si injustement que c'est pour elle une offense quand ils ne meurent pas de bonne grâce. Elle se

certaines matrones après la défaite de Trasimène en 217 av. J.-C. Sur ce second passage, voir les commentaires de Jean-Michel David, « L'émotion dans les récits de l'histoire de la république romaine. Tite-Live, Denys d'Halicarnasse et quelques autres », *Hypothèses*, 5 (2001/2), p. 310. Sur la perception des femmes dans l'œuvre de Tacite, à travers la question des discours féminins : Isabelle Cogitore et Louis Autin, « *Muliebriter* ? Le discours féminin dans les *Annales* de Tacite », dans *Séminaire « Historiographies antiques »*, organisé par Pauline Duchêne, Marion Bellissime et Virginie Hollard, nov. 2015, Lyon. Tacite assimilerait volontiers les réactions des foules à celles des femmes selon Jean-Marie Engel, *Tacite et l'étude du comportement collectif*, *op. cit.*, p. 291-307.

21 Par exemple : Dio Chrys. XXXII, 57.

> croit méprisée, et, par ses regards, son geste, son ardeur, de spectateur elle passe adversaire[22].

Précisons que Sénèque, dans ce traité, cherche à démontrer les méfaits de la colère qu'il qualifie d'« émotion, de toutes la plus repoussante et la plus violente[23] ». La colère serait en outre, selon lui, la seule émotion (*adfectus*) à pouvoir s'emparer facilement d'une foule (*agmen/multitudo*)[24]. Ces élans de colère collective lors des combats de gladiateurs ne sont que des exemples parmi d'autres qu'il cite. Néanmoins, d'autres sources évoquent l'animosité de la foule dans les amphithéâtres à l'égard des gladiateurs[25]. Pour comprendre une telle attitude, il faut préciser que pour plusieurs auteurs antiques, et sans doute aussi pour leurs contemporains amateurs de ces spectacles, les combats de gladiateurs étaient censés avoir des vertus éducatives. Par exemple, Cicéron percevait la gladiature comme une « leçon d'énergie contre la douleur et la mort » (*fortior contra dolorem et mortem disciplina*)[26]. De même, Pline le Jeune, au début du IIe siècle ap. J.-C., affirmait que les combats de gladiateurs faisaient naître, par effet mimétique, chez ceux qui les regardaient « l'amour de la gloire » (*amor laudis*) et « le désir de la victoire » (*cupido uictoriae*)[27]. Les spectateurs, surtout les plus passionnés par ces spectacles, s'attendaient vraisemblablement à voir des gladiateurs se battre avec ardeur jusqu'à la mort, méprisant la douleur et sans manifester la moindre peur, d'où leur colère lorsqu'un gladiateur leur paraissait trop timoré. On rappellera aussi que la grâce, ou pas, d'un gladiateur à l'issue du combat incombait en principe à l'organisateur du spectacle (*editor*). Néanmoins, le public exprimait aussi généralement son opinion et l'*editor*, s'il souhaitait asseoir sa popularité, avait tout intérêt à suivre l'avis du public. Par conséquent, un gladiateur pouvait être mis à mort à la fin du combat sur décision de la foule, après accord de l'*editor*[28]. Si le gladiateur refusait de mourir, alors qu'une partie de la foule en avait

22 Sen., *Ira*, I, 2, 4 : « *Quid ? Gladiatoribus quare populus irascitur, et tam inique ut iniuriam putet quod non libenter pereunt ? Contemni se iudicat et uultu, gestu, ardore a spectatore in aduersarium uertitur.* »

23 Sen., *Ira*, I, 1 : « *adfectum* [...] *maxime ex omnibus taetrum ac rabidum* ».

24 Sen., *Ira*, III, 2.

25 Par exemple : Lactant., *Diu. inst.*, VI, 20, 12-13 ; August., *De catechizandis rudibus*, XVI, 25.

26 Cic., *Tusc.*, II, 17, 41.

27 Plin., *Pan.*, XXXIII, 1.

28 Sur ce point : Georges Ville, *La Gladiature en Occident des origines à la mort de Domitien*, Rome, École française de Rome, BEFAR 245, 1981, p. 419-420 et Garrett G. Fagan, *The Lure of the Arena*, *op. cit.*, p. 222.

décidé ainsi, la volonté et l'autorité de cette dernière se trouvaient en quelque sorte bafouées. La dernière phrase du passage de Sénèque mérite d'être soulignée. Dès lors que l'ensemble de la foule s'emporte contre l'un des gladiateurs et qu'elle manifeste, par des regards et des gestes, de l'hostilité à son encontre, elle cesse d'être spectatrice – c'est-à-dire « d'assister » au spectacle conformément au sens premier du verbe latin *spectare* – pour devenir à son tour l'un de ses adversaires. Sa colère transforme ainsi sa relation avec ceux qui sont au milieu de l'arène. D'autres sources évoquent des foules unies dans la colère, lors de supplices de chrétiens dans des amphithéâtres. Par exemple, dans le cinquième livre de l'*Histoire Ecclésiastique*, Eusèbe de Césarée décrit le supplice de Blandine et de Ponticus dans l'amphithéâtre de Lyon, en 177 ap. J.-C.[29] :

> Après tout cela, le dernier jour des combats singuliers, Blandine fut de nouveau amenée avec Ponticus, un garçon d'une quinzaine d'années. Chaque jour, ils avaient déjà été conduits pour voir les supplices des autres, et on avait essayé de les faire jurer par les idoles des païens ; mais, comme ils étaient restés fermes et qu'ils avaient tenu pour rien leurs instances, la foule devint furieuse contre eux au point de n'avoir aucune pitié de l'âge de l'enfant ni aucun respect du sexe de la femme[30].

On notera qu'il y a dans le récit d'Eusèbe une véritable animalisation de la foule, par l'emploi notamment du verbe *ἀγριῶ*, qui signifie littéralement rendre sauvage. L'auteur précise en outre que dans sa fureur bestiale, la foule n'a plus aucune pitié (*μήτε* [...] *οἰκτεῖραι*) pour Ponticus, malgré son âge, pas plus qu'elle n'a égard (*μήτε* [...] *αἰδεσθῆναι*) pour Blandine alors qu'elle est une femme. Rappelons néanmoins que quinze ans n'était pas un âge si jeune pour un garçon dans l'Antiquité[31]. Une foule unie dans sa fureur apparaît également dans la *Passion de Perpétue et*

---

29 Sur la datation du supplice de Blandine : Timothy D. Barnes, « Eusebius and the Date of the Martyrdoms », dans Jean Rougé et Robert Turcan (dir.), *Les Martyrs de Lyon (177)*, Paris, Éditions du CNRS, 1978, p. 139-141.

30 Euseb., *Hist. eccl.*, V, 1, 53 : « Ἐπὶ πᾶσι δὲ τούτοις τῇ ἐσχάτῃ λοιπὸν ἡμέρᾳ τῶν μονομαχίων ἡ Βλανδῖνα πάλιν εἰσεκομίζετο μετὰ καὶ Ποντικοῦ, παιδαρίου ὡς πεντεκαίδεκα ἐτῶν, οἳ καὶ καθ᾽ ἡμέραν εἰσήγοντο πρὸς τὸ βλέπειν τὴν τῶν λοιπῶν κόλασιν· καὶ ἠναγκάζοντο ὀμνύναι κατὰ τῶν εἰδώλων αὐτῶν, καὶ διὰ τὸ ἐμμένειν εὐσταθῶς καὶ ἐξουθενεῖν αὐτοὺς ἠγριώθη πρὸς αὐτοὺς τὸ πλῆθος, ὡς μήτε τὴν ἡλικίαν τοῦ παιδὸς οἰκτεῖραι μήτε τὸ γύναιον αἰδεσθῆναι ».

31 Comme le note Jean-Pierre Néraudau, *Être enfant à Rome*, Paris, Les Belles Lettres, 2008, p. 255 : « La toge [virile] était donnée aux enfants en général au cours de leur seizième année, ce qui n'était ni celle de la puberté légale permettant le mariage et fixée à 14 ans, ni celle qui ouvrait à la pleine citoyenneté, fixée à 17 ans ».

de Félicité, dans laquelle sont relatés les supplices endurés par Perpétue et ses compagnons en 203 ap. J.-C.[32], dans un amphithéâtre de Carthage[33] :

> Revocatus, Saturninus et Saturus lançaient des menaces à la foule des spectateurs. Puis, lorsqu'ils arrivèrent en vue d'Hilarianus, par des gestes et avec un signe de tête impérieux, ils se mirent à s'adresser à Hilarianus : « Pour nous c'est toi le juge, disent-ils, mais pour toi c'est Dieu. » Cette attitude irrita la foule[34] qui réclama qu'on les fît battre de verges devant une rangée de chasseurs[35].

Comme dans le texte précédent, non seulement les condamnés refusent de renier leur foi, mais ils en viennent même à menacer la foule et à provoquer le procurateur Hilarianus. D'une manière générale, les récits des martyres des chrétiens dans l'arène mettent fréquemment en exergue l'absence de peur chez les suppliciés, leur refus obstiné d'abjurer leur religion malgré les tortures, mais aussi leur endurance physique, et parfois même leur hostilité à l'égard du public et des autorités, voire leur joie en ces circonstances[36]. Si ces différents textes comportent la description de foules unies dans leur rage dans des amphithéâtres, il est bien évident que les objectifs des auteurs des récits des martyres diffèrent de ceux de Sénèque. Contrairement à ce dernier, ils ne cherchent pas tant à démontrer les méfaits de la colère, qu'à exalter la foi et la constance des suppliciés chrétiens face à des foules païennes, présentées comme enragées et sans pitié. En outre, les causes de la colère de la foule sont diamétralement opposées. D'un côté, elle reproche aux gladiateurs de refuser de mourir, quand de l'autre elle s'insurge contre des chrétiens prêts, au contraire, à « mourir de bonne grâce », au sens

32 Selon la datation proposée par William H. C. Frend, « Blandina and Perpetua : two early Christian Heroines », dans Jean Rougé et Robert Turcan (dir.), *Les Martyrs de Lyon*, *op. cit.*, p. 167 ; David Potter, « Martyrdom as Spectacle », dans Ruth Scodel (dir.), *Theater and Society in the Classical World*, Ann Arbor, The University of Michigan Press, 1993, p. 57.

33 Selon Jean-Claude Golvin, *L'Amphithéâtre romain*, *op. cit.*, p. 200 le martyre de Perpétue et Félicité aurait eu lieu dans un *amphitheatrum castrense* qui n'est pas l'amphithéâtre principal de Carthage.

34 Notons que dans la version grecque du texte, l'expression employée est « Πρὸς ταῦτα ἀγριωθεὶς ὁ ὄχλος », ce que J. Amat a traduit par « cette attitude exaspéra la foule ».

35 *Passio Perpetuae et Felicitatis*, XVIII, 7-9 : « *Reuocatus et Saturninus et Saturus populo spectanti comminabantur. Dehinc ut sub conspectu Hilariani peruenerunt, gestu et nutu coeperunt Hilariano dicere : « Tu nos, inquiunt, te autem Deus. » Ad hoc populus exasperatus flagellis eos uexari per ordinem uenatorum postulauit.* » Sur ce texte, voir les commentaires de David Potter, « Martyrdom as Spectacle », art. cité, p. 57 ; Brent Donald Shaw, « The Passion of Perpetua », *Past & Present*, 139 (1993), p. 3-45 et Garrett G. Fagan, *The Lure of the Arena*, *op. cit.*, p. 254-255.

36 Sur ce point : Françoise Thelamon, *Païens et chrétiens au IVe siècle : l'apport de l'*Histoire ecclésiastique *de Rufin d'Aquilée*, Paris, Études Augustiniennes, 1981, p. 350.

premier et théologique du terme. Néanmoins, dans un cas comme dans l'autre, cette réaction traduit un sentiment de toute-puissance de la foule dans les gradins face à ceux qui sont au milieu de l'arène et sur lesquels elle pouvait exercer un droit de vie et de mort[37]. Sa colère apparaît comme une réaction face aux émotions, ou au contraire face à l'absence d'émotions, exprimées par ceux qui sont au milieu de l'arène. Il faut aussi y voir une spécificité propre aux spectacles de l'amphithéâtre. Une telle unité de la foule face à ceux qui sont en spectacle paraît en effet moins envisageable dans les cirques lors des courses de chars, où le public était divisé entre les supporteurs des quatre équipes (*factiones*). Il en était de même lors des concours de danses qui opposaient les pantomimes dans les théâtres, ces danseurs avaient eux aussi leur groupe de partisans. Si la performance d'un cocher ou d'un pantomime était jugée décevante, seuls ses partisans étaient en colère, les supporteurs de ses concurrents ne pouvaient au contraire que s'en réjouir… Certes, certains gladiateurs semblent avoir eu des groupes de partisans, mais ils n'ont jamais eu la même importance que ceux des factions du cirque ou des pantomimes[38]. En outre, la foule au cirque et au théâtre n'avait pas la même autorité sur les cochers ou les pantomimes, en tout cas ces derniers ne pouvaient pas être mis à mort à la demande du public. Ainsi, la foule à l'amphithéâtre apparaît non seulement dotée d'un pouvoir considérable, mais elle est aussi globalement beaucoup plus unie face aux gladiateurs qui, en dépit des valeurs qu'ils étaient censés incarner, apparaissaient radicalement « autres », du moins comme des êtres méprisables[39]. Le constat est encore plus vrai lors des supplices des chrétiens dans l'arène qui, aux yeux des païens, n'avaient que le châtiment qu'ils méritaient. Ainsi, dans les amphithéâtres, les divisions n'étaient pas tant les tribunes entre les spectateurs, comme dans les cirques et les théâtres, mais entre la foule dans les gradins d'une part et ceux qui se trouvaient au milieu de l'arène d'autre part, et sur lesquels elle pouvait exercer un droit de vie et de mort[40].

37 Sur ce point, voir l'analyse de Garrett G. Fagan, *The Lure of the Arena*, *op. cit.*, p. 133.

38 *Ibid.*, p. 219-221.

39 Par exemple, Cic., *Tusc.*, II, 17, 41, tout en louant le courage et l'endurance des gladiateurs, affirme qu'ils sont soit des gens de peu (*perditi homines*), soit des barbares (*barbari*). Sur cette ambivalence dans la perception du gladiateur dans la société romaine : Garrett G. Fagan, *The Lure of the Arena*, *op. cit.*, p. 271.

40 Voir sur ce point les analyses très stimulantes de Garrett G. Fagan, *The Lure of the Arena*, *op. cit.*, p. 141-145 et p. 174.

Par ailleurs, et quel que soit le lieu du spectacle, il s'avère au regard de nos sources qu'un autre facteur propice à l'émergence d'une émotion collective lors des spectacles était la survenue d'un incident qui remettait en cause la sécurité de la foule.

QUAND LA FOULE A SOUDAINEMENT PEUR POUR ELLE-MÊME

Un exemple de ce type se trouve chez Suétone qui fait allusion à un mouvement de panique lors d'un combat de gladiateurs organisé sous le règne d'Auguste[41]. La foule (*populus*), encore que ce terme puisse être entendu ici aussi dans le sens de peuple, aurait été paniquée (*consternatus*) car elle a cru que des tribunes étaient sur le point de s'effondrer :

> Lors d'un combat de gladiateurs organisé par ses petits-fils, comme il [Auguste] ne pouvait par aucun moyen retenir et rassurer la foule / le peuple affolé(e) par la peur d'un effondrement, il quitta sa place, traversa l'édifice et s'assit à l'endroit qui provoquait les plus vives inquiétudes[42].

Ce passage s'insère dans le long descriptif que Suétone consacre aux spectacles donnés sous le règne d'Auguste. L'historien J. Gascou considère qu'il ne s'agit là que d'une anecdote et que la peur (*metus*) de la foule était irraisonnée[43]. Néanmoins, l'effondrement d'un amphithéâtre à Fidènes[44], quelques années plus tard sous le règne de Tibère, a montré que ce genre d'accident pouvait se produire. La peur de la foule

41 Sur cette structure : Georges Ville, *La Gladiature en Occident*, *op. cit.*, p. 381 (ici n° 77). Quant à la date de cet incident, voir Georges Ville, *La Gladiature en Occident*, *op. cit.*, p. 102-104 et David Wardle, *Suetonius, Life of Augustus. Translated with Introduction and Historical Commentary*, Oxford, Oxford University Press, 2014, p. 330-331.

42 Suet., *Aug.*, XLIII, 5 : « *Nepotum quoque suorum munere cum consternatum ruinae metu populum retinere et confirmare nullo modo posset, transiit e loco suo atque in ea parte consedit, quae suspecta maxime erat.* »

43 Jacques Gascou, *Suétone Historien*, Rome, École française de Rome, BEFAR 255, 1984, p. 658-659.

44 Tac., *Ann.*, IV, 62-63. Un accident du même type est survenu dans le cirque sous le règne d'Antonin le Pieux (*Cf.* SHA, *Ant. Pius*, IX, 1). Sur ce point : Alex Scobie, « Spectator Security and Comfort at Gladiatorial Games », *Nikephoros*, 1 (1988), p. 226-228.

ne paraît donc pas si illégitime, mais il apparaît aussi, et surtout, que par l'évocation de cet incident, Suétone cherche à exalter le sang-froid et le courage de l'empereur, de même que sa bienveillance à l'égard du peuple/de la foule qui, par opposition, cède beaucoup plus facilement à la panique.

Un autre phénomène de panique collective lors d'un spectacle à Rome est relaté par Pline l'Ancien dans un passage de l'*Histoire naturelle*, daté du milieu du Iᵉʳ siècle ap. J.-C. L'incident aurait eu lieu lors d'une chasse aux éléphants organisée par Pompée, en septembre 55 av. J.-C., dans le *Circus Maximus*[45] :

> Sous le second consulat de Pompée, pour la dédicace du temple de Vénus Victorieuse, vingt éléphants ou, selon d'autres, dix-sept, combattirent aussi des Gétules dans le cirque, qui les attaquaient à coups de javelot [...]. Tous ensemble ils [les éléphants] tentèrent une sortie, non sans jeter la panique dans la foule, malgré les grilles de fer qui les entouraient [...]. Mais les éléphants de Pompée, ayant perdu tout espoir de fuite, implorèrent la pitié de la populace dans des attitudes indescriptibles, et poussant des lamentations où ils semblaient pleurer sur eux-mêmes, si bien que la foule dans sa douleur, oubliant le respect dû au général et la munificence déployée par lui en son honneur, se leva tel un seul homme en pleurant, et lança contre lui des malédictions qu'il dut bientôt expier de sa personne[46].

On entrevoit dans cet extrait plusieurs étapes dans la réaction de la foule. Tout d'abord, elle a éprouvé un sentiment bien compréhensible de panique (*uexatio*) lorsqu'elle vit des éléphants monter vers elle dans les gradins. Plus surprenante, en revanche, est l'attitude des éléphants qui auraient imploré la pitié (*misericordia*) de la foule et la réaction de

45 Sur ce spectacle : Jo-Ann Shelton, « Elephants, Pompey, and the Reports of Popular Displeasure in 55 BC », dans Shannon N. Byrne et Edmund P. Cueva (dir.), Veritatis Amicitiaeque Causa *: Essays in Honor of Anna Lydia Motto and John R. Clark*, Wauconda, Bolchazy-Carducci Publishers, 1999, p. 231-271 ; Ida Mastrorosa, « *Proximumque humanis sensibus* (Plin. *Nat.* 8, 1, 1) : gli elefanti degli antichi fra etologia e aneddotica storico-geografica », dans Fabio Gasti et Elisa Romano (dir.), *Buoni per pensare : gli animali nel pensiero e nella letteratura dell'Antichità*, Pavie, Ibis, 2003, p. 137-143 et Garrett G. Fagan, *The Lure of the Arena*, *op. cit.*, p. 249-252.

46 Plin., *HN*, VIII, 20-22 : « *Pompei quoque altero consulatu, dedicatione templi Veneris Victricis, uiginti pugnauere in circo aut, ut quidam tradunt, XVII, Gaetulis ex aduerso iaculantibus* [...]. *Vniuersi eruptionem temptauere, non sine uexatione populi, circumdatis claustris ferreis.* [...] *Sed Pompeiani, amissa fugae spe, misericordiam uulgi inenarrabili habitu quaerentes supplicauere quadam sese lamentatione conplorantes, tanto populi dolore, ut oblitus imperatoris ac munificentiae honori suo exquisitae, flens uniuersus consurgeret dirasque Pompeio, quas ille mox luit, inprecaretur.* »

chagrin/douleur (*dolor*) de cette dernière. Si plusieurs textes antiques font bien état d'émotions du public face à des animaux sauvages lors de spectacles cynégétiques, il s'agit le plus souvent de l'étonnement/admiration (*admiratio*) ou encore de l'effroi (*terror*)[47]. Il semble beaucoup plus rare, en revanche, que des spectateurs aient éprouvé de la pitié pour des animaux, ce type de réaction lors des spectacles étant plutôt rapporté à l'égard d'êtres humains[48]. On trouve chez Stace, auteur du Ier siècle ap. J.-C., un exemple assez similaire de chagrin collectif face à la mort d'un lion apprivoisé dans l'arène[49]. On observe d'ailleurs, dans les deux cas, un même processus d'humanisation des animaux. Dans le récit de Pline, les éléphants semblent se livrer au rituel de la *supplicatio*, comme des êtres humains, tandis que Stace compare le lion à un gladiateur vedette agonisant au milieu de l'arène. Au IIe siècle ap. J.-C., Plutarque fait part de sa compassion pour les animaux lors des chasses et juge inutiles la cruauté et les souffrances infligées à ces bêtes[50], mais il est difficile de savoir dans quelle mesure ce point de vue était partagé par ses contemporains[51]. Cette réaction de pitié collective lors de la chasse de 55 av. J.-C. paraît néanmoins surprenante, car plusieurs sources antiques font état d'un nombre parfois considérable d'animaux massacrés lors des chasses[52], sans que de tels élans de compassion ne soient mentionnés. Quelques auteurs antiques, parmi lesquels Pline l'Ancien comme nous

---

47 Voir les expressions recensées dans le tableau 7d dans Sylvain Forichon, *Les Spectateurs des jeux du cirque*, *op. cit.*, p. 332.

48 Pour un exemple de pitié du public à l'égard des gladiateurs : Cic., *Mil.*, XXXIV, 92. Tacite (*Cf. Ann.*, III, 23) relate aussi comment la foule a pris en pitié dans le théâtre de Pompée l'épouse d'un sénateur, nommée Lépida, accusée entre autres d'adultères et d'empoisonnements.

49 Stat., *Sil.*, II, 5, 24-30. Néanmoins, Anne Vial-Logeay a bien mis en évidence la rhétorique habile par laquelle Stace transforme un incident gênant – un lion appartenant à l'empereur tué en public dans l'arène par un animal plus petit que lui – en un éloge funèbre d'un animal comparé à un gladiateur vedette mort dans l'arène : Anne Vial-Logeay, « L'univers romain », art. cité, p. 76-77. Voir aussi les commentaires de Helmut Krasser, « Statius and the Weeping Emperor », art. cité, p. 260-265 et 269-274.

50 Plut., *L'Intelligence des animaux*, VII.

51 Pour Sénèque, en revanche, les animaux ne ressentent ni la crainte (*metus*), ni les soucis (*sollicitudines*), ni la tristesse (*tristitia*), ni la colère (*ira*) : Sen, *De ira*, I, 3, 8.

52 Sur les quantités parfois colossales d'animaux massacrés lors des spectacles de l'Antiquité romaine, voir les données recensées dans Jocelyne Nelis-Clément, « Roman Spectacles : exploring their environmental implications », dans Orietta Dora Cordovana et Gian Franco Chiai (dir.), *Pollution and the Environment in Ancient Life and Thought*, Stuttgart, Franz Steiner Verlag, 2017, p. 223-227, tableau 1.

le verrons, prêtent à différents animaux une sensibilité et des émotions semblables aux humains[53], les éléphants en particulier[54]. Pour autant, on trouve trace dans la littérature ancienne d'autres spectacles avec des éléphants, antérieurs ou postérieurs à la chasse de 55[55], sans que de telles réactions de pitié ne soient évoquées, encore qu'il ne soit pas certain que les pachydermes fussent systématiquement tués lors de tous ces spectacles. La peur de mourir piétiné par ces éléphants pourrait-elle expliquer cette réaction de pitié en 55 av. J.-C. ? Venant elle-même de frôler la mort, la foule aurait eu soudainement de l'empathie pour ces pachydermes ? L'hypothèse n'est pas à exclure, mais ce témoignage de Pline doit être envisagé avec prudence dans la mesure où ce dernier n'a pas assisté à ce spectacle et qu'il a écrit ce texte environ un siècle après les événements. Cicéron, en revanche, a vu ce spectacle et l'évoque longuement dans une de ses lettres[56]. Il mentionne bien une « forme de pitié » (*misericordia quaedam*) suscitée par ces éléphants, qu'il semble avoir d'ailleurs du mal à expliquer lui-même :

> Le dernier jour fut celui des éléphants, au grand étonnement de la populace et même de la foule, mais ne leur donna aucun plaisir. Bien plus, cela a provoqué je ne sais quelle forme de pitié, et l'impression qu'il y a quelque chose de commun entre ces bêtes et l'espèce humaine[57].

On notera que Cicéron n'évoque nullement la tentative de fuite des éléphants, ni la panique de la foule qui s'en serait suivie, ni sa colère à l'égard de Pompée[58]. Si la foule a manifestement bien eu pitié

---

53 Sur ce point : Ellen Finkelpearl, « Elephant Tears : Animal Emotion in Pliny and Aelian », dans Christina A. Clark, Edith Foster et Judith P. Hallett (éd), Kinesis *: The Ancient Depiction of Gesture, Motion, and Emotion : Essays for Donald Lateiner*, Ann Arbor, University of Michigan Press, 2015, p. 173-187.

54 D'une manière générale, sur la perception des éléphants dans l'Antiquité : Ida Mastrorosa, « *Proximumque humanis sensibus* », art. cité.

55 En 251 av. J.-C. (*Cf.* Plin, *HN*, VIII, 16-17), en 46 ou 45 av. J.-C. (*Cf.* Plin, *HN*, VIII, 22 et Suet., *Iul.*, XXXIX, 3), en 202 ap. J.-C. (*Cf.* Cass. Dio LXXVI, 1, 3-5).

56 On trouve aussi des allusions plus brèves à ce spectacle chez Sen., *Breu. Vit.*, XIII, 6-7 et Plut., *Pomp.*, LII, 4. Cassius Dion (*Cf.* XXXIX, 38, 1-6) relate aussi ce spectacle au IIIe siècle ap. J.-C., mais son récit est vraisemblablement inspiré de ceux de Cicéron et de Pline l'Ancien.

57 Cic., *Fam.*, VII, 1, 3 : « *Extremus elephantorum dies fuit. In quo admiratio magna uulgi atque turbae, delectatio nulla exstitit ; quin etiam misericordia quaedam consecutast atque opinio eiusmodi, esse quandam illi beluae cum genere humano societatem.* »

58 Ce constat a d'ailleurs amené Sophie Madeleine à penser que Pline ferait une confusion avec un autre spectacle : Sophie Madeleine, *Le Théâtre de Pompée à Rome : Restitution de*

des éléphants lors de cette chasse, sans que l'on comprenne très bien pourquoi, Pline l'Ancien a de toute évidence amplifié les réactions du public, et notamment sa manifestation de douleur. Il faut préciser que le 8e livre de l'*Histoire Naturelle* est consacré aux animaux terrestres et que Pline commence par les éléphants auxquels il consacre d'ailleurs un long développement[59]. Il affirme, dès le début de son exposé sur ces animaux, qu'ils sont dotés d'une intelligence et d'une sensibilité qui les rendent particulièrement proches des hommes[60]. Pline cite à cet égard toute une série d'exemples, parmi lesquels le spectacle de Pompée. La lettre de Cicéron est sans doute sa source principale et il semble, qu'à partir de ce témoignage, Pline ait sciemment amplifié la pitié de la foule pour les éléphants afin de démontrer la proximité de ces animaux avec le genre humain. On notera cependant que dans le récit de Pline, la pitié de la foule cède rapidement la place à la colère, non à l'égard des Gétules qui étaient pourtant les responsables du massacre, mais à l'égard de Pompée qui n'avait pas su la protéger des animaux, or ce dernier, en tant qu'organisateur du spectacle, se devait de garantir la sécurité du public[61]. *In fine*, le *dolor* et la colère des spectateurs semblent être surtout dus au fait que plusieurs d'entre eux ont failli mourir plutôt qu'à la souffrance infligée aux éléphants.

Au terme de cette étude, plusieurs remarques se dégagent de l'analyse de ces quelques textes. Tout d'abord, les émotions qui s'emparaient des foules lors des spectacles étaient de nature diverse. Nous avons relevé notamment la peur (*metus*), la panique (*uexatio*), la pitié (*misericordia*), le chagrin (*dolor/maestitia*) ou encore la colère (*ira*). Ensuite, les circonstances de leur apparition sont divergentes. Tantôt l'émotion de la foule est attendue, comme lors des tragédies par exemple, tantôt elle paraît être le fruit d'un événement imprévu. En outre, dans plusieurs de ces textes, leurs auteurs ont tendance à mettre en regard l'émotion d'une foule avec le sang-froid d'un seul homme ou d'un petit nombre d'individus. De fait, la mise en exergue d'une émotion collective dans la plupart de ces textes semble rarement anodine. Dans les récits d'auteurs issus de l'aristocratie romaine, comme Cicéron ou Sénèque, ces émotions collectives lors des

---

l'architecture et des systèmes mécaniques, Caen, Presses universitaires de Caen, 2014, p. 73.

59 Plin, *HN*, VIII, 1-32.

60 Plin, *HN*, VIII, 1.

61 Comme le note aussi Garrett G. Fagan, *The Lure of the Arena*, *op. cit.*, p. 250.

spectacles viennent manifestement conforter leurs propres préjugés, tantôt à l'égard des femmes, tantôt à l'égard du peuple et des foules en général, supposés être par nature plus émotifs qu'un individu isolé ou que les hommes appartenant à l'aristocratie sénatoriale[62]. Dans les récits des martyres des chrétiens, les réactions du public permettent de démontrer la cruauté et la haine des païens envers des chrétiens qui eux demeurent calmes et fidèles à leur foi. Néanmoins, quelles que soient la nature de ces émotions de foule et les circonstances de leur apparition, tous ces exemples tendent également à confirmer une opinion exprimée par plusieurs auteurs antiques, tant païens que chrétiens, à savoir que toute émotion est contagieuse au sein d'une foule, en particulier lors des spectacles. Cette idée a été clairement exposée notamment par Sénèque au Iᵉʳ siècle ap. J.-C. :

> Tu demandes ce qu'à mon avis il faut tout d'abord éviter ? La foule. [...] Généralement parlant, plus nombreuse est la foule à laquelle nous nous mêlons, plus grand est le péril. Rien cependant ne fait autant de tort à la moralité que de traîner dans les spectacles : les vices alors s'insinuent plus facilement sous le couvert du plaisir. [...] Il convient de soustraire à l'influence de la foule l'âme encore tendre et qui n'a pas une ferme attache à la vertu : on a vite fait de passer au plus nombreux parti. Un Socrate, un Caton, un Lélius auraient pu, sous la poussée d'une multitude, à eux si peu semblable, quitter leurs principes[63].

De même, Augustin d'Hippone, à l'extrême fin du IVᵉ siècle ap. J.-C., a décrit dans les *Confessions* comment son disciple Alypius, qui n'éprouvait aucun intérêt pour les combats de gladiateurs, s'est laissé finalement convaincre par des amis d'y assister et a fini par s'enthousiasmer pour ces spectacles avec le reste de la foule :

> Un incident du combat souleva dans le public une immense clameur dont il [Alypius] ressentit le choc. Vaincu par la curiosité et se croyant assez

62 Sur le mépris de bon nombre d'auteurs pour le peuple et les foules en général : voir l'introduction de Cyril Courrier, *La Plèbe de Rome et sa culture (fin du IIᵉ siècle av. J.-C. – fin du Iᵉʳ siècle ap. J.-C.)*, Rome, École française de Rome, BEFAR 353, 2014, notamment p. 1-3.

63 Sen., *Ep.*, I, 7, 1-6 : « *Quid tibi uitandum praecipue existimem, quaeris : turbam.* [...] *Vtique quo maior est populus, cui miscemur, hoc periculi plus est. Nihil uero tam damnosum bonis moribus quam in aliquo spectaculo desidere : tunc enim per uoluptatem facilius uitia subrepunt.* [...] *Subducendus populo est tener animus et parum tenax recti : facile transitur ad plures. Socrati et Catoni et Laelio excutere morem suum dissimilis multitudo potuisset.* »

> en garde pour mépriser et vaincre ce qu'il allait voir, quoi que cela fût, il ouvrit les yeux [...]. Dès qu'il eût vu ce sang, du même coup il but à longs traits la férocité. Au lieu de se détourner, il fixa ses regards sur ce spectacle. Il y puisait une fureur, sans même s'en apercevoir ; il se passionnait à ces luttes criminelles et s'enivrait de sanglantes voluptés. Ce n'était plus le même homme qui était venu là tout à l'heure ; il était devenu une unité dans la foule à laquelle il s'était mêlé, et le vrai compagnon de ceux qui l'y avaient amené[64].

Ces propos d'Augustin, qui sont peut-être comme le suggère G. Fagan le reflet de sa propre expérience de spectateur de l'amphithéâtre[65], permettent aussi de mieux comprendre les réactions des foules évoquées précédemment lors des combats de gladiateurs ou lors des supplices des chrétiens. Fort du nombre et entraîné par les autres, chaque spectateur se laissait aller à des comportements auxquels il n'aurait sans doute pas osé se livrer autre part. Il faut rappeler aussi la spécificité de ces espaces que constituaient les cirques, théâtres et amphithéâtres romains. L'architecture et la forme même de ces bâtiments contraignaient chaque membre du public à observer et à entendre les réactions et les émotions de ceux qui s'y donnaient en spectacle, de gré ou de force. Ainsi, les émotions exprimées au milieu de l'arène par les combattants ou sur la scène par les acteurs dans les théâtres étaient visibles par l'ensemble de la foule massée dans les gradins. Mais chaque spectateur, depuis la place qu'il occupait, pouvait aussi observer les réactions et les émotions des autres spectateurs assis autour de lui ou dans les tribunes situées de l'autre côté de la piste du cirque ou de l'arène de l'amphithéâtre. Cette « visibilité émotionnelle » dans les édifices de spectacle devait largement contribuer à ce phénomène de contagion rapporté dans les textes anciens[66], mais des études approfondies sur ce point nous semblent encore faire défaut. L'analyse de cette relation entre la configuration des lieux où se situe

---

64 August., *Conf.*, VI, 8, 13 : « *Nam quodam pugnae casu, cum clamor ingens totius populi uehementer eum pulsasset, curiositate uictus et quasi paratus, quidquid illud esset, etiam uisum contemnere et uincere, aperuit oculos* [...]. *Vt enim uidit illum sanguinem, inmanitatem simul ebibit et non se auertit, sed fixit aspectum et hauriebat furias et nesciebat et delectabatur scelere certaminis et cruenta uoluptate inebriabatur. Et non erat iam ille, qui uenerat, sed unus de turba, ad quam uenerat, et uerus eorum socius, a quibus adductus erat.* »

65 Garrett G. Fagan, *The Lure of the Arena*, *op. cit.*, p. 1-2.

66 Cet aspect a déjà été mis en évidence pour les foules dans les stades par Elias Canetti, *Masse et puissance*, Paris, Gallimard, 1966, p. 26-27.

un rassemblement et les réactions de ce dernier constitue selon nous une piste de réflexion prometteuse à l'avenir pour la compréhension du comportement des foules, et pas seulement celles de l'Antiquité.

Sylvain FORICHON
Institut Ausonius (UMR 5607)
Université Bordeaux Montaigne
– CNRS
Institut de Recherche
sur l'Architecture Antique
(UAR 3155) – CNRS

BIBLIOGRAPHIE

SOURCES

Certaines traductions ont été parfois légèrement modifiées par l'auteur.

CICÉRON, *Correspondance*, tome III, texte établi et traduit par Léopold-Albert Constans, Paris, Les Belles Lettres, 5e éd., CUF, 1960 (1936 pour la 1re éd.).

CICÉRON, *Tusculanes* (I-II), tome 1, texte établi par Georges Fohlen et traduit par Jules Humbert, Paris, Les Belles Lettres, 3e éd., CUF, 1964 (1931 pour la 1re éd.).

EUSÈBE de CÉSARÉE, *Histoire ecclésiastique*, tome II, livres V-VII, texte traduit et annoté par Gustave Bardy, Paris, éd. du Cerf, coll. « Sources chrétiennes », 1955.

Passion de Perpétue et de Félicité suivi des Actes, texte traduit et commenté par J. Amat, Paris, éd. du Cerf, coll. « Sources chrétiennes », 1996.

PLINE l'ANCIEN, *Histoire naturelle*, livre VIII, texte établi, traduit et commenté par Alfred Ernout, Paris, Les Belles Lettres, CUF, 1952.

SAINT AUGUSTIN, *Confessions*, tome I, livres I-VIII, texte établi et traduit par Pierre de Labriolle, Paris, Les Belles Lettres, 8e éd., CUF, 1961 (1925 pour la 1re éd.).

SÉNÈQUE, *Dialogues, Tome I, De Ira*, texte établi et traduit par Abel Bourgery, Paris, Les Belles Lettres, CUF, 1971 (1922).

SÉNÈQUE, *Lettres à Lucilius*, Tome I, Livres I-IV ; texte établi par François Préchac et traduit par Henri Noblot, Paris, Les Belles Lettres, 3e éd., CUF, 1959 (1945 pour la 1re éd.).

SUÉTONE, *Vies des douze Césars*, texte traduit, introduit et annoté par Guillaume Flamerie de Lachapelle, à partir du texte latin établi par Henri Ailloud, Paris, Les Belles Lettres, coll. « *editio minor* », 2016.

ÉTUDES

ARENA, Patrizia, « *Turba quae in foro litigat, spectat in theatris* (Sen. *Cons. Ad Marc.* 11, 2). Osservazioni sull'utilizzo del sostantivo *turba* in Seneca, Tacito e Suetonio », dans Elio Lo CASCIO et Giovanna Daniella MEROLA (dir.), *Forme di aggregazione nel mondo romano*, Bari, Edipuglia, 2007, p. 13-30.

BARNES, Timothy D., « Eusebius and the Date of the Martyrdoms », dans Jean Rougé et Robert Turcan (dir.), *Les Martyrs de Lyon (177)*, Paris, Éditions du CNRS, 1978, p. 137-143.

BORGO, Antonella, « Aspetti della psicologia di massa in Lucano ed in Tacito », *Vichiana*, 5 (1976), p. 243-257.

BUONFIGLIO, Marialetizia, « Traiano e la ricostruzione del Circo Massimo », dans *Traiano : costruire l'impero, creare l'Europa (catalogo della mostra, Mercati di Traiano, Museo dei Fori imperiali, 29 novembre 2017 – 16 settembre 2018)*, Rome, De Luca Editori d'Arte, 2017, p. 227-231.

CAIRNS, Douglas et Damien NELIS (dir.), *Emotions in the Classical World : Methods, Approaches, and Directions*, Stuttgart, Franz Steiner Verlag, 2017.

CAIRNS, Douglas (dir.), *A Cultural History of the Emotions in Antiquity*, Londres, Bloomsbury Academic, 2019. (*non uidi*)

CANETTI, Elias, *Masse et puissance*, Paris, Gallimard, 1966.

COGITORE, Isabelle et Louis AUTIN, « *Muliebriter* ? Le discours féminin dans les *Annales* de Tacite », *Séminaire « Historiographies antiques »*, organisé par Pauline Duchêne, Marion Bellissime et Virginie Hollard, nov. 2015, Lyon (voir https://hal.archives-ouvertes.fr/hal-01806535).

COURRIER, Cyril, *La Plèbe de Rome et sa culture (fin du IIe siècle av. J.-C. – fin du Ier siècle ap. J.-C.)*, Rome, École française de Rome, BEFAR 353, 2014.

DAVID, Jean-Michel, « L'émotion dans les récits de l'histoire de la république romaine. Tite-Live, Denys d'Halicarnasse et quelques autres », *Hypothèses*, 5 (2002/1), p. 305-314.

DUPONT, Florence, *L'Orateur sans visage. Essai sur l'acteur romain et son masque*, Paris, PUF, 2000.

ENGEL, Jean-Marie, *Tacite et l'étude du comportement collectif*, thèse de doctorat, université de Bourgogne, faculté des lettres et sciences humaines, Lille, 1972.

FAGAN, Garrett G., *The Lure of the Arena : Social Psychology and the Crowd at the Roman Games*, Cambridge, Cambridge University Press, 2011.

FINKELPEARL, Ellen, « Elephant Tears : Animal Emotion in Pliny and Aelian », dans Christina A. Clark, Edith Foster et Judith P. Hallett (dir.), Kinesis *: The Ancient Depiction of Gesture, Motion, and Emotion : Essays for Donald Lateiner*, Ann Arbor, University of Michigan Press, 2015, p. 173-187.

FORICHON, Sylvain, « *Furor circensis* : étude des émotions et des expressions corporelles des spectateurs lors d'une course de chars », *Nikephoros*, 25 (2012), p. 159-203.

FORICHON, Sylvain, *Les Spectateurs des jeux du cirque à Rome (du Ier siècle a.C. au VIe siècle p.C.) : passion, émotions et manifestations*, Bordeaux, Ausonius Éditions, Scripta Antiqua 133, 2020.

FREND, William H. C., « Blandina and Perpetua : two early Christian Heroines », dans Jean Rougé et Robert Turcan (dir.), *Les Martyrs de Lyon (177)*, Paris, Éditions du CNRS, 1978, p. 167-177.

GASCOU, Jacques, *Suétone Historien*, Rome, École française de Rome, BEFAR 255, 1984.

GOLVIN, Jean-Claude, *L'amphithéâtre romain : essai sur la théorisation de sa forme et de ses fonctions*, Paris, De Boccard, 1988.

KRASSER, Helmut, « Statius and the Weeping Emperor (*Silv.* 2.5) : Tears as a Means of Communication in the Amphitheatre », dans Thorsten Fögen (dir.), *Tears in the Graeco-Roman World*, Berlin et New York, W. de Gruyter, p. 253-275.

MADELEINE, Sophie, *Le Théâtre de Pompée à Rome : Restitution de l'architecture et des systèmes mécaniques*, Caen, Presses universitaires de Caen, 2014.

MAGALHÃES DE OLIVEIRA, Julio Cesar, Potestas Populi *: participation populaire et action collective dans les villes de l'Afrique romaine tardive (vers 300-430 apr. J.-C.)*, Turnhout, Brepols, 2012.

MANDERS, Erika et Daniëlle SLOOTJES (dir.), *Leadership, Ideology and Crowds in the Roman Empire of the Fourth Century AD*, Stuttgart, Franz Steiner Verlag, 2020. (*non uidi*)

MASTROROSA, Ida, « *Proximumque humanis sensibus* (Plin. *Nat.* 8, 1, 1) : gli elefanti degli antichi fra etologia e aneddotica storico-geografica », dans Fabio Gasti et Elisa Romano (dir.), *Buoni per pensare : gli animali nel pensiero e nella letteratura dell'Antichità*, Pavie, Ibis, 2003, p. 125-146.

McCLELLAND, John S., « The Crowd in the Ancient World », dans *The Crowd and the Mob : from Plato to Canetti*, Londres et Boston, Unwin Hyman, 1989, p. 34-59.

MÉNARD, Hélène, *L'Ordre public dans l'Occident romain : violences et désordres populaires en milieu urbain (IIe-IVe siècles ap. J.-C.)*, thèse de doctorat, université Paris IV (université Paris-Sorbonne), Paris, 2002.

MILLAR, Fergus, *The Crowd in Rome in the Late Republic*, Ann Arbor, University of Michigan Press, 1998.

MONTERROSO CHECA, Antonio J., Theatrum Pompei : *Forma y arquitectura de la génesis del modelo teatral de Roma*, Madrid, Consejo Superior de Investigaciones Científicas, 2010.

MOORE, Timothy J., « Music in Roman Tragedy », dans Stavros A. Frangoulidis, Stephen J. Harrison et Gesine Manuwald (dir.), *Roman Drama and its Contexts*, Berlin et Boston, De Gruyter, 2016, p. 345-361.

NELIS-CLÉMENT, Jocelyne, « Roman Spectacles : exploring their environmental implications », dans Orietta Dora Cordovana et Gian Franco Chiai (dir.), *Pollution and the Environment in Ancient Life and Thought*, Stuttgart, Franz Steiner Verlag, 2017, p. 217-281.

NÉRAUDAU, Jean-Pierre, *Être enfant à Rome*, Paris, Les Belles Lettres, 2008.

PÉCHÉ, Valérie et Christophe VENDRIES, *Musique et spectacles à Rome et dans l'Occident romain : sous la République et le Haut-Empire*, Paris, Errance, 2001.

POTTER, David, « Martyrdom as Spectacle », dans Ruth Scodel (dir.), *Theater and Society in the Classical World*, Ann Arbor, The University of Michigan Press, 1993, p. 53-88.

PUK, Alexander, *Das römische Spielewesen in der Spätantike*, Berlin, De Gruyter, 2014.

SCOBIE, Alex, « Spectator Security and Comfort at Gladiatorial Games », *Nikephoros*, 1 (1988), p. 191-243.

SHAW, Brent Donald, « The Passion of Perpetua », *Past & Present*, 139 (1993), p. 3-45.

SHELTON, Jo-Ann, « Elephants, Pompey, and the Reports of Popular Displeasure in 55 BC », dans Shannon N. Byrne et Edmund P. Cueva (dir.), Veritatis Amicitiaeque Causa *: Essays in Honor of Anna Lydia Motto and John R. Clark*, Wauconda, Bolchazy-Carducci Publishers, 1999, p. 231-271.

SPADONI CERRONI, Maria Carla, « Donne e spettacoli a Roma ed in Italia in età imperiale », *RIL*, 128 (1994), p. 215-250.

THELAMON, Françoise, *Païens et chrétiens au IVe siècle : l'apport de l'*Histoire ecclésiastique *de Rufin d'Aquilée*, Paris, Études Augustiniennes, 1981.

VANDERBROECK, Paul J. J., *Popular Leadership and Collective Behavior in the Late Roman Republic (ca. 80-50 B.C.)*, Amsterdam, J. C. Gieben, 1987.

VIAL-LOGEAY, Anne, « L'univers romain », dans Georges Vigarello (dir.), *Histoire des émotions. 1. De l'Antiquité aux Lumières*, Paris, Seuil, 2016, p. 64-85.

VILLE, Georges, *La Gladiature en Occident des origines à la mort de Domitien*, Rome, École française de Rome, BEFAR 245, 1981.

VON EHRENHEIM, Hedvig et Marina PRUSAC-LINDHAGEN (dir.), *Reading Roman Emotions. Visual and Textual Interpretations*, Stockholm, Skrifter utgivna av Svenska Institutet i Rom 4, n° 64, 2020. (*non uidi*)

WARDLE, David, *Suetonius, Life of Augustus. Translated with Introduction and Historical Commentary*, Oxford, Oxford University Press, 2014.

WEBB, Ruth, *Demons and Dancers : Performance in Late Antiquity*, Cambridge-Londres, Harvard University Press, 2008.

YAVETZ, Zvi, *La Plèbe et le Prince. Foule et vie politique sous le Haut-Empire romain*, Paris, Éditions La Découverte, 1984.

ÉVÉNEMENT ET ÉMOTION COLLECTIVE

Le cas des Flagellants à Pérouse (1260)[1]

PRÉLIMINAIRES : ÉMOTION ET ÉVÉNEMENT

L'émotion fait événement, et elle a l'art de le faire de façons variées. Elle est d'abord un micro-événement ressenti par le sujet qui le vit, et perceptible de l'extérieur : *soudain*, je pâlis, je rougis, je tremble, je ris ou je me sens perdu. Le changement affectif se fait corporel, le cœur bat, les jambes se dérobent… Cet événement intime est sans doute à l'origine du fait que les psychologues du XXe siècle ont souvent pensé que l'émotion était avant tout physique ; elle a même été réduite au statut de réaction corporelle, à un stimulus[2]. Nul hasard donc que l'émotion – opposée au sentiment durable en français – soit le plus souvent envisagée comme une *réaction* à un événement extérieur : les gens sont émus voire en émeute, *parce qu'*ils s'opposent à une réforme, parce qu'ils sont indignés par une politique ou le cours des choses.

Sans nier ce lien de causalité parfois complexe, il arrive qu'on puisse retourner l'affirmation, lorsque *l'émotion crée l'événement* publique ou politique. Le mouvement flagellant, surgi en avril 1260, est décrit par les contemporains comme un événement public se manifestant par de multiples émotions. Un groupe d'hommes de toutes conditions

1 Né d'une communication à deux voix avec Ludivine Bantigny à la journée d'études du 7 février 2020, cet article est profondément débiteur d'une recherche en collaboration avec Xavier Biron-Ouellet, dont le résultat se lit dans l'article commun que nous avons publié : « A Collective Emotion in Medieval Italy : the Flagellant Movement of 1260 », *Emotion Review*, 11/1 (2020), en ligne : https://doi.org/10.1177/1754073919897313 (consulté le 7 juin 2020).

2 Voir dans ce sens par exemple les théories très influentes de Charles Darwin, *L'Expression des émotions chez l'homme et les animaux*, Paris, Rivages, 2001 [1872] ; William James, *Les Émotions. Œuvres choisies*, vol. 1, Paris, L'Harmattan, 2006 [1884] ; mais aussi l'article de Damien Boquet dans ce volume.

traverse la ville de Pérouse en se flagellant, et pendant ce temps ils prient, chantent et pleurent ; d'abord étonnés, les spectateurs se joignent ensuite à eux, émus. Les *Flagellanti* provoquent la stupeur autant que l'admiration, et la réception du mouvement par les autorités étonne. Non seulement l'Église soutient le mouvement, mais le gouvernement de la ville ordonne bientôt quinze jours fériés pour promouvoir cette « grande dévotion[3] ». Après avoir connu un succès local au printemps, le mouvement ressurgit à l'automne et, en vaste procession, gagne Rome avant de se diffuser dans le nord de l'Italie pendant l'hiver.

Ce sont ces liens organiques, déclinés en sens différents, unissant émotion et événement qu'il s'agira ici d'explorer, et avant tout dans leur rapport au temps, à la temporalité sociale, cette matière même de l'étude historique. Émotion et événement apparaissent alors comme les côtés pile et face d'un même moment : dans certains cas, ils désignent simplement ce qui mérite d'être remarqué, noté ; dans d'autres, ils se comprennent tous deux sous l'angle de la *rupture d'intelligibilité*, de sorte que l'on peut désigner l'objet historique sous examen ici comme *émotion-événement*. Une émotion-événement peut ainsi signaler le fait qu'il se passe quelque chose qui rompt les « régimes ordinaires d'intelligibilité du monde social[4] » – ou au contraire, les fonder et les confirmer : c'est le cas de l'émotion des élections présidentielles, tant en France qu'aux États-Unis par exemple ; c'est aussi le cas de la liesse lors des matchs de football, des jeux olympiques, des grands concerts ou des marches pacifiques, dans la plupart des cas. Mais lorsque le cours ordinaire des choses est rompu par le surgissement de l'émotion-événement et le changement momentané qu'il représente, s'ouvre une brèche dans le temps, une ouverture, un vide soudain. Alors s'impose une interrogation sur le sens qui permet de figurer l'inconnu, l'avènement de temps nouveaux – et fait surgir à son tour d'autres émotions, d'autres événements. D'où la valeur particulière de ces moments de fulgurance, selon les mots de l'anthropologue Marshall Sahlins, qui voit l'événement comme « une *relation* entre quelque chose qui se produit et une structure (ou des structures), une transformation du phénomène-en-soi en une *valeur* chargée

3 *Regestum reformationum comunis Perusii ab anno MCCLVI ad annum MCCC*, édité par V. Ansidei, Pérouse, Deputazione de storia patria per l'Umbria, 1935 [4 mai 1260], p. 180.

4 Voir Boris Gobille, « L'événement mai 68 : pour une sociohistoire du temps court », *Annales HSS*, 63/2 (2008), p. 325, citant Alban Bensa et Éric Fassin, « Les sciences sociales face à l'événement », *Terrain*, 38 (2002), p. 8.

de sens, *d'où découle son efficacité historique*[5] ». Étonnamment, les historiens des faits affectifs ont rarement prêté attention à cette relation étroite qui noue ensemble émotion et événement, et l'étude des émotions a rarement posé cette question fondamentale : qu'est-ce qui permet de qualifier un phénomène en événement historique, et quel y est le rôle des émotions ?

Afin de mettre l'émotion à sa juste place dans la boîte à outils des historiens, le temps est venu d'explorer et de penser la puissance de l'émotion et son inscription dans le temps, sa capacité à créer l'événement, voire à catalyser le changement historique. Contrairement à la période allant de la fin du XIXe siècle aux années 1930[6], peu d'historiens de la nouvelle histoire affective se sont interrogés sur *l'efficacité sociale des émotions*. Cette efficacité a pourtant été théorisée par William M. Reddy qui a inventé le terme d'*émotif* (en anglais, *emotive*), pour rendre compte de la dimension performative des énoncés de l'émotion qui change la réalité en s'exprimant[7]. Le lien organique entre émotion et changement est aussi présent dans sa notion de *navigation émotionnelle*, ou « traversée des sentiments », qui souligne le processus de transformation à l'œuvre dans l'expérience émotionnelle elle-même[8] – un changement qui affecte tant les émotions (ainsi, une

5 Marshall Sahlins, *Des îles dans l'histoire*, Paris, Gallimard/Seuil, 1989, p. 14. Nos italiques.

6 La liste est longue, mais pour les plus importants, voir : Hippolyte Taine, *Les Origines de la France contemporaine*, vol. 1 (*L'Ancien Régime*) et 2 (*La Révolution. L'Anarchie*), Paris, Librairie Hachette, 1875 et 1878 ; Gustave Le Bon, *Psychologie des foules*, Paris, F. Alcan, 1895 ; Marc Bloch, *Réflexions d'un historien sur les fausses nouvelles de la guerre*, Paris, Allia, 1999 [1921] ; Georges Lefebvre, *La Grande Peur de 1789*, suivi de *Foules révolutionnaires*, préface par Jacques Revel, Paris, Armand Colin, 1988 [1932] ; Georges Lefebvre, « Foules révolutionnaires », *Annales historiques de la Révolution française*, 11/61 (1934), p. 1-26.

7 William M. Reddy, *La Traversée des sentiments. Un cadre pour l'histoire des émotions (1700-1850)*, Dijon, Les Presses du réel, 2019 [2001], p. 130-149. Cependant, la réflexion de Reddy se réduit aux énoncés émotionnels du type « j'ai peur », dont il distingue trois aspects : descriptif ; auto-exploratoire ou auto-modifiant ; et l'intention relationnelle (p. 135). On peut étendre la réflexion aux gestes émotionnels (p. 142-143) ; la modification peut aussi toucher la relation où l'expression d'émotion survient, et donc le monde environnant.

8 Sur l'efficacité des processus affectifs, ma/notre réflexion antérieure peut être lue dans Piroska Nagy, *Le Don des larmes au Moyen Age. Un instrument spirituel en quête d'institution, Ve-XIIIe siècle*, Paris, Albin Michel, 2000 ; Damien Boquet et Piroska Nagy, « L'efficacité religieuse de l'affectivité dans le *Liber* (*passus priores*) d'Angèle de Foligno », dans Massimo Vedova (dir.), *Il* Liber *di Angela da Foligno : temi spirituali e mistici*, Spolète, CISAM, 2010, p. 171-201 ; et Piroska Nagy, « Making a (collective) emotional body : Francis of Assisi celebrating Christmas in Greccio », dans Dolores Martin-Morunho et Beatriz Pichel (dir.), *Emotional Bodies. Studies in the Historical Performativity of Emotions*, Champaing, University of Illinois Press, 2019, p. 151-174.

colère cache souvent une douleur, ou l'inverse) que le sujet lui-même (dont l'humeur, la disposition voire les actions dépendent de ce changement). Cette puissance à créer événement et changement, quelles qu'en soient la dimension et la durée, se manifeste tout particulièrement lorsque l'émotion se fait collective. L'intérêt porté aux relations ternaires entre émotion, événement et changement historique amène dès lors la nécessité de penser l'événement en rapport avec l'émotion éprouvée en partage, et appelle à explorer la force performative de l'émotion. Cette force, un équivalent de l'émotif de Reddy, désigne l'efficacité de l'émotion par son expression même, comprise ici comme une capacité de transformation – et par là même, comme une capacité à produire du sens. L'émotion exprimée peut dès lors être envisagée comme une interface, un outil à la fois performatif et herméneutique qui fait l'événement[9].

L'examen du moment d'apparition des Flagellants sur la scène publique de l'Occident, à Pérouse en 1260, permet de mettre à l'épreuve nos réflexions préliminaires. Le choix de cet épisode bien documenté et connu de l'histoire occidentale s'est imposé par le fait qu'il a longtemps été interprété comme l'incarnation même de l'émotivité exubérante, irrationnelle de la religiosité médiévale, qualifié de « psycho-névrose collective » ou d'« érotisme inconscient[10] » représentatifs des pratiques barbares des médiévaux, de leurs impulsions sauvages et semi-bestiales, incompréhensibles pour notre époque moderne[11]. Ces jugements servirent aussi bien à entretenir l'image d'un Moyen Âge irrationnel et primitif, que l'idée des mobilisations collectives considérées comme autant de régressions vers un état naturel et sauvage ; enfin, le paradigme

9 Voir en ce sens Marshall Sahlins, *Des îles dans l'histoire*, *op. cit.*, p. 13 : « Un événement devient tel quand il est interprété. Il n'acquiert d'importance historique que s'il est approprié au schème culturel, et perçu à travers celui-ci. » ; pour François Dosse, *Renaissance de l'événement. Un défi pour l'historien : entre sphynx et phénix*, Paris, PUF, 2010, p. 11, l'événement « renvoie à l'ensemble de l'univers social comme matrice de la constitution symbolique du sens ». Pour Pascale Goetschel et Christophe Granger, l'événement agit « à la façon d'un infusoire. Il actualise dans l'instant des dispositions qui le précèdent ; il reconfigure, parfois durablement, l'horizon des référents communs. », voir *eid.*, « Faire événement, un enjeu des sociétés contemporaines », dans Pascale Goetschel et Christophe Granger (dir.), *« Faire l'événement »*, *Sociétés et Représentations*, 32 (2011), p. 15.

10 Philippe de Félice, *Foules en délire, extases collectives : essai sur quelques formes inférieures de la mystique*, Paris, Albin Michel, 1947, p. 200-206.

11 John A. Symonds, « Religious revivals in medieval Italy », *Cornhill magazine*, 31 (1874), p. 55.

hydraulique des émotions bouillonnantes et irrationnelles qui sous-tend le récit téléologique de la civilisation occidentale[12].

En jetant un regard à la fois anthropologique et historique sur le phénomène, il s'agira de montrer ici qu'au contraire, si le premier mouvement flagellant fit événement par les émotions mêmes qui en constituaient le noyau dur, il était tout sauf névrotique, inconscient ou barbare. Dans le contexte de l'Italie centrale du milieu du XIIIe siècle, les différentes dimensions de ce mouvement s'imbriquaient pour construire un événement non seulement religieux, mais aussi social et politique significatif et signifiant[13]. Avec Marshall Sahlins, on peut affirmer que cet événement était inscrit par de multiples liens dans les structures culturelles et politiques qui l'ont produit, qu'il était porteur de valeurs et de sens décryptables pour les contemporains, ce dont découlait son efficacité historique lisible à travers son impact à la fois socio-politique et religieux[14]. Pour mieux saisir la dynamique des processus à l'œuvre dans cette émotion publique, on examinera les descriptions du mouvement et leur mise en contexte, la performativité et l'expérience sensible de la flagellation, qui met en œuvre une transformation affective productrice de sens, fondamentale pour comprendre le lien entre urgence eschatologique et portée politique du mouvement. À la fin de l'article, les lecteurs trouveront une traduction des deux textes principaux discutés.

---

12 Voir Barbara H. Rosenwein, « Worrying about Emotions in History », *American Historical Review*, 107/3 (2002), p. 821-845 ; Norbert Elias, *La Civilisation des mœurs*, Paris, Calmann Lévy, 2000 [1939].

13 Pour une belle discussion des questions soulevées par l'apparition des Flagellants et de la vaste bibliographie du sujet, il convient de partir de l'excellent article de Massimo Vallerani, « Mouvement de paix dans une commune de Popolo : les Flagellants à Pérouse en 1260 », dans Rosa Maria Dessì (dir.), *Prêcher la paix et discipliner la société : Italie, France, Angleterre (XIIIe-XVe siècle)*, Turnhout, Brepols, 2005, p. 313-355. Pour un court bilan historiographique, impossible ici faute de place, voir l'article mentionné à la n. 1.

14 Marshall Sahlins, *Des îles dans l'histoire*, *op. cit.*, p. 14.

LA GRANDE ÉMOTION DANS UNE ITALIE DÉCHIRÉE

DÉCRIRE LES ÉVÉNEMENTS

Plusieurs chroniques italiennes, tant laïques qu'ecclésiastiques, écrites entre la seconde moitié du XIIIe et le début du XIVe siècle, témoignent de l'événement du surgissement des Flagellants, un mouvement religieux à l'évidence pénitentiel. Elles le décrivent plus ou moins brièvement et le qualifient comme un phénomène « jamais vu », « admirable » voire « miraculeux ». Leurs renseignements peuvent être complétés par ceux d'autres sources, normatives et hagiographiques[15]. Parmi les chroniques, deux témoignages nous accompagneront en raison de leurs longueurs respectives et de la profusion d'informations à la fois concordantes et complémentaires qu'elles nous livrent : une chronique anonyme intitulée *Chronique des Marches de Trévise et de la Lombardie*, probablement l'œuvre d'un moine padouan ou du nord-est de l'Italie (1289-1293)[16] ; et la chronique de Jacques de Voragine, archevêque de Gênes lorsqu'il mentionne le mouvement dans sa chronique de cette ville (1293-1297). Leurs extraits traduits se lisent en annexe à cet article (*annexe 1*).

Selon le résumé de Jacques de Voragine, dès l'hiver 1261 – date à laquelle le mouvement atteignit Gênes – une « flagellation générale » eut lieu en Italie. Soudainement, toute la ville était émue (ou mise en mouvement : *commota*) par la volonté du Seigneur : des hommes de toutes conditions sociales, dénudés jusqu'à la taille, traversaient villes et

15 Il convient de noter qu'un travail philologique sérieux serait nécessaire pour comparer l'ensemble de ces extraits de chroniques, généralement édités au plus tard au début du XXe siècle, afin d'établir les liens philologiques entre eux, mais eu égard au volume de travail requis, ce projet ne peut être mené ici.

16 En attendant une étude philologique approfondie, c'est de cette façon que j'ai choisi de désigner le chroniqueur et la chronique, dont deux éditions et dénominations circulent, en tant que *Chronicon Marchiae Tarvisinae et Lombardiae*, et comme *Annales S. Justinae Patavini*. La datation provient de la préface de Georg H. Pertz à son édition des *Annales S. Justinae Patavini*, édité par Georg H. Pertz, *Monumenta Germaniae Historica. Scriptores*, vol. 19, Hanovre, 1866, p. 179. Voir aussi le *Chronicon Marchiae Tarvisinae et Lombardiae*, aa. 1207-1270, a cura di Luigi A. Botteghi, *Rerum Italicarum scriptores*, vol. 8/3, Città di Castello, Coi tipi della casa editrice S. Lapi, 1914-1916, dont l'éditeur apporte des arguments convaincants contre l'identification du texte comme *Annales de Sainte-Justine Padoue*.

villages en procession, en allant d'église en église. Précédés de clercs et de religieux, ils se flagellaient ardemment en implorant la miséricorde de Dieu et de la Vierge, chantaient des litanies lugubres, se jetaient à terre et se prosternaient ensemble, pleuraient et criaient. Alors qu'au début ils faisaient l'objet de dérision, les spectateurs, émus, se joignirent à eux ; des litiges anciens laissèrent la place à la paix. En effet les gens en discorde allaient s'exposer en toute humilité à la vengeance de leurs ennemis ; en réponse, ceux-ci se convertissaient à leur tour. L'événement provoqua l'émotion chez les spectateurs, puis la paix générale.

Le chroniqueur anonyme, quant à lui, relie la « grande componction » aux événements des années précédentes, et remonte l'origine du mouvement à Pérouse. C'est là que se dessine le scénario qui se rejoue dans chaque cité. Tout en relatant les mêmes séquences d'événement, le chroniqueur prête une attention accrue aux détails pénitentiels de la dévotion : à la crainte de Dieu, aux pleurs et aux cris, au chant affligeant. Pour ce qui est de la pacification générale, il parle de la fin des litiges, mais aussi de l'ouverture des prisons, de l'autorisation pour les exilés de rentrer chez eux – autant de décisions publiques pacificatrices, à l'évidence de connotation eschatologique. En effet l'auteur souligne la forte dimension pénitentielle et eschatologique de la peur et des gestes, comme on le verra plus loin.

NOMMER LE MOUVEMENT

Bien que l'appellation la plus fréquente renvoie au geste-manifeste de la flagellation (*verberatio* et *verberatores* ; *scovamentum*, *battimentum*, *disciplina*), plusieurs chroniques utilisent des mots du vocabulaire affectif (*cf.* tableau de l'*annexe 2*), comme pour attester qu'il s'agit d'une émotion qui fait événement. On retiendra ici trois termes mettant en jeu l'émotion, le mouvement intérieur et la transformation : *devotio*, *compunctio*, et *commotio.*

Devotio/dévotion : l'expression de « grande dévotion », fréquemment utilisée pour décrire le mouvement, mobilise une notion fondamentale du vocabulaire chrétien ; *magna devotio* était l'expression déjà utilisé pour désigner un autre mouvement religieux italien, celui de l'Alleluia en 1233. Si à l'époque romaine, le terme prit un sens civique puis moral pour désigner l'attitude de respect, de fidélité et de soumission due à l'empereur avant tout, dans l'anthropologie chrétienne il signifie à la fois l'acte rituel et l'attitude intérieure du fidèle face à Dieu qui doit s'y refléter. Il nomme alors une expérience qui fait éclore la conversion intérieure, faite de sentiments d'admiration, de crainte et de piété, mais aussi de foi et de ferveur, activée par la prière ou la célébration liturgique[17]. Thomas d'Aquin, contemporain des événements de Pérouse, explique dans sa *Somme Théologique* que la dévotion, par son essence, naît de la considération de la bonté divine qui apporte la joie du cœur – bien que, par accident, elle rappelle aussi la condition déchue de l'humanité. La dévotion représente le début et la fin du mouvement de volonté (*motus voluntatis*) spirituel qui meut l'âme du fidèle vers Dieu[18]. Il est intéressant de remarquer que c'est ce terme qu'utilise aussi le *Regestum comunis Perusii*, le registre des délibérations de la cité de Pérouse, pour nommer les Flagellants[19], les assimilant à un mouvement de conversion.

Compunctio/componction, utilisé par la chronique anonyme est un terme qui désigne clairement le mouvement de conversion du cœur dans le vocabulaire chrétien. Il se situe dans le même champ sémantique que *devotio* – celui des pratiques et expériences religieuses – et son importance est tout aussi majeure. Signifiant littéralement « piqûre avec », il s'agit de la piqûre ou du percement du cœur produit par la douleur du péché commis, qui se mêle vite de gratitude et d'amour. La signification positive de *compunctio* naît dans la version latine des Actes des Apôtres (2, 37). Le jour de la Pentecôte, le discours de Pierre frappe la foule des Juifs par un choc qui est à la base de la conversion : le texte grec dit *katanygésan tén kardian*, traduit par Jérôme par *compuncti sunt corde* dans la Vulgate. Cette péricope et ses commentaires, notamment par Grégoire le Grand qui distingue la piqûre du péché douloureux de la piqûre consécutive de l'amour de Dieu rétribuant le repentir et soulageant le fidèle, ont fait de la componction un sentiment-concept ascétique étroitement lié au processus de conversion intérieure, à la transformation pénitentielle[20]. Les deux componctions grégoriennes sont probablement les lointaines ancêtres de la dualité observée dans la définition de la dévotion chez Thomas d'Aquin.

---

17 Jean Châtillon, « Dévotion », *Dictionnaire de Spiritualité ascétique et mystique*, vol. 3, Paris, Beauchesne, 1957, col. 702-715.

18 Thomas d'Aquin, *Summa theologiae*, Rome, éd. Léonine, 1897, en ligne : http://www.corpusthomisticum.org/sth3082.html (consulté le 12 juin 2020 : voir ici 2a 2ae, Q. 82).

19 *Regestum…*, *op. cit.*, p. 180.

20 Joseph Pégon, « Componction », *Dictionnaire de Spiritualité ascétique et mystique*, vol. 2, Paris, Beauchesne, 1953, col. 1312-1321 ; Piroska Nagy, *Le Don des larmes*, *op. cit.*, p. 425-430.

Devotio et *compunctio*, deux termes usuellement réservés pour désigner des expériences religieuses individuelles, sont utilisés par les chroniqueurs – qui connaissaient certainement Grégoire le Grand et peut-être même Thomas, leur contemporain italien – pour désigner de façon novatrice une expérience collective. Cet emploi témoigne d'un discours par analogie sur la psychologie individuelle d'un côté, collective de l'autre, dans la culture de ces auteurs. L'usage de ces termes leur permet de passer sans difficulté du microcosme du corps-âme individuel au macrocosme du corps social particulier constitué par les Flagellants, comme s'ils supposaient l'unification du groupe par les gestes et les émotions qui animent leurs membres. Depuis le XIe siècle, le corps social et politique était devenu l'objet d'une masse croissante de réflexions politico-théologiques, portant sur la nature organique de la société et associant les organes avec tel ou tel groupe social. L'on comprend par le parallèle entre microcosme et le macrocosme que pour les auteurs du XIIIe siècle, la psychologie collective fonctionnait de façon identique à celle des individus, ce que suggère d'ailleurs le troisième terme pour décrire le mouvement : *commotio*, évoqué par le chroniqueur d'Asti.

Commotio désigne en latin d'abord un mouvement physique, ensuite un mouvement intérieur et émotionnel. Entre le XIe et XIIIe siècle, il est de plus en plus souvent utilisé pour décrire les mobilisations, d'ordinaire politiques, émeutes ou soulèvements[21] – ce que le mot *esmotion* désignera en français au plus tard au XVe siècle. L'usage de ce terme est d'autant plus intéressant ici que le mouvement spontané est vite autorisé, encouragé par les autorités laïques et ecclésiales, voire accompagné par des clercs. *Commotio* renvoie alors à la fois au fait que l'émotion est aussi mouvement physique, à la dimension collective du phénomène, enfin à sa perception comme une forme étrange de perturbation de l'ordre social puisque, tout en représentant un événement sensoriel et affectif bouleversant, le mouvement sert précisément à restaurer la paix, donc l'ordre social. De ce point de vue, l'évaluation des chroniqueurs italiens de cette première occurrence du mouvement est concordante. Tous sont à la fois étonnés et admiratifs des gestes mêmes, de leur intensité et de

21 Robert Fossier, « Remarques sur l'étude des "commotions" sociales aux XIe et XIIe siècles », *Cahiers de civilisation médiévale*, 16/61 (1973), p. 45-50 ; Piroska Nagy « Quand l'émotion collective prend corps. La Pataria milanaise (1057-1075) », *La Chair du politique. Sensibilités*, 7 (2020), p. 1-8.

leur succès public tout autant que de leur efficacité sociale et politique à restaurer la paix et la concorde dans les cités-États déchirées par des conflits. La *verberatio* constitue donc, aux yeux des contemporains, un événement inouï : mouvement dévotionnel et de conversion éprouvé ensemble, cette mobilisation collective fonctionne à l'envers des soulèvements perturbant l'ordre, qu'il vise au contraire à restaurer.

CLIMAT BELLIQUEUX ET CONTEXTE ESCHATOLOGIQUE

En effet l'émotion-événement des *Flagellanti* est étroitement liée au contexte spécifique qui l'a fait naître, au sens large comme à Pérouse[22]. Dans cette seconde moitié du XIIIe siècle, les cités-États italiennes étaient habituées à vivre avec des guerres intestines et endémiques, des conflits qui faisaient partie de la régulation sociale du monde occidental du XIIIe siècle. Les rapports entre familles rivales impliquaient souvent la vengeance, une pratique admise, mais de moins en moins légale[23] ; pour maintenir l'ordre, le bannissement des opposants politiques était une réaction fréquente. Bien que les situations locales présentassent toutes leurs complexités, les divisions politiques s'alignaient le long de la fracture ancienne entre Empire et papauté, dont chacun était soutenu par certaines villes d'Italie centrale et du Nord. Les factions en lutte à l'intérieur des villes incarnaient le plus souvent cette dynamique, laquelle rejoignait une division sociologique entre l'ancienne élite des *milites* et le pouvoir montant du *Popolo*. Associé à l'Empire, le parti gibelin était le plus souvent soutenu par les *milites*, la petite aristocratie armée, alors que le parti guelfe, aux côtés de la papauté, était généralement lié au *Popolo*, identifié en termes politiques par sa couche supérieure, la bourgeoisie des villes[24]. Après la mort de l'empereur Frédéric II en 1250 et le retour du pape de Lyon à Rome l'année suivante, les guelfes ont réussi à prendre le pouvoir dans plusieurs cités, dont Pérouse. Ce tournant politique n'a pas tardé à créer de nouvelles tensions. Ayant perdu leur protecteur, les gibelins craignaient que la ville leur imposât des contraintes limitant

22 Sur le contexte de Pérouse, voir encore la fine mise au point de Massimo Vallerani, « Mouvement de paix », art. cité.

23 Voir Lidia Zanetti Domingues, *Confession and Criminal Justice in Late Medieval Italy. Siena, ca. 1260-1330*, Oxford, Oxford University Press, 2021.

24 Sur des cas contraires, voir Paolo Grillo, *Milano Guelfa (1302-1310)*, Rome, Viella, 2013 ; et *id.*, *La falsa inimicizia. Guelfi e ghibellini nell'Italia del duecento*, Salerne, Salerno editrice, 2018.

l'emploi des armes. Mais la plupart des habitants des villes, après plusieurs décennies de conflits internes et externes, désiraient la paix. Le mouvement flagellant, émergeant à Pâques à Pérouse, représentait alors une réponse à la fois politique et religieuse à cette violence endémique : il s'inscrivait dans la lignée des mouvements de paix, bien que sa forme pût paraitre paradoxale tant pour les contemporains que pour les historiens.

En outre, le climat général de l'Occident de 1260 se prêtait à ce vigoureux geste de pénitence. Si les croisades et leur succès populaire avaient produit puis entretenu une attente eschatologique diffuse depuis la fin du XIe siècle tant chez les clercs que chez les laïcs, au XIIIe siècle une série de phénomènes actualisèrent ces attentes. Au printemps 1233, apparut le mouvement dit de l'Alleluia, nommé lui aussi « grande dévotion », lequel parcourut le nord de l'Italie dans un élan de paix dans les mois suivants, avant de s'éteindre ; il provoqua largement autant la paix que la guerre aux hérétiques, dans ces premières années de l'Inquisition[25]. En 1241-1242 s'ensuivit l'invasion mongole de l'Europe centrale et orientale, vue par les lettrés comme le déferlement des peuples de Gog et Magog sur le monde civilisé au commencement de la fin des temps (Apc 20, 7). Alors que les Mongols, installés aux portes orientales de la Chrétienté, sont restés une menace planant sur l'Occident chrétien durant plusieurs décennies, la propagande pontificale décrivait l'empereur Frédéric II comme l'Antéchrist. Enfin, entre la mort de Frédéric II en 1250 et 1260, la prophétie eschatologique de l'abbé cistercien calabrais Joachim de Flore (m. en 1202) connut son pic de popularité et devint une attente explicite[26]. Dans la théorie joachimite, fondée sur une division ternaire de l'histoire en trois *status* ou âges selon une scansion trinitaire, l'âge du Saint Esprit, qui précéderait la fin des temps, serait un âge d'accomplissement spirituel, restaurant la pureté évangélique et commençant par une grande figure, volontiers identifiée, surtout chez les franciscains, à François d'Assise après le milieu

25 Sur ce mouvement, un excellent point de départ reste : André Vauchez, « Une campagne de pacification en Lombardie autour de 1233 ; L'action politique des Ordres Mendiants d'après la réforme des statuts communaux et les accords de paix », *MEFR*, 78/2 (1966), p. 503-549 (ici, p. 504) ; voir aussi Augustine Thompson, *Revival Preachers and Politics in Thirteenth-Century Italy. The Great Devotion of 1233*, Oxford, Clarendon Press, 1992.

26 Marjorie Reeves, *The Influence of Prophecy in the Later Middle Ages : A Study in Joachimism*, Oxford, Clarendon Press, 1969 ; Gian Luca Potestà, *Il tempo dell'Apocalisse. Vita di Gioacchino da Fiore*, Bari, Laterza, 2004

du siècle. Les adeptes de la théorie de Joachim prophétisaient que cette dernière période commencerait en 1260. L'on voit bien qu'une série d'événements, parmi lesquels la violence endémique minant l'Italie, entraient parfaitement dans ce cadre chronologique comme phénomènes précurseurs d'un grand changement. Dans ce contexte, le mouvement flagellant représentait un événement pénitentiel et eschatologique dont l'émotion efficace était au cœur de l'action : des gens de toutes conditions se mirent en marche pénitentielle pour imposer la paix, tout en s'imposant à la considération de tous par la violence paradoxale de leur geste, une souffrance auto-infligée. Le chroniqueur franciscain Salimbene de Adam a même explicitement lié le mouvement flagellant au début de ce troisième âge[27]. Ainsi, l'émotion-événement des *Flagellanti* agit, pour reprendre les mots de Christophe Granger et de Pascale Goetschel, « à la façon d'un infusoire. [Elle] actualise dans l'instant des dispositions qui le précèdent ; [elle] reconfigure, parfois durablement, l'horizon des référents communs[28] ».

RITUEL, PERFORMATIVITÉ ET EXPÉRIENCE SENSIBLE

De toute évidence, la violence des gestes, de l'expérience sensorielle proposée et du spectacle troublant de la procession des flagellants choquait les habitants des villes italiennes. Or ces gestes ne devaient rien au hasard : savamment orchestrés, ils construisaient un rituel collectif et public, auquel n'importe quel homme pouvait se joindre. L'usage du terme de *rituel*, souvent débattu dans les trente dernières années[29], néces-

27 Salimbene de Adam, *Cronica*, édité par Giuseppe Scalia, *Corpus Christianorum Continuatio Medievalis*, vol. 2 (125a), Turnhout, Brepols, 1999 [1966], p. 677.

28 Pascale Goetschel et Christophe Granger, « Faire événement », art. cité, p. 15 ; voir aussi la n. 9 ci-dessus.

29 Pour cette question, voir Victor W. Turner, *The Ritual Process : Structure and AntiStructure*, Chicago, Aldine, 1969 ; Richard C. Trexler, *Public Life in Renaissance Florence*, Ithaca, Cornell University Press, 1980 ; Geoffrey Koziol, *Begging Pardon and Favor : Ritual and Political Order in Early Medieval France*, Ithaca, Cornell University Press, 1992 (surtout chap. 9, « How Does a Ritual Mean ? », p. 289-334) ; Catherine M. Bell, *Ritual : Perspectives and Dimensions*, Oxford, Oxford University Press, 1997 ; Philippe Buc, *Dangereux rituel. De*

site ici une définition de travail que je reprendrai au sociologue Louis Quéré. Il écrit à propos des rituels de deuil, dont le rituel pénitentiel est une forme symbolique : « Rituels et cérémonies assurent une mise en forme, une mise en scène et une mise en sens parfaitement codées de la douleur occasionnée par le décès », « incarnée dans l'"objet expressif" produit par l'accomplissement du rituel. Cette production, [...] publique et collective, est codée parce que non seulement les rôles, les actes, les gestes, les mimiques, les pleurs, les cris, etc., mais aussi l'agencement du temps et de l'espace sont régis par les contraintes du rituel[30] ».

Les participants à la procession, ayant mis leurs épaules à nu, les fouettaient avec des cordes, des verges, voire des chaines[31], et ceci jusqu'à effusion de sang[32], en marchant pendant des heures, jour et nuit, aux pas rythmés par le geste, d'église en église, et en chantant sans se soucier de la douleur ou du temps qu'il faisait[33]. Les chroniqueurs relatent comment les gens tombaient à genoux, se prosternaient, pleuraient et criaient, pendant les processions. Le contenu pénitentiel du rituel s'exprimait par des chants lugubres, l'imploration de la miséricorde du Seigneur, de la Vierge et des saints, des fontaines de larmes ainsi que des prosternations, évoqués par le chroniqueur anonyme. Le spectacle et tous ces gestes témoignaient d'un engagement total, sans ménagement : seuls les arrêts dans les églises faisaient cesser la flagellation pour un temps de prière, le rituel laissant place au recueillement. Alors même qu'aux yeux des témoins tout cet assemblage rituel semblait frappant et neuf, la procession était une pratique religieuse coutumière et ordonnée des villes médiévales, générée, normée et conduite par les clercs à diverses occasions liturgiques ou exceptionnelles ; chacun des gestes de dévotion performé par les Flagellants était connu et pratiqué dans d'autres cadres.

---

l'histoire médiévale aux sciences sociales, Paris, PUF, 2003 [2002] ; Geoffrey Koziol, « Review Article : The Dangers of Polemic : Is Ritual Still an Interesting Topic of Historical Study ? », *Early Medieval Europe*, 11/4 (2002), p. 367-388 ; Christina Pössel, « The Magic of Early Medieval Ritual », *Early Medieval Europe* 17/2 (2009), p. 111-125.

30 Louis Quéré, *Fabrique de l'émotion*, Paris, PUF, 2021 (ici chap. 8 : Des émotions « moulées dans une forme collective »). En amont, voir Marika Moisseeff et Michael Houseman, « L'orchestration rituelle du partage des émotions et ses ressorts interactionnels », dans Laurence Kaufmann et Louis Quéré (dir.), *Émotions collectives*, « Raisons pratiques » 29, Paris, Éd. de l'EHESS, 2020, p. 133-166.

31 Jacques de Voragine, voir annexe 1.

32 *Chronique des Marches de Trévise et de Lombardie* (p. 44), voir annexe 1.

33 Jacques de Voragine, voir annexe 1.

Pendant la « grande dévotion », la présence et l'encadrement des clercs garantissaient la légitimité du nouveau rituel public et ecclésial. Par ailleurs, le geste central d'auto-flagellation était un geste traditionnel de pénitence, une pratique chrétienne ancienne lui aussi, de plus en plus populaire à partir du XIe siècle avec la réforme monastique et érémitique et la vogue des mouvements religieux ascétiques. Exercé en général en solitaire par les moines et les ermites et plus récemment par des laïcs, il était porté maintenant sur la place publique et pratiqué collectivement par des groupes composés surtout de laïques, avec, de surcroît, une approbation cléricale. Cette appropriation et ce partage du geste monastique individuel par un rituel public hors cadre liturgique, ouvert à tous les hommes, représentaient une transformation considérable. Cependant, à l'inverse des hommes qui pouvaient « déposer leur vergogne » (*deposita verecundia*) avec leurs chemises – tout ce qui pouvait concerner leur place, leur honneur dans la société, pour se joindre au mouvement – les femmes étaient absentes des cortèges et devaient participer à l'effort collectif dans le secret de leur maison, par souci de pudeur[34].

Si l'on examine le phénomène avec un regard emprunté aux sciences sociales, nous pouvons percevoir comment ce rite collectif crée une expérience toute particulière, à l'origine de partage d'émotions et d'un sentiment d'identité collective. Pour les spectateurs, la vue du groupe d'hommes marchant les épaules dénudées, le son rythmique de la flagellation, les cris, les chants, les pleurs, la vue et l'odeur du sang, additionnés ensemble, formaient un spectacle immersif, une expérience multi-sensorielle prégnante et unique. Pour les participants, s'ajoutaient à ces éléments la longueur et surtout l'intensité de l'expérience vécue en commun, le partage rituel de l'épreuve de la douleur, renvoyant directement au temps fort du calendrier liturgique, tant en termes d'expérience que d'efficacité religieuse. Les textes soulignent non seulement que les gens se flagellaient *énergiquement*, mais que d'un jour à l'autre, cette ardeur ne diminuait guère. Ce rituel public promis au succès peut alors être comparé à ce que l'anthropologie et la psychologie sociale récentes qualifient de *rituel coûteux ou extrême*, désignant par ce terme un rite difficile ou

34 Damien Boquet, *Sainte vergogne. Les privilèges de la honte dans l'hagiographie féminine au XIIIe siècle*, Paris, Classiques Garnier, 2020.

douloureux dont l'efficacité est d'autant plus sûre que la souffrance performative qu'elle engendre est grande[35].

LE SCÉNARIO CULTUREL DE LA CONVERSION

Pour mener à bien l'analyse anthropologique du processus de transformation vécu par les participants, c'est au cœur de ce partage du sensible culturellement codé que nous devons plonger, et décortiquer le scénario (ou *script*)[36] spirituel et affectif du spectacle-événement qu'était la flagellation collective. Les idées de Durkheim et de Mauss peuvent nous être utiles pour saisir la cohérence des éléments en jeu. Selon Louis Quéré, aux yeux de Mauss, « pour qu'il y ait émotion collective, il faut qu'opère un dispositif de symbolisation qui la figure par des gestes, des actes et des mouvements conventionnels. [...] Tout se passe comme si la structuration de l'émotion par sa symbolisation publique générait sa forme collective[37] ». Déjà pour Durkheim, « la matrice des sentiments collectifs est [...] un ensemble de gestes et de mouvements accomplis de conserve. La touche qu'ajoute Mauss à l'explication de Durkheim consiste à lier le symbolisme de la "forme collective" à la rythmicité de ces gestes et mouvements[38] ».

Les pas du processus de « traversée des sentiments » étaient ceux du chemin spirituel de purification, propres à la culture chrétienne et connus de tous, au XIIIe siècle. Le déroulement du scénario, utilisé depuis les pères du désert, faisait partie de la culture commune du monde de l'Occident médiéval. Le chemin spirituel, étroitement dépendant des textes bibliques, était ainsi compris comme un chemin passant

35 Je remercie Bernard Rimé pour m'avoir indiqué cette piste. Dimitris Xygalatas et *al.*, « Extreme Rituals Promote Prosociality », *Psychological Science*, 24/8 (2013), p. 1602-1605 ; Bradley J. Ruffle et Richard Sosis, « Does It Pay to Pray ? Costly Ritual and Cooperation », *The B. E. Journal of Economic Analysis and Policy*, 7/1 (2007), art. 18.

36 À propos du script, voir avant tout Robert Kaster, *Emotion, Restraint and Community in Ancient Rome*, Oxford, Oxford University Press, qui explique la méthode dès l'introduction ; Nira Pancer, « Les hontes mérovingiennes : essai de méthodologie et cas de figure », *Rives nord-méditerranéennes*, 31 (2008), en ligne : https://rives.revues.org/2783 (consulté le 12 juin 2020) ; en dernier lieu, la belle analyse de Xavier Biron-Ouellet, *Un prédicateur et sa cité : spiritualité, émotion et société dans la Toscane du XIVe siècle. Le cas de Simone Fidati da Cascia*, thèse de doctorat soutenue à l'UQAM-EHESS en 2019, chap. 10, p. 356-397.

37 Louis Quéré, *La Fabrique des émotions*, *op. cit.*, chap. 8, p. 199 du tapuscrit.

38 *Ibid.* ; Quéré se réfère à Émile Durkheim, *Les Formes élémentaires de la vie religieuse*, Paris, PUF, 2012, p. 330.

par des émotions, à la place des lieux physiques : des émotions que le fidèle devait ressentir pour suivre pas à pas les traces du Christ, comme l'avait défini Augustin[39]. C'est dans ce cadre que se comprennent les réflexions de Grégoire le Grand sur la componction, mentionnées plus haut, qui avaient popularisé ce processus. Grégoire décrit le regret des péchés comme la componction « du bas », donnant lieu aux pleurs et à l'auto-humiliation ; en réponse, la componction du cœur, venant du « haut », vient signifier le pardon divin par des pleurs qui soulagent, et l'amour ardent de Dieu[40]. C'est bien tout ce savoir partagé que convoquent les termes de *componction* et de *dévotion*, et que les gestes émotionnels performés mettent en œuvre. À travers cette expérience intérieure, à la fois spirituelle et affective, recherchée par tout fidèle qui se met à prier, à lire des textes spirituels, à pratiquer l'ascèse ou à se joindre à un rite ecclésial, opère la transformation qui est le but même du chemin spirituel : éprouver directement la grâce divine, se sentir transformé par elle, et ressentir un avant-goût du salut.

Dans l'histoire de l'Église d'Occident, le mouvement s'inscrit dans la période de promotion de la pénitence, à la fois comme sentiment et comme pratique sacramentelle (XIe-XIIIe siècle). La réforme monastique, précurseur de la réforme grégorienne, avait une inspiration érémitique et ascétique forte et, dans sa stricte continuation, les réformateurs grégoriens – tous d'anciens moines : Hildebrand devenu Grégoire VII, Pierre Damien… – visaient à promouvoir en termes de mœurs un modèle de société entièrement remodelé par les idéaux du monachisme[41]. L'élaboration théologique du septénaire des sacrements au XIIe siècle mit au cœur du processus pénitentiel la transformation intérieure, affective du fidèle, fonction d'une émotion efficace du point de vue sacramentel. Ainsi, quelle que fût la rigueur de son exécution rituelle, c'étaient la peur, la honte du péché et la peine, la contrition et la douleur, qui assuraient l'opération du sacrement de pénitence. À la fin du XIIe siècle, la prédication pénitentielle prit pour cible la conversion des hérétiques

39 Voir Xavier Biron-Ouellet, *Un prédicateur et sa cité*, *op. cit.*, chap. 8, p. 291-319.

40 Grégoire le Grand, *Dialogues*, III, 34, 3-5, édité par A. de Vogüé et P. Antin, *SC* 260, Paris, Cerf, 1979, p. 402-403. On retrouve le même passage dans Grégoire le Grand, *Registrum Epistolarum*, 7, 23, édité par Dag Norberg, *CC SL* 140, Turnhout, Brépols, 1982, p. 475. Voir aussi Piroska Nagy, *Le Don des larmes*, *op. cit.*, p. 124-133.

41 Voir Michel Grandjean, *Laïcs dans l'Église. Regards de Pierre Damien, Anselme de Cantorbéry, Yves de Chartres*, Paris, Beauchesne, 1994.

qui, selon l'Église, pullulaient ; au XIIIe siècle, tant l'apparition des ordres mendiants, prônant un mode de vie inspiré par le modèle évangélique, que la lutte contre l'hérésie et l'obligation annuelle de confession auriculaire pour tous les fidèles après Latran IV en 1215, ont accentué la centralité de la conversion intérieure dans la vie des chrétiens. Les nouvelles figures charismatiques du siècle – François d'Assise avant tout, mais aussi de nombreux femmes et hommes – présentaient alors le parcours de conversion pénitentielle comme une voie de sanctification accessible à toutes et à tous.

L'ÉMOTION DU SACRIFICE COLLECTIF[42] : IMITATION DU CHRIST ET PROTAGONISME

C'est ce besoin de conversion, ce souci du salut promus par l'Église, que le mouvement flagellant prend en charge par le geste ritualisé qui met en scène de façon publique et collective le processus pénitentiel, ordinairement vécu en solo, dans l'intimité avec Dieu ou le prêtre lors de la confession. Lors de la procession des flagellants, l'émotion, la dévotion sont stimulées par l'expérience commune que constituent la performance des gestes et l'événement émotionnel, tant pour les participants que pour les spectateurs. Le flagellant est entraîné par une foule qui pratique les mêmes gestes, prononce les mêmes paroles, et recherche la force de la même douleur, cette douleur pénitentielle salvatrice de l'*imitation du Christ*, qui permet de participer à son sacrifice. Loin d'être ignorée ou niée, cette douleur est désirée et auto-infligée : elle met en lumière ce qu'Esther Cohen considère comme une particularité anthropologique de la culture médiévale, le *philopassianisme*, incarné ici par ce geste collectif tendu vers le ciel[43]. C'est ainsi que se comprennent les prostrations humbles (*humiliter prosternare*), les demandes de miséricorde (*implorare misericordiam*) et de compassion (*clamare ad Dominum*), en versant des fontaines de larmes (*effusi fontes lacrymarum*) et en confessant humblement ses péchés (*humiliter sua peccata confitentes*) – autant de gestes pénitentiels connus des pratiques judiciaires et de la pénitence publique, dont les émotions participent à la transformation intérieure du fidèle, et lui

42 Après avoir fini cet article, j'ai découvert avec joie l'apparition du même terme au début de l'article de Massimo Vallerani, « Mouvement de paix », art. cité, p. 314.

43 Voir Esther Cohen, « Towards a History of European Physical Sensibility : Pain in the Later Middle Ages », *Science in Context*, 81 (1995), p. 47-74.

apportent la paix et l'amour au cœur (*amoris igne succenso*)[44]. Ces nombreuses précisions données par le chroniqueur anonyme permettent de suivre pas à pas le scénario pénitentiel, fondamental dans la dynamique du mouvement. L'émotion portant les gens à la pénitence est la crainte de Dieu (*timor Domini*), de sorte que les hommes de conditions variées déposent leur vergogne (*deposita verecundia*), pour se dépouiller de leur individualité et de leur position sociale dans ce mouvement qui les rend tous égaux : ils entrent dans une condition liminaire, pour reprendre les termes de l'anthropologue Victor W. Turner[45]. Les chants pénitentiels tristes, entonnés ensemble, attendrissent même les cœurs de pierre (*ad cuius flebilem modulationem corda saxea movebantur*), et font couler des larmes des yeux des plus obstinés (*obstinatorum oculi se a lacrimis non poterant continere*). Les pleurs, signes sensibles d'abord du repentir puis de la grâce divine[46], sont alors autant d'instruments puissants de conversion, émouvant les spectateurs qui viennent se joindre au mouvement.

L'on comprend donc bien comment la « grande dévotion » se déroulant devant les yeux de tous dans l'Italie de 1260-1261 mit en pratique cette proposition dévotionnelle qui avait fortement marqué l'époque : l'*imitatio Christi*, associée à la figure de saint François, originaire d'Assise, à moins de deux jours de marche de Pérouse, mort en réputation de sainteté en 1226 et canonisé en 1228. Bonaventure de Bagnoregio, ministre général de l'ordre franciscain, en réécrivant sa vie vers 1260 accentua d'ailleurs le trait de l'imitation littérale de la vie du Christ, en faisant de François un nouveau Christ, *alter Christus*. La performance de la flagellation publique était dans ce contexte clairement un geste rituel rappelant et imitant celle subie par le Christ sur le chemin de croix. De façon significative, le mouvement avait commencé le jeudi saint, le 1er avril 1260, dernier jour du cycle pénitentiel du Carême, à la veille de la commémoration de la Passion du Christ dans toutes les églises d'Occident. À ce moment paroxystique du cycle liturgique pascal, où tous les chrétiens, toutes les années de leur vie, étaient appelés par les sermons à regretter leurs péchés et à convertir leurs vies, l'auto-flagellation constituait une réponse adéquate à cet appel : rejeter ses iniquités de façon visible, sans en mesurer les coûts.

44 *Annales S. Justinae Patavini*, *op. cit.*, p. 179.

45 Victor W. Turner, « Liminarité et *communitas* », *Le Phénomène rituel*, Paris, PUF, 1990 (ici chap. 3, p. 95-128). Le terme de liminarité provient d'Arnold Van Gennep, *Rites de passage. Étude systématique des rites*, Paris, Stock, 1924.

46 Voir Piroska Nagy, *Le Don des larmes*, *op. cit.*

De la sorte, en termes de culture religieuse, l'on peut concevoir le mouvement des Flagellants comme un *sacrifice collectif*, imitant la montée du Christ au Golgotha pour restaurer la paix. Ce terme décrit aussi bien le geste que le sens symbolique de l'événement, dans une ambiance eschatologique : sauver le monde de la colère de Dieu. Il s'agissait alors moins de détourner que de transformer le jugement, à l'image de la ville de Ninive dans l'Ancien Testament, dont les habitants entreprirent une pénitence collective lorsque Jonas leur annonça la future destruction de la cité par Dieu à cause de leurs péchés (Jonas 3, 5-10). Ainsi, se faisant flagellant, chaque habitant des cités italiennes impliqués pouvait se sentir *protagoniste* de l'Histoire, comme dirait Haïm Burstin : sentir ses gestes douloureux peser comme une « expérience personnelle de l'histoire en acte » au sein de l'effort collectif visant à adoucir la colère de Dieu.

On le voit bien, tant les étapes que l'enjeu du rituel et de la transformation intérieure qu'il facilite correspondent donc à un scénario culturel et affectif connu, travaillé, promu et encouragé par la culture religieuse, à laquelle les habitantes et habitants des villes italiennes participaient activement toutes et tous ; les prédications pénitentielles, l'iconographie des églises, les vies de saints en offraient maintes modèles et variantes. Mais ici, la transformation devait être intérieure et extérieure à la fois, comme l'exprime clairement la *Lezenda*, l'hagiographie de Raniero Fasani, l'initiateur du mouvement flagellant : « ceux qui avaient des haines [au cœur] en vinrent à la paix et à la concorde[47] ». Cette phrase recouvre à la fois la réalité intérieure, affective et spirituelle, et l'effet social du mouvement. Car le processus de conversion rituellement vécu par tous a incité les participants, désormais assurés du salut à de nouveaux gestes : venir déposer leurs épées aux pieds de leurs ennemis sans craindre la mort.

La puissance du processus affectif, tant intérieur que social, peut également être saisi à l'aide de la notion de *flow*, utilisée ici à titre heuristique. Élaborée par le psychologue Mihály Csíkszentmihályi (1990), le terme de *flow* désigne l'état psychique positif qui survient lorsque quelqu'un est totalement immergé par une activité qui lui paraît porteuse de sens. Le *flow*, cet « état psychique optimal », implique l'absorption totale et

---

47 *Lezenda de Fra Rainero Faxano*, edité par Giuseppe Mazzatini, *Bollettino della deputazione della storia patria*, 2 (1896), p. 563 : « *Et omnes que habebant odia ad pacem et concordem pervenerunt.* »

l'expérience autotélique où les contraintes de l'espace et du temps, tout comme celles des limites individuelles et physiques, disparaissent. Or comme Bernard Rimé et d'autres psycho-sociologues l'ont montré, les rituels sociaux visent souvent à promouvoir les activités engendrant un *flow* collectif qui, par là même, génèrent l'ordre et la paix dans la conscience et les relations entre les membres du groupe[48]. Alors que la participation y est, on l'a vu, coûteuse, l'idée du *flow* collectif permet de comprendre à la fois l'enthousiasme de tout un chacun à se joindre aux Flagellants et le succès durable du mouvement. Outil heuristique, cette notion contemporaine permet d'intégrer la double efficacité du dispositif culturel de la flagellation publique, pour saisir comment la transformation extérieure (sociale, religieuse et politique) de la discorde à la paix est soutenue par une transformation intérieure (spirituelle, affective) : ensemble, elles touchent en profondeur les liens sociaux, la configuration religieuse et politique de la cité.

CONCLUSION

Le succès de l'émotion-événement collective des *Flagellanti* se comprend donc par l'ensemble des gestes accomplis, fabriquant un sentiment de co-appartenance solide, bien que momentané, par le sens indissociablement religieux et politique, individuel et collectif de l'événement. Loin du masochisme, de la névrose ou de la perversion érotique, comme le pensait un théologien du siècle dernier, Jean de Félice, imbu de concepts freudiens[49], c'est à la fois l'expérience multi-sensorielle et sa prégnance, la création de sens partagé du mouvement pacificateur dans un pays en guerres constantes, et la force de l'expérience pour créer une identité collective tendue vers le salut, qui rendent ce geste rituel de dévotion

48 Dario Páez et Bernard Rimé, « Collective Emotional Gatherings. Their Impact upon Identity Fusion, Shared Beliefs and Social Integration », dans Christian von Scheve et Mikko Salmela, (dir.), *Collective Emotions : Perspectives from Psychology, Philosophy, and Sociology*, Oxford, Oxford University press, 2014, p. 204-216 (ici p. 205) ; Mihály Csíkszentmihályi, *Flow : The Psychology of Optimal Experience*, New York, Harper and Row, 1990, p. 432 (et 140-141).

49 Philippe de Félice, *Foules en délire*, *op. cit.*

« contagieux », attirant à la fois par son « ardeur », comme le disent les textes ; par sa signification symbolique, la mise en œuvre d'un repentir efficace, contribuant au salut ; enfin par sa portée sociale et politique conséquente.

Dans l'ensemble du processus qui fait événement sur la scène publique des villes d'Italie, où à la fois la flagellation et l'émotion se font collectives, l'émotion se révèle une ressource effective. Suscitée par les guerres et ses ravages, par les querelles intestines des clans qui pouvaient paraitre à de nombreux habitants des villes comme vaines et nocives, elle devient une composante agissante de l'économie morale urbaine. Le fait d'agir, de participer au rituel coûteux des *Flagellanti*, à ce sacrifice collectif qui n'épargne aucun participant pour restaurer la paix publique, est alors une réaction forte procurant des rétributions affectives multiples, en-deçà et au-delà des effets visés : la solidarité, la cohésion et l'identification au groupe pendant les efforts et les souffrances, comme pendant le partage des joies de la victoire. L'expérience sensible du politique s'incarne ici à travers la façon dont une émotion religieuse collectivement vécue et culturellement codée produit du sens politique. Ainsi, si l'émotion-événement des Flagellants de 1260 apparait à première vue comme un mouvement exclusivement religieux, pour les participants, il s'agit surtout de poser un geste politique au sens de vivre dans la *polis*, de faire société. Ce mouvement rend ainsi palpables les relations profondes entre les sphères sociale, politique et religieuse dans la vie quotidienne des cités italiennes médiévales, car les processions rituelles des *Flagellanti*, en mettant en œuvre une charge émotionnelle exceptionnellement forte et culturellement codée, représentaient des moments fondamentaux pour maintenir, voire pour restaurer l'équilibre social de la communauté urbaine, où la santé sociale et le salut de la cité étaient étroitement liés à la santé spirituelle de chaque individu.

Piroska NAGY
GRHS, UQÀM – UMR
TELEMMe 7303 (AMU-CNRS)

ANNEXE 1
Traduction des deux textes principaux utilisés

a. *Annales S. Justinae Patavini*, *MGH*, SS, t. XIX, p. 179 = *Chronicon Marchiae Tarvisinae et Lombardiae*, aa. 1207-1270, a cura di Luigi Alfredo Botteghi, *Rerum Italicarum scriptores*, vol. 8/3, Città di Castello, Coi tipi della casa editrice S. Lapi, 1914-1916, p. 44-45.

Pendant les années précédentes, comme toute l'Italie était souillée par des actions ignominieuses et abominables, une componction subite, jamais vue par les siècles passés, envahit d'abord les habitants de Pérouse, puis les Romains, et de là presque toutes les populations d'Italie. Alors une telle peur du Seigneur les saisit que les nobles comme les non-nobles, les vieux et les jeunes, même les enfants dès cinq ans, dénudés – mis à part leurs parties honteuses couvertes –, déposant leur vergogne, marchaient par les grandes rues des villes, deux par deux, en procession. Chacun tenant à la main un fouet fait de courroies, ils se flagellaient énergiquement sur les épaules jusqu'à effusion de sang, avec des cris et des pleurs. Fondant en des fontaines de larmes, comme s'ils voyaient la passion du Seigneur par leurs yeux corporels, ils imploraient par des chants larmoyants la miséricorde du Seigneur et l'aide de la mère de Dieu ; en priant humblement pour que celui qui s'est apaisé des pénitences des habitants de Ninive, connaissant leurs propres iniquités, daigne les épargner.

Des centaines, des milliers, et même dix mille d'entre eux parcouraient les villes et les églises, non seulement de jour mais aussi de nuit, avec des bougies allumées, dans l'hiver très dur. Ils se prosternaient devant les autels avec humilité, et ils faisaient en sorte que les clameurs de leurs voix fissent résonner tant les plaines que les montagnes. Alors tous les instruments de musique et chants d'amour se turent. Seul le chant lugubre des pénitents résonnait de partout, tant dans les villes que dans les villages, un chant dont la modulation affligeante fit émouvoir même les cœurs de pierre ; les yeux des plus obstinés ne pouvaient réprimer leurs larmes. Quant aux femmes, plutôt inexpérimentées en cette dévotion, non seulement les femmes du peuple mais aussi les matrones nobles et les vierges faisaient la même chose dans leurs chambres. Alors tous les gens en discorde retirèrent leur désaccord, les usuriers et les voleurs se hâtaient de restituer les biens mal acquis, et ceux qui étaient impliqués dans divers crimes, en confiant leurs péchés de façon humble, se corrigeaient de leurs méfaits. On ouvrit les prisons, les captifs furent libérés et on permit aux exilés de retourner chez eux. Les hommes comme les femmes montraient tellement d'œuvres de sainteté et de miséricorde, comme s'ils avaient peur que la puissance divine veuille les consumer par le feu céleste ou les faire absorber par une soudaine ouverture de la terre, ou encore les secouer de façon violente par un tremblement de terre et d'autres plaies, par lesquelles la justice divine conçût de se venger des pécheurs.

b. Jacques de Voragine, *Chronique de Gênes des origines de la ville jusqu'à l'année 1297*, pars XII, c. 6, éd. Ludovico Antonio Muratori, *RIS*, t. IX, 1726, p. 49.

L'année 1261[50] du Seigneur une flagellation générale (*verberatio generalis*) eut lieu et se répandit dans toute l'Italie. Grands et petits, nobles et gens du commun, enlevant leurs habits supérieurs, nus jusqu'à la taille, marchaient en procession à travers les villages, les villes et les cités, en se flagellant et en implorant la Vierge glorieuse et les saints par des chants angéliques. Certains d'entre eux, tant des nobles que des populaires, arrivèrent de Tortona à Gênes ; lorsqu'ils entraient dans la ville en se fouettant, ils furent ridiculisés et traités comme des fous délirants. Mais soudainement, toute la cité fut ébranlée (*tota civitas est commota*) par le pouvoir de Dieu, de telle sorte que petits et grands, nobles et non-nobles, jour et nuit faisaient des processions d'église en église, en se frappant et en chantant des chants célestes et angéliques, et ceux qui avaient été en tête pour les ridiculiser sont devenus les meilleurs en autoflagellation. Beaucoup d'inimitiés et de luttes, tant anciennes que nouvelles, dans la ville de Gênes et presque partout en Italie, ont été transformées et réduites en paix et en concorde. Cette grande dévotion (*devotio*) avait été initiée d'abord en Toscane par des gens pauvres et simples, puis

50 Le mouvement, commençant à Pâques 1260, atteint Gênes à l'hiver suivant.

s'était répandue dans toute l'Italie ; elle était observée par les petits et les grands, par les nobles et les gens du commun. Ils allaient deux par deux en se flagellant à travers la cité, précédés par des religieux et des clercs qui portaient des croix et des étendards.

Beaucoup d'hommes qui avaient commis des homicides allèrent vers leurs ennemis avec leur épée dénudée et mettaient dans leurs mains l'épée nue pour recevoir, si les ennemis le souhaitaient, la vengeance. Mais ces derniers jetèrent les épées à terre et se prosternaient aux pieds de leurs ennemis, pendant que tous ceux qui voyaient ceci pleuraient et versaient des larmes par dévotion et exultation du cœur. Certains se flagellaient avec des fouets faits ad hoc, d'autres avec des chaînes, encore d'autres avec des menottes de fer ; et ce qui fut admirable, c'était que bien que cette flagellation eût lieu au milieu de l'hiver, que les hommes fussent nus au-dessus de la taille, ils poursuivirent du matin à la troisième heure, mais il ne s'en trouvait aucun qui aurait été affligé par le froid. Si le premier jour ils se flagellaient ardemment, le second jour ils le faisaient avec encore plus d'ardeur et de facilité. Ce n'est pas étonnant (*nec mirum*) qu'ils ne sentaient pas le froid extérieur, car l'ardeur véhémente de l'amour qui les animait au-dedans brûlait dans leur esprit et tenait éloigné le froid extérieur qui touchait leur corps.

ANNEXE 2
Tableau des dénominations du phénomène flagellant

Dans le tableau ci-dessous, les termes qui renvoient au geste-manifeste de la flagellation qui va donner son nom durable au mouvement sont en *italique* ; ceux qui renvoient à sa dimension religieuse et/ou émotionnelle, en **gras**. J'ai enfin souligné le terme unique de *commotio* qui mérite également attention. Les dénominations les plus fréquentes sont clairement celles qui désignent le mouvement par son geste-manifeste (en *italique*), en utilisant un vocabulaire varié (*scovamentum*, *battimentum*, *disciplina*), où malgré tout *verberatio* et ses formes verbales l'emportent de loin, mettant en avant tant le fouet que l'idée de correction. Toutefois ce qui nous intéresse ici, ce sont les termes qui associent le phénomène à l'émotion : *devotio*, *compunctio*, *commotio*.

Le terme *crudelitas*, des annales/chronique de Modène est d'autant plus intéressant qu'il attire l'attention sur la dimension violente du geste emblématique de la dévotion tout en la qualifiant durement. *Crudelitas*, qu'on pourrait traduire par dureté, cruauté, inhumanité, et qui pourrait être classé avec les termes d'émotion, renvoie clairement au geste de flagellation, et donc nous l'écartons ici de l'analyse.

Noms donnés au phénomène	**Source**	**Auteur**	**Date de composition**
Disciplina	Lezenda Raniero	Clerc de Pérouse ?	Fin du XIIIe siècle
Devotio	Regestum comunis Perusii	Chancellerie de Pérouse	Le 4 mai 1260
Verberatores	Chronica	Salimbene de Adam, OFM (Parma/Ferrare)	1283-1285
Verberatio **Devotio**	Chronicon Ianuense	Jacques de Voragine, OP, archevêque de Gênes	1293-1297

Noms donnés au phénomène	Source	Auteur	Date de composition
Compunctio	Annales Sanctae Iustinae patavini [Chronicon Marchiae Tarvisinae et Lombardiae]	Moine bénédictin anonyme – du couvent de Sainte Justine de Padoue ?	1289-1293
Scovamentum	Chronicon Parmense	Anonyme (Parme)	XIVe siècle
Verberatio **Miraculum**	Annali genovesi di Caffaro [Annales Ianuenses]	Notaire anonyme de la chancellerie de Gênes	Avant 1293
Homines qui se verberabant	Chronicon Placentinum [Annales Placentini Gibellini]	Notaire anonyme de Plaisance	Avant 1294
Battimentum, **commotio**	Chronicon Astense [Memoriale de rebus gestis civium astensium]	Guglielmo Ventura, marchand d'épices, member du popolo (Asti)	Entre 1300 et 1322
Magna crudelitas *Verberatio*	Annales Mutinenses [Chronicon Mutinense]	Giovanni da Bazzano, OFM (Modène)	XIVe siècle
Verberatio	Annales foroiulenses	Clerc d'Aquilée ?	Entre 1252 et 1364

BIBLIOGRAPHIE

SOURCES

Annales S. Justinae Patavini, édité par Georg Pertz, *Monumenta Germaniae Historica. Scriptores*, vol. 19, Hanovre, 1866.

Chronicon Marchiae Tarvisinae et Lombardiae, aa. 1207-1270, a cura di Luigi Alfredo Botteghi, *Rerum Italicarum scriptores*, vol. 8/3, Città di Castello, Coi tipi della casa editrice S. Lapi, 1914-1916.

GRÉGOIRE LE GRAND, *Dial*ogues, III, 34, 3-5, édité par Adalbert de Vogüé et P. Antin, *SC* 260, Paris, Cerf, 1979.

GRÉGOIRE LE GRAND, *Registrum Epistolarum*, 7, 23, édité par Dag Norberg, *CC SL* 140, Turnhout, Brepols, 1982.

Lezenda de Fra Rainero Faxano, édité par Giuseppe Mazzatinti, *Bollettino della deputazione della storia patria*, 2 (1896).

Regestum reformationum comunis Perusii ab anno MCCLVI ad annum MCCC, édité par Vincenzo Ansidei, Pérouse, Deputazione de storia patria per l'Umbria, 1935 [4 mai 1260].

SALIMBENE DE ADAM, *Cronica*, édité par Giuseppe Scalia, *Corpus Christianorum Continuatio Medievalis*, vol. 2 (125a), Turnhout, Brepols, 1999 [1966].

THOMAS D'AQUIN, *Summa theologiae*, Rome, éd. Léonine, 1897, en ligne : http://www.corpusthomisticum.org/sth3082.html (consulté le 12 juin 2020).

ÉTUDES

BELL, Catherine M., *Ritual : Perspectives and Dimensions*, Oxford, Oxford University Press, 1997.

BENSA, Alban et Éric FASSIN, « Les sciences sociales face à l'événement », *Terrain*, 38 (2002), p. 5-20.

BIRON-OUELLET, Xavier, *Un prédicateur et sa cité : spiritualité, émotion et société dans la Toscane du* XIV*e* *siècle. Le cas de Simone Fidati da Cascia*, thèse de doctorat soutenue à l'UQAM-EHESS en 2019.

BIRON-OUELLET, Xavier et Piroska NAGY, « A Collective Emotion in Medieval Italy : the Flagellant Movement of 1260 », *Emotion Review*, 11/1 (2020), en ligne : https://doi.org/10.1177/1754073919897313 (consulté le 7 juin 2020).

BLOCH, Marc, *Réflexions d'un historien sur les fausses nouvelles de la guerre*, Paris, Allia, 1999 [1921].

BOQUET Damien et Piroska NAGY, « L'efficacité religieuse de l'affectivité dans le *Liber* (*passus priores*) d'Angèle de Foligno », dans Massimo Vedova (dir.), *Il* Liber *di Angela da Foligno : temi spirituali e mistici*, Spolète, CISAM, 2010, p. 171-201.

Boquet, Damien, *Sainte vergogne. Les privilèges de la honte dans l'hagiographie féminine au* XIII*e siècle*, Paris, Classiques Garnier, 2020.

Buc, Philippe, *Dangereux rituel. De l'histoire médiévale aux sciences sociales*, Paris, PUF, 2003 [2002].

Châtillon, Jean, « Dévotion », *Dictionnaire de Spiritualité ascétique et mystique*, vol. 3, Paris, Beauchesne, 1957, colonnes 702-715.

Cohen, Esther, « Towards a History of European Physical Sensibility : Pain in the Later Middle Ages », *Science in Context*, 81 (1995), p. 47-74.

Csíkszentmihályi, Mihály, *Flow : The Psychology of Optimal Experience*, New York, Harper and Row, 1990.

Darwin, Charles, *L'Expression des émotions chez l'homme et les animaux*, Paris, Rivages, 2001 (1872).

Dosse, François, *Renaissance de l'événement. Un défi pour l'historien : entre sphynx et phénix*, Paris, PUF, 2010.

Durkheim, Émile, *Les Formes élémentaires de la vie religieuse*, Paris, PUF, 2012 [1979].

Elias, Norbert, *La Civilisation des mœurs*, Paris, Calmann Lévy, 2000 [1939].

Félice, Philippe de, *Foules en délire, extases collectives : essai sur quelques formes inférieures de la mystique*, Paris, Albin Michel, 1947.

Fossier, Robert, « Remarques sur l'étude des "commotions" sociales aux XIe et XIIe siècles », *Cahiers de civilisation médiévale*, 16/61 (1973), p. 45-50.

Gennep, Arnold van, *Rites de passage. Étude systématique des rites*, Paris, Stock, 1924.

Gobille, Boris, « L'événement mai 68 : pour une sociohistoire du temps court », *Annales HSS*, 63/2 (2008), p. 321-349.

Goetschel, Pascale et Christophe Granger, « Faire événement, un enjeu des sociétés contemporaines », dans Pascale Goetschel et Christophe Granger (dir.), *« Faire l'événement », Sociétés et Représentations*, 32 (2011), p. 7-23.

Grandjean, Michel, *Laïcs dans l'Église. Regards de Pierre Damien, Anselme de Cantorbéry, Yves de Chartres*, Paris, Beauchesne, 1994.

Grillo, Paolo, *Milano Guelfa (1302-1310)*, Rome, Viella, 2013.

Grillo, Paolo, *La falsa inimicizia. Guelfi e ghibellini nell'Italia del duecento*, Salerne, Salerno editrice, 2018.

James, William *Les émotions. œuvres choisies*, vol. 1, Paris, L'Harmattan, 2006 [1884].

Kaster, Robert A., *Emotion, Restraint and Community in Ancient Rome*, Oxford, Oxford University Press.

KOZIOL, Geoffrey, *Begging Pardon and Favor : Ritual and Political Order in Early Medieval France*, Ithaca, Cornell University Press, 1992.

KOZIOL, Geoffrey, « Review Article : The Dangers of Polemic : Is Ritual Still an Interesting Topic of Historical Study ? », *Early Medieval Europe*, 11/4 (2002), p. 367-388.

LE BON, Gustave, *Psychologie des foules*, Paris, F. Alcan, 1895.

LEFEBVRE, Georges, *La Grande Peur de 1789*, suivi de *Foules révolutionnaires*, préface par J. Revel, Paris, Armand Colin, 1988 [1932].

LEFEBVRE, Georges, « Foules révolutionnaires », *Annales historiques de la Révolution française*, 11/61 (1934), p. 1-26.

MOISSEEFF, Marika, et Michael HOUSEMAN, « L'orchestration rituelle du partage des émotions et ses ressorts interactionnels », dans Laurence Kaufmann et Louis Quéré (dir.), *Les Émotions collectives. Raisons pratiques*, vol. 29, Paris, Éd. de l'EHESS, 2020, p. 133-166.

NAGY, Piroska, *Le Don des larmes au Moyen Age. Un instrument spirituel en quête d'institution, Ve-XIIIe siècle*, Paris, Albin Michel, 2000.

NAGY, Piroska, « Making a (Collective) Emotional Body : Francis of Assisi Celebrating Christmas in Greccio », dans Dolores Martin-Morunho et Beatriz Pichel (dir.), *Emotional Bodies. Studies in the Historical Performativity of Emotions*, University of Illinois Press, 2019, p. 151-174.

NAGY, Piroska, « Quand l'émotion collective prend corps. La Pataria milanaise (1057-1075) », *La Chair du politique. Sensibilités*, 7 (2020), p. 22-31.

PAEZ, Dario, et Bernard RIMÉ, « Collective Emotional Gatherings. Their Impact upon Identity Fusion, Shared Beliefs and Social Integration », dans Christian von Scheve et Mikko Salmela, (dir.), *Collective Emotions : Perspectives from Psychology, Philosophy, and Sociology*, Oxford, Oxford University press, 2014, p. 204-216.

PANCER, Nira, « Les hontes mérovingiennes : essai de méthodologie et cas de figure », *Rives nord-méditerranéennes*, 31 (2008), en ligne : https://rives.revues.org/2783 (consulté le 12 juin 2020).

PÉGON, Joseph, « Componction », *Dictionnaire de Spiritualité ascétique et mystique*, vol. 2, Paris, Beauchesne, 1953, colonnes 1312-1321.

PÖSSEL, Christina, « The Magic of Early Medieval Ritual », *Early Medieval Europe* 17/2 (2009), p. 111-125.

POTESTÀ, Gian Luca, *Il tempo dell'Apocalisse. Vita di Gioacchino da Fiore*, Bari, Laterza, 2004.

QUÉRÉ, Louis, *Fabrique de l'émotion*, Paris, PUF, 2021.

REDDY, William M., *La Traversée des sentiments. Un cadre pour l'histoire des émotions (1700-1850)*, Dijon, Les Presses du réel, 2019 [2001].

REEVES, Marjorie, *The Influence of Prophecy in the Later Middle Ages : A Study in Joachimism*, Oxford, Clarendon Press, 1969.

ROSENWEIN, Barbara H., « Worrying about Emotions in History », *American Historical Review*, 107/3 (2002), p. 821-845.

RUFFLE, Bradley J. et Richard SOSIS, « Does it Pay to Pray ? Costly Ritual and Cooperation », *The B. E. Journal of Economic Analysis and Policy*, 7/1 (2007), p. 1-35.

SAHLINS, Marshall, *Des îles dans l'histoire*, Paris, Gallimard/Seuil, 1989.

SYMONDS, John A., « Religious Revivals in Medieval Italy », *Cornhill magazine*, 31 (1874), p. 54-65.

TAINE, Hippolyte, *Les Origines de la France contemporaine*, vol. 1 (*L'Ancien Régime*) et 2 (*La Révolution. L'Anarchie*), Paris, Librairie Hachette, 1875 et 1878.

THOMPSON, Augustine, *Revival Preachers and Politics in Thirteenth-Century Italy. The Great Devotion of 1233*, Oxford, Clarendon Press, 1992.

TREXLER, Richard C., *Public Life in Renaissance Florence*, Ithaca, Cornell University Press, 1980.

TURNER, Victor W., *The Ritual Process : Structure and AntiStructure*, Chicago, Aldine, 1969.

TURNER, Victor W., « Liminarité et *communitas* » (chap. 3), *Le Phénomène rituel*, Paris, PUF, 1990, p. 95-128.

VALLERANI, Massimo, « Mouvement de paix dans une commune de Popolo : les Flagellants à Pérouse en 1260 », dans Rosa Maria Dessì (dir.), *Prêcher la paix et discipliner la société : Italie, France, Angleterre (XIIIe-XVe siècle)*, Turnhout, Brepols, 2005, p. 313-355.

VAUCHEZ, André, « Une campagne de pacification en Lombardie autour de 1233. L'action politique des Ordres Mendiants d'après la réforme des statuts communaux et les accords de paix », *MEFR*, 78/2 (1966), p. 503-549.

XYGALATAS, Dimitris et *al.*, « Extreme Rituals Promote Prosociality », *Psychological Science*, 24/8 (2013), p. 1602-1605.

ZANETTI DOMINGUES, Lidia, *Confession and Criminal Justice in Late Medieval Italy. Siena, ca. 1260-1330*, Oxford, Oxford University Press, 2021.

LE MOMENT DU MIRACLE

Émotions collectives dans deux collections de miracles d'Europe centrale : sainte Élisabeth et sainte Marguerite de Hongrie

Dans le procès de canonisation de sainte Élisabeth de Hongrie, fille du roi de Hongrie André II, femme puis veuve du Landgrave de Thuringe Louis IV, parmi les 127 miracles documentés entre 1232 et 1235, on trouve l'histoire suivante :

> Mathilde de Biedenkopf, [...] âgée de cinquante ans, ayant prêté serment, dit qu'elle avait été aveugle de l'œil gauche pendant trois ans. [...] Elle fit donc son vœu à l'entrée de l'église où repose cette sainte, puis y entra et fit l'offrande qui lui était possible en suppliant Dieu de lui rendre la vue. Sur-le-champ, elle retrouva la vue de son œil aveugle, – mais perdit celle de l'autre, le droit, qui jusque-là voyait ! Elle revint chez elle et raconta le miracle, comme quoi elle avait retrouvé la vue d'un œil et perdu celle de l'autre, ce qui fit rire les gens. Elle en fut peinée aux larmes et comme elle retournait au tombeau pour donner son témoignage sur le miracle, elle entendit des gens chanter en allemand la douloureuse séparation d'Élisabeth et de son mari le landgrave Louis en partance pour la Terre Sainte. Mathilde fondit en larmes et en pleurant elle retrouva la vue de l'œil devenu aveugle, si bien que maintenant elle voit clair des deux yeux[1].

1 « *Mathildis de Bidencap* », *[...] L habens annos, iurata dixit, quod, cum ipsa per III annos omnino fuerit in sinistro oculo ceca. [...] voto facto ad limina basilice, ubi requiescit predicta domina E. sancta, cum hostiis perrexit et ibi offerens modicum quid pro possibilitate sua dominam E. suppliciter rogavit, quod Dominus propter merita ipsius ei visum restitueret, et statim in oculo ceco illuminata est reliquo oculo, dextro scilicet, omnino obtenebrato, cum quo prius viderat. Tandem domum reversa et narrans hominibus miraculum, quod sibi acciderat, quod in oculo uno visum recuperat et in reliquo perdiderat, hominibus risum fecit. Unde ipsa mota ad lacrimas et, cum deberet redire ad sepulchrum beate E. proferendo testimonium super miraculo, quod sibi acciderat, audivit homines cantantes Teutonice de separatione flebili E. et mariti Ludewici lantgravii in terram sanctam ituri. Quo audito predicta Mathildis mota est ad lacrimas et, cum lacrimaretur, visum oculi recepit et nunc utroque oculo videt clare.* » : *cf.* « De ceca illuminata », *Miracula sancte Elisabet*, I/84, dans *Quellenstudien zur Geschichte der hl. Elisabeth*, édité par Albert Huyskens, Marburg, Elwerth, 1908, p. 224-225 ; traduit en français par J. Gréal, dans

Faisons quelques observations sur ce miracle remarquable. Au lieu de se voir accorder la guérison en vertu du pèlerinage, du vœu et de l'offrande – comme c'est le cas pour la majorité des pèlerins – Mathilde est soumise à une épreuve supplémentaire. L'humiliation du ridicule qu'elle subit en raison de la semi-amélioration et de la semi-aggravation de son état, le rire des gens qui la font pleurer, constituent une séquence rituelle chargée d'émotions qui la place dans un état liminal au sens où l'entend Victor Turner[2], une sorte de précondition pour la grâce de la guérison. Par la suite, un second élément émotionnel apparaît, qui semble avoir une efficacité propre : la guérison advient grâce aux larmes de compassion de Mathilde sur « la douloureuse séparation d'Élisabeth et de son mari ». La guérison est donc chargée d'émotions, et l'émotion de la dernière séquence du récit est déterminante pour le miracle.

Il est évident que le miracle se classe parmi les événements extraordinaires qui provoquent des émotions fortes, et ceci mérite une attention particulière dans un projet sur l'histoire des émotions collectives. Mais ce qu'on a vu dans cet exemple témoigne plutôt d'émotions individuelles, même si le ridicule avait aussi rendu l'émotion publique. Pourrait-on trouver dans les récits de miracles des témoignages sur les émotions collectives, et comment les comprendre ? C'est la question que je voudrais explorer ici.

Tout d'abord je voudrais me référer à deux ouvrages qui n'ont toujours pas été dépassés dans l'étude des miracles médiévaux : *L'Homme et le miracle* de Pierre-André Sigal[3] et *Miracula* de Constanze Rendtel et Maria Wittmer-Butsch[4]. Fondé sur une masse impressionnante de sources hagiographiques (2050 miracles posthumes de guérison, collectés dans les *vitae* de 76 saints et 166 recueils de miracles), l'ouvrage de Sigal a pour mérite essentiel d'avoir réussi l'exploration de ce qu'il appelle la

André Vauchez et A. Le Hüerou (dir.), *Élisabeth de Hongrie : princesse, servante, sainte. Vies et documents*, Paris, Les Éditions franciscaines, 2017, p. 84-85.

2 Victor Turner, *The Ritual Process. Structure and Anti-Structure*, Ithaca et New York, Cornell University Press, 1969 ; Mathieu Deflem, « Ritual, Anti-Structure, Religion : A Discussion of Victor Turner's Processual Symbolic Analysis », *Journal for the Scientific Study of Religion*, 30 (1991), p. 1-25.

3 Pierre-André Sigal, *L'Homme et le miracle dans la France médiévale (xie-xiie siècle)*, Paris, Cerf, 1985.

4 Maria Wittmer-Butsch et Constanze Rendtel, *Miracula. Wunderheilungen im Mittelalter*, Cologne et Vienne, Böhlau, 2003.

« dynamique miraculeuse ». Les phases du processus de « recherche de miracle » – le pèlerinage, la prière, la pénitence, le sommeil guérisseur de l'incubation, les processions en temps de calamités publiques, la translation des reliques – constituent une séquence rituelle, qui comporte plusieurs moments d'explosion potentielle d'émotions collectives.

Un exemple, analysé par Sigal, mérite d'être cité en détail[5]. Il s'agit du récit consigné par Haimon, abbé de Saint-Pierre-sur-Dives (Normandie) au sujet des miracles de la Vierge, en 1145, lors de la reconstruction de l'église de l'abbaye. Haimon décrit la pieuse procession des pénitents vers l'abbaye. Les chariots sont chargés de matériaux et de pèlerins. Les prêtres qui les accompagnent les exhortent à confesser leurs fautes et à prier pour le pardon de leurs péchés. Eux-mêmes donnent l'exemple en se prosternant et en embrassant le sol. À l'arrivée au monastère Saint-Pierre, les pèlerins organisent des veillées de prières qui se déroulent selon une mise en scène organisée : les chariots sont disposés en cercle autour de l'église, à la façon d'un camp militaire – Haimon qualifie les pèlerins de *Domini exercitus*, armée du Seigneur. Des cierges, posés sur les chariots, sont allumés, et les clercs conduisent des processions autour de l'église, probablement avec des reliques. Ensuite les malades sont descendus des chariots et l'ensemble des fidèles présents implore Dieu et la Vierge. Lorsque les guérisons attendues tardent à se manifester, tous, hommes, femmes et enfants se dépouillent de leurs vêtements jusqu'à la ceinture et se font flageller par les prêtres tandis qu'ils se traînent à terre devant l'autel majeur de l'église, pour contraindre (*extorquere*) la Vierge à opérer les guérisons réclamées – un phénomène décrit par Patrick Geary dans un article mémorable sur la coercition des saints[6].

Il me parait clair que, dans ces cérémonies auprès des sanctuaires, les émotions collectives liées à la souffrance, à l'angoisse, au repentir, à l'émerveillement, à la joie, à la jubilation sont parmi les constituants essentiels de l'efficacité du rituel de la guérison. En offrant une classification des moments typiques des miracles, Sigal attire aussi l'attention sur d'autres situations similaires. La foule impressionnée, « emportée »

5 « Miracula S. Mariae facta in coenobio Sancti Petri Divensis », dans Jean-Claude Richard, *Les* Miracula *composés en Normandie aux* XI*e et* XII*e siècles*, Thèse de l'École des chartes, dactylographiée, 1975 (ici t. II, p. 300-334) ; *cf.* Sigal, *L'Homme et le miracle*, *op. cit.*, p. 133-134.

6 Patrick J. Geary, « La coercition des saints dans la pratique religieuse médiévale », dans Pierre Boglioni (dir.), *La Culture populaire au Moyen Age*, Montréal, L'Aurore, 1979, p. 145-161.

par l'effusion du pouvoir miraculeux du saint se présente d'abord auprès des reliques après la mort du saint. Deux cas du XIIe siècle sont décrits par Sigal : l'enterrement d'Étienne d'Obazine, mort en 1159[7], un abbé cistercien dont l'ascèse extrême fit dire à ses hagiographes que son cadavre plein de cicatrices portait les *stigmata Christi*[8] ; et les scènes après la mort de Bernard le Pénitent, en 1182, à l'abbaye de Saint-Bertin.

Le corps d'Étienne, mort dans une autre abbaye, dut être transporté à Obazine sur une distance de 70 kilomètres. Le cortège funèbre offre une série d'occasions pour les croyants qui se précipitent vers le brancard pour obtenir la guérison. Les cloches des églises sonnent au passage du cortège, l'enthousiasme de la foule devenue très dense produit des scènes violentes : les gens essayent d'arracher quelque parcelle des vêtements d'Étienne ou quelques fragments du bois du brancard au point que les gardes armés de bâtons doivent les écarter. Et une fois le saint enterré, les miracles ne manquent pas de se produire[9].

La mort de Bernard le Pénitent, un moine à la vie pieuse et ascétique, survenue à l'abbaye de Saint-Bertin, produit des scènes similaires[10]. Son corps est placé sur un brancard à l'extérieur de l'église abbatiale, pour donner libre accès aux croyants. La foule afflue alors vers le cadavre et les malades y sont amenés : ils touchent le brancard ou le corps, les frères chantent et sonnent les cloches. Bientôt la scène dégénère. Les gens commencent à arracher les vêtements du saint et à en emporter des morceaux comme reliques. Les moines sont obligés de rentrer le corps du saint dans le chœur de l'église pour le protéger. Des scènes similaires se répètent le lendemain, ainsi que plus tard, jusqu'à l'enterrement. Ensuite le tombeau du saint devient un lieu de pèlerinage, de sorte que les moines sont contraints de rouvrir la tombe, sortir le corps et le tremper dans l'eau, ainsi que les cercles de fer et la cuirasse que portait

7 Pierre-André Sigal, *L'Homme et le miracle*, *op. cit.*, p. 178-179.

8 *Vie de Saint Étienne d'Obazine*, édité et traduit par M. Aubrun, Clermont-Ferrand, Publications de l'Institut d'études du Massif Central, 1970, p. 72 ; Giles Constable, *Attitudes Toward Self-inflicted Suffering in the Middle Ages*, Brookline (Mass.), Holy Cross, 1982, p. 16-20 ; Richard C. Trexler, « The Stigmatized Body of Francis of Asssisi : Conceived, Processed, Disappeared », dans Klaus Schreiner (dir.), *Frömmigkeit im Mittelalter. Politisch-soziale Kontexte, visuelle Praxis, körperliche Ausdrucksformen*, München, Wilhelm Fink Verlag, 2002, p. 476-477.

9 *Vie de Saint Étienne d'Obazine*, *op. cit.*, p. 200-201 ; *cf.* Pierre-André Sigal, *L'Homme et le miracle*, *op. cit.*, p. 178.

10 « Vita et miracula S. Bernardi poenitentis Audomaropoli » dans A.A.S.S., avril II, col. 679-680.

le saint, pour ainsi multiplier les substances de qualité miraculeuse. « Le déclenchement de miracles se produit dans un grand mouvement d'enthousiasme populaire », remarque Sigal[11].

Vers la fin du XIIe siècle et dans la première moitié du XIIIe siècle, avec l'essor de la popularité des saints ou saintes « vivant(e)s », ces scènes deviennent vraiment spectaculaires. Je prends un exemple dont je parlerai plus en détail : après la mort de sainte Élisabeth de Hongrie, selon le récit des *Dicta quatuor ancillarum*, l'attaque des collecteurs de reliques qui se précipitent sur le brancard d'Élisabeth ne s'arrête pas à l'arrachage de morceaux de vêtements : « Une foule des dévots exaltés coupèrent des morceaux de ses étoffes, il y en eut qui les déchiraeint, ou arrachaient les cheveux et les ongles, ou tranchaient les oreilles. Certains enfin allaient jusqu'à couper les mamelons des seins pour en faire des reliques. Quant à la profonde douleur des pauvres qui accouraient comme s'ils avaeint perdu leur mère à tous, elle était indicible[12] ». Des scènes de tumultes similaires se sont produites après la mort de la pénitente italienne Umiliana dei Cerchi en 1246, dont les reliques ont été presque anéanties lors de la translation de son corps à l'église Santa Croce à Florence[13].

Pierre-André Sigal a examiné le phénomène du miracle sur la base de la documentation hagiographique jusqu'à la fin du XIIe siècle, c'est-à-dire jusqu'au commencement des procès de canonisation sous contrôle pontifical, qui ont changé radicalement la documentation et aussi la production des miracles de guérison. Ce changement, comme l'ont analysé André Vauchez, Michael Goodich, Christian Krötzl, Sari Katajala-Peltomaa, moi-même et bien d'autres[14], est à la fois quantitatif et qualitatif. Les

11 Pierre-André Sigal, *L'Homme et le miracle*, *op. cit.*, p. 177.

12 « *Plurimi devotione accensi particulas pannorum incidebant, alii rumpebant, alii pilos capitis incidebant et ungues. Quedam autem aures illus truncabant. Etiam summitatem mamillarum eius quidam precidebant et pro reliquiis huiusmodi sibi servabant. Quantus autem dolor concurrentium pauperum sit auditus de morte eius, quasi mater omnium exstitisset ; difficile esset singulorum dolorem et morem explicare.* » dans Albert Huyskens (dir.), *Der sogenannte Libellus de dictis quatuor ancillarum s. Elisabeth confectus*, München et Kempten, Kösel, 1911, p. 79 ; traduit en français dans André Vauchez et Armelle Le Hüerou (dir.), *Élisabeth de Hongrie*, *op. cit.*, p. 124.

13 Anna Benvenuti Papi, « Umiliana dei Cerchi. Nascita di un culto nella Firenze del Dugento », *Studi Francescani*, 77 (1980), p. 87-117.

14 André Vauchez, *La Sainteté en Occident aux derniers siècles du Moyen Âge. D'après les procès de canonisation et les documents hagiographiques*, Rome, École française de Rome, 1981 ; Michael Goodich, *Vita Perfecta : The Ideal of Sainthood in the Thirteenth Century*, Stuttgart, Hiersemann, 1982 ; *id.*, *Miracles and Wonders. The Development of the Concept of Miracle*,

miracles des saints « modernes » sont documentés avec une grande précision juridique, et au lieu d'une douzaine ou d'une vingtaine de miracles, pour les saints du Moyen Âge tardif on peut en trouver parfois des centaines. Ces quantités rendent possibles aux historiens d'autres types d'enquêtes, « sérielles » et statistiques – et en ce qui concerne les émotions collectives, ceci pourrait permettre de constituer une typologie bien plus riche des miracles qui les documentent. Mais le point le plus important à noter est que les séances des commissions de légats pontificaux, la présence de notaires et d'interprètes[15], et surtout l'enquête juridique méticuleuse des témoignages créent des conditions psychologiques bien différentes de ce qu'on a vu avec les explosions spontanées de ferveur populaire lors de la mort d'un saint, ou la translation de ses reliques, ou encore avec le pèlerinage à son sanctuaire lors de sa fête.

Dans les procès de canonisation, il s'agit aussi d'un phénomène de foule, mais l'occasion qui provoque cet enthousiasme « populaire » est la présence sur place, le temps de l'enquête, de la commission d'enquête sur les miracles, en vue de la canonisation. C'est une campagne alimentée par les exhortations des prêtres et des prédicateurs des ordres religieux concernés : « Venez soutenir notre saint, vous avez une possibilité extraordinaire de bénéficier d'un miracle maintenant, pendant la présence des légats qui veulent voir et documenter la preuve du pouvoir du saint ». C'est une sorte de référendum populaire sur la sainteté d'un nouveau candidat, où les émotions sont provoquées, structurées et canalisées par une bureaucratie ecclésiastique et juridique. Un processus qui contribue largement à la production du phénomène qu'il entend découvrir et documenter, dans le cadre d'un temps fixé par le clergé.

1150-1350, Aldershot, Ashgate, 2007 ; Christian Krötzl, *Pilger, Mirakel und Alltag. Formen des Verhaltens in skandinavischen Mittelalter (12.-15. Jahrhundert)*, Helsinki, SHS, 1994 ; Gábor Klaniczay (dir.), *Procès de canonisation au Moyen Âge. Aspects juridiques et religieux – Canonization Processes in the Middle Ages. Legal and Religious Aspects*, Rome, École française de Rome, 2004 ; *id.*, « The Power of the Saints and the Authority of the Popes. The History of Sainthood and Late Medieval Canonization Processes », dans Kirsi Salonen et Sari Katajala-Peltomaa (dir.), *Church and Belief in the Middle Ages. Popes, Saints and Crusaders*, Amsterdam, Amsterdam University Press, 2016, p. 117-140 ; Christian Krötzl et Sari Katajala-Peltomaa (dir.), *Miracles in Medieval Canonization Processes. Structures, Functions, and Methodologies*, Turnhout, Brepols, 2018.

15 Gábor Klaniczay, « Raccolte di miracoli e loro certificazione nell'Europa centrale », dans Raimondo Michetti (dir.), *Notai, miracoli e culto dei santi*, Milan, Dott. A Giuffrè editore, 2004, p. 259-288.

Miracula de Maria Wittmer-Butsch et Constanze Rendtel examine la copieuse documentation des témoignages des procès de canonisation aux XIIIe et XIVe siècles, entre autres celle de sainte Élisabeth de Hongrie, un des exemples que j'analyse dans la deuxième partie de cet article. Cet examen permet aux autrices de présenter non seulement des statistiques intéressantes sur l'appartenance sociale des miraculés et sur la fréquence et les proportions des maladies et infirmités guéries auprès des sanctuaires, mais aussi une série d'observations précieuses sur la psychologie des miracles. Elles dédient un chapitre entier à « l'action réciproque du corps et de la psyché » et à la « construction du champ affectif » – c'est à ces analyses que je veux me référer ici[16]. Comme je l'ai déjà remarqué à propos des travaux de Sigal, il faut bien distinguer les facteurs concernant la psychologie individuelle du miraculé et la psychologie collective, les phénomènes de masse. Quant à la première, Wittmer-Butsch et Rendtel décrivent attentivement comment le pèlerin, qui arrive aux *limina* au bout d'un long et aventureux voyage, est soulagé en apercevant la tour de l'église du sanctuaire : de nombreux miracles commencent à ce moment et se parachèvent dans la proximité spatiale/physique du saint[17]. Le bouleversement du pèlerin s'intensifie par l'expérience sensorielle qui l'attend lorsqu'il découvre les prémices architecturales et décoratives du sanctuaire – un espace sacralisé, céleste –, l'effet visuel étant accentué par les cierges, la lumière de l'aube après la veillée, l'odeur de l'encens, les chants, les paroles des prédicateurs, et finalement la proximité de la tombe, l'environnement chargé du pouvoir sacré des reliques, et dans les cas exceptionnels le toucher des reliques elles-mêmes. Une liturgie céleste se déploie qui communique par les cinq sens, chers à Éric Palazzo[18]. Enfin, tout ceci est encore chargé de l'attente du moment du miracle, qui est déclenché par d'autres signes supplémentaires : le début de la liturgie de la fête du saint, les cloches, le chant, la prédication.

Pour caractériser l'état d'esprit de ceux qui sollicitent une guérison miraculeuse, l'effet de l'attente pleine d'espoir ou désespérée, ou alternant

16 Maria Wittmer-Butsch et Constanze Rendtel, « Zur Wechselwirkung von Körper und Psyche » ; « Der Aufbau des affektiven Feldes », dans *id.*, *Miracula*, *op. cit.*, p. 181-217.

17 *Ibid.*, p. 185-187 ; pour des exemples de guérison miraculeuse à l'approche du sanctuaire, *cf.* Albert Huyskens, *Quellenstudien zur Geschichte der hl. Elisabeth*, *op. cit.* (ici livre I, n° 19, 26, 60, 63, 68, 99).

18 Éric Palazzo, *L'Invention chrétienne des cinq sens dans la liturgie et l'art au Moyen Age*, Paris, Cerf, 2014.

entre ces deux états, Wittmer-Butsch et Rendtel parlent d'une « régression spirituelle » au sens de Sigmund Freud, et citent d'autres psychologues sur les aspects psychosomatiques des guérisons[19]. Elles analysent aussi le rôle rituel et multiplicateur de la proclamation publique des guérisons miraculeuses, ainsi que celui de l'obligation pour le miraculé de devenir un porte-parole éloquent, une preuve vivante du pouvoir du saint, enfin le rôle des ex-votos, des offrandes, des pèlerinages de remerciement dans la production d'un nombre croissant des miracles ultérieurs[20].

Ces observations, qui leur servent à caractériser les effets psychologiques dans les expériences des individus miraculés lors de leurs pèlerinages, comportent déjà une quantité de références aux émotions collectives, qui sont discutées séparément par Wittmer-Butsch et Rendtel. Après une description des effets des grandes foules concentrées aux fêtes des saints, et une confluence similaire des gens interrogés sur les miracles lors des procès de canonisation, elles décrivent l'explosion des émotions des spectateurs devant le spectacle des malades ou des infirmes misérables et souffrants[21]. Le drame qui était peut-être émotionnellement le plus chargé, c'était la compassion ressentie pour les parents et les familles implorant les saints de ressusciter leurs enfants morts d'un accident quelconque, et la jubilation extrême en cas de succès : Didier Lett et Ronald Finucane ont dédié des livres entiers à ce type de miracle[22].

Un exemple typique est décrit dans les actes de canonisation de Thomas de Cantiloupe (1307), la guérison de John Drake, un enfant d'un an et demi, tombé dans l'étang du village, qui en est retiré dans un état rigide et inconscient par sa mère. Deux chevaliers étrangers, passant par l'endroit de l'accident, descendent de leurs chevaux et se mettent à genoux. Ils incitent une vingtaine de personnes, qui ont

19 Sigmund Freud, *Über Psychoterapie (Studienausgabe, Erg. Bd. : Schriften zur Behandlungstechnik)*, Frankfurt a. M., Fischer, 1975 [1905], p. 110 ; Inge Strauch, *Zur Frage der 'geistigen Heilung'. Ergebnisse einer experimentellen Untersuchung an einem 'geistigen Heiler' und seinen Patienten*, Diss phil. masch., Freiburg i. Brg., 1958 ; Jerome D. Frank, *Persuasion and Healing, A Comparative Study of Psychotherapy*, Baltimore, Johns Hopkins University Press, 1963.

20 Maria Wittmer-Butsch et Constanze Rendtel, *Miracula*, *op. cit.*, p. 185-187.

21 Voir aussi : Gerd Althoff, « Empörung, Tränen, Zerknirschung. Emotionen" in der öffentlichen Kommunikation des Mittelalters », *Frühmittelterliche Studien*, 30 (1996), p. 60-79.

22 Didier Lett, *L'Enfant des miracles. Enfance et société au Moyen Âge (XIIe-XIIIe siècle)*, Paris, Aubier, 1997 ; Ronald C. Finucane, *The Rescue of the Innocents : Endangered Children in Medieval Miracles*, Basingstoke, Macmillan, 1997.

accouru en entendant les cris de la mère désespérée, à en faire autant. La foule engage une prière collective qui dure une trentaine de minutes, demandant l'aide miraculeuse de Thomas de Cantiloupe, et récitant ensuite le *Pater noster*, l'*Ave Maria*, et le *Credo*, avant de célébrer avec joie l'efficacité de ses prières[23].

Voici quelques considérations historiographiques utiles pour essayer maintenant d'interroger quelques documents de procès de canonisation, voir si l'on peut y trouver plus de détails sur les émotions collectives accompagnant le moment du miracle. Quelques conclusions provisoires peuvent déjà être formulées : la relation entre l'expérience individuelle du miraculé et l'expérience collective de la foule qui assiste au miracle ou participe au même pèlerinage est rarement visible dans la documentation. On y voit surtout les émotions explosives des spectateurs, qui participent ainsi à la création d'une atmosphère psychique dense d'angoisse, d'espoir, d'attente. Dans un second temps, c'est la jubilation de cette foule qui rend le miracle mémorable. Certes, on peut se demander si les émotions de la foule qui sont mentionnées au moment du miracle correspondent toujours à la réalité ou si les récits ne les signalent que pour obéir aux conventions rhétoriques[24]. Pour y voir plus clair, je vais examiner les deux dossiers que je connais le mieux, ceux des procès de canonisation de sainte Élisabeth et de sainte Marguerite de Hongrie.

Sainte Élisabeth n'a pas besoin d'être présentée longuement, les célébrations du 700e anniversaire de sa naissance en 2007 ayant apporté un flot d'excellentes publications[25].

---

23 A.A.S.S., oct. I (1765), col. 614 ; Ronald C. Finucane, *The Rescue of the Innocents*, *op. cit.*, p. 108-109 ; Maria Wittmer-Butsch et Constanze Rendtel, *Miracula*, *op. cit.*, p. 189-191 ; d'autres exemples de la participation collective de grandes foules dans la recherche des miracles sont rassemblés par Jenni Kuuliala, *Childhood Disability and Social Integration in the Middle Ages. Construction of Impairments in Thirteenth – and Fourteenth-Century Canonization Processes*, Turnhout, Brepols, 2016, p. 228-242.

24 Dominique Barthélemy, *Chevaliers et miracles. La violence et le sacré dans la société féodale*, Paris, Armand Colin, 2004 ; Robert Ian Moore, « The weight of opinion : religion and the people of Europe from the tenth to the tweſth century », dans Kate Cooper et Conrad Leyser, *Making Early Medieval Societies. Conflict and Belonging in the Latin West, 300-1200*, Cambridge, Cambridge University Press, 2016, p. 202-219.

25 Dieter Blume et Matthias Werner (dir.), *Elisabeth von Thüringen : Eine europäische Heilige*, Berlin, Michael Imhof Verlag, 2007 ; Ottó Gecser, *The Feast and the Pulpit. Preachers, Sermons and the Cult of St. Elizabeth of Hungary, 1235-ca. 1500*, Spolète, Centro Italiano di Studi sull'Alto Medioevo, 2012.

Fille du roi André II de Hongrie, née en 1207, Élisabeth a été donnée à l'âge de 4 ans à la cour de Thuringe pour devenir l'épouse de Louis, fils du landgrave Hermann Ier de Thuringe. Elle a été convertie par les premiers franciscains qui arrivaient en Thuringe, et façonnée comme sainte – de main parfois dure – par son confesseur rigoureux, Conrad de Marbourg. Refusant le luxe, la mode, les festins abondants à la cour de Wartburg, ce centre des *Minnesänger*, elle revendique une pauvreté volontaire qui choque les ambassadeurs de son père lorsqu'ils la voient filer la laine pour tisser des vêtements pour les frères mineurs. La charité, l'assistance aux pauvres et aux malades étaient au centre de sa spiritualité. En l'absence de son mari, parti en croisade en 1227, elle distribue lors d'une famine du grain aux pauvres affamés pris dans les stocks du landgrave. Elle soigne les malades, parmi lesquels des lépreux, de ses propres mains. Après la mort de son mari, elle refuse de se remarier et, se plaçant entièrement sous la direction de Conrad, elle fonde un hôpital où elle vit jusqu'à sa mort très prématurée, à l'âge de 24 ans, en 1231.

Le procès de canonisation d'Élisabeth, initié par son confesseur Conrad de Marburg en 1232 et qui se conclut en 1235 par sa canonisation, est exemplaire en ce qui concerne la procédure juridique visant à recueillir les témoignages sur les miracles. L'instruction envoyée à Conrad en 1232 par le pape Grégoire IX sur la manière de questionner les *testes legitimi* est devenue la règle canonique pour toutes les enquêtes de ce genre.

Les scènes tumultueuses lors de l'exposition du cadavre de la sainte princesse ont déjà été évoquées ; elles sont décrites par les « Témoignages des quatre servantes de la bienheureuse Élisabeth », recueillis lors de son procès de canonisation, achevé en 1235. D'ailleurs, ce *Libellus de dictis quatuor ancillarum*, avec ses récits détaillés de l'effet de choc de la pauvreté volontaire et de la spiritualité de cette princesse sur son environnement courtois peut être une source précieuse de l'histoire des émotions[26]. Mais ici j'ai l'intention de considérer plutôt la documentation

26 Albert Huyskens, *Der sogenannte Libellus de dictis quatuor ancillarum*, *op. cit.* ; traduit en français dans André Vauchez et Anne Le Hüerou, *Élisabeth de Hongrie*, *op. cit.*, p. 87-124 ; voir Raoul Manselli, « Santità principesca e vita quotidiana in Elisabetta d'Ungheria : La testimonianza delle ancelle », *Analecta Tertii ordinis regularis sancti Francisci*, 18 (1985), p. 23-45 ; André Vauchez, « Charité et pauvreté chez sainte Elisabeth de Thuringe », dans Michel Mollat (dir.), *Études sur l'histoire de la pauvreté (Moyen Âge-XVIe siècle)*, Paris, Publications de la Sorbonne, 1974, p. 163-175 ; Ingrid Würth, « Die Aussagen der vier

de ses 127 miracles posthumes, datant en majorité de 1232 et 1233, et produite par la première commission d'enquête dirigée par Conrad de Marbourg lui-même jusqu'à sa mort (cet inquisiteur de mauvaise réputation périt assassiné par des hérétiques en 1233).

Ces actes permettent de mettre en lumière l'intensité quantitative de l'affluence des miraculés qui venaient avec leurs familles, leurs voisins, avec tout un groupe qui voulait participer à l'événement miraculeux[27]. Les études estiment le nombre des pèlerins pendant les premiers mois de l'enquête autour d'un millier de personnes – ce qui laisse espérer trouver des descriptions détaillées sur l'explosion des émotions collectives autour du sanctuaire de cette nouvelle sainte extrêmement populaire. Pourtant, le compte est décevant : le langage juridique nous livre peu d'informations sur les émotions des participants. L'exemple de la femme aveugle, cité au début de cet essai, est assez exceptionnel de ce point de vue. Le peu qu'on apprend généralement de ces récits de miracles est bien illustré par le miracle initial, la guérison d'un garçon né aveugle qui a miraculeusement reçu la vue, près des reliques d'Élisabeth. Le témoignage est donné par la mère, ses paroles sont résumées par le scribe, et le texte donne l'information rudimentaire selon laquelle le miracle est advenu près des reliques d'Élisabeth, pendant le sermon de Conrad de Marburg, au moment de l'invocation de sainte Élisabeth. Elle dit aussi qu'elle a pris de la boue du tombeau d'Élisabeth et l'a étalée sur les yeux du garçon, et « pendant le sermon une larme est apparue à l'endroit où ses yeux devaient être, et comme si sa peau était coupée par un couteau, des petits yeux agités et sanglants se révélèrent – ils étaient comme des

Dienerinnen im Kanonisationsverfahren Elisabeths von Thüringen (1235) und ihre Überlieferung im Libellus », *Zeitschrift des Vereins für Thüringische Geschichte*, 59/60 (2005/06), p. 7-74 ; Gábor Klaniczay, « Sainte Élisabeth comme modèle : l'image de la sainteté féminine dans le *Libellus de dictis quattuor ancillarum* », dans *Le Plaisir de l'art du Moyen Âge. Commande, production et réception de l'œuvre d'art. Mélanges en hommage à Xavier Barral i Altet*, Paris, Picard, 2012, p. 967-975.

27 Parmi les études détaillées de cette collection de miracles voir : Elisabeth Busse-Wilson, *Die heilige Elizabeth von Thüringen*, München, Beck, 1931 ; *ead.*, « Die Wunder am Grabe der heiligen Elizabeth », dans *Beiträge zur hessischen Kirchengeschichte* (Ergänzungsband XI), Darmstadt, 1939, p. 184-209 ; Barbara Ruth Wendel Widmer, *Die Wunderheilungen am Grabe der Heiligen Elisabeth von Thüringen. Eine medizinhistorische Untersuchung*, Zürich, Juris, 1987 ; Gábor Klaniczay, « Proving sanctity in the canonization processes. (Saint Elizabeth and Saint Margaret of Hungary) », dans *id.*, *Procès de canonisation au Moyen Âge*, *op. cit.*, p. 117-148 ; Kenneth Baxter Wolf, *The Life and Afterlife of St. Elizabeth of Hungary*, Oxford, Oxford University Press, 2011.

œufs de grenouille[28] ». Les émotions sont mentionnées seulement dans le témoignage d'un observateur :

> Un chevalier, nommé Ludewic de Liesingen, a dit sous serment que le jour de la Cène du Seigneur cette année, quand il était dans la même cour intérieure [de l'hôpital] pour entendre le sermon du maître Conrad de Marburg, il a vu cette femme assise dans la chapelle qui versait des larmes amères. Quand il lui demanda pourquoi elle pleurait, elle répondit que c'était à cause de son fils né aveugle. On lui demanda s'il avait vérifié la cécité du garçon, il répondit qu'à cause du tumulte des gens il ne le pouvait pas. On lui demanda ce qu'il savait encore du garçon, il dit qu'en rentrant après le sermon il avait constaté que le garçon était capable de voir : la peau sur son visage semblait être coupée et révélait des yeux rudimentaires, larmoyants, sans cils sur les paupières. Comme il voulait déterminer si le garçon pouvait vraiment voir, il lui montra un denier et le versa dans un pot. Le garçon étendit sa main dans le pot et il en retira la pièce de monnaie[29].

Ces informations sont précieuses : on apprend le moment du miracle (pendant la prédication de Conrad), on entend le doute des spectateurs qui cherchent des preuves supplémentaires, mais on reçoit peu d'informations sur les émotions collectives, et même la référence aux larmes de la mère désespérée reste au niveau des lieux communs.

Les émotions individuelles affleurent davantage dans un miracle de guérison d'une fille de neuf ans, bossue et scrofuleuse. Elle est amenée au tombeau d'Élisabeth pour obtenir une guérison miraculeuse, mais malgré les prières assidues de la famille pendant dix jours, rien ne se passe. Alors la mère déçue et furieuse se retourne contre la sainte : « Je

28 « *Infra predicationem, que fuit in campo, subito apparuit cutis scissa, quasi cultello incisa, que autea fuit integra in locis oculorum, et oculi parvissimi et turbulenti, habentes similitudinem seminis ranarum, quod in aquis invenitur, et sanguinolenti apparebant.* », « De ceco nato illuminata », *Miracula sancte Elisabet*, I/1, édité par Albert Huyskens, *Quellenstudien zur Geschichte der hl. Elisabeth*, *op. cit.*, (ici livre I, n° 1, p. 161).

29 « *Ludewicus de Linsingen miles iuratus dixit quod in die cene presentis anni, cum eundum esset in campum ad predicationem magistri Cunradi de Marpurch, vidit mulierem prefatam, sedentem in capella et flentem amare, a qua dum quereret causam fletus, respondit, quod pro puero suo ceco nato, lacrimaretur. Requisitus si considerasset cecitatem pueri, respondit, quod hoc propter pressuram populi non animadvertit. Cum ergo quereretur, quid sibi constaret de puero, dixit, quod ipse, reversus in predicatione, invenit eundem puerum videntem, ita quod cutis apparuit quasi incisa et oculi valde exiles et aquosi, sine ciliis palpebrarum. Volens autem experiri, an videret, ostendit ei denarium et proiecit illum in ollam, et puer porrecta manu ad illam extraxit denarium.* », « De ceco nato illuminata », *ibid.*, I/1 (ici livre I, n° 1, p. 161-162).

vais décourager tout le monde de visiter ton tombeau, car tu ne m'as pas écoutée ! » dit-elle, et ils partent en colère. Mais sur le chemin du retour, la fille est quand même guérie pendant son sommeil[30]. Néanmoins, on n'entend rien, ici non plus, des émotions collectives – il semble bien que cette dimension des événements n'intéressait guère les notaires des protocoles.

La charité, le renoncement, la pauvreté volontaire et l'humilité ont fait d'Élisabeth un modèle pour les princesses de son âge, surtout pour celles d'Europe centrale, qui étaient d'ailleurs aussi toutes ses parentes. Hedwige de Silésie (1174/8-1243) était sa tante, Agnès de Bohême (1211-1282) sa cousine, Kynga de Cracovie (1224-1292) et Marguerite de Hongrie (1242-1270) ses nièces. Ces quatre princesses également ont fait l'objet de procès qui se sont conclus par leur canonisation[31]. En ce qui concerne la documentation des miracles, la matière la plus détaillée est offerte par les deux enquêtes sur Marguerite de Hongrie, qui se sont déroulées entre 1272 et 1276. C'est de ce corpus que dérive la seconde série des miracles analysés ici du point de vue de l'histoire des émotions collectives.

Marguerite, née en 1242, est la fille du roi de Hongrie Béla IV. À sa naissance, elle est offerte à Dieu pour avoir sauvé la Hongrie de l'invasion des Tatares en 1241-1242. Donnée au monastère de Veszprém, elle vit à partir de 1252 dans le couvent dominicain construit pour elle sur l'Île des Lièvres (actuelle Île Marguerite, qui porte son nom) près de Buda. Elle y mène une vie de renoncement exemplaire, soignant les malades et les pauvres ; en outre, elle résiste aux tentatives de son père de la donner en mariage dynastique (au Přemysl Ottocar II de Bohême). Son couvent, où elle vit entourée de moniales d'origine aristocratique, est vite devenu l'institution religieuse la plus riche du royaume. Le prestige de Marguerite, non seulement au sens religieux, mais aussi dans le domaine séculier est illustré par le fait que c'est dans son couvent

30 « *Mater irata murmuravit contra dominam Elyzabet, dicens : "omnes avertam homines a vistatione sepulchri tui, quia non exaudisti me".* », « De quadam puella gibbosa et strumosa curata », *ibid.*, I/3 (ici p. 163-164).

31 Gábor Klaniczay, *Holy Rulers and Blessed Princesses. Dynastic Cults in Medieval Central Europe*, Cambridge, Cambridge University Press, 2002, p. 195-243 ; *id.*, « Agnes of Bohemia and Margaret of Hungary : A Comparison », dans Nikolas Jaspert et Imke Just (dir.), *Queens, Princesses and Mendicants. Close Relations in European Perspective*, Vienne, LIT Verlag, 2019, p. 263-281.

qu'est conclue en 1265 la paix entre Béla IV et son fils Étienne V, le *rex iunior*. Elle meurt en 1270, et les enquêtes en vue de sa canonisation sont aussitôt engagées. Sa *Legenda vetus*, probablement écrite par son confesseur, Marcellus, contient aussi la description de 39 miracles issus de la première enquête officielle (1272-1274). En 1276 une seconde enquête est conduite par deux légats pontificaux, qui nous laissent une documentation de 110 témoins sur sa sainte vie, ajoutant leurs témoignages sur 54 miracles supplémentaires[32].

Ces deux documents contiennent de nombreuses références aux émotions exprimées pendant les drames des miracles de guérison. Une première observation saute aux yeux. La liste des témoignages sur les miracles rassemblés lors de la première investigation, résumés en paragraphes unifiés et rattachés au texte de la *Legenda vetus*, obéissent aux règles et au style littéraire du discours hagiographique. Les références aux émotions abondent ici, l'hagiographe ayant pour ambition de donner un reportage suggestif du pouvoir miraculeux de la nouvelle sainte. En revanche, les protocoles de la seconde investigation nous offrent un texte bien différent, non pas le récit sec et bref des notaires du procès de sainte Élisabeth, mais plutôt une documentation peu rédigée (mais quand même traduite en latin)[33] des dépositions des miraculés. On trouve moins de références aux émotions ici, mais la voix des croyants se présente sous une forme plus authentique.

Voyons d'abord la représentation que l'hagiographe nous offre. Comme on le sait, le « moment du miracle » fait partie d'une séquence dramatique plutôt longue, représentée aussi dans les récits comme telle : la calamité contre laquelle on demande l'aide surnaturelle, le vœu adressé au saint, le pèlerinage au sanctuaire, l'imploration près des reliques, et le summum, le moment du miracle. Le drame ne finit pas là, le miracle

---

32 *Legenda Vetus, Acta Processus Canonizationis et Miracula Sanctae Margaritae de Hungaria – The Oldest Legend, Acts of the Canonization Process and Miracles of Saint Margaret of Hungary* (Central European Medieval Texts Series, vol. 9), édité par Illdikó Csepregi, Gábor Klaniczay, Bence Péterfi, Budapest, CEU Press, 2017 ; pour l'analyse de la vie et la documentation hagiographique de Marguerite voir Viktoria Hedvig Deák, *La Légende de sainte Marguerite de Hongrie et l'hagiographie dominicaine*, Paris, Cerf, 2013.

33 Christian Krötzl, « *Vulgariter sibi exposito.* Zu Übersetzung und Sprachbeherrschung im Spätmittelalter am Beispiel von Kanonisationsprozessen », *Das Mittelalter*, 2 (1997), p. 111-118 ; *id.*, « Prokuratoren, Notare und Dolmetscher. Zur Gestaltung und Ablauf der Zeugeneinvernahmen bei spätmittelalterlichen Kanonisationsprozessen », *Hagiographica*, 5 (1998), p. 119-140.

devient un événement collectif pour la foule rassemblée au sanctuaire, puisqu'une proclamation et une célébration s'ensuivent[34]. Dans la liste des miracles de la première enquête on trouve tous ces éléments morphologiques, et l'hagiographe ne manque pas de souligner les émotions qui accompagnent ce procès.

Dans le cas d'un garçon de 7 ans, tué par l'écroulement d'une maison, nous entendons que les voisins venant en aide « ont éclaté en sanglots, voyant le danger pour le garçon » : en constatant qu'il était « sans vie et froid, privé de tout esprit vital, parmi de grandes lamentations, les parents et les voisins commencèrent à invoquer la miséricorde de Dieu, en vertu des mérites de la vierge Marguerite[35] ». Comme ici, le vœu est décrit dans plusieurs autres miracles comme un acte émotionnel, avec « beaucoup de larmes[36] », avec « l'émotion de tout son cœur[37] ». Si le miraculé reconnait que sa maladie est due à un péché quelconque, sa contrition est aussi nécessaire, et elle s'accompagne d'émotions spectaculaires. Il demande le pardon de Marguerite « avec le cœur repenti et humilié et une lamentation constante[38] ». Le pèlerinage au lieu saint, avec l'espoir d'être guéri, pouvait être accompagné par des « prières continues et des larmes[39] » et, dans le même temps, le miraculé, dans « la multitude du peuple en progression vers le sépulcre était envahi par une grande joie[40] ».

34 Voir Michael Goodich, *Violence and Miracle. Private Grief and Public Salvation*, Chicago et Londres, The University of Chicago Press, 1995, p. 6-8 ; Gábor Klaniczay, « Speaking About Miracles : Oral Testimony and Written Record in Medieval Canonization Trials », dans Anna Adamska et Marco Mostert (dir.), *The Development of Literate Mentalities in East Central Europe*, Turnhout, Brepols, 2004. p. 365-396 ; *id.*, « L'efficacité des mots dans les miracles, les maléfices et les incantations », dans Nicole Bériou, Jean-Patrice Boudet et Irène Rosier-Catach, *Le Pouvoir des mots au Moyen Âge*, Turnhout, Brepols, 2014, p. 327-347 ; *id.*, « Ritual and Narrative in Late Medieval Miracle Accounts. The Construction of the Miracle », dans Sari Katajala-Peltomaa et Ville Vuolanto (dir.), *Religious Participation in Ancient and Medieval Societies. Rituals, Interaction and Identity* (Acta Instituti Romani Finlandiae, vol. 41), Roma, Institutum Romanum Finlandiae, 2013, p. 207-224.

35 « *De eius periculo prorumpentes in fletum cum totam commovissent viciniam* » ; « *cum omnino extinctum, oinfrigidatum et vitali spiritu aspectu privatum in domo parentes et vicini posuissent, inter voces luctuosas Dei misericordiam per meritum Margarete virginum* », *Legenda Vetus*, *op. cit.*, p. 104.

36 « *Cum multis lacrimis* », *ibid.*, p. 92.

37 « *Toto corde affectu* », *ibid.*, p. 100.

38 « *Corde contritus et humiliatus et in lamenta resolutus* », *ibid.*, p. 112.

39 « *Continuatis precibus et laacrimis* », *ibid.*, p. 122.

40 « *Procedente populari multitudine ad idem sepulcrum ipsa perfusa maiore gaudio repentino* », *ibid.*, p. 118.

La misère des malades est contemplée au sanctuaire par les spectateurs « avec une grande compassion[41] ». C'est ainsi qu'on arrive, attendant parfois « plusieurs jours plein d'espoir près de la tombe de la vierge », au moment du miracle, qui advient « pendant la messe suprême, pendant la lecture de l'Évangile, en présence de la foule des spectateurs[42] ». Le miracle doit être « proclamé à tout le monde à haute voix[43] », accompagné d'« un chant d'exultation[44] », et d'un « banquet joyeux[45] ».

Les protocoles de la seconde enquête menée par des légats pontificaux, bien que beaucoup plus détaillés et fidèles aux dépositions, nous offrent beaucoup moins d'indications des émotions. Ceci est probablement le résultat du moindre intérêt des notaires pour ces aspects des dépositions des témoins. Néanmoins on peut y trouver quelques témoignages authentiques. Un homme noble boiteux, du nom de Petruccio de Catha, vit Marguerite en rêve. Il se mit debout sur l'ordre de la sainte, et « quand ses enfants le virent, certains riaient, d'autres pleuraient ». Ensuite ils se rendirent ensemble à la tombe de Marguerite, et ils annoncèrent ce grand miracle devant « une foule de trois mille personnes, ou encore plus[46] ».

Un autre témoignage, qui rend l'intensité émotionnelle du moment du miracle, est celui d'une des sœurs dominicaines, la princesse Élisabeth, nièce de Marguerite, fille du roi Étienne V. Elle raconte comment « le frère Michael, pendant son sermon après le repas s'exclama "Regardez ! Regardez !", et quand nous avons regardé à travers la fenêtre, nous avons vu un jeune homme avec la main et le bras flétris, mettant son bras sur le sépulcre, et il était guéri, comme nous l'avons vu[47] ».

Pour finir l'analyse de ces témoignages, je propose d'examiner la description d'un type de miracle qui compte toujours parmi les plus spectaculaires des activités thaumaturgiques des saints : la guérison

41 « *Multis circumstantibus et tante calamitate conpacientibus* », *ibid., p. 94 ;* « *vicini compassione ducti* », *ibid.*, p. 102.

42 « *Continuatis circa sepulcrum virginis spe bona aliquibus diebus infra missam supremam, cum evangelium legeretur, in prsencia multtitudinis, que aderat… se sanatam omnibus ostendit* », *ibid.*, p. 92.

43 « *Cum clamore magno et publico* », *ibid.*, p. 100.

44 « *Cum cantu exultationis* », *ibid.*, p. 114.

45 « *Gracias agens convivium instruxit. Epulatique com gaudio…* », *ibid.*, p. 98.

46 « *Quando pueri sui hoc viderunt, aliqui ridebant, aliqui flebant* », *ibid.*, p. 590.

47 « *Vidi, quod frater Michael post mensam in predicatione sua dixit : "Videatis, videatis", et nos perspeximus per fenestram et vidimus quemdam iuvenem, quod habebat manum contractam et brachium, et apponebat brachium eius super dictum sepulcrum, et ita sanatus fuit, sicut vidimus* », *ibid.*, p. 200-202.

d'une femme possédée. Ce miracle, probablement parmi les premiers qui déclenchèrent l'enquête sur la sainteté de la princesse défunte, est décrit dans la première liste et la miraculée elle-même témoigne, avec sa mère, dans la seconde enquête, en 1276 :

> Élizabeth, la fiancée de Thomas du diocèse de Veszprém, tourmentée d'amour pour son fiancé absent depuis longtemps, avait l'habitude d'errer seule pendant la nuit, loin de la compagnie de sa famille, dans des lieux obscurs. Elle était possédée par un démon qui lui apparut sous la forme de son fiancé. Sa fureur se déchaînait violemment contre son père, sa mère, son frère et toutes les personnes qu'elle pouvait atteindre. Elle leur donnait des coups de poings au visage, les mordait, les frappait cruellement avec des pierres ou des bâtons. Finalement, elle fut capturée, grâce aux efforts et à la piété de ses parents, et attachée avec des chaînes en fer. Bien qu'originalement elle ne parlait que le hongrois, pendant les cinq mois de sa possession elle a commencé à parler en allemand, en bavarois, en slave et en d'autres langues diverses. Au troisième jour de sa possession, ils ont entendu parler des miracles et des guérisons faits par le Seigneur près de la tombe de la vierge Marguerite, en vertu de ses mérites. Alors la femme fut conduite, enchaînée, au tombeau et retenue là pour un temps. Le roi Étienne, les barons du royaume et presque toute la cour du roi étaient présents et ils s'émerveillaient de la variété des langues qu'elle parlait. Les parents de la femme souffrante et tout le monde présent étaient pris de compassion pour elle. Avec un désir ardent et une intention pieuse ils ont prié pour obtenir les suffrages de ladite vierge Marguerite. Et voilà ! La clémence divine invoquée par les mérites de Marguerite ne tarda pas à se manifester, et à l'anniversaire de la sépulture de Marguerite, à la fête de sainte Prisca, l'Ennemi fut expulsé et contraint à s'enfuir. La femme recouvra une santé parfaite et retourna à sa disposition douce habituelle. Dans tous ses actes et perceptions elle a regagné l'usage plein de sa raison, et elle a oublié toutes les langues sauf le hongrois qu'elle parlait originellement. Il n'y avait pas de trace de sa maladie avant qu'elle n'apparaisse la même année devant l'inquisition mandatée par un décret apostolique, il y a deux ans maintenant[48].

48 « *Elizabeth, sponsa Thome diocesis Vesprimiensis, cum amore sponsi sui longius agentis urgeretur, et per loca et tempora tenebrosa velud vaga, suorum vitans consorcium sola circuiret, a demone, qui in forma sponsi sui sibi occurrere visus est, fuit obsessa. Que statim currens in patrem et matrem et fratrem uterinum et in omnes, quos pertingere poterat, atrociter seviebat. Nunc pugno in faciem, nunc dentibus laniando, nunc lapidibus aut fuste crudeliter percuciendo tandem studio et pietate parentum capta fuerit et cathenis ferreis constricta, et cum prius nonnisi Ungaricum ydioma sciverit, ab obsessionis tempore quinque mensibus continuis Theutonicum, Bavaricum, Sclavicum et alia diversa ydiomata loqui cepit. Tercio itaque obsessionis die, auditis miraculis et beneciis sanitatum, que Dominus per merita sancte virginis Margarete ad ipsius sepulcrum operabatur, ad ipsum sepulcrum religata ducitur et cathenata ibidem diucius reservatur rege Stephano, regni baronibus et pene tota curia ipsius regis compacientibus pacienti et de diversitate ydiomatum admirantibus vehementer, presentibus itaque pacientis mulieris et omnibus, qui ibi aderant, compacientibus et*

Comme cela est habituel dans les cas des possessions et des exorcismes médiévaux, qui ont été analysés en détail récemment[49] avec une attention particulière aux procès de canonisation[50], ces drames sont hautement chargés d'émotions. L'explosion de rage de la part de la femme possédée, selon cette description, nous indique la déception et la rancune de la fiancée abandonnée, et un conflit violent au sein de sa famille lié à cette histoire. Ensuite, le reste de l'histoire aux abords du sanctuaire donne un aperçu du spectacle offert devant les plus hautes autorités du royaume par les manifestations choquantes du pouvoir du diable, auquel succède, grâce à l'intervention divine, le réconfort apporté par le rétablissement de la normalité.

En revanche, les deux témoignages de la seconde enquête, notamment celui livré par la possédée elle-même et par sa mère, nous laissent perplexes sur la fiabilité de tels témoignages. Tout d'abord on peut noter que l'histoire de la fiancée abandonnée a disparu. Ce n'est pas Élizabeth mais sa sœur qui est présentée comme la fiancée de Thomas. Sa possession est causée, selon son propre témoignage, par une rencontre terrifiante avec « un grand chien noir » pendant le temps des vendanges, qui l'a faite errer par des maisons voisines, où une autre rencontre avec « trois hommes si beaux et splendides qu'elle ne pouvait les regarder » la terrifia de nouveau et provoqua ses attaques de rage contre ses parents[51].

suffragia eiusdem dicte virginis Margarete ardenti desiderio et devota intentione flagitantibus ecce divina clemencia per merita virginis invocata affuit, et expulso ac fugato inimico in anniversaria deposicionis virginis, die scilicet Sancte Prisce recepta perfecta sanitate ad debitam rediit mansuetudinem et circa omnes actus et sensus integrum rehabuit racionis usum, oblita omnium ydiomatum preter Ungaricum, quod primitus loquebatur, nullo infirmitatis vestigio usque ad ipsam inquisicionis iuxta mandatum apostolicum et deinceps apparente in eadem annis iam plus quam duobus. », *ibid.*, p. 108-110. Traduction de l'auteur, à partir d'une édition par l'auteur.

49 Nancy Caciola, *Discerning Spirits. Divine and Demonic Possession in the Middle Ages*, Ithaca et Londres, Cornell University Press, 2003 ; Florence Chave-Mahir, *L'Exorcisme des possédés dans l'Église d'Occident (x^e^-xive siècle)*, Turnhout, Brepols, 2011 ; Brian P. Levack, *The Devil Within. Possession and Exorcism in the Christian West*, New Haven, Yale University Press, 2013 ; Francis Young, *A History of Exorcism in Catholic Christianity*, London, Palgrave et Macmillan, 2016.

50 Sari Katajala-Peltomaa, *Demonic Possession and Lived Religion in Later Medieval Europe*, Oxford, Oxford University Press, 2020.

51 « *Elisabeth, soror Thomasii, qui stat in suburbio castri Bude, iuravit, ut supra...Interrogata, si aliquid vult dicere super miraculis, respondit : 'De mense sancti Michaelis, quando vindemie sunt, ivi ad quamdam vineam, in qua fuit pater meus, et steti ibi usque ad vesperas, et quando veni ad domum, dabam comedere cani cuidam ligato in domo mea, et quidam canis niger et magnus et nimis horribilis ad videndum passavit iuxta me, et habui magnam pauram in tantum, quod ego exivi de casa illa, et intravi in aliam casam, et vidi super fenestras que earnt ibi, tres homines*

La mère, Fera, ne donne pas de détails sur les débuts de cette crise de possession. Elle mentionne seulement que la famille était « dans un tel état de douleur et désespoir » parce qu'elle ne savait que faire devant le don étrange de sa fille qui s'était mise à parler en langues étrangères[52]. En ce qui concerne le moment du miracle, qui nous intéresse ici du point de vue des émotions collectives, il n'y a rien.

Comment clore cette enquête sur les émotions collectives du moment du miracle ? Les beaux exemples des hagiographes et le résultat frugal des textes des notaires doivent nous rendre attentifs à la nature variée des sources possibles de l'histoire des émotions concernant les miracles des saints. Le but des hagiographes est plutôt littéraire : en parlant des émotions collectives de la foule, ils veulent rendre crédible l'atmosphère de l'événement miraculeux, la signification du drame de la guérison pour tous les participants, non seulement pour les miraculés, mais aussi pour les spectateurs dévoués. Tout cela est évidemment moins présent dans les actes notariaux des dépositions des témoins : les notaires insistent surtout sur les indices de l'autenticité des témoignages, ils veulent donner une description précise du lieu, du temps, des témoins oculaires, du vœu, du résultat de la guérison. Néanmoins, comme nous l'avons vu, dans bien des cas, les émotions collectives qui éclatent au moment des miracles ont produit leur effet. Dès lors, les enquêteurs ne pouvaient s'empêcher d'en prendre note.

Gábor Klaniczay
Central European University

tam pulchros et splendidos, quod ego non poteram inspicere, et habui maiorem pauram quam antea, et nescivi, quid esset de me, et fui sine mente, et accepi spatam unam, et cucurri supra patrem et matrem meam, nec sciebam qui essent, nec ubi essem. », *Legenda Vetus*, *op. cit.*, p. 585.

52 « *Eramus in tanto dolore et tremore, quod nesciebamus quid faceremus, quia ipsa loquebatur lingua sclavica, teutonica et nostra lingua.* », *ibid.*, p. 585.

BIBLIOGRAPHIE

SOURCES

Der sogenannte Libellus de dictis quattor ancillarum s. Elisabeth confectus, édité par Albert HUYSKENS, München et Kempten, Kösel, 1911.

Élisabeth de Hongrie. Princesse, servante sainte. Vies et documents, édité André VAUCHEZ et Armelle LE HÜÉROU, Paris, Les Éditions franciscaines, 2017.

Legenda Vetus, Acta Processus Canonizationis et Miracula Sanctae Margaritae de Hungaria – The Oldest Legend, Acts of the Canonization Process and Miracles of Saint Margaret of Hungary (Central European Medieval Texts Series, vol. 9), édité par Ildikó CSEPREGI, Gábor KLANICZAY et Bence PÉTERFI, Budapest, CEU Press, 2017.

« *Miracula S. Mariae facta in coenobio Sancti Petri Divensis* », dans Jean-Claude RICHARD, *Les Miracula composés en Normandie aux XIe et XIIe siècles*, Thèse École des chartes, dactylographiée, 1975 (ici t. II, p. 300-334).

Vie de Saint Étienne d'Obazine, édité et traduit par Michel AUBRUN, Clermont-Ferrand, Publications de l'Institut d'études du Massif Central, 1970.

« *Vita et miracula S. Bernardi poenitentis Audomaropoli* » dans *A.A.S.S.*, avril II, col. 675-697.

Quellenstudien zur Geschichte der hl. Elisabeth, édité par Albert HUYSKENS, Marburg, 1908.

ÉTUDES

ALTHOFF, Gerd, « Empörung, Tränen, Zerknirschung. "Emotionen" in der öffentlichen Kommunikation des Mittelalters », *Frühmittelterliche Studien*, 30 (1996), p. 60-79.

BARTHÉLEMY, Dominique, *Chevaliers et miracles. La violence et le sacré dans la société féodale*, Paris, Armand Colin, 2004.

BENVENUTI PAPI, Anna, « Umiliana dei Cerchi. Nascita di un culto nella Firenze del Dugento », *Studi Francescani*, 77 (1980), p. 87-117.

BLUME, Dieter et Matthias WERNER (dir.), *Elisabeth von Thüringen : Eine europäische Heilige, Aufsätze, Katalog*, Berlin, Michael Imhof Verlag, 2007.

BUSSE-WILSON, Elisabeth, *Die heilige Elizabeth von Thüringen*, München, 1931.

BUSSE-WILSON, Elisabeth, « Die Wunder am Grabe der heiligen Elizabeth », dans *Beiträge zur hessischen Kirchengeschichte*, Ergänzungsband XI, Darmstadt, 1939, p. 184-209.

CACIOLA, Nancy, *Discerning Spirits. Divine and Demonic Possession in the Middle Ages*, Ithaca et Londres, Cornell University Press, 2003.

CHAVE-MAHIR, Florence, *L'Exorcisme des possédés dans l'Église d'Occident (x^e-xive siècle)*, Turnhout, Brepols, 2011.

CONSTABLE, Giles, *Attitudes Toward Self-inflicted Suffering in the Middle Ages*, Brookline (Mass.), Holy Cross, 1982.

DEÁK Viktoria Hedvig, *La Légende de sainte Marguerite de Hongrie et l'hagiographie dominicaine*, Paris, Cerf, 2013.

DEFLEM, Mathieu, « Ritual, Anti-Structure, Religion : A Discussion of Victor Turner's Processual Symbolic Analysis », *Journal for the Scientific Study of Religion*, 30 (1991), p. 1-25.

FINUCANE, Ronald, *The Rescue of the Innocents : Endangered Children in Medieval Miracles*, Basingstoke, Macmillan, 1997.

FRANK, Jerome D., *Persuasion and Healing, A Comparative Study of Psychotherapy*, Baltimore, Johns Hopkins University Press, 1963.

FREUD, Sigmund, *Über Psychoterapie (Studienausgabe, Erg. Bd. : Schriften zur Behandlungstechnik)*, Frankfurt a. M., Fischer, 1975 [1905].

GEARY, Patrick, « La coercition des saints dans la pratique religieuse médiévale », dans Pierre Boglioni (dir.), *La Culture populaire au Moyen Age*, Montréal, L'Aurore, 1979, p. 145-161.

GECSER, Ottó, *The Feast and the Pulpit. Preachers, Sermons and the Cult of St. Elizabeth of Hungary, 1235-ca. 1500*, Spolète, Centro Italiano di Studi sull'Alto Medioevo, 2012.

GOODICH, Michael, *Vita Perfecta : The Ideal of Sainthood in the Thirteenth Century*, Stuttgart, Hiersemann, 1982.

GOODICH, Michael, *Violence and Miracle. Private Grief and Public Salvation*, Chicago et Londres, The University of Chicago Press, 1995.

GOODICH, Michael, *Miracles and Wonders. The Development of the Concept of Miracle, 1150-1350*, Aldershot, Ashgate, 2007.

KATAJALA-PELTOMAA, Sari, *Demonic Possession and Lived Religion in Later Medieval Europe*, Oxford, Oxford University Press, 2020.

KLANICZAY, Gábor, *Holy Rulers and Blessed Princesses. Dynastic Cults in Medieval Central Europe*, Cambridge, Cambridge University Press, 2002,

KLANICZAY, Gábor, « Proving sanctity in the canonization processes. (Saint Elizabeth and Saint Margaret of Hungary) », dans *id.* (dir.), *Procès de canonisation au Moyen Âge. Aspects juridiques et religieux – Canonization Processes in the Middle Ages. Legal and Religious Aspects*, Rome, École française de Rome, 2004. p. 117-148.

KLANICZAY, Gábor, « Raccolte di miracoli e loro certificazione nell'Europa centrale », dans Raimondo MICHETTI (dir.), *Notai, miracoli e culto dei santi*, Milan, Dott. A Giuffrè editore, 2004, p. 259-288.

KLANICZAY, Gábor, « Speaking About Miracles : Oral Testimony and Written Record in Medieval Canonization Trials », dans Anna ADAMSKA et Marco MOSTERT (dir.), *The Development of Literate Mentalities in East Central Europe*, Turnhout, Brepols, 2004, p. 365-396.

KLANICZAY, Gábor, « Sainte Élisabeth comme modèle : l'image de la sainteté féminine dans le *Libellus de dictis quattuor ancillarum* », dans *Le Plaisir de l'art du Moyen Âge. Commande, production et réception de l'œuvre d'art. Mélanges en hommage à Xavier Barral i Altet*, Paris, Picard, 2012, p. 967-975.

KLANICZAY, Gábor, « Ritual and Narrative in Late Medieval Miracle Accounts. The Construction of the Miracle », dans Sari KATAJALA-PELTOMAA et Ville VUOLANTO (dir.), *Religious Participation in Ancient and Medieval Societies. Rituals, Interaction and Identity* (Acta Instituti Romani Finlandiae, vol. 41), Roma, Institutum Romanum Finlandiae, 2013, p. 207-224.

KLANICZAY, Gábor, « L'efficacité des mots dans les miracles, les maléfices et les incantations », dans *Le Pouvoir des mots au Moyen Âge*, Nicole BÉRIOU, Jean-Patrice. BOUDET et Irène ROSIER-CATACH (dir.), Turnhout, Brepols, 2014, p. 327-347

KLANICZAY, Gábor, « The Power of the Saints and the Authority of the Popes. The History of Sainthood and Late Medieval Canonization Processes », dans Kirsi SALONEN et Sari KATAJALA-PELTOMAA (dir.), *Church and Belief in the Middle Ages. Popes, Saints and Crusaders*, Amsterdam, Amsterdam University Press, 2016, p. 117-140.

KLANICZAY, Gábor, « Agnes of Bohemia and Margaret of Hungary : A Comparison », dans Nikolas JASPERT et Imke JUST (dir.), *Queens, Princesses and Mendicants. Close Relations in European Perspective*, Vienne, LIT Verlag, 2019, 263-281.

KRÖTZL, Christian, *Pilger, Mirakel und Alltag. Formen des Verhaltens in skandinavischen Mittelalter (12.-15. Jahrhundert)*, Helsinki, SHS, 1994.

KRÖTZL, Christian, « *Vulgariter sibi exposito.* Zu Übersetzung und Sprachbeherrschung im Spätmittelalter am Beispiel von Kanonisationsprozessen », *Das Mittelalter*, 2 (1997), p. 111-118.

KRÖTZL, Christian, « Prokuratoren, Notare und Dolmetscher. Zur Gestaltung und Ablauf der Zeugeneinvernahmen bei spätmittelalterlichen Kanonisationsprozessen », *Hagiographica*, 5 (1998), p. 119-140.

KRÖTZL Christian and Sari KATAJALA-PELTOMAA (dir.), *Miracles in Medieval Canonization Processes. Structures, Functions, and Methodologies*, Turnhout, Brepols, 2018.

KUULIALA, Jenni, *Childhood Disability and Social Integration in the Middle Ages. Construction of Impairments in Thirteenth – and Fourteenth-Century Canonization Processes*, Turnhout, Brepols, 2016.

LETT, Didier, *L'Enfant des miracles. Enfance et société au Moyen Âge (XIIe-XIIIe siècle)*, Paris, Aubier, 1997.

LEVACK, Brian P., *The Devil Within. Possession and Exorcism in the Christian West*, New Haven, Yale University Press, 2013.

MANSELLI, Raoul, « Santità principesca e vita quotidiana in Elisabetta d'Ungheria : La testimonianza delle ancelle », dans *Analecta Tertii ordinis regularis sancti Francisci*, 18 (1985), p. 23-45.

MOORE, Robert Ian, « The weight of opinion : religion and the people of Europe from the tenth to the twefth century », dans Kate COOPER et Conrad LEYSER (dir.), *Making Early Medieval Societies. Conflict and Belonging in the Latin West, 300-1200*, Cambridge, Cambridge University Press, 2016, p. 202-219.

PALAZZO, Éric, *L'Invention chrétienne des cinq sens dans la liturgie et l'art au Moyen Age*, Paris, Cerf, 2014.

SIGAL, Pierre-André, *L'Homme et le miracle dans la France médiévale (XIe-XIIe siècle)*, Paris, Cerf, 1985.

STRAUCH, Inge, *Zur Frage der 'geistigen Heilung'. Ergebnisse einer experimentellen Untersuchung an einem 'geistigen Heiler' und seinen Patienten*, Diss phil. masch., Freiburg i. Brg. 1958.

TREXLER, Richard, « The Stigmatized Body of Francis of Asssisi : Conceived, Processed, Disappeared », dans *Frömmigkeit im Mittelalter. Politisch-soziale Kontexte, visuelle Praxis, körperliche Ausdrucksformen*, Klaus SCHREINER (dir.), München, Wilhelm Fink Verlag, 2002, p. 476-477.

TURNER, Victor W., *The Ritual Process. Structure and Anti-Structure*, Ithaca et New York, Cornell University Press, 1969.

VAUCHEZ, André, « Charité et pauvreté chez sainte Elisabeth de Thuringe », dans Michel MOLLAT (dir.), *Études sur l'histoire de la pauvreté (Moyen Age-XVIe siècle)*, Paris, Publications de la Sorbonne, 1974, p. 163-175.

VAUCHEZ, André, *La Sainteté en Occident aux derniers siècles du Moyen Âge. D'après les procès de canonisation et les documents hagiographiques*, Rome, École française de Rome, 1981.

WENDEL WIDMER, Barbara Ruth, *Die Wunderheilungen am Grabe der Heiligen Elisabeth von Thüringen. Eine medizinhistorische Untersuchung*, Zürich, Juris, 1987.

WITTMER-BUTSCH Maria et Constanze RENDTEL, *Miracula. Wunderheilungen im Mittelalter*, Cologne et Vienne, Böhlau, 2003.

WOLF, Kenneth Baxter, *The Life and Afterlife of St. Elizabeth of Hungary*, Oxford, Oxford University Press, 2011.

WÜRTH, Ingrid, « Die Aussagen der vier Dienerinnen im Kanonisationsverfahren. Elisabeths von Thüringen (1235) und ihre Überlieferung im Libellus », *Zeitschrift des Vereins für Thüringische Geschichte*, 59/60 (2005/06), p. 7-74.

YOUNG, Francis, *A History of Exorcism in Catholic Christianity*, London, Palgrave et Macmillan, 2016.

DE QUO… FUERUNT DOLENTES & TURBATI

De l'émotion comme dé-légitimation du politique

> Peu aptes au raisonnement, les foules se montrent, au contraire, très aptes à l'action[1].

« Le propre d'une révolte, c'est d'avoir comme sujet une foule. Le propre du mouvement social, c'est d'avoir comme sujet une classe sociale ou un groupe organisé autour d'un projet », déclarait récemment Pierre Rosanvallon dans *Le Monde*[2] à propos du controversé mouvement des « gilets jaunes » qu'il rejetait ainsi, sans autre forme de procès, dans le champ inorganique de ces foules dépourvues de tout projet politique cohérent et construit, se laissant guider par le cours de leurs émotions. De manière plus générale, le silence de nombre d'historiens contemporains à propos d'un tel mouvement et leur incapacité – ou leur refus – à penser une telle contestation du pouvoir autrement qu'en termes de violence et de dé-légitimation politique – l'une allant nécessairement de pair avec l'autre dans notre société contemporaine – ne peut que susciter un certain nombre d'interrogations. S'agit-il, de leur part, de se mettre volontairement en retrait pour mieux laisser se déployer la parole et la pensée même des acteurs ? S'agit-il d'obéir « à l'austère commandement qui invite les historiens à s'absenter, autant que faire se peut, de l'histoire qu'ils écrivent[3] » ? Peut-être, mais il me semble aussi que de telles attitudes révèlent également à quel

1 Gustave Le Bon, *Psychologie des foules*, Paris, F. Alcan, 1895, p. 11.

2 Interview parue le 9 décembre 2018.

3 Mona Ozouf, *Composition française. Retour sur une enfance bretonne*, Paris, Gallimard, 2009, p. 270.

point l'illusion d'une foule émotive dépourvue de tout projet organisationnel reste prégnante encore aujourd'hui, dès lors qu'il s'agit de se pencher sur des mouvements de contestation dont la structuration paraît échapper à ces fameux « corps intermédiaires » qui façonnent le système de représentation républicain. Ainsi confrontés à une crise qui bouscule leurs certitudes, nombre d'intellectuels pourraient reprendre à leur compte, non la lettre, mais du moins l'esprit de cette citation d'Alexis de Tocqueville écrivant : « Je suis aristocratique par l'instinct, c'est-à-dire que je méprise et crains la foule[4] ». Même le plus en vue des historiens médiévistes français, Patrick Boucheron pour ne pas le nommer, n'y voit guère autre chose qu'une « effraction du réel » réductible à une simple émeute dont il se refuse à considérer qu'elle pourrait bien avoir aussi des vertus émancipatrices, à l'instar précisément de ce que nous avons tendance à qualifier de révolution. Ainsi a-t-il déclaré que « l'émeute en elle-même n'est pas émancipatrice – où on a vu ça ? –, elle va produire des résultats qui sont évalués par l'histoire en fonction des processus qui sont à l'œuvre à côté[5] ». Une telle affirmation revient, d'une part, à réduire une contestation de nature politique à sa seule dimension d'émeute marquée par des flambées de violence, d'autre part à refuser aux groupes populaires toute capacité à s'émanciper par eux-mêmes ou à participer à un processus d'émancipation qui serait dicté, non par le peuple lui-même, mais bien par « l'Histoire » chargée de soupeser et d'évaluer les éventuels résultats obtenus dans la rue. Une telle charge ne fait, somme toute, que reprendre des procédés de stigmatisation fort anciens et bien mis en exergue, entre autres, par Alessandro Stella, dans un article où il comparait les discours portés sur les *Ciompi* florentins de 1378 et sur les « racailles de banlieue » de 2005, pour mieux démasquer l'idéologie dominante qui vise à délégitimer la contestation populaire par la mise au premier plan d'actions violentes comme si ces dernières n'étaient pas révélatrices d'une pensée politique[6]. Seule ou presque

4 Alexis de Tocqueville, *Écrits et discours politiques*, dans *Id.*, *Œuvres complètes*, Paris, Gallimard, 1985, t. II, p. 87.

5 Interview sur France Inter en date du 7 février 2019 ; https://www.franceinter.fr/emissions/l-invite-de-8h20-le-grand-entretien/l-invite-de-8h20-le-grand-entretien-07-fevrier-2019 (consulté le 2 novembre 2019).

6 Alessandro Stella, « *Racconciare la terra* : à l'écoute des voix des *Ciompi* de Florence en 1378 », dans Jan Dumolyn, Jelle Haemers, Hipólito Rafael Oliva Herrer et Vincent

dans cette symphonie consensuelle, la voix de Gérard Noiriel a su faire entendre quelques notes dissonantes, reprochant en particulier à Patrick Boucheron d'occulter les rapports sociaux[7]. Malheureusement, Gérard Noiriel n'est pas médiéviste et l'affirmation selon laquelle « la grande jacquerie de 1358 fut un sursaut désespéré des gueux sur le point de mourir de faim, dans un contexte marqué par la guerre de Cent Ans et la peste noire[8] », à rebours de toutes les analyses historiques sérieuses portées sur ce mouvement, ne peut que prêter à confusion en même temps qu'elle révèle sa méconnaissance de ce que furent les mouvements populaires de l'époque médiévale[9] dont l'image a pourtant été très largement révisée par l'historiographie européenne de ces dernières années[10]. Répétons-le donc une bonne fois pour toutes, la Jacquerie de 1358 n'a jamais été un mouvement de gueux, bien au contraire, mais plutôt l'expression de revendications politiques partagées par les communautés villageoises de Picardie ou d'Île-de-France et portées par leurs élites.

Challet (dir.), *The Voices of the People in Late Medieval Europe. Communication and Popular Politics*, Turnhout, Brepols, 2014, p. 139-147.

7 https://www.les-crises.fr/patrick-boucheron-un-historien-sans-gilet-jaune-par-gerard-noiriel/ (consulté le 2 novembre 2019). Signalons aussi parmi les voix discordantes, celle de F. Rousseau, « Penser le mouvement des Gilets Jaunes à partir de l'histoire de la Grande Guerre », conférence prononcée le 20 février 2019, https://www.youtube.com/watch?v=Ov4I56RFdYE (consulté le 2 novembre 2019).

8 https://noiriel.wordpress.com/2018/11/21/les-gilets-jaunes-et-les-lecons-de-lhistoire/ ; article en date du 28 novembre 2018 (consulté le 2 novembre 2019).

9 Méconnaissance malheureusement particulièrement sensible dans son dernier ouvrage : Gérard Noiriel, *Une histoire populaire de la France. De la guerre de Cent Ans à nos jours*, Marseille, Agone, 2018.

10 Voir, par exemple, Samuel K. Cohn Jr., *Lust for Liberty. The Politics of Social Revolt in Medieval Europe, 1200-1425*, Cambridge, Harvard University Press, 2006 ; Monique Bourin, Giovanni Cherubini et Giuliano Pinto (dir.), *Rivolte urbane e rivolte contadine nell'Europa del Trecento. Un confronto*, Florence, Firenze University Press, 2008 ; Justine Firnhaber-Baker et Dirk Schoenaers (dir.), *The History Handbook of Medieval Revolt*, Abingdon, Routledge, 2017 ou encore *Contester au Moyen Âge : de la désobéissance à la révolte*, Actes du XLIXe Congrès de la SHMESP, Paris, Éditions de la Sorbonne, 2019. Les travaux les plus récents et les mieux informés consacrés à la Jacquerie sont ceux de Justine Firnhaber-Baker, *The Jacquerie Revolt of 1358*, Oxford, Oxford University Press, 2021.

ESMOUVEMENTS DU COMMUN, *COMMOCIONS* DU PEUPLE

Pour en revenir plus précisément à notre sujet, il est patent que le type d'interprétation qui se contente de faire, ici de l'émeute, là de la révolte l'expression des émotivités d'une foule inorganique, dépourvue, du moins en apparence, de chefs désignés et qui ne serait pas porteuse d'un véritable projet politique s'inscrit également dans une histoire plus longue et dans la filiation intellectuelle de jugements péjoratifs portés au moins dès l'époque médiévale tant par les chroniqueurs que par les documents judicaires. Un tel schéma interprétatif est largement à l'œuvre, par exemple, dans l'opposition supposée entre la Grande Peur des paysans ou les journées révolutionnaires orchestrées par les sans-culottes d'une part et « la Révolution » idéalisée et reflet des aspirations rationnelles et raisonnables des élites bourgeoises de l'autre[11]. De telles considérations révèlent d'ailleurs en creux une certaine impossibilité conceptuelle à penser la révolte en termes autres que ceux ressortissant d'un champ criminel ou émotif, comme l'avait déjà signalé Claude Gauvard[12]. La rébellion médiévale n'est ainsi jamais caractérisée en termes politiques mais apparaît comme une succession d'actes criminels commis par des individus mus par l'*ira* ou la *furor* dans le meilleur des cas, par un instinct diabolique dans les pires situations, celles qui, l'espace d'un instant, ont semblé faire vaciller sur ses bases l'ordre établi[13]. Les sources

11 Voir l'ouvrage classique de Georges Lefebvre, *La Grande Peur de 1789*, Paris, Armand Colin, 1932. Notons incidemment qu'à l'heure d'évoquer la Grande Peur, le terme de jacquerie vient spontanément sous la plume de la plupart des historiens de la Révolution Française. Ainsi Albert Soboul écrit-il que « la révolte agraire et la jacquerie ont jeté bas le régime féodal » (*Histoire de la révolution française*, Paris, Gallimard, 1962, t. I, p. 166) tandis que François Furet évoque, pour sa part, « la forme à la fois panique et menaçante que prend la vieille jacquerie à l'heure de la Révolution française » (*La Révolution*, Paris, Hachette, 1988, t. I, p. 124). N'y aurait-il pas dans cette Grande Peur qui déboucha sur la nuit du 4 août un exemple d'une émeute émancipatrice en elle-même ?

12 Claude Gauvard, De grace especial. *Crime, État et Société en France à la fin du Moyen Âge*, Paris, Publications de la Sorbonne, 1991, t. II, p. 564.

13 C'est aussi peu ou prou la conclusion à laquelle parvient, à partir de l'examen des différentes chroniques relatant la Jacquerie des paysans d'Île-de-France Marie-Thérèse de Medeiros, *Jacques et Chroniqueurs. Une étude comparée de récits contemporains relatant la Jacquerie de 1358*, Paris, Champion, 1979.

conservées ne permettent guère une étude détaillée de ces questions avant le début du XIVe siècle[14] qui est tout à la fois le moment où se multiplient en Occident des révoltes d'une certaine ampleur et celui où la documentation, qu'il s'agisse de chroniques ou de lettres de rémission, devient à la fois plus diversifiée et plus abondante, permettant une confrontation entre sources narratives et sources de la pratique. Mais, dès lors, apparaît cet incontournable *topos* qui fait de toute rébellion la matérialisation d'une émotion née dans la foule et partagée par elle, à la manière, par exemple, dont Jehan Froissart nous décrit les débuts de la grande révolte anglaise de 1381 :

> En ces traittiéz durans et parlemens faisans advindrent en Angleterre tresgrans meschiefs et rebellions et de esmouvemens de menu puepple, par lequel fait Angleterre fut sur le point d'estre perdue sans recouvrer, ne oncques royaulmes ne paÿs ne fut en si grant peril ne adventure comme il le fut en celle sayson. Et pour la grant ayse et graisse en quoy le menue puepple d'Angleterre gisoit, s'esmeut et leva rebellion, ainsi que jadiz s'esmeurent en France les Jaques[15].

Ainsi le menu peuple d'Angleterre s'est-il, en 1381, ému de la même manière qu'en 1358 se sont émus les Jacques d'Île-de-France, de Beauvaisis et de Picardie et que les Parisiens s'émeuvent à leur tour, excédés par le rétablissement au tout début du règne de Charles VI de diverses taxes et impositions que Charles V, sur son lit de mort, avait décidé de supprimer. Écoutons de nouveau la manière dont Froissart nous relate les origines de la révolte des Maillotins, puisque c'est d'elle qu'il s'agit :

> Sitost que le roy fut partis de Paris, les communes s'esmeurent et armerent et occirent tous ceulx qui avoient essauciers ces gabelles et ces debites, et rompirent et brisierent les prisons et les maisons de la ville, et prinstrent et pillierent tout ce qu'ilz y trouverent, et vindrent en la maison de l'evesque de Paris en la cité, et rompirent les prisons et delivrerent Hugues Aubriot qui avoit esté prevost de Paris un grant temps le roy Charles vivant, lequels estoit par sentence condempné en prison, que on dist l'oubliette pour plusieurs

14 À la notable exception sans doute de la *Pataria* milanaise dont le dossier a récemment été repris par Piroska Nagy, « Collective Emotions, History and Change : the Case of the Pataria (Milan, Eleventh Century) », *Emotions : History, Culture, Society*, 2/1 (2018), p. 132-152.

15 Texte cité d'après *The Online Froissart* : https://www.dhi.ac.uk/onlinefroissart/browsey.jsp?AbsDiv=ms.f.transc.Bes-2&AbsPb=Bes-2_69v&terms=null (consulté le 4 novembre 2019).

> mauvaiz faiz que fait avoit et consenti a faire, lesquelz plusieurs en y avoit, qui demandoient le feu, mais ce pueppле de Paris le delivrerent. Ceste adventure luy advint par l'esmouvement du commun[16].

Dans ces deux extraits des *Chroniques* de Jehan Froissart, si « l'esmouvement » du commun ou du menu peuple apparaît comme l'élément moteur du déclenchement de la rébellion, il reste néanmoins à se demander si cet « esmouvement », au sens médiéval du terme, correspond bien à ce que nous avons coutume d'appeler une émotion ou s'il s'agit encore d'un simple mouvement dans son acception physique. Ce mot d'« esmouvement » dérive directement du verbe latin *emoveo* qui signifie déplacer, faire sortir, voire chasser mais son participe, *emotus*, peut déjà adopter un sens plus figuré et sans doute plus proche du nôtre, celui d'un bouleversement de l'esprit, si bien qu'il est malaisé de conclure, chez Froissart par exemple, à la prédominance d'un sens sur un autre et de savoir ce qui l'emporte, du déplacement des corps des Jacques et des Maillotins ou du trouble de leur âme, à moins que les deux significations ne soient inextricablement mêlées. Le terme d'« esmouvement » paraît encore ambigu chez Froissart et se situe à mi-chemin entre son sens ancien de déplacement et sa nouvelle acception d'émotion, le terme devenant progressivement en français un quasi-synonyme de rébellion même si la date de cette assimilation reste encore discutée. Il paraît en effet délicat de suivre Nicole Hochner lorsqu'elle fait de 1429 le moment de la première apparition du terme d'émotion au sens de rébellion en se fondant sur une attestation relevée dans *La Chronique du bon duc Loys de Bourbon*, rédigée par Jean Cabaret d'Orville[17]. Si, en effet, la date de rédaction de ce texte correspond bien à 1429, nous n'en possédons aujourd'hui que trois manuscrits, tous datés de la fin du XVe ou du début du XVIe siècle[18]. Or, dans son édition de la chronique, Anne-Marie

---

16 Texte cité d'après *The Online Froissart* : https://www.dhi.ac.uk/onlinefroissart/browsey.jsp?AbsDiv=ms.f.transc.Bes-2&AbsPb=Bes-2_85r&terms=Aubriot (consulté le 4 novembre 2019).

17 Nicole Hochner, « Le corps social à l'origine de l'invention du mot "émotion" », *L'Atelier du Centre de recherches historiques*, en ligne, 16 (2016), mis en ligne le 23 mai 2016, https://doi.org/10.4000/acrh.7357 (consulté le 10 juillet 2020).

18 Sur la datation de ces manuscrits, voir Section romane, notice de « Chronique de Louis II de Bourbon, Jean Cabaret d'Orville » dans la base Jonas-IRHT/CNRS, http://jonas.irht.cnrs.fr/oeuvre/11372 (consulté le 10 juillet 2020). Le manuscrit souvent vu comme le plus ancien (Bruxelles, Bibliothèque Royale de Belgique, Ms. 10239) et que Nicole Hochner considère comme étant du premier tiers du XVe siècle a été, en réalité, daté des

Chazaud avait pris soin de préciser à propos des différents scribes « que chacun, cédant au goût du jour et à l'habitude, a substitué çà et là au mot vieilli du XVe siècle tombé en désuétude, l'expression à la mode et comprise de tous[19] ». Il y a donc fort à parier que le surgissement du vocable « esmotion » avec son sens de rébellion dans une œuvre aussi précoce ne soit dû qu'à un effet de rajeunissement du texte voulu par un scribe des années 1480 qui substitua au vieil « esmouvement » de Froissart ce nouveau mot à la mode. Au reste, on s'expliquerait mal que le terme surgisse brusquement en 1429 pour s'évanouir ensuite pendant près d'un demi-siècle alors que son apparition dans les années 1470-1480 concorde parfaitement avec les autres occurrences repérées par Nicole Hochner, que ce soit sa présence dans les *Mémoires* d'Olivier de la Marche à propos de la révolte gantoise du 11 juillet 1485 ou son attestation dans divers documents datant des règnes de Louis XI et de Charles VIII[20]. En l'état actuel des recherches, il est donc plus prudent de rapporter l'apparition du terme émotion en français avec son sens de rébellion ou d'émeute à la fin du XVe siècle dans le contexte troublé de l'affrontement entre monarchie française et puissance bourguignonne.

Si l'on en revient maintenant à la deuxième moitié du XIVe siècle, il semble que la rébellion médiévale soit d'abord envisagée comme un mouvement physique, une mise en marche, un ébranlement des corps, signe visible et perceptible pour les observateurs d'une agitation des âmes. Lorsque, à partir du milieu du XIVe siècle, les communes s'émeuvent, cela signifie en premier lieu qu'elles se rassemblent, avec ou sans armes, le plus souvent à son de cloche comme dans la Jacquerie, et qu'elles se mettent en route pour se joindre à d'autres communes pareillement émues et les chroniqueurs voient dans ce déplacement des corps paysans ou urbains le signe d'un trouble social tout autant que moral[21]. C'est sans doute parce

années 1480 par Anne-Marie Legaré, « Les cent quatorze manuscrits de Bourgogne choisis par le comte d'Argenson pour le roi Louis XV. Édition de la liste de 1748 », *Bulletin du Bibliophile*, 2 (1998), p. 241-329.

19 A.-M. Chazaud, « Introduction », dans *Ead.* (éd.), *La Chronique du bon duc Loys de Bourbon*, Paris, Société de l'Histoire de France, 1876, p. X.

20 Nicole Hochner, art. cité.

21 Ce en quoi les chroniqueurs n'ont d'ailleurs pas tort si l'on se réfère précisément aux modes de mobilisation des Jacques en 1358 ; voir Justine Firnhaber-Baker, « À son de cloche : The interpretation of public order and legitimate authority in northern France, 1355-1357 » dans Hipólito Rafael Oliva Herrer, Vincent Challet, Jan Dumolyn et Maria Antonia C. Ruiz (dir.), *La comunidad medieval como esfera pública*, Séville, Université

que, dans l'esprit de ces hommes de plume et, plus généralement, des élites de la société médiévale, les deux choses sont liées et que le mouvement de corps assemblés est toujours le signe annonciateur d'une dangereuse dissension au sein du corps social, que s'opère le glissement de sens qui fait d'un mouvement une émotion ressentie de manière collective. Il est essentiel de signaler ici que, dans les récits, c'est toujours un acteur collectif qui est concerné par cette mise en marche, qu'il s'agisse de communes, des Jacques ou encore du menu peuple, le déplacement d'individus isolés n'attirant guère l'attention. Jamais ne s'émeut-on seul de même que jamais n'entre-t-on individuellement en rébellion : mouvement comme émotion ressortent encore d'attitudes qui demeurent strictement collectives.

C'est aussi au début du XIVe siècle qu'apparaît, pour désigner une sédition populaire, un nouveau terme, ou plutôt qu'un mot ancien est utilisé dans un sens nouveau, qui servait jusque-là à désigner une action physique, un faux-pas : celui de commotion, qui glisse vers un sens moral que l'on n'oserait encore qualifier de politique pour en venir à indiquer un soulèvement populaire[22]. Le terme est en effet attesté pour la première fois avec cette signification dans un texte composé entre 1328 et 1342 par un clerc de Troyes, *Renart le Contrefait*, et fait référence à la sédition populaire survenue en septembre 1303 à Anagni[23]. L'essentiel n'est évidemment pas tant dans le fait de relier le surgissement de la

---

de Séville, 2014, p. 357-376 (disponible en ligne : https://dialnet.unirioja.es/servlet/libro?codigo=564393, consulté le 16 août 2021) Signalons ici que les Jacques ne sonnèrent pas en revanche le tocsin, le terme étant d'origine occitane et, surtout, plus tardif ; voir Vincent Challet et Héloïse Hermant, « Des mots et des gestes. Le corps et la voix dans l'univers de la révolte (XIVe-XVIIIe siècles) », *Histoire, Économie & Société*, 1 (2018), p. 4-14.

22 Je livre ici la notice complète du terme issue du Centre National de Ressources Textuelles et Lexicales : https://www.cnrtl.fr/etymologie/commotion : Étymol. et Hist. 1. *Ca* 1120 *commotium* « secousse, ébranlement physique [ici action de trébucher, faux pas] » (*Psautier d'Oxford*, 65, 8 dans T.-L.) ; 2. 1130-1140 *comocion* « ébranlement moral, émotion » (Wace, *Conception Nostre Dame*, édité par W. R. Ashford, 1077) ; 3. 1319-1342 *commocion (du peuple)* « soulèvement » (*Renart le Contrefait*, édité par Raynaud, t. I, p. 292). Emprunté au latin classique *commotio* proprement « ébranlement, secousse » et au figuré « agitation de l'âme, émotion, perturbation » (consulté le 4 novembre 2019). Notons en outre qu'en latin médiéval le terme de *commotio* peut avoir un sens très fort puisqu'il peut aussi être utilisé pour désigner rien de moins qu'un tremblement de terre ! Il est possible que le glissement de sens attesté en français ne fasse que suivre un glissement identique attesté de manière plus précoce en latin mais cela demanderait une autre enquête de vocabulaire.

23 *Le Roman de Renart le Contrefait*, édité par Guy Raynaud de Lage et Henri Lemaître, Paris, Champion, 1914, t. I, p. 292 : « Lors le dit chevalier, veant la commocion du peuple, et soy doubtant de mort, moult hastivement monta sus ung cheval, et s'en fouÿ ».

notion de « commotion populaire » au conflit entre Philippe le Bel et la papauté que de noter la concordance sémantique et chronologique qui fait d'un XIVe siècle particulièrement séditieux l'une des séquences majeures où se noue la relation complexe entre rébellion et émotion[24]. Cependant, ce lien qui s'établit entre mouvement populaire et émotion est le plus souvent utilisé pour discréditer politiquement toute assemblée d'habitants, auxquels les textes refusent le plus souvent le qualificatif de peuple/*populus* pour ne lui appliquer que celui de foule/*turba*, *plebs*. Un exemple, parmi de nombreux autres, conduit ainsi à penser que, sous la plume des chroniqueurs médiévaux, un *populus* qui se révolte devient une *plebs* et que ce qui sépare les deux termes relève davantage d'un comportement que d'une composition sociale. Lorsque Michel Pintoin décrit l'entrée à Reims de Charles VI à la veille de son couronnement, il va de soi que le souverain y est joyeusement accueilli par un *populus* en liesse. Toutefois, peu avant cet épisode, évoquant les manifestations des Parisiens à l'encontre des impositions, le Religieux de Saint-Denis utilise le mot *plebs* pour indiquer que 200 hommes contraignirent le prévôt des marchands, Jean Culdoë, à parler en leur faveur au duc d'Anjou, régent du royaume[25].

RÉVOLTE ET PSYCHOLOGIE DES FOULES

Comme l'ont déjà noté Damien Boquet et Piroska Nagy, « les témoignages nous montrent un peuple rassemblé, uni par l'émotion mais une émotion mauvaise, insensée, injuste, déchaînée, expression de la malice, de l'ignorance, de la perdition : en un mot, une émotion

24 Robert Fossier avait déjà attiré l'attention des historiens sur la difficulté à étudier ces « commotions » pour une période où les sources n'utilisaient pas ce terme mais dissimulaient les contestations sociales derrière des accusations d'hérésie ou de désordre : Robert Fossier, « Remarques sur l'étude des "commotions" sociales aux XIe et XIIe siècles », *Cahiers de Civilisation Médiévale*, 61 (1973), p. 45-50. Je remercie Piroska Nagy d'avoir attiré mon attention sur cet article.

25 *Chronique du Religieux de Saint-Denys contenant le règne de Charles VI de 1380 à 1422*, édité par M. L. Bellaguet, Paris, 1839-1852, t. I, p. 20 et 28 : *ducenti et eo amplius viri ex abjectiori plebe ; ab utriusque sexus populo.*

qui sert à priver la revendication populaire de toute légitimité[26] ». Autrement dit, dès l'époque médiévale, l'idée est posée que c'est bien l'émotion qui permet de faire surgir, au milieu d'hommes rassemblés – que ce soit dans les aléas de leur vie quotidienne, ainsi du marché, ou à des fins plus politiques comme les assemblées villageoises – « cette excitation particulière qu'on appelle l'état de foule, c'est-à-dire un état où l'individu, perdant plus ou moins complètement possession de lui-même, se fond dans la masse qui l'environne et se grise de la puissance collective à laquelle il aspire[27] ».

La question de savoir par quel biais un individu considéré comme paisible peut se transformer en un révolté prêt à recourir à l'usage de la violence n'a évidemment guère cessé d'alimenter les débats entre historiens médiévistes ou modernistes[28], même s'il convient en premier lieu de s'entendre sur le terme même de « violence », sur son contenu, son usage et sa signification intrinsèque en contexte rébellionnaire[29]. Si les idées promues par Sergueï Tchakhotine et inspirées par la théorie pavlovienne des réflexes conditionnés d'une psychologie objective des foules n'ont plus guère d'audience de nos jours[30], on peut néanmoins retenir le primat qu'il accorde à la pulsion combative, et la distinction opérée entre une ratio-propagande fondée sur la raison et la persuasion et diffusée par le biais de tracts, de journaux et de pamphlets et une senso-propagande ou propagande émotionnelle agissant davantage par suggestion et orchestrée par le biais d'un paysage sonore – la musique de Wagner dans le cas hitlérien – et visuel – la croix gammée – propres à conditionner les réflexes et les comportements des foules ainsi agrégées. L'idée d'une propagande émotionnelle n'est évidemment pas à négliger dans la mesure où toutes les révoltes médiévales et modernes

26 Damien Boquet et Piroska Nagy, *Sensible Moyen Âge. Une histoire des émotions dans l'Occident médiéval*, Paris, Seuil, 2015, p. 310.

27 Philippe de Félice, *Foules en délire, extases collectives. Essai sur quelques formes inférieures de la mystique*, Paris, Albin Michel, 1947, p. 10-11.

28 Pour une discussion récente, voir Hannah Skoda, *Medieval Violence. Physical brutality in Northern France 1270-1330*, Oxford, Oxford University Press, 2013, p. 160-161.

29 Vincent Challet, « Faire violence. La violence comme langage politique en contexte rébellionnaire à la fin du Moyen Âge », dans Laurent Bourquin et Alain Hugon, *Violences en révolte. Une histoire culturelle européenne (XIVe-XVIIIe siècle)*, Rennes, Presses Universitaires de Rennes, 2019, p. 111-127.

30 Sergueï Tchakhotine, *Le Viol des foules par la propagande politique*, Paris, Gallimard, 1952. Rappelons ici que, dans cet ouvrage paru initialement en 1939, l'auteur fondait l'essentiel de son analyse sur l'étude de la propagande nazie dans les années 1930.

se signalent par un usage marqué de bannières de ralliement – dont l'on n'ira pourtant pas jusqu'à dire qu'elles ont la même force symbolique que la croix gammée ou le marteau et la faucille, exemples développés par Tchakhotine – et par un environnement sonore spécifique[31], qu'il s'agisse du son des cloches ou de la présence fréquente de fanfares populaires[32] aux côtés des révoltés qui concourent à créer une atmosphère particulière, annonciatrice ou révélatrice de rébellion. Autant d'éléments auxquels il convient bien entendu d'ajouter la puissance émotionnelle du cri de ralliement souvent relevé par les sources, depuis le fameux « Commune ! Commune ! » rapporté par Guibert de Nogent à propos de la révolte de Laon en 1112[33] jusqu'au « Mueyron, mueyron los traidors » qui, sous des formes variées, retentit dans les rues médiévales de la Castille à la Toscane en passant par le Languedoc[34].

Propagande émotionnelle que tout cela ? Peut-être pas mais, pour le moins, conjonction d'éléments fédérateurs qui contribuent à favoriser des comportements collectifs sans nécessairement avoir besoin de poser pour autant le principe d'une « unité mentale des foules » développé par Gustave Le Bon de concert avec sa théorie de la contagion. L'un des problèmes auxquels les historiens ont pu être confrontés est que, très souvent, les théoriciens de la manipulation des foules ont postulé la dissolution totale de l'individu au sein de la foule à l'instar d'un Philippe de Félice pour qui la foule « n'est ni humaine, puisqu'elle annihile les hommes qu'elle absorbe, ni sociale, puisque dans le bloc qu'elle forme, il ne saurait être question de relations normales

31 Samuel K. Cohn Jr., « Enigmas of Communication : Jacques, Ciompi, and the English », *La comunidad medieval*, *op. cit.*, p. 227-247.

32 Voir, par exemple, le cas des Tuchins de Languedoc faisant leur entrée dans la ville de Bagnols-sur-Cèze escortés de trompettes, de tambours et de cornemuses et précédés de leurs étendards décrit par Vincent Challet, « Au cœur de la révolte : les conflits paysans et leur résonance en milieu urbain en Languedoc à la fin du Moyen Âge » dans François Clément, John Tolan et Jérôme Wilgaux (dir.), *Espaces d'échanges en Méditerranée. Antiquité et Moyen Âge*, Rennes, Presses Universitaires de Rennes, 2006, p. 149-162 et les exemples relevés, pour le nord de la France, par Hannah Skoda qui y voit une forme de théâtralité ; Hannah Skoda, *Medieval Violence*, *op. cit.*

33 Alain Saint-Denis, « Instigateurs et acteurs des premières communes françaises (fin XIe-premier tiers du XIIe siècle) » dans Philippe Depreux (dir.), *Révolte et statut social de l'Antiquité tardive aux Temps modernes*, Munich, Oldenbourg, 2008, p. 111-129.

34 Vincent Challet, « *Mueyron, mueyron los traidors* : histoire d'un cri judiciaire » dans Frédéric Chauvaud et Pierre Prétou (dir.), *Clameur publique et émotions judiciaires. De l'Antiquité à nos jours*, Rennes, Presses Universitaires de Rennes, 2013, p. 221-234.

quelconques entre des parties que rien ne distingue plus d'un grand tout[35] ». Notons par ailleurs que l'idée selon laquelle la foule agirait en bloc est déjà très présente dans les textes de l'époque médiévale qui décrivent souvent l'action collective d'une « grande multitude de peuple », n'individualisant qu'à l'occasion le comportement particulier de tel ou tel participant. Ainsi, à propos de la révolte survenue au Puy-en-Velay en 1378 dont il sera de nouveau question plus loin, si les lettres de rémission ne nous donnent à voir qu'un peuple en action, elles ne prennent pas moins soin de préciser que c'est un « fils d'iniquité » qui se chargea d'aller sonner la cloche de la cathédrale[36]. De telles marques de personnalisation, pourtant, ne sont pas si fréquentes dans ces documents de nature judiciaire délivrés, non à des individus, mais bien à des collectivités, ce qui rend souvent délicate l'étude de la composition sociale des révoltés et ne permet que rarement de répondre à la question, pourtant fondamentale, de savoir qui a fait quoi.

Or l'on sait, notamment grâce aux travaux de Charles Tilly, que les contestations, sous l'Ancien Régime comme aujourd'hui, peuvent être considérées comme s'inscrivant dans un « répertoire d'action », notion que l'auteur emprunte au domaine musical et qui lui permet de mettre un peu d'ordre là où les autorités ne voient que désordre et de définir un certain nombre de modèles comportementaux, par ailleurs évolutifs, au sein desquels s'inscrivent les contestataires en fonction de leurs choix et de leurs possibilités. Ceci ne veut pas dire que les révoltés ont de tout temps agi de la même manière mais, bien au contraire, qu'ils agissent en fonction d'une certaine expérience accumulée, des circonstances, des rapports de force et de gestes répétés qui, en un temps et un lieu donnés, se sont révélés efficaces. Charles Tilly lui-même ne dissimule à aucun moment qu'un tel concept peut apparaître comme simplificateur parce qu'il « crédite le conflit de régularité, d'ordre et de choix délibéré, là où l'on a souvent envie de ne voir que la colère » et qu'il « risque d'exclure la rage, l'ivresse, la spontanéité et le simple plaisir de cogner sur la tête

35 Philippe de Félice, *Foules en délire…*, *op. cit.*, p. 18. Il est vrai qu'au moment de la publication de cet ouvrage l'expérience totalitaire toute récente n'incitait guère à porter un autre regard sur les foules.

36 *Quidam filius iniquitatis* Archives Nationales de France, JJ 113, n° 101, f° 41 ; publié dans Claude Devic et Jean Joseph Vaissète, *Histoire Générale de Languedoc* (désormais *HGL)*, Toulouse, Privat, 1885, t. X, Preuves, n° 636, col. 1609-1610.

de l'ennemi[37] ». Il n'en a pas moins le mérite de nous faire comprendre qu'une foule contestataire n'est pas pour autant une masse informe dénuée de toute rationalité ni de toute individualité, puisqu'une action collective en tant que telle peut comprendre des phases distinctes faisant l'objet d'une participation différenciée, et qu'enfin elle agit en observant ce que l'on peut définir comme étant « la grammaire de la rébellion[38] ».

DE LARMES ET DE COLÈRE EN LANGUEDOC AU XIVe SIÈCLE

Le dossier des rébellions languedociennes survenues dans le courant du XIVe siècle confirme nettement l'impression d'une utilisation dépréciative de l'émotion à des fins de dé-légitimation du politique. Les lettres de rémission qui nous sont parvenues épousent précisément un schéma parfaitement éprouvé à propos de l'abolition des crimes, lequel consiste à déculpabiliser le criminel en imputant son action à des « mouvements intérieurs qu'il ne peut ni ne sait réfréner » et dont la colère, souvent désignée par l'expression de « chaude cole », constitue l'exemple le plus fréquent[39]. Dans de telles conditions, il n'est guère surprenant de retrouver une telle grille d'analyse à propos des séditions urbaines qui se multiplient en Languedoc à partir du milieu du XIVe siècle. C'est ainsi que, le 9 mai 1357, se produisit à Toulouse une révolte dite du « capage », qui dressa contre le comte d'Armagnac, pour lors lieutenant du roi, une population qui a vu l'année précédente ses faubourgs être incendiés par les troupes du Prince Noir sans que le comte d'Armagnac ne s'y oppose militairement et qui s'étonne de la poursuite de la levée d'une imposition, d'un montant de trois deniers par semaine et par

37 Charles Tilly, « Les origines du répertoire d'action collective contemporaine en France et en Grande-Bretagne », *Vingtième Siècle, revue d'histoire*, 4 (octobre 1984), p. 89-108, p. 98 pour la citation et *Id.*, *The Contentious French : Four Centuries of Popular Struggle*, Cambridge, Mass., Harvard University Press, 1986.

38 Vincent Challet et Ian Forrest, « The Masses » dans Christopher Fletcher, Jean-Philippe Genet et John Watts, *Government and Political Life in England and France, c. 1300-c. 1500*, Cambridge, Cambridge University Press, 2015, p. 279-316.

39 Claude Gauvard, De grace especial…, *op. cit.*, vol. 1, p. 448-456, p. 448 pour la citation.

individu adulte, destinée à la guerre contre les Anglais alors même que des trêves venaient d'être signées. Révolte que l'on ne saurait réduire à une simple émeute anti-fiscale tant ce qui est en jeu est à la fois la question de l'utilisation du montant de l'impôt – à quoi peut bien servir une contribution de guerre alors que l'on est en paix ? – et celle de sa répartition, le capage étant, de toutes les formes de levée de l'impôt, celle qui demeure la plus inéquitable. Le déroulement des opérations et l'organisation des séditieux, qui se rassemblent en armes à la maison commune avant de livrer un assaut en règle contre le château Narbonnais où se trouvent réunis les États de Languedoc sous la présidence du comte d'Armagnac, contredisent nettement le schéma d'une foule émotive simplement ameutée sous l'effet de la colère[40]. Il n'empêche : dans les lettres délivrées par le comte d'Armagnac le 9 mai 1357, c'est bien *per caler et per escalfamen de ira* – par chaleur et échauffement de colère – que les Toulousains ont pris les armes contre lui[41], cette « chaude cole » caractéristique du vocabulaire de la rémission se transformant par la suite en un *instinctu diabolico*[42] dans les lettres délivrées par le même comte le 13 juin. Indubitablement, c'est bien le vocabulaire de la rage et de la colère qui s'impose comme registre d'analyse, une colère qui s'apparente à un échauffement des sens et à une dépossession de la raison et qui, dans le cas des séditions populaires, paraît se déclencher à l'instigation du Diable. C'est bien en effet *imbuto maligno spiritu* – enflammés par l'esprit malin[43] – que les habitants de Clermont-l'Hérault prirent les armes en 1379, c'est *more Luciferi*[44] que les Montpelliérains se livrèrent au massacre des conseillers du duc d'Anjou, c'est enfin *diabolico instinctu* que les Tuchins, si l'on en croit le Religieux de Saint-Denis, se seraient à leur tour soulevés[45]. Le recours à une inspiration diabolique place ainsi la rébellion dans le registre d'une émotion maligne – au sens premier du terme – et dispense, d'une certaine manière, de toute autre analyse

40 À propos de cette révolte, voir Vincent Challet, « Refus de l'impôt ou contestation du politique ? L'exemple de la révolte dite du "capage" (Toulouse, 1357) », *Contra l'impost : revoltes antifiscals a Europa (segles XIV-XV)*, Actes du colloque de Gérone des 15-16 janvier 2020, à paraître.

41 Publié par Jean Régné, « La levée du capage et l'émeute toulousaine du 9 mai 1357 », *Annales du Midi*, t. 30, 1917-1918, p. 421-428.

42 *HGL*, t. X, preuves, col. 1129-1131.

43 Archives nationales de France, JJ 117, n° 37 ; publiée dans *HGL*, t. X, Preuves, col. 1632-1639.

44 Archives nationales de France, JJ 119, n° 185, f° 121-123v°.

45 *Chronique du Religieux de Saint-Denys…*, *op. cit.*, t. I, p. 306.

politique, puisqu'il assimile toute forme de révolte à une prise de possession de l'âme et du corps des rebelles par le Diable. De ce fait, il écarte la possibilité d'une prise en considération véritable tant des arguments politiques de la foule en armes que de ses modalités d'action, pourtant largement révélatrices de ses intentions, et réduit à néant les capacités d'appréhension de comportements individuels au sein de la rébellion.

L'une des faiblesses de notre documentation est qu'elle ne nous permet qu'exceptionnellement de sonder en profondeur le processus à l'œuvre qui transformerait un paisible petit peuple urbain en une foule furieuse. Il est rare de disposer d'un récit circonstancié sur les débuts d'une sédition, à l'instar de celui livré par Buonaccorso Pitti à propos de la révolte des Maillotins à Paris en mars 1382. Le marchand florentin l'attribue de manière lapidaire aux vociférations d'une marchande de quatre-saisons dont un percepteur menaçait de saisir la marchandise[46], ce qui est une indication précieuse sur la manière dont un cri – ici, « À bas les impôts », ailleurs « Mueyron los traidors » – permet d'enclencher et de déclencher un processus rébellionnaire.

Pourtant, les lettres de rémission délivrées à la suite de la sédition survenue au Puy-en-Velay le 2 avril 1378 donnent à voir la façon dont peut émerger une communauté émotionnelle[47] en contexte de sédition et prêtent en particulier une très grande attention au paysage sonore qui constitue l'arrière-plan acoustique de cette émeute. Celle-ci se produisit durant le Carême, deux semaines avant Pâques, en un moment où la ville était remplie de pèlerins de diverses nations qui s'étaient assemblés au Puy-en-Velay, centre majeur de dévotion à la Vierge[48]. La révolte est liée à une décision fiscale extrêmement controversée prise le 1er avril par les consuls et autres notables de la ville, celle de transformer un fouage royal – donc une imposition directe – en diverses contributions indirectes – dont un droit de fournage pour la cuisson du pain et le quart du vin – au prétexte que la population était trop pauvre et trop misérable pour acquitter un fouage. Elle contredit d'ailleurs l'opinion émise par Gustave Le Bon selon laquelle un impôt indirect serait toujours

46 Cité par Michel Mollat et Philippe Wolff, *Ongles bleus, Jacques et Ciompi. Les Révolutions populaires en Europe aux* XIVe *et* XVe *siècles*, Paris, Calman-Lévy, 1970, p. 172.

47 Sur le sens à accorder à cette notion, voir la discussion *infra.*

48 Archives nationales de France, JJ 113, n° 101, f° 41 ; *HGL*, t. X, Preuves, n° 636, col. 1609-1610 : « *cum dictus pauper populus, inter quos sunt multi operari[i] vagabundi diversarum nacionum, qui causa peregrinagii ibi confluunt.* »

accepté par la foule parce que moins visible et moins perceptible qu'une imposition directe[49]. En effet, les événements se déclenchèrent dès le lendemain, alors que les premières opérations nécessaires à la mise en place et à la perception de ces taxes commençaient à peine. Pendant la célébration de la messe et alors qu'une foule nombreuse s'était rassemblée devant la statue de la Vierge qui, pour l'occasion, était dévoilée – la statue était, comme il est d'usage pendant le Carême, couverte d'un voile liturgique de couleur violette que l'on retirait durant la célébration de la messe[50] – s'éleva une clameur puissante et larmoyante : *clamor validus lacrimosus*, qui prit l'apparence d'une prière adressée à la Vierge et commençait par *Beata virgo Maria, succure nobis* – Sainte Vierge, viens à notre secours – avant de se décliner en une plainte déchirante conjurant la Vierge de délivrer les humbles et les pauvres des lourdes impositions qu'ils étaient incapables de payer et qui ne se levaient que pour le profit des plus riches[51].

Le récit délivré par les lettres de rémission donne ainsi à voir une scène complexe qui dut solliciter la quasi-totalité des sens de ses participants et les faire basculer dans ce que Piroska Nagy qualifie d'expérience multi-sensorielle[52] : la vue tout d'abord puisque la statue de la Vierge était alors dévoilée, l'ouïe par le biais de la transformation d'une prière ou d'un hymne en une clameur partagée, l'odorat par la perception de l'encens et des bougies qui se consumaient dans le sanctuaire et même le toucher si l'on imagine que certains des assistants ont pu, en un geste de dévotion, toucher la statue elle-même. Un environnement aussi particulier, sans doute accentué par la proximité des corps pressés les uns contre les autres dans un espace confiné, ne pouvait que créer une atmosphère sensorielle favorable à l'expression d'une émotion collective qui passe ici par la manifestation des larmes, expression qui ne constitue pas, dans ce cas particulier, une émotion négative puisqu'elle relève d'abord et avant tout de la dévotion et de l'appel à la compassion de la Vierge. Elle

---

49 Gustave Le Bon, *Psychologie des foules*, *op. cit.*, p. 13.

50 Archives nationales de France, JJ 113, n° 101, f° 41 ; *HGL*, t. X, Preuves, n° 636, col. 1609-1610 : « *In ecclesia Aniciensi, contigit quod, missa ibidem celebrata & more solito discooperta ymagine beate Marie, que propter quadragesimam cooperiri consuevit…* »

51 *Ibid.* : « *Qualiter vivemus et nutrire poterimus liberos nostros, quia non poterimus gravissimas indictiones, impositas in nostri prejudicium ad procuracionem divitum et in ipsorum relevationem supportare ?* »

52 Voir son article dans ce même volume à propos du cas des Flagellants.

constitue, au contraire, une expression émotive parfaitement autorisée, et même valorisée tout au long du Moyen Âge, tant la prière en larmes est réputée être une intercession efficace depuis l'Ancien Testament[53].

Or, la création de cette atmosphère si particulière permet d'expliquer le passage d'une réunion d'individus que tout séparait peut-être, à une « communauté émotionnelle », terme auquel il convient sans doute ici de donner un sens légèrement différent de la signification adoptée par Barbara H. Rosenwein pour qui un tel concept ne peut s'appliquer qu'à un ensemble d'individus formant déjà communauté au préalable, partageant un certain nombre de valeurs et d'intérêts et capables d'agir, en un moment donné, en vue de la réalisation d'un but commun. Pour Barbara H. Rosenwein, « une rue bondée ne constitue pas en elle-même une communauté émotionnelle[54] », pas plus d'ailleurs que ne saurait l'être une église surpeuplée. En revanche, là où elle considère qu'une telle communauté ne peut surgir qu'entre individus ayant en commun un certain nombre de modes comportementaux, nous aurions tendance à penser que, en certaines circonstances, une foule assemblée d'inconnus est susceptible, malgré tout, de se transformer en une « communauté émotionnelle » éphémère, quitte à se dissoudre d'elle-même une fois ces circonstances révolues[55]. Le cas du Puy-en-Velay semble d'ailleurs aller en ce sens puisque les lettres de rémission indiquent que la foule initiale était composée de gens de diverses nations assemblés là en raison du pèlerinage et qui ne partageaient guère d'autres valeurs que celles inhérentes au christianisme, ce qui ne les empêcha pas pour autant, le temps d'une révolte, de constituer une « communauté émotionnelle ». Les lettres de rémission reconnaissent d'ailleurs à cette sollicitation des sens un rôle décisif dans le processus menant à l'émeute, en précisant que les gens qui se trouvaient dans l'église, en

53 Piroska Nagy, *Le Don des larmes au Moyen Âge. Un instrument spirituel en quête d'institution (v^e^-xiiie siècle)*, Paris, Albin Michel, 2000. Piroska Nagy y rappelle cette parole fondatrice : « Bienheureux ceux qui pleurent car ils seront consolés ».

54 Barbara H. Rosenwein, *Emotional Communities in the early Middle Ages*, Ithaca, Cornell University Press, 2006, p. 24.

55 C'est aussi en ce sens qu'argumente Piroska Nagy, « Making a Collective Emotional Body : Francis of Assisi Celebrating Christmas in Greccio (1223) », dans Dolores Martin-Moruno et Beatriz Pichel (dir.), *Emotional Bodies. Studies in the Historical Performativity of Emotions*, Champaign, University of Illinois Press, History of Emotions Series, 2019, p. 151-174. Je remercie l'auteure de m'avoir permis de prendre connaissance de cet article avant publication.

entendant monter cette clameur, devinrent non seulement tristes mais aussi confus et agités – *de quo quidem clamore lacrimoso audientes fuerunt dolentes & turbati* – point de départ d'un mouvement de foule qui vit ensuite les révoltés se répandre dans la ville, en insulter les consuls et piller leurs demeures au son des cloches. Exemple frappant et, en grande partie, exceptionnel de la manière dont peut se forger, entre individus ne se connaissant pas, une communauté émotionnelle aussi prompte à surgir qu'elle est rapide à se dissoudre, aussi forte dans le temps de l'action qu'elle peut être fragile en termes de pérennité, mais composée néanmoins d'individus à part entière dont la conscience ne se désagrège pas au sein d'une foule irraisonnée, comme l'indique le fait que les séditieux visèrent délibérément les demeures des consuls jugés responsables de l'iniquité fiscale au cours de ce qui est qualifié par les autorités de *magnus tumultus & commocio.*

L'exemple vellave nous replonge ainsi en plein dans la thématique du lien entre révolte et émotion, même s'il s'agit ici d'un exemple quelque peu atypique dans la mesure où l'émotion initiale n'est pas connotée négativement tout en donnant lieu par la suite à des comportements violents et jugés séditieux, dans la mesure aussi où le récit judicaire livre un rare éclairage sur la mise en route d'un processus de rébellion par la voie émotionnelle. Mais, même dans un cas comme celui-ci, le *topos* de la foule émotive demeure, dans le discours porté par le pouvoir royal comme par les élites, une arme de dé-légitimation politique qui vise à masquer les revendications politiques et/ou fiscales des populaires derrière une prétendue façade émotive, qu'elle relève du ressort de la colère ou de celle de la compassion. En réalité, la foule séditieuse fait preuve d'une émotion performative en faisant succéder directement l'action à l'émotion, là où, dans l'idéologie royale, l'émotion populaire doit nécessairement transiter par le souverain qui, seul, peut la traduire en action et la mettre en mots par le biais d'ordonnances royales dont une rhétorique bien établie veut qu'elles n'aient été prises par le roi que pour répondre à la clameur du peuple parvenue à ses oreilles. C'est donc bien qu'il existe un versant positif de cette émotion populaire et une « voie émotionnelle » reconnue qui permet au peuple de s'adresser à son roi et d'en appeler à sa miséricorde, voie qui trouve parfois à s'exprimer à l'occasion des entrées royales ou de la cérémonie d'amende honorable à laquelle se livrent les habitants de Montpellier après leur rébellion de 1379 pour obtenir le pardon du duc d'Anjou[56]. Le cas du Puy-en-Velay en est d'ailleurs relativement proche puisque le premier réflexe des habitants semble avoir été d'en référer directement au duc d'Anjou afin qu'il prenne des mesures d'allègement des impôts, à moins que les lettres de rémission n'indiquent tout simplement ici quelle aurait dû être, selon les autorités, la voie à suivre. Mais cette voie émotionnelle reconnue au peuple est ici aussi une manière de le dépolitiser : le bon peuple est bien celui qui, saisi par une émotion qui peut être légitime, s'en remet d'abord à ses représentants naturels – consuls ou délégués aux États – et, *in fine*, au souverain lui-même. Il ne saurait en revanche agir politiquement par lui-même et son émotion se doit d'être traduite en termes politiques par d'autres que lui-même.

On voit aisément que cette logique à l'œuvre dès l'époque médiévale est aussi celle qui permet à Patrick Boucheron d'affirmer que « l'émeute n'est pas émancipatrice en elle-même » mais que ses résultats seront évalués par l'histoire et on mesure dès lors la redoutable efficacité d'une telle arme sémantique dont la pérennité sert encore aujourd'hui à dénoncer l'inanité politique d'un mouvement tel que celui des « gilets jaunes ». Mais on observera également qu'un tel discours qui cantonne systématiquement la population dans le registre de l'émotion possède par là-même une fonction de déresponsabilisation de la part des élites en visant à rompre le lien entre les décisions prises au niveau politique – que ce soit au niveau de la royauté ou des magistrats urbains – et les réponses qu'elles suscitent, pour lui substituer une réaction purement émotive sur laquelle la rationalité des dirigeants ne saurait avoir de prise. En déclarant que l'erreur principale du gouvernement Macron résidait dans le fait « d'avoir probablement été trop intelligent, trop subtil, trop technique[57] », le député de Paris et président du groupe La République En Marche à l'Assemblée nationale Gilles Le Gendre retrouvait le droit fil d'un discours fort ancien ne visant à rien d'autre qu'à opposer l'intelligence des élites et l'émotivité d'une *plebs* inapte à

56 Vincent Challet, « Émouvoir le prince. Révoltes populaires et recours au roi en Languedoc vers 1380 », *Hypothèses 2001*, 5 (2002), p. 325-333. Pour la définition d'une voie émotionnelle dans les relations entre le roi et son peuple, voir Vincent Challet et Ian Forrest, « The Masses », art. cité.

57 Déclaration en date du 17 décembre 2018.

appréhender la complexité d'une chose politique – la *res publica* – qu'il importait de constituer en monopole d'une société politique restreinte, au sens où l'entendaient aussi bien Raymond Cazelles que Bernard Guenée[58]. Une manière comme une autre de constater que le *topos* de la foule émotive a décidément la vie dure…

Vincent CHALLET
Université Paul-Valéry
Montpellier-III

58 Raymond Cazelles, *La Société politique et la crise de la royauté sous Philippe de Valois*, Paris, Librairie d'Argences, 1958, réduisait cette société politique à un groupe très restreint d'environ 350 personnes, composé de quelques grands seigneurs ainsi que de conseillers et d'officiers royaux. Bernard Guenée, *L'Opinion publique à la fin du Moyen Âge d'après la « Chronique de Charles VI » du Religieux de Saint-Denis*, Paris, Perrin, 2002, s'intéresse, lui, essentiellement à l'opinion de ceux qu'il appelle « les sages ». *A contrario*, pour un plaidoyer en faveur de l'élargissement de la notion de société politique, voir Vincent Challet, Jean-Philippe Genet, Hipólito Rafael Oliva et Julio Valdeon (dir.), *La Société politique à la fin du* XV*e* *siècle dans les royaumes ibériques et en Europe. Élites, peuple, sujets ?*, Paris et Valladolid, Publications de la Sorbonne et Université de Valladolid, 2007.

BIBLIOGRAPHIE

SOURCES

Archives nationales de France, JJ 113, 117, 119.

Chronique du Religieux de Saint-Denys contenant le règne de Charles VI de 1380 à 1422, édité par M. L. Bellaguet, Paris, 1839-1852.

DEVIC, Claude et Jean Josèphe VAISSÈTE, *Histoire Générale de Languedoc*, Toulouse, Privat, 1885.

FROISSART, *The Online Froissart* [accessible en ligne], https://www.dhi.ac.uk/onlinefroissart/index.jsp.

Le Roman de Renart le Contrefait, édité par G. Raynaud et H. Lemaître, Paris, Champion, 1914.

ÉTUDES

Contester au Moyen Âge : de la désobéissance à la révolte, Actes du XLIXe Congrès de la SHMESP, Paris, Éditions de la Sorbonne, 2019.

BOQUET, Damien et Piroska NAGY, *Sensible Moyen Âge. Une histoire des émotions dans l'Occident médiéval*, Paris, Seuil, 2015.

BOURIN, Monique, Giovanni CHERUBINI et Giuliano PINTO (dir.), *Rivolte urbane e rivolte contadine nell'Europa del Trecento. Un confronto*, Florence, Firenze University Press, 2008.

CAZELLES, Raymond, *La Société politique et la crise de la royauté sous Philippe de Valois*, Paris, Librairie d'Argences, 1958.

CHALLET, Vincent, « Émouvoir le prince. Révoltes populaires et recours au roi en Languedoc vers 1380 », *Hypothèses 2001*, 5 (2002), p. 325-333.

CHALLET, Vincent, « Au cœur de la révolte : les conflits paysans et leur résonance en milieu urbain en Languedoc à la fin du Moyen Âge » dans François Clément, John Tolan et Jérôme Wilgaux (dir.), *Espaces d'échanges en Méditerranée. Antiquité et Moyen Âge*, Rennes, Presses Universitaires de Rennes, 2006, p. 149-162.

CHALLET, Vincent, Jean-Philippe GENET, Rafaël OLIVA et Julio VALDEON (dir.), *La Société politique à la fin du XVe siècle dans les royaumes ibériques et en Europe. Élites, peuple, sujets ?*, Paris et Valladolid, Publications de la Sorbonne et Université de Valladolid, 2007.

CHALLET, Vincent, « *Mueyron, mueyron los traidors* : histoire d'un cri judiciaire » dans Frédéric Chauvaud et Pierre Prétou (dir.), *Clameur publique et émotions judiciaires. De l'Antiquité à nos jours*, Rennes, Presses Universitaires de Rennes, 2013, p. 221-234.

CHALLET, Vincent et Ian FORREST, « The Masses » dans Christopher Fletcher, Jean-Philippe Genet et John Watts, *Government and Political Life in England and France, c. 1300-c. 1500*, Cambridge, Cambridge University Press, 2015, p. 279-316.

CHALLET, Vincent, et Héloïse HERMANT, « Des mots et des gestes. Le corps et la voix dans l'univers de la révolte (XIVe-XVIIIe siècles) », *Histoire, Économie & Société*, 1 (2018), p. 4-14.

CHALLET, Vincent, « Faire violence. La violence comme langage politique en contexte rébellionnaire à la fin du Moyen Âge », dans Laurent Bourquin et Alain Hugon, *Violences en révolte. Une histoire culturelle européenne (XIVe-XVIIIe siècle)*, Rennes, Presses Universitaires de Rennes, 2019, p. 111-127.

CHALLET, Vincent, « Refus de l'impôt ou contestation du politique ? L'exemple de la révolte dite du "capage" (Toulouse, 1357) », *Contra l'impost : revoltes antifiscals a Europa (segles XIV-XVI)*, Actes du colloque de Gérone des 15-16 janvier 2020, à paraître.

CHAZAUD, Anne-Marie, « Introduction », dans *Ead.* (éd.), *La Chronique du bon duc Loys de Bourbon*, Paris, Société de l'Histoire de France, 1876.

COHN, Samuel K. Jr., *Lust for Liberty. The Politics of Social Revolt in Medieval Europe, 1200-1425*, Cambridge, Harvard University Press, 2006.

FÉLICE, Philippe de, *Foules en délire, extases collectives. Essai sur quelques formes inférieures de la mystique*, Paris, Albin Michel, 1947.

FIRNHABER-BAKER, Justine, « À son de cloche : The interpretation of public order and legitimate authority in northern France, 1355-1357 » dans Hipólito Rafael Oliva Herrer, Vincent Challet, Jan Dumolyn et Maria Antonia C. Ruiz (dir.), *La comunidad medieval como esfera pública*, Séville, Université de Séville, 2014, p. 357-376.

FIRNHABER-BAKER, Justine, et Dirk SCHOENAERS (dir.), *The History Handbook of Medieval Revolt*, Abingdon, Routledge, 2017.

FIRNHABER-BAKER, Justine, *The Jacquerie Revolt of 1358*, Oxford, Oxford University Press, 2021.

FOSSIER, Robert, « Remarques sur l'étude des "commotions" sociales aux XIe et XIIe siècles », *Cahiers de Civilisation Médiévale*, 61 (1973), p. 45-50.

FURET, François, *La Révolution*, Paris, Hachette, 1988.

GAUVARD, Claude, De grace especial. *Crime, État et Société en France à la fin du Moyen Âge*, Paris, Publications de la Sorbonne, 1991.

GUENÉE, Bernard, *L'Opinion publique à la fin du Moyen Âge d'après la « Chronique de Charles VI » du Religieux de Saint-Denis*, Paris, Perrin, 2002.

HOCHNER, Nicole, « Le corps social à l'origine de l'invention du mot "émotion" », *L'Atelier du Centre de recherches historiques* [En ligne], 16 (2016), mis en ligne le 23 mai 2016, https://doi.org/10.4000/acrh.7357.

LE BON, Gustave, *Psychologie des Foules*, Paris, 1895.

LEFEBVRE, Georges, *La Grande Peur de 1789*, Paris, Armand Colin, 1932.

LEGARÉ, Anne-Marie, « Les cent quatorze manuscrits de Bourgogne choisis par le comte d'Argenson pour le roi Louis XV. Édition de la liste de 1748 », *Bulletin du Bibliophile*, 2 (1998), p. 241-329.

MEDEIROS, Marie-Thérèse de, *Jacques et Chroniqueurs. Une étude comparée de récits contemporains relatant la Jacquerie de 1358*, Paris, Champion, 1979.

MOLLAT Michel et Philippe WOLFF, *Ongles bleus, Jacques et Ciompi. Les Révolutions populaires en Europe aux* XIV*e et* XV*e siècles*, Paris, Calman-Lévy, 1970.

NAGY, Piroska, *Le Don des larmes au Moyen Âge. Un instrument spirituel en quête d'institution (*V*e-*XIII*e siècle)*, Paris, Albin Michel, 2000.

NAGY, Piroska, « Collective Emotions, History and Change : the Case of the Pataria (Milan, Eleventh Century) », *Emotions : History, Culture, Society*, 2/1 (2018), p. 132-152.

NAGY, Piroska, « Making a Collective Emotional Body : Francis of Assisi Celebrating Christmas in Greccio (1223) », dans Dolores Martin-Morunho et Beatriz Pichel (dir.), *Emotional Bodies. Studies in the Historical Performativity of Emotions*, Champaign, University of Illinois Press, History of Emotions Series, 2019, p. 151-174.

NOIRIEL, Gérard, *Une Histoire populaire de la France. De la guerre de Cent Ans à nos jours*, Marseille, Agone, 2018.

OZOUF, Mona, *Composition française. Retour sur une enfance bretonne*, Paris, Gallimard, 2009.

REGNÉ, Jean, « La levée du capage et l'émeute toulousaine du 9 mai 1357 », *Annales du Midi*, t. 30, 1917-1918, p. 421-428.

ROSENWEIN, Barbara H., *Emotional Communities in the early Middle Ages*, Ithaca, Cornell University Press, 2006.

SAINT-DENIS, Alain, « Instigateurs et acteurs des premières communes françaises (fin XIe-premier tiers du XIIe siècle) » dans Philippe Depreux (dir.), *Révolte et statut social de l'Antiquité tardive aux Temps modernes*, Munich, Oldenbourg, 2008, p. 111-129.

SKODA, Hannah, *Medieval Violence. Physical brutality in Northern France 1270-1330*, Oxford, Oxford University Press, 2013.

SOBOUL, Albert, *Histoire de la Révolution française*, Paris, Gallimard, 1962.

STELLA, Alessandro, « *Racconciare la terra* : à l'écoute des voix des *Ciompi* de Florence en 1378 », dans Jan Dumolyn, Jelle Haemers, Hipólito Rafael Oliva Herrer et Vincent Challet (dir.), *The Voices of the People in Late Medieval Europe. Communication and Popular Politics*, Turnhout, Brepols, 2014, p. 139-147.

TCHAKHOTINE, Sergueï, *Le Viol des foules par la propagande politique*, Paris, Gallimard, 1952.

TOCQUEVILLE (DE), Alexis, *de Écrits et discours politiques*, dans *Id.*, *Œuvres complètes*, Paris, Gallimard, 1985.

COLLECTIVE EMOTIONS AND THE AUDIENCE IN EARLY ENGLISH DRAMA

Early English drama offers rich possibilities for considering how crowds experienced emotions, how these emotions were thought of and written about, and whether they were valorised or demonised. Dramatic performances between the fourteenth and sixteenth centuries were prime sites for social gatherings, ranging from local, civic levels to the larger, citywide events that enticed people to travel and partake in the festivities[1]. The gathering of persons in a shared space for a shared purpose is one way to define what a crowd is. The intersection of bodies, time and space necessitates that certain kinds of embodied practices accompanied all three factors. Crowds of any kind, not least in relation to performances, are not uniform entities but vibrant, dynamic, ever-changing phenomena. Beyond the criteria of inhabiting a given space for a common reason, the motivating factors, vantage points, levels of understanding and enjoyment, attention paid and duration stayed are just some of the variables that remain. In spite of this variability, and the capacity of individuals to have different experiences at performances, being part of an audience necessitates shaping one's embodied practices to fit that circumstance[2].

1 For an investigation of the festive drama in pre-modern England, see Paul Whitfield White, *Drama and Religion in English Provincial Society, 1485-1660*, Cambridge, Cambridge University Press, 2008. — Claire Sponsler discusses the possibility that M. Kempe attended the York plays on a trip there with her husband in "Drama and Piety: Margery Kempe", in John H. Arnold and Katherine J. Lewis (eds.), *A Companion to the Book of Margery Kempe*, Cambridge, D. S. Brewer, 2004, p. 129-144. — For a sense of the practicality of staging plays in a city such as York, see Margaret Rogerson (ed.), *The York Mystery Plays: Performance in the City*, Suffolk, York Medieval Press, 2011.

2 John J. McGavin and Greg Walker, *Imagining Spectatorship: From the Mysteries to the Shakespearean Stage*, Oxford, Oxford University Press, 2014, is a study into that individuality, taking into account precise factors such as vantage point and social status to give a sense of the kinds of differences that shaped audience experience.

Whether standing, seated or on the move, such bodies are always situated and acting in relation to one another, and possess the requisite skills and knowledge to do so.

The capacity for the individuals that comprised audiences to coordinate specific behaviours with one another gives evidence for the emotional dispositions of the group during and around performances. Testimonies attest to audiences clapping, hissing, crying or laughing at certain moments[3]. Similarly, silent attention to a performance is a socially coded practice that takes being part of a group into account. The practices of audiences offer some of the most valuable ways into thinking about how their emotions were shaped and perceived by virtue of being in a crowd. Monique Scheer's theory of emotions as practices offers crucial ways of thinking about the emotions relative to audiences. In her definition of the term, Scheer writes that emotional practices are "things people do in order to have emotions, or 'doing emotions' in a performative sense, which would implicate thinking of emotions themselves as a kind of practice[4]". Going to dramatic performances in order to experience emotions has historic form. Such a perspective is attested in ancient Greek and Indian sources, from Carthage and Constantinople in late antiquity, to the biblical plays of medieval England, and into modernity[5]. Augustine of Hippo's retrospective glance at his teenage self at the theatre in Carthage includes his motivation to "quaerebam ut esset quod dolerem [seek out occasions for being distressed][6]". Jean-Jacques Rousseau's contention that people attend the theatres of Paris "pour pleurer les malheurs des morts, ou rire aux dépens des vivants [in order to cry for the misfortunes of

3 See Matthew Steggle, *Laughing and Weeping in Early Modern Theatres*, Aldershot, Ashgate, 2007. The *Oxford English Dictionary* attests these practices in relation to drama audiences, though largely from the sixteenth and seventeenth century. Laughing and crying are attested in several examples cited in the present work. The humanist J. L. Vives names hissing as a response of an audience to watching a biblical play in his commentary on Augustine's *City of God*. For the Latin text and its English translation, plus an excellent discussion of its dramatic context, see Sarah Carpenter, "New Evidence: Vives and Audience-Response to Biblical Drama", *Medieval English Theatre*, 31 (2009), p. 3-13.

4 Monique Scheer, "Are Emotions a Kind of Practice (And Is That What Makes Them Have A History?) A Bourdieuian Approach to Understanding Emotion", *History and Theory*, 51 (2012), p. 193-229.

5 See Noël Carroll, "Theatre and the Emotions", in Lisa Zunshine (ed.), *The Oxford Handbook of Cognitive Literary Studies*, Oxford, Oxford University Press, 2015, p. 313-326.

6 Augustine, *Confessions*, vol. I, edited and translated by Carolyn J. B. Hammond, Cambridge (MA), Harvard University Press, 2014, p. 97.

the dead, or laugh at the expense of the living]" stakes a similar claim[7]. The choice to attend dramatic performances in both instances is framed as an emotional practice in its own right, even if the seeker of specific emotions relies on the skill of an actor to occasion them.

Apportioning spectators the requisite amount of agency relative to their emotions necessitates displacing the written play text as the source for how an audience was made to feel, to the exclusion of any other factors. Such a contention comes into line with recent medical and theoretical claims that emotions are not simply reactions to stimuli. And yet as most of the language that exists for audiences frames their actions as "reactions" or "responses", moving beyond this paradigm is by no means straightforward. In Lisa Feldman Barrett's *How Emotions are Made*, the psychologist's central argument is that "emotions are not built-in but made from more basic parts. They are not universal but vary from culture to culture. They are not triggered; you create them[8]". The last point is issued in response to what Feldman Barrett terms the "classical view of émotions", a perspective that has influenced medical theories on emotions as being determined from birth via genes, and which are made manifest in facial expressions, gesture and language by a series of triggers[9]. Accounts of emotions in the ancient and medieval world do, however, sometimes configure emotions as embodied experiences that are caused, made or done by virtue of something or someone else. Turning back to Scheer, the ethnohistorian contends that viewing emotions as practices (not too far from Feldman Barrett's claim that emotions are made) avoids a situation in which historical perspectives on emotions might simply be dismissed as wrongheaded or simplistic (not that this is Feldman Barrett's intention). Scheer writes:

> Conceiving of emotions as practices or acts also provides a way of counterbalancing the dominant language of emotions as always and essentially *re*actions, or triggered responses…Instead of searching the historical record for the "trigger" to explain the emotion that followed, the emotions can be

7 Jean-Jacques Rousseau, *Théâtre, précédé de la Lettre à M. d'Alembert*, chez E. A. Lequien (ed.), Paris, 1821, p. 20. Translation in *Letter to D'Alembert and Writings for the Theater*, Allan Bloom, edited and translated by Charles Butterworth and Christopher Kelly, Hanover and London, University Press of New England, 2004, p. 262.

8 Lisa Feldman Barrett, *How Emotions are Made: The Secret Life of the Brain*, New York, Macmillan, 2017, p. XII.

9 Lisa Feldman Barrett, *How Emotions are Made*, *op. cit.*, p. X.

> viewed as the meaningful cultural activity of ascribing, interpreting, and constructing an event as a trigger[10].

Scholars of pre-modern drama have also begun to consider spectators as agents in their own right, and in relation to their emotions. Penelope Woods positions the activity of attending plays as a skilled activity that requires knowledge of the "social conventions and etiquettes" of dramatic spaces, with the performance of emotions being part of that skillset[11]. Alison Hobgood aims to write the "unrecorded story of how playgoers cultivated and determined the affective power of theater", and show the role "theatregoers play[ed] in the emotional life of Renaissance drama[12]". Stepping away from emotion, Amy J. Rogers argues that the spectator "has a discursive (as well as a material) history", and is "an entity that consists of multiple, sometimes contradictory narratives, some of which have long and relatively consistent half-lives and some of which emerge and disappear within a given era[13]". Though these critics' work largely pertains to early modern drama, their arguments are applicable to earlier forms too.

More broadly, drama scholarship has undergone what has been termed a spectatorial turn. All historical domains, and other disciplines such as sociology and philosophy, have exerted significant energy in order to understand the historical persons who comprised audiences, and the terms on which they might be engaged with[14]. Moving away from the play text as the locus of authority has greatly facilitated such scholarship. But so too has the opening up of the kinds of knowledge that can give insights into performance cultures of the past. The integration of

10 Monique Scheer, *art. cited*, p. 206.

11 Penelope Woods, "Skilful Spectatorship? Doing (or Being) Audience at Shakespeare's Globe Theatre", *Shakespeare Studies*, 43 (2015), p. 101-108.

12 Allison P. Hobgood, *Passionate Playgoing in Early Modern England*, Cambridge, Cambridge University Press, 2014, p. 2-3.

13 Amy J. Rodgers, *A Monster with a Thousand Hands: The Discursive Spectator in Early Modern England*, Pennsylvania, University of Pennsylvania Press, 2018, p. 6.

14 John J. McGavin and Greg Walker, *op. cit.*; Jennifer A. Low, *Dramatic Spaces: Scenography and Spectatorial Perceptions*, Abingdon, Routledge, 2016; Jeremy Lopez, *Theatrical Convention and Audience Response in Early Modern Drama*, Cambridge, Cambridge University Press, 2002; Charles Whitney, *Early Responses to Renaissance Drama*, Cambridge, Cambridge University Press, 2006. For sociology, see Richard Butsch and Sonia Livingstone (eds.), *Meanings of Audiences: Comparative Discourses*, Abingdon, Routledge, 2014. In philosophy, Jacques Rancière, *Le Spectateur émancipé*, Paris, La Fabrique, 2008.

approaches from other disciplines, such as material culture and concepts of experience (archaeology), histories of place, space[15] and site specificity (cultural geography and architecture) and practice-based approaches such as performance-as-research (PaR) or performance-based-research (PbR) (developed in theatre studies departments) has established the historical validity of non-literary components of drama[16]. Historians and theorists of drama have also insisted on the importance of oral-based repertoires. The work of Carol Symes and Diana Taylor has attempted to decentre the written word from its position of scholarly dominance by considering alternative perspectives as to why plays and performances deliberately eschewed written forms[17]. Research into the history of embodiment (from emotion, to cognition, to movement) has also affected the ways in which drama scholars think about performance[18]. Paying attention to environmental factors such as light, sound, the nature of the space in which performances took place, how audiences occupied those spaces, moved, interacted and felt throughout the duration of a live event has added to the ever-widening perspective the field is in the midst of developing[19].

Stephanie Trigg's proviso that "The history of emotions… helps us understand not just medieval and early modern individuals but also the

15 For a recent discussion of place and space in early drama studies, see Eleanor Rycroft, "Place on the Late Medieval and Early Modern Stage: The Case of *Ane Satyre of the Thrie Estaitis*", *Shakespeare Bulletin*, 35 (2017), p. 247-266.

16 Stephen Purcell discusses the development of these practices in "Practice-as-Research and Original Practices", *Shakespeare Bulletin*, 35 (2017), p. 425-443.

17 See Carol Symes, "The Medieval Archive and the History of Theatre: Assessing the Written and Unwritten Evidence for Premodern Performance", *Theatre Survey*, 51 (2011), p. 29-58; Diana Taylor, *The Archive and the Repertoire: Performing Cultural Memory in the Americas*, Durham, Duke University Press, 2003.

18 See Evelyn Tribble, *Cognition in the Globe: Attention and memory in Shakespeare's theatre*, New York, Palgrave Macmillan, 2011; Gail Kern Paster, *Humoring the Body: Emotions and the Shakespearean Stage*, Chicago, University of Chicago Press, 2004; Jill Stevenson, *Performance, Cognitive Theory, and Devotional Culture: Sensual Piety in Late Medieval York*, New York, Palgrave Macmillan, 2010; Clare Wright, "Enculturated, Embodied, Social: Medieval Drama and Cognitive Integration", in Miranda Anderson and Michael Wheeler (eds.), *Distributed Cognition in Medieval and Renaissance Culture*, Edinburgh, Edinburgh University Press, 2019, p. 120-137.

19 See Meg Twycross, *Sources, Images and Performance: Shifting Paradigms in Early English Drama Studies*, Sarah Carpenter and Pamela King (eds.), Abingdon, Routledge, coll. "Variorum Collected Studies", 2018; Carla Baricz, "Performing *Fulgens and Lucres*, Henry Medwall and the Tudor Great Hall Play", *Medieval and Renaissance Drama in England*, 31 (2018), p. 178-203; Mariana López, "An Acoustical Approach to the Study of the Wagons of the York Mystery Plays: Structure and Orientation", *Early Theatre*, 18 (2015), p. 11-36.

social, cultural, and political frameworks in which they experienced, performed, and narrated their emotions" draws an important connection between the singular and the structural that should also be taken into account regarding audiences and their emotions[20]. This is especially important for the present study, because at times emotions seem more important for an individual within an audience than for the group at large. Trigg highlights that an individual is never quite just that, and the examples in this study reinforce this claim. This study has not been easy to research or intuitive to write. Conflicts abound. Trying not to privilege written text over embodied knowledge, both in relation to studies of drama and emotion that nevertheless depend on written traces to facilitate investigations, is a tricky endeavour. Equally, balancing attention between the emotions of audiences and that audience's status as a crowd creates extra complications as pertains to research criteria and what is required from analysis. Those reading this study with a predominant interest in crowd studies may find themselves disappointed. There was not space, or I simply could not perform the requisite balancing act, to position this work in relation to the most recent research into crowd studies. What has been attempted, however, is a consideration of dramatic audiences collectively, relative to the emotions they performed, and as much as possible, on their own terms.

FROM THE ACTOR TO THE SPECTATOR

This essay begins with a series of examples that frame the emotions of audiences as elicited by the emotive performances of actors. The most influential anti-theatrical writings on spectating feature this dynamic, with Plato worrying that the irrational emotions on display in the theatres of Athens were liable to imprint themselves on those watching the plays[21]. In the complaints of two leading theologians of Greek and Latin speaking late antiquity, much of the ground for understanding how

20 Stephanie Trigg, "Emotional Histories—Beyond the Personalization of the Past and the Abstraction of Affect Theory", *Exemplaria*, 26 (2014), p. 14.

21 Noël Carroll, "Theatre and Emotions", *art. cited*, p. 314.

emotions happen in early English writings on spectating is laid. John Chrysostom's sermon *Against the games and theatres* of Constantinople and Augustine's account of his misspent youth in Carthage in the *Confessions* contain within them many of the recurring slights against performers and those who watch them. Perhaps more surprisingly, the "modes of expressing" emotion, to use Barbara Rosenwein's term, developed to undermine the integrity of performances would also shape later testimonies which celebrated the form[22].

Though distinctive in how they attacked their respective performance cultures, a common feature of both theologians is to suggest that the emotional states of attendees had deeply antisocial and unchristian implications. For Chrysostom, a spectator's sight of an actress on stage incited a lust that could destroy a marriage. For Augustine, who co-felt the emotional state performed before his eyes without any impulse to intervene in the suffering witnessed, a retrospectively identified failure of compassion marked those feelings as futile, indulgent and unchristian. The antisocial is inseparable from the emotions in these accounts, with emotion working to form a bond between the performer and the spectator, to the detriment of other relationships. For Chrysostom, attending theatres instead of church on Good Friday exposes attendees to the sight of a woman performing—a common convention of late antique dramatic culture—and to destructive lust (*epithumias*)[23]: "And it was not only at that time, but also when the theatre has closed, and the woman has gone away, her image remains in your soul…Is it not this that leads to the disruption of households? Is it not this that leads to the destruction of temperance, and the breakup of marriages[24]?" For the young Augustine, the emotions performed on stage are mirrored in

22 Barbara H. Rosenwein, *Generations of Feeling: A History of Emotions, 600-1700*, Cambridge, Cambridge University Press, 2015, p. 3.

23 The Liddell-Scott dictionary defines *epithumia* as "a desire, yearning" with the implication of "sexual desire, lust." See Henry George Liddell and Robert Scott, *A Greek-English Lexicon*, Oxford, Clarendon Press, 1940.

24 Wendy Mayer and Pauline Allen, *John Chrysostom*, London, Routledge, 2000, p. 122. Original Greek text in John Chrysostom, *Homilia contra ludos et theatra*, Patrologia Graeca 56.263-270, Jacques Paul Migne (ed.), Paris, 1862. — For a discussion of Chrysostom and his relationship to performance, see Rebecca Stephens Falcasantos, "A School for the Soul", in Georgia Frank, Susan R. Holman and Andrew S. Jacobs (eds.), *The Garb of Being: Embodiment in the Pursuit of Holiness in Late Ancient Christianity*, New York, Fordham University Press, 2020, p. 101-123.

himself, and which he co-performs, evident in the terms *congaudebam* and *contristabar*:

> *sed tunc in theatris congaudebam amantibus cum sese fruebantur per flagitis, quamvis haec imaginarie gererent in ludo spectaculi. Cum autem sese amittebant, quasi misericors contristabar.*
>
> "but back then, at the theaters, I used to be united with the lovers in their pleasures, when they were reveling in sinful behavior though they were playacting the misdeeds on the stage for entertainment. When the protagonists got themselves lost, it made me feel sad as if I was full of real pity[25]."

In Rousseau's later formulation, "L'on croit s'assembler au spectacle, et c'est là que chacun s'isole; c'est là qu'on va oublier ses amis, ses voisins, ses proches, pour s'intéresser à des fables" ["People think they come together in the Theater, and it is there that they are isolated. It is there that they go to forget their friends, neighbors, relations in order to concern themselves with fables"][26]. In playing the group against the individual, this vision of spectatorship underlines that going to the theatre fragments social relations. That the performative capacities of actors take centre stage in terms of how emotions work in these texts means that there is little room left for members of the audience to have any emotional agency over each other. Unlike their discussions of horseracing or gladiatorial battles, the theologians dedicate no space as to how an audience and its various emotional practices (such as cheering and shouting) affect others within the crowd[27].

By virtue of the inevitability of the danger posed, owing to the susceptibility of the body or the soul, all those who attend performances were liable to undergo the same experiences. Configuring emotion as manifesting on an individual level, and only in relation to a performer, facilitates the claims made in both Chrysostom's sermon and Augustine's *Confessions* about the spiritual peril in which theatrical performances placed the Christian. Thus, in spite of the individualised presentation of emotions, an image of these audiences as a crowd emerges in both texts.

25 Augustine, *op. cit.*, p. 95.

26 Jean-Jacques Rousseau, *op. cit.*, p. 20. Translation, *op. cit.*, p. 262.

27 Lawrence M. Clopper discusses this distinction in relation to the *Confessions* in *Drama, Play, and Game: English Festive Culture in Medieval and Early Modern*, Chicago, The University of Chicago Press, 2001, p. 35.

Shifting forward to late medieval English commentaries on dramatic audiences means staying with anti-theatrical writing. The text known as *A Treatise of Miraclis Pleyinge*, likely composed by at least two writers between the years 1380 and 1425[28], dedicates itself to decrying the form of drama it terms "miraclis" [miracles], with strands of late antique criticism evident throughout. Though the plays attacked are firmly within a Christian and devotional frame of reference (unlike those of late antiquity), the writer(s) are concerned with how deleterious the emotional engagements with performances are to an audience, even if the kinds of emotions and their resonances are not the same[29]. The impact of watching drama resounds with some of Chrysostom's antisocial accusations, though the English, and possibly Lollard inflected, text goes far beyond lust in citing the detrimental impact of watching a performance[30]:

> it makith to se veine sightis of degyse, aray of men and wymmen by yvil continaunse, either stiring othere to leccherie and debatis as aftir most bodily mirthe comen moste debatis, as siche mirthe more undisposith a man to paciencie and ablith to glotonye and to othere vicis[31].
>
> "it causes one to see vain sights of disguise, the dress of men and women in a depraved appearance, the one stirring the other to lechery and turmoil, because after bodily mirth comes the most turmoil, and such mirth takes away a man's moderation and enables gluttony and other vices[32]."

The visual perception of actors in costume sets in motion (*stiring* implies affecting emotionally) a chain of inner movements that destroys the equilibrium of a person, or their *paciencie* [steadfastness, forbearance, moderation]. The performers, in the guise of men and women, cause a pleasure that is named as physical ("bodily mirthe"), and then a raft of emotional turmoil begins. *Leccherie* has sexual connotations in Middle English, but can also relate to excessive desire of other kinds.

28 Clifford Davidson (ed.), *A Treatise of Miraclis Pleyinge*, Kalamazoo, Medieval Institute Publications, coll. "Early Drama, Art and Music", 2011, p. 1.

29 See Donnalee Dox, *The Idea of the Theater in Latin Christian Thought: Augustine to the Fourteenth Century*, Michigan, University of Michigan Press, 2009; Sarah Brazil, "Drama", in Clare Monagle and Juanita Feros Ruys (eds.), *A Cultural History of the Emotions in the Medieval Age, 350-1300*, London, Bloomsbury, 2019, p. 65-81.

30 Clifford Davidson makes a link between the *Treatise*'s discussion and Tertullian's *De Spectaculis*, *Treatise*, *op. cit.*, p. 129. — For his discussion on Lollardy in the text, see p. 23.

31 Clifford Davidson (ed.), *Treatise*, *op. cit.*, p. 96.

32 All translations of Middle English are mine.

Debatis suggests a state of internal battle related to conflicting emotions and thoughts, which can also manifest as physical aggression toward others. Without specifying what kind of performance causes this slew of emotional disturbances, the *Treatise* sets out an initial claim for the detrimental effects of spectating. It is also noteworthy that the *stiring* of these various emotions is attributed to the performers[33].

The *Treatise* elsewhere offers a more distinct vision of the kind of drama—the "passioun of Crist and of his seintis"—that elicits specific emotions, and the role of the spectator is brought to the forefront[34]. One of the main claims of the *Treatise* is that attending plays—and passion plays in particular—is not a devotional act, even though it was named as such by contemporary religious authorities[35]. Crying in front of icons or plays of the passion was, as Susan C. Karant-Nunn explains, understood to be "the physical result of inner movement" resulting, ideally, in a "most profound sense of responsibility for sin", and an act of devotional compassion[36]. As Piroska Nagy's research on tears as a spiritual gift has demonstrated, the crying of mystics was even understood to give the crier direct access to the body of Christ[37]. The writer of the *Treatise* does not exclude all crying from worshipful action, but watching plays of the passion is deliberately excluded from this remit:

> siche miraclis pleyinge giveth noon occasioun of werrey wepinge and medeful, but the weping that fallith to men and wymmen by the sighte of siche miraclis pleyinge, as they ben not principaly for theire oune sinnes ne of theire gode feith withinneforthe, but more of theire sight withouteforth is not allowable before God but more reprowable[38].
>
> "such miracle plays do not occasion true tears, and spiritually efficacious ones, but the crying that happens to men and women by the sight of such miracle plays—as they are crying not principally for their own sins nor for their good interior faith, but because of their exterior sight—is not proper before God, but reprehensible."

33 Clifford Davidson (ed.), *Treatise*, *op. cit.*, p. 97.

34 *Ibid.*, p. 98.

35 For a discussion of affective practices especially pertaining to sight of the Passion, see Damien Boquet and Piroska Nagy, *Medieval Sensibilities: A History of Emotions in the Middle Ages*, translated by Robert Shaw, Cambridge, Polity Press, p. 194-200.

36 Susan C. Karant-Nunn, *The Reformation of Feeling: Shaping the Religious Emotions in Early Modern Germany*, Oxford, Oxford University Press, 2010, p. 253.

37 Piroska Nagy, *Le Don des larmes au Moyen Âge*, Paris, Albin Michel, 2000, p. 399-411.

38 Clifford Davidson (ed.), *Treatise*, *op. cit.*, p. 102.

The tears occasioned by drama are not truthful or spiritually beneficial, considered as part of an internal mental and emotional response that involved reflecting on one's own spiritual state or capable of granting access to the divine body. Instead, crying at plays is connected to perception, which is limited to the realm of bodily processes. Later, the *Treatise* accuses spectators of "having more compassion of peine than of sinne and falsly wepyn for lakkinge of bodily prosperite more than for lakking of gostly" [having more compassion for pain than sin, and crying deceitfully because of a lack of physical well-being more than a lack of spiritual well-being][39]. In this sense, crying when watching a play positions compassion as a response to an external stimulus, and is not a rational act.

That compassion could tend toward the irrational was a view of the emotion that had emerged during the scholastic period, and the *Treatise* seems to follow this kind of perspective on the emotion rather than coming into line with Augustine's critique. Juanita Feros Ruys' study on compassion (or empathy) traces the resurgence of these concerns:

> despite a move in the high Middle Ages toward an affective piety that emphasised devotional compassion with the crucified Christ and with Mary, his mother bereft, there survived alongside this a powerful distrust of compassion inherited from the Stoic thinkers of Greece and Rome. The scholastic suspicion of empathy took its argument from the primacy of the individual soul in Christian theology, the hierarchy that one must look to God first, oneself second and others only afterwards[40].

From the contention that spectators have "more compassion of peine than of sinne[41]", coupled with the accusations that they neglect their interior, spiritual condition in favour of being occupied with what they see, the average crying playgoer is failing in their care for the soul by the standards of this hierarchy, which demanded actions "prompted by reason, precept and a focus on their own spiritual capital, rather than mere empathic feeling[42]".

39 Clifford Davidson (ed.), *Treatise*, *op. cit.*, p. 102.

40 Juanita Feros Ruys, "Introduction to Interdisciplinary Forum: An Alternative History of Empathy", *Emotions, Culture, Society*, 2 (2018), p. 187-188. See also Juanita Feros Ruys, "An Alternative History of Medieval Empathy: The Scholastics and *compassio*", *Emotions, Culture, Society*, 2 (2018), p. 192-213.

41 Clifford Davidson (ed.), *Treatise*, *op. cit.*, p. 102.

42 Juanita Feros Ruys, "Introduction to Interdisciplinary Forum", *art. cité,* p. 188.

In many respects, the *Treatise* offers glimpses into the audience as a crowd, both in their multitude as "men and wymmen" and their shared emotional practices[43]. All attendees are susceptible to the emotional turmoil that witnessing plays about Christ and his saints occasion, and the preponderance of crying at the sight of passion plays is interpreted as evidence for their spiritual failure. Like the writings of Augustine and Chrysostom, there is no sense offered as to how members of the audience might affect one another; when they cry, they cry for what they see performed, not because of the influence of a fellow spectator. But their mass susceptibility to the dangers posed by watching drama, under the false comfort that their emotional practices relate to devotion, unites them as a multitude nonetheless.

The convention of writing about emotion as occasioned by performers pervades pre-modern spectating discourse that does not have an anti-theatrical agenda. In John R. Elliott Jr.'s discussion of pre-modern acting in England and France, six accounts of spectating are provided with the following conclusion:

> The similarity between these descriptions, originating from five different cities in two different countries over a course of nearly two hundred years, is striking. None of the witnesses could have known the comments of the others, yet they all picked out precisely the same things to remark on in the acting performances they admired, and they used almost the same words to describe them[44].

Elliott does not consider that there might be a discursive history of spectating at work, as per Rogers' argument, that gives shape to how a person in both countries across a large swathe of time might write about attending a performance. In relation to the emotions, it is worth paying attention to the fact that many of these accounts measure the success of a performer in relation to the emotional practices of spectators. An early sixteenth century chronicle written by Metz resident Philippe de Vigneulles gives this kind of information about a St. Catherine play performed in the city in 1468. But as Susannah Crowder notes, this account was written about thirty years after the performance itself, and

43 Clifford Davidson (ed.), *Treatise*, *op. cit.*, p. 98 and 102.
44 John R. Elliott Jr., "Medieval Acting", in Marianne G. Briscoe and John C. Coldewey (eds.), *Contexts for Early English Drama*, Bloomington, Indiana University Press, 1989, p. 241.

earlier accounts are far more scant in detail. Crowder in fact terms this portion of de Vigneulles' *Chronique* a "literary construction of female performance[45]":

> *Et pourtait le parsonnaige de saincte Katherine une jonne fillette, aagée de environ XVIII ans, laquelle estoit fille à Dediet le Woirier; et fist merveilleusement bien son debvoir, au grés et plaisir d'ung chacun. Touteffois, avoit ladicte fille XXIIIc vers de parsonnaige, mais néantmoins elle les sçavoit tout sus le doyt. Et parloit celle fille cy vivement et piteusement qu'elle provocquoit plusieurs gens à pleurer, et estoit agréable à toutte gens*[46].
>
> "A young girl played the character of Saint Catherine, aged about 18 years, who was the daughter of Didier le Werriés. She did her part to the liking and pleasure of everyone. Notwithstanding that the said girl had 2300 lines, she nonetheless knew them all on the nose. And this girl spoke so keenly and piteously that she caused many people to cry, and was appreciated by all[47]."

The same kinds of observations are made just over a century later in Henry Jackson's letter to a friend regarding a performance of Shakespeare's *Othello*, though Jackson was an eyewitness to this 1610 performance at Oxford:

> *Habuerunt et Tragoedias, quas decore, et apte agebant. In quibus non solum dicendo, sed etiam faciendo quaedam lachrymas movebant. At vero Desdemona ilia apud nos a marito occisa, quanquam optime semper causam egit, interfecta tamen magis movebat; cum in lecto decumbens spectantium misericordiam ipso vultu imploraret.*
>
> "They also had tragedies, which they acted with decorum and fitness. In these they elicited tears not only with their speaking but also with their physical action. But that Desdemona, murdered by her husband in our presence, although she always pled her case excellently, yet when killed moved us more, while stretched out on her bed she begged the spectators' pity with her very facial expression[48]."

Both writers consider the ability of the performer to incite emotion in audiences and spectators as a skill, which can be mastered through facial

45 Susannah Crowder, *Performing women: Gender, self, and representation in late medieval Metz*, Manchester, Manchester University Press, 2018, p. 28.

46 Philippe de Vigneulles, *La Chronique de Philippe de Vigneulles*, vol. II, edited by Charles Bruneau, Metz, Société d'histoire et d'archéologie de la Lorraine, 1929, p. 394-395.

47 Translation from Susannah Crowder, *Performing Women*, *op. cit.*, p. 30-31.

48 Henry Jackson, "Excerpts from Henry Jackson's letter recording a performance of *Othello* at Oxford", online (https://shakespearedocumented.folger.edu).

expressions, gestures or the timbre of a voice[49]. Not all performances could have afforded the kinds of audience-performer proximity that these testimonies put forward, and it is not the purpose of this essay to try to claim a uniformity of experience at pre-modern performances, even if an account makes one. The recent work of John McGavin and Greg Walker on the distinctiveness of audience experience would caution against such universalising critical tendencies. The important points to take away from these examples, I contend, is that there is an emerging pattern related to how one writes about a good performance and a talented performer, as there was to condemn drama along theological lines. Performers' capacities to elicit group emotion are at the centre of both kinds of writing about audiences.

EMOTIONS WITHIN THE AUDIENCE

Audiences do not only exist in relation to performers in the traces of them that survive. In turning to pre-modern English vocabulary for audiences in announcements that advertised performances (banns), addresses within extant play texts and historical records, the notion of the collective is at the forefront of the terms that exist. The principal words in contemporary English, *audience* and *spectator*, only take on the dramatic implications they still hold during the sixteenth century[50]. Prior to the dominance of these terms, one finds a range of alternatives. Many have political, civic and social resonances, such as *folk*, *pepyl* (and its Latin equivalent *populus*) and *comoune* (commons)[51]. Unlike the later

49 Valentina Berardini mentions these embodied practices as the prime ways in which preachers might engage the attention and emotions of congregations when delivering sermons. The study also makes interesting parallels between oration and acting. See Valentina Berardini, "*Prédicateurs et Acteurs: À la recherche d'indices de performance dans les sermons de la fin du Moyen Âge*", in Marie Bouhaïk-Gironès and Marie Anne Polo de Beaulieu (eds.), *Prédication et performance du XIIe au XVIe siècle*, Paris, Classiques Garnier, 2013, p. 79-90.

50 These terms have become somewhat interchangeable in English, which is how they are used in the present paper.

51 For a discussion on the term *peple* in English, see Marisa Galvez, "'People': English", in Jeffrey T. Schnapp and Matthew Tiews (eds.), *Crowds*, Stanford, Stanford University Press, 2006, p. 88-90. — On the term commons, see John Watts, "The Commons in

words, which privilege sensory perception, Middle English terms foreground a sense of the multitude. Other expressions relate to the vital, moving entity that constituted this group, such as *presse* (from *pressen*, to press, which the *Oxford English Dictionary* names as the word that preceded *crowd* in English), or the need to move oneself to join the group located at the place of spectacle, evident in *gaderynge*[52].

References to spectators as a group are often accompanied by claims that the play(s) can effect a desirable emotional state, or prevent an undesirable one. The banns for the plays known as N-Town, found within a fifteenth century manuscript compilation of biblical plays from East Anglia, claim these plays are "glad" and will "plese":

> Now gracyous God, groundyd of all goodnesse
> As thi grete glorie nevyr begynnyng had,
> So thu socour and save all tho that sytt and sese
> And lystenyth to oure talkyng with sylens stylle and sad.
> For we purpose us pertly stylle in this prese
> The pepyl to plese with pleys ful glad.
> Now lystenyth us, lovely, bothe more and lesse,
> Gentyllys and yemanry of goodly lyff lad[53].

> "Now gracious God, the source of all goodness,
> As thy great glory has had no beginning,
> So you comfort and save all those that sit and cease talking
> And listen to our speech in reverent and unmoving silence.
> For we intend plainly with our stillness in this crowd
> The people to please with merry plays.
> Now listen to us, dearests, the well off and the less fortunate,
> Gentlefolk and yeomanry that lead good lives."

The language is affectionate even while ordering silence, inclusive of different social statuses and relatively gender neutral. The announcers of the banns, named as *vexillators* one to three in the manuscript, situate

Medieval England", in *La Légitimité implicite*, Paris et Rome, Éditions de la Sorbonne, 2015. See also in this same volume, Lidia Zanetti Domingues, "*Foules émues au pied de l'échafaud dans l'Italie communale des XIIIe et XIVe* siècles", p. 319.

52 See the *Middle English Dictionary*, online (https://quod.lib.umich.edu).

53 Douglas Sugano (ed.), "The Banns (Proclamation)", *The N-Town Plays*, Kalamazoo, Medieval Institute Publications, 2017 (here l. 1-8). — On the current state of research on the N-Town plays, see Alexandra F. Johnston, "English Biblical Drama", in Pamela M. King (ed.), *The Routledge Research Companion to Early Drama and Performance*, Abingdon, Routledge, 2017, p. 187-204.

themselves as amidst a crowd, in which their stillness is suggestive of a contrast to vibrant action ("we purpose us pertly stylle in this prese"). Several mentions of a need for silence and listening imagine the noise and bustle that accompany such a multitude. Anticipating their overview of forty biblical episodes, arranged in a creation to judgement format, *Vexillator 1* states that their intention is "pepyl to plese with pleys ful glad". This statement is suggestive of a kind of harmony between the emotional content of the plays and the intended impact on this audience. Several contemporary plays write this kind of intention into their play scripts. Henry Medwall's *Fulgens and Lucres* (performed *c.* 1490, printed in 1530) summarises its content—about whether nobility is determined by "blood alone or personal virtue[54]"—adding on that its concern was not only to question this matter, but "also for to do with all/ This company some myrth" [also to occasion some mirth for all those present][55]. John Skelton's *Magnificence* (performed *c.* 1519-1520, printed *c.* 1530), a play concerned with good kingship, cites several emotional outcomes for an audience. Its allegorical characters *Sad Circumspection* and *Redresse* close out the play firstly with the contention that "This mater we have movyd you myrthys to make" [this subject to have caused you to make mirth], before the more solemn note "And ye that have harde this dysporte and game,/ Jhesus preserve you frome endlesse wo and shame" [and you that have heard this sport and game, Jesus preserve you from endless sorrow and shame][56]. As banns and play scripts attest, the composers considered it a play's business to move audiences to "make" or "do" specific emotions. While *mirth* [happiness, delight] occurs on several occasions, and the synonym pleasure (from *plese*) on others, *Magnificence*'s closing blessing implies that attending the play may also save spectators from experiencing such undesirable emotional states.

Banns are in the business of attracting audiences, and play scripts give insights into the "emotional agenda" of plays, to use Hobgood's expression[57]. Offering a perspective that takes the play out of a position of centrality are historical records that feature less than ideal audience behaviours. Two fifteenth century testimonies from the city of York,

54 Greg Walker (ed.), *Medieval Drama: An Anthology*, Oxford, Blackwell, 2000, p. 305.

55 *Ibid.*, p. 347, l. 2330-2331.

56 *Ibid.*, p. 407, l. 2545, 2564-2565.

57 Hobgood, *art. cité*, p. 27.

which supported a substantial Corpus Christi cycle for almost two centuries, refer to audiences as crowds, and particularly unwieldy ones. A 1426 entry in the A/Y Memorandum Book E 20 relates how the famous preacher and friar William Melton complained about the coalescence of the feast day procession and plays because of the behaviour it prompted audiences to engage in:

> *[Melton] in suis sermonibus diuersis ludum predictum populo commendauit affirmando quod bonus erat in se & laudabilis valde dicebat tamen quod ciues predicte ciuitatis & alij forinseci in dicto festo confluentes ad eandem non solum ipsi ludo in eodem festo verum eciam comessacionibus ebrietatibus clamoribus cantilenis & alijs insolencijs multum intendunt seruicio diuino officij ipsius dici minime intendentes & quod dolendum est ea de causa amittunt indulgencias in ea parte per felicis recordacionis vrbanum papam quartum*[58].

> "[Melton] commended the said play to the people in several of his sermons, by affirming that it was good in itself and most laudable; nevertheless, he used to say that the citizens of the aforesaid city and the other foreigners coming in to it during the said festival, attend not only to the play on the same feast, but also greatly to feastings, drunkenness, clamours, gossipings, and other wantonness, engaging the least in the divine service of the office of that day and that, alas, for that cause, they lose the indulgences granted to them in that matter by Pope Urban IV of happy memory[59]."

Play attendance when the city of York swells to welcome more than its own population leads to a host of actions that distract from the purpose of the feast day, according to Melton. Seeing plays is not the main activity cited here, nor the one critiqued. That the York audiences share their time between the plays and eating, drinking, talking and general merry-making gives an insight into their sociability in a way rarely prioritised in accounts of drama. Even if outside the agenda of this account, a picture of a vibrant, highly interactive group of people emerges from the Friar's complaint.

Just a few years later, the A/Y Memorandum Book records a more egregious set of behaviours, to the extent that the guild financing the play issued the complaint[60]. In an entry for 1432-1433, the record evinces

58 Alexandra F. Johnston and Margaret Rogerson (eds.), *Records of Early English Drama: York*, vol. I, Toronto, University of Toronto Press, 1979, p. 1426.

59 Alexandra F. Johnston and Margaret Rogerson (eds.), *Records*, vol. II, *op. cit.*, p. 728-729.

60 The complaint had financial dimensions and also involved the Goldsmiths. See Jamie Beckett, "*Pendens Super Feretrum*: Fergus, Aelred, and the York *Funeral of the Virgin*", *Medieval English Theatre*, 39 (2017), p. 103-125.

how disgruntled the Mason's guild were with their episode, the *Funeral of the Virgin*. Known more colloquially as the play of Fergus, it seems to have attracted unruly, even riotous, behaviour:

> *vero quia Cementarij ciuitatis murmurabant inter se de pagina sua in ludo corporis christi vbi ffergus fflagellatus erat pro eo quod materia pagine illius in sacra non continetur scriptura & magis risum & clamorem causabat quam deuocionem Et quandoque lites contenciones & pugne inde proueniebant in populo ipsamque paginam suam raro vel nunquam potuerunt producere & ludere clara die sicut faciunt pagine precedentes*[61].
>
> "indeed, because the Masons of this city have become accustomed to murmur about their pageant in the Corpus Christi Play in which Fergus was beaten because the pageant's subject is not contained in sacred scripture and used to produce more laughter and noise than devotion. And whenever quarrels, disagreements, and fights used to arise among the people from this they have rarely or never been able to produce their pageant in daylight as the preceding pageants do[62]."

Jamie Beckett's recent study on this episode has suggested that the Fergus figure was a well-known historical enemy of the city of York, with the idea of the play and its antagonist stirring locals to action[63]. The first part of this account involves the audience's behaviour with respect to the play itself, the plot of which seems to have been that the Fergus figure attaches himself to the bier of the Virgin and is subsequently beaten. The play elicits laughter and noise, practices that seem undesirable and which this record places in an antagonistic relationship with devotional aims[64]. This situation seems to have been a best-case disruptive scenario for the Masons. The other part of the complaint involves incidents in which a volatile, pugnacious audience delays the performance itself. Prompted by their own animosity toward this figure, such moments of disquiet seem more reminiscent of football hooligans than Corpus Christi play audiences. And yet in this brief record, a picture of how audiences felt, thought and acted—separately from how they may have been cued to by the plays themselves—emerges.

61 Alexandra F. Johnston and Margaret Rogerson (eds.), *Records*, vol. 1, *op. cit.*, p. 47-48.

62 *Ibid.*, vol. II, *op. cit.*, p. 732.

63 Jamie Beckett, *art. cité*, p. 107-109.

64 This play is one of three that was never entered into the civic document known as the Register (London, British Library, MS. Add. 35290). See Clifford Davidson (ed.), "Introduction", *The York Corpus Christi Plays*, Kalamazoo, Medieval Institute Publications, 2011.

In recent years, scholars have insisted on the importance of understanding a performance culture relative to the spaces it inhabits and the environmental factors that shape it. How an audience felt, thought and acted must be considered within this frame of reference too. Eileen White has commented that audience sizes in York were relatively small. Even the Pavement playing area, the widest playing street in the city, was still quite narrow[65]. In such heated circumstances as the Fergus play, the contained spaces of York's streets could have contributed to how audiences felt and acted as a consequence, fomenting the antagonism of those present toward the Fergus figure and amongst themselves. For the other plays, interactions within spaces may have been reflective of close-knit community ties, common appreciation for certain guilds, persons or episodes and had an altogether different outcome than the Masons' play. The lack of evidence to the contrary, and Melton's approval of the plays themselves, broadly suggest this to have been the case. With regard to the plays mentioned thus far, many would have been staged within cityscapes (as in York), the inn-yards of taverns, schools and universities or in the Great Hall of noble households (such as *Fulgens and Lucres* and *Magnificence*). Different social codes and deportments, different requirements of listening, looking and paying attention, and different practices of audience interaction go hand in hand with plays designed to be staged within particular spaces. As mentioned before, these environments afforded high degrees of visibility and mobility, facilitating the interactions between members of the audience.

A neglected question in pre-modern audience studies is what influence an audience had on itself vis-à-vis emotion. Testimonies for how members of an audience affected each other are sparse in the medieval period, often because it lay outside of the agenda of a particular kind of writing[66]. Much later examples give food for thought, even if they do not facilitate comparisons. Jennifer Low's study of nineteenth century Parisian theatre discusses the sway a group of people known as *claqueurs* held over the audiences, playwrights and theatres of the day. Spread throughout the theatre, their remit was to clap at precise moments in

65 Eileen White, "Places for Hearing the Corpus Christi Play in York", *Medieval English Theatre*, 9 (1987), p. 23-63.

66 On the agenda of documents related to drama, see Symes, *art. cité*.

coordination with each other, in order to encourage the paying audience to do likewise[67]. Low remarks:

> The claque attained its apogee in the theaters of nineteenth-century Paris, though the nickname for claqueurs at that time, "the Romans", called attention to the origin of the practice during the time of Nero. But it is generally agreed that the phenomenon of the professional claque emerged in the French theater in the late eighteenth or early nineteenth century[68].

Low continues to explain that despite "frequent outcries against the claque" from many corners, they were supported by theatre administrators in Paris because they established a norm concerning the perceived quality of the play. The *claqueurs* also set the agenda relative to emotional practices[69]. Without the *claque*, Low notes, Parisian audiences were often at a loss to perform how they felt and what they thought about a given play, and in some instances gave no responses at all. In turn, a play's reputation was placed under threat, with playwrights by necessity often insisting on the presence of the *claque*[70].

In the context of non-professional pre-modern English drama, the stakes of how one performs as a member of the audience are not as high as in this Parisian example, though as a social event, they still exist. High visibility was also a feature of this performance culture for several reasons. Many plays were staged outdoors in daylight on highly social occasions such as feastdays; temporary structures such scaffolds or other kinds of seating offered viewpoints on the play, but also on the audience, as did watching plays from within buildings if a play was set in a town or city. With great halls, such occasions were organised with the express purpose of making certain persons more visible than others[71]. Social importance was designated by the position one sat in, and that one had a place to sit at all. We get an insight into the social stakes of audience visibility in the misogamist poem and *exemplum* the "Payne and Sorowe of Evyll Maryage". Its composer was none other than John Lydgate (1370-1451), a writer and deviser of performances

67 On the role and meaning of clapping, see also the study of Nathan Murray in this volume, p. 266-273.

68 Jennifer A. Low, *op. cit.*, p. 74.

69 *Ibid.*, p. 76.

70 *Ibid.*, p. 76-77.

71 See Carla Baricz, *art. cité*, for a discussion of the use of space in *Fulgens and Lucres*.

for English kings and London guilds, and who would have encountered many different kinds of audiences in his career. The emotional agenda of Lydgate's bad wives is at the heart of their motivations to attend plays, which is connected to their visibility:

> They hem rejoise to see and to be sayne…
> At staracles to sitte on hie stages,
> If they be faire to shewe ther visages;
> If they be fowle of look or countenaunce,
> They can amend it with pleasaunt daliaunce[72].

> "They rejoice to see and to be seen…
> To sit on high platforms at miracle plays
> If they are fair in order to display their faces;
> If they have unpleasant looks or expressions
> They can amend it with pleasant coquetry."

Although this portrait was probably constructed with Chaucer's Wife of Bath in mind more than the average play-going woman, that Lydgate positions audience members as agents in their own emotional experiences, detached from the performance itself, is noteworthy. Lydgate offers a counter-perspective to centring performers as the generative locus of emotion. Once again recognising that attending a play is an emotional practice, the rejoicing of the bad wife happens because she is the centre of the spectacle.

Such as in Lydgate's poetry, critics should be encouraged to look for other models of audience emotion, as they do exist. Approaching plays as entities that aim to cue certain reactions, or which craft emotional agendas, is one way to consider audience emotion, but it has the potential to write audience agency out of the picture entirely. Writing in the "horizontal effects of the group experience on emotions" means considering the terms on which audiences were part of affective experiences, sought them out and were agents of them[73]. The complaint involving the Fergus play in York demonstrates that this agency can overwhelm, and even upend the agenda of a play. Hobgood's contention that "feeling early modern audiences could make or break a play's intended emotional agenda" resonates well with this medieval example. We must also consider that being exposed

72 John Lydgate, "Payne and Sorowe of Evyll Maryage", *The Trials and Joys of Marriage*, Eve Salisbury (ed.), Kalamazoo, Medieval Institute Publications, 2002, l. 106-112.

73 Monique Scheer, *art. cité*, p. 211.

to emotional practices such as clapping, cheering, laughing or crying can occasion the same practices in others who understand their social valence and applicability, whether involving a play or not.

Investigating the emotions of early English audiences is not a case of trying to move beyond the various kinds of textual evidence and its agendas. Texts after all facilitate critical points of access, and bring to light ways of thinking that would not be possible in their absence[74]. By approaching this subject via emotional practices, a model of emotion that does not distinguish interior from exterior, feigned from genuine, and even more crucially, looks at convention, discourse and literary formulations as evidence for how emotions were thought about, this study hopes to have found the requisite balance of attention to audiences, crowds and their emotions[75]. I suggest that the crowd is often implied where it is not stated, and that looking to the play text is but one strategy in the effort to centre audience emotion. Starting with the premise that audiences were agents of their own experiences, even in instances where emotions are occasioned by (or made in relation to) performers, has hopefully contributed to methods of considering spectators beyond the model of response.

Sarah BRAZIL
Université de Genève

74 Editor Mary C. Flannery's "Introduction" (in *Emotion and Medieval Textual Media*, Turnhout, Brepols, 2019, p. 1-18) discusses the treatment of literary texts in emotion studies, and how literary critics in medieval studies have responded in recent years.

75 Monique Scheer, *art. cité*, p. 196.

BIBLIOGRAPHIE

SOURCES

A Treatise of Miraclis Pleyinge, éd. by Clifford Davidson, Early Drama, Art and Music 19, Kalamazoo, Medieval Institute Publications, 2011.

AUGUSTINE, *Confessions*, vol. 1-2, ed. and trans. by Carolyn J. B. Hammond, Loeb Classical Library, Cambridge, MA, Harvard University Press, 2014.

CHRYSOSTOM, John, *John Chrysostom*, ed. by Wendy Mayer et Pauline Allen, London, Routledge, 2000.

CHRYSOSTOM, John, *Patrologia Graeca* 56, ed. by Jacques Paul Migne, Paris, 1862, online, http://patristica.net/graeca/ (consulté le 12 janvier, 2020).

JACKSON, Henry, "Excerpts from Henry Jackson's letter recording a performance of *Othello* at Oxford", online, http://shakespearedocumented.folger.edu/ (consulté le 20 mai, 2020).

LYDGATE, John, "Payne and Sorowe of Evyll Maryage", in *The Trials and Joys of Marriage*, ed. by Eve Salisbury, Kalamazoo, Medieval Institute Publications, 2002, online, https://d.lib.rochester.edu/teams/publication/salisbury-trials-and-joys-of-marriage (consulté le 3 août, 2020).

Medieval Drama: An Anthology, ed. by Greg Walker, Oxford, Blackwell, 2000.

Records of Early English Drama: York, vol. 1-2, ed. by par A. F. Johnston and M. Rogerson, Toronto, University of Toronto Press, 1979.

ROUSSEAU, Jean-Jacques, *Théâtre, précédé de la Lettre à M. d'Alembert et de l'Imitation Théâtrale*, in *Œuvres de J.-J. Rousseau*, vol. 20 (n. XI), chez E. A. Lequien, Paris, 1820-1823.

ROUSSEAU, Jean-Jacques, *Letter to D'Alembert and Writings for the Theater*, ed. by Alan Bloom, Charles Butterworth and Christopher Kelly, Hanover, University Press of New England, 2004.

The N-Town Plays, ed. by Douglas Sugano, Kalamazoo, Medieval Institute Publications, 2007, online, https://d.lib.rochester.edu/teams/publication/sugano-the-n-town-plays (consulté le 15 juillet 2020).

The York Corpus Christi Plays, ed. by Clifford Davidson, Kalamazoo, Medieval Institute Publications, 2011, online, https://d.lib.rochester.edu/teams/publication/davidson-the-york-corpus-christi-plays (consulté le 28 juin 2020).

VIGNEULLES, Philippe de, *La chronique de Philippe de Vigneulles*, ed. by Charles Bruneau, Metz, 4 t., Société d'histoire et d'archéologie de la Lorraine, 1927-1933.

ÉTUDES

BARICZ, Carla, "Performing *Fulgens and Lucres*, Henry Medwall and the Tudor Great Hall Play", *Medieval and Renaissance Drama in England*, 31 (2018), p. 178-203.

BECKETT, Jamie, "*Pendens Super Feretrum*: Fergus, Aelred, and the York Funeral of the Virgin", *Medieval English Theatre*, 39 (2017), p. 103-125.

BERARDINI, Valentina, "*Prédicateurs et Acteurs: À la recherche d'indices de performance dans les sermons de la fin du Moyen Âge*", in Marie Bouhaïk-Gironès and Marie Anne Polo de Beaulieu (eds.), *Prédication et performance du XIIe au XVIe siècle*, Paris, Classiques Garnier, 2013, p. 79-90.

BOQUET, Damien and NAGY, Piroska, *Medieval Sensibilities: A History of Emotions in the Middle Ages*, trad. Robert Shaw, Cambridge, Polity Press, 2018.

BRAZIL, Sarah, "Drama", in Clare Monagle and Juanita Feros Ruys (eds.), *A Cultural History of the Emotions in the Medieval Age, 350-1300*, London, Bloomsbury, 2019, p. 65-81.

BUTSCH, Richard and LIVINGSTONE, Sonia (eds.), *Meanings of Audiences: Comparative discourses*, Abingdon, Routledge, 2014.

CARPENTER, Sarah, "New Evidence: Vives and Audience-Response to Biblical Drama", *Medieval English Theatre*, 31 (2009), p. 3-13.

CARROLL, Noël, "Theatre and the Emotions", in Lisa Zunshine (ed.), *The Oxford Handbook of Cognitive Literary Studies*, Oxford, Oxford University Press, 2015, p. 313-326.

CLOPPER, Lawrence M., *Drama, Play, and Game: English Festive Culture in Medieval and Early Modern Period*, Chicago, University of Chicago Press, 2001.

CROWDER, Susannah, *Performing women: Gender, self, and representation in late medieval Metz*, Manchester, Manchester University Press, 2018.

DOX, Donnalee, *The Idea of the Theater in Latin Christian Thought: Augustine to the Fourteenth Century*, Michigan, University of Michigan Press, 2009.

ELLIOTT, John R. Jr., "Medieval Acting", in Marianne G. Briscoe and John C. Coldewey (eds), *Contexts for Early English Drama*, Bloomington, Indiana University Press, 1989, p. 238-252.

FELDMAN BARRETT, Lisa, *How Emotions are Made: The Secret Life of the Brain*, New York, Macmillan, 2017.

FEROS RUYS, Juanita, "Introduction to Interdisciplinary Forum: An Alternative History of Empathy", *Emotions, Culture, Society*, 2 (2018), p. 175-191.

FEROS RUYS, Juanita, "An Alternative History of Medieval Empathy: The Scholastics and *compassio*", *Emotions, Culture, Society*, 2 (2018), p. 192-213.

FLANNERY, Mary C., (ed.), *Emotion and Medieval Textual Media*, Turnhout, Brepols, 2019.

GALVEZ, Marisa, "People: English", in Jeffrey T. Schnapp and Matthew Tiews (eds.), *Crowds*, Stanford, Stanford University Press, 2006, p. 88-90.

HOBGOOD, Allison, *Passionate Playgoing in Early Modern England*, Cambridge, Cambridge University Press, 2014.

JOHNSTON, Alexandra F., "English Biblical Drama", in Pamela M. King (ed.), *The Routledge Research Companion to Early Drama and Performance*, Abingdon, Routledge, 2017, p. 187-204.

KARANT-NUNN, Susan C., *The Reformation of Feeling: Shaping the Religious Emotions in Early Modern Germany*, Oxford, Oxford University Press, 2010.

KERN PASTER, Gail, *Humoring the Body: Emotions and the Shakespearean Stage*, Chicago, University of Chicago Press, 2004.

LIDDELL, Henry George and SCOTT, Robert, *A Greek-English Lexicon*, revised by H. S. Jones et R. McKenzie, Oxford, Clarendon Press, 1940.

LOPEZ, Jeremy, *Theatrical Convention and Audience Response in Early Modern Drama*, Cambridge, Cambridge University Press, 2002.

LÓPEZ, Mariana, "An Acoustical Approach to the Study of the Wagons of the York Mystery Plays: Structure and Orientation", *Early Theatre*, 18 (2015), p. 11-36.

LOW, Jennifer A., *Dramatic Spaces: Scenography and Spectatorial Perceptions*, Abingdon, Routledge, 2016.

MCGAVIN, John J. and WALKER, Greg, *Imagining Spectatorship: From the Mysteries to the Shakespearean Stage*, Oxford, Oxford University Press, 2014.

Middle English Dictionary, University of Michigan, 2020. http://quod.lib.umich.edu/m/med/

NAGY, Piroska, *Le Don des Larmes au Moyen Âge*, Paris, Bibliothèque Albin Michel, 2000.

Oxford English Dictionary, Oxford, Oxford University Press, 2020. http://dictionary.oed.com/

PURCELL, Stephen, "Practice-as-Research and Original Practices", *Shakespeare Bulletin*, 35 (2017), p. 425-443.

RANCIÈRE, Jacques, *Le spectateur émancipé*, Paris, La Fabrique, 2008.

RODGERS, Amy J., *A Monster with a Thousand Hands: The Discursive Spectator in Early Modern England*, Pennsylvania, University of Pennsylvania Press, 2018.

ROGERSON, Margaret, (ed.), *The York Mystery Plays: Performance in the City*, York Medieval Press, 2011.

ROSENWEIN, Barbara H., *Generations of Feeling: A History of Emotions, 600-1700*, Cambridge, Cambridge University Press, 2015.

RYCROFT, Eleanor, "Place on the Late Medieval and Early Modern Stage: The Case of *Ane Satyre of the Thrie Estaitis*", *Shakespeare Bulletin*, 35 (2017), p. 247-266.

SCHEER, Monique, "Are Emotions a Kind of Practice (And Is That What Makes Them Have A History?) A Bourdieuian Approach to Understanding Emotion", *History and Theory*, 51 (2012), p. 193-229.

SPONSLER, Claire, "Drama and Piety: Margery Kempe", in John H. Arnold and Katherine J. Lewis (eds.), *A Companion to the Book of Margery Kempe*, Cambridge, D. S. Brewer, 2004, p. 129-144.

STEGGLE, Matthew, *Laughing and Weeping in Early Modern Theatres*, Aldershot, Ashgate, 2007.

STEPHENS FALCASANTOS, Rebecca, "A School for the Soul", in Georgia Frank, Susan R. Holman and Andrew S. Jacobs (eds.), *The Garb of Being: Embodiment in the Pursuit of Holiness in Late Ancient Christianity*, New York, Fordham University Press, 2020, p. 101-123.

STEVENSON, Jill, *Performance, Cognitive Theory, and Devotional Culture: Sensual Piety in Late Medieval York*, New York, Palgrave Macmillan, 2010.

SYMES, Carol, "The Medieval Archive and the History of Theatre: Assessing the Written and Unwritten Evidence for Premodern Performance", *Theatre Survey*, 51 (2011), p. 29-58.

TAYLOR, Diana, *The Archive and the Repertoire: Performing Cultural Memory in the Americas*, Durham, Duke University Press, 2003.

TRIBBLE, Evelyn, *Cognition in the Globe: Attention and memory in Shakespeare's theatre*, New York, Palgrave Macmillan, 2011.

TRIGG, Stephanie, "Emotional Histories—Beyond the Personalization of the Past and the Abstraction of Affect Theory", *Exemplaria*, 26 (2014), p. 3-15.

TWYCROSS, Meg, *Sources, Images and Performance: Shifting Paradigms in Early English Drama Studies*, Variorum Collected Studies, Sarah Carpenter and Pamela King (eds.), Abingdon, Routledge, 2018.

WATTS, John, "The Commons in Medieval England", in Jean-Philippe Genet (ed.), *La légitimité implicite*, Paris-Rome, Éditions de la Sorbonne, 2015, online, https://books.openedition.org/psorbonne/6618?lang=en (consulté le 18 juillet, 2020).

WHITE, Eileen, "Places for Hearing the Corpus Christi Play in York", *Medieval English Theatre*, 9 (1987), p. 23-63.

WHITE, Paul W., *Drama and Religion in English Provincial Society, 1485-1660*, Cambridge, Cambridge University Press, 2008.

WHITNEY, Charles, *Early Responses to Renaissance Drama*, Cambridge, Cambridge University Press, 2006.

WOODS, Penelope, "Skilful Spectatorship? Doing (or Being) Audience at Shakespeare's Globe Theatre", *Shakespeare Studies*, 43 (2015), p. 99-113.

WRIGHT, Clare, "Enculturated, Embodied, Social: Medieval Drama and Cognitive Integration", in Miranda Anderson and Michael Wheeler (eds.), *Cognition in Medieval and Renaissance Culture*, Edinburgh, Edinburgh University Press, 2019, p. 120-137.

FROM FEARFUL TO BRAVE

The Shaping of Collective Emotions through Bodily Practices by the Italian Renaissance Condottieri

This contribution aims to investigate how the collective emotions of the Italian Renaissance soldiers were presented in the 15th century's military sources, were interpreted by the military culture and, furthermore, how the relation between the emotions of the *condottiero* (i.e. the military captain) and those attributed to the military company at large was characterized.

In 15th century Italy the military profession was carried out by specialized soldiers, organized in military companies in which a strict hierarchical structure ruled: at the top of the ladder there was the *condottiero*, who commanded over several groups of men organized in *lance* (units composed by three men); it was him who gathered, recruited and distributed the salary to the entire company[1]. Since the *condottieri* were the principal actors of the Renaissance military warfare and important players in the Italian social, political and diplomatic scenario, they are the protagonists of coeval sources regarding the military profession.

Biographies of the *condottieri* and military treatises allow the historian to closely observe the military culture of the Italian Renaissance, both in its ideal and stereotypical traits, and in the real practice of the profession of arms. The *condottieri* became the preferred subject

1 On the Italian Renaissance warfare see in general: Mario Del Treppo (ed.), *Condottieri e uomini d'arme nell'Italia del Rinascimento*, Naples, Liguori, 2001; Michael Mallett, *Mercenaries and their Masters. Warfare in Renaissance Italy*, London, The Bodley Head, 1974; Michael Mallett, *L'Organizzazione militare di Venezia nel "400"*, Rome, Jouvence, 1989; Piero Pieri, *Il Rinascimento e la crisi militare italiana*, Turin, Einaudi, 1952; Maria Nadia Covini, *L'esercito del duca. Organizzazione militare e istituzioni al tempo degli Sforza (1450-1480)*, Rome, Istituto Storico Italiano per il Medio Evo, coll. "Nuovi Studi Storici", 1998; Ancona Clemente, "Milizie e condottieri", in *Storia d'Italia*, vol. 5, Turin, Einaudi, 1973, p. 643-665. In this contribution the words *condottiero* and captain are used interchangeably.

of the new humanistic historiography, which wanted to celebrate the individual's action and shaped the *condottiero* into a person worthy of historically representing the 15th century to his contemporaries, by presenting him as a *vir illustris* and *homo novus*. Books about the *vita et gestae* of the captains, poems, *commentari* and the historical works on these men which have clearly propagandistic ends clarify the existence of a "military culture": after comparing different kinds of sources it is possible to notice the homogeneity and coherence of this culture, as a framework that not only directed the representation and narration of reality, but also shaped the experience of the same subjects whose endeavors were recounted[2].

From a methodological standpoint, the analysis of the military collective emotions is based on the ideas proposed by the practice theory approach: the influence of practice theory in the past few decades on sociology, anthropology and cultural history has increased the attention

2 Eugenio Garin, *Medioevo e Rinascimento. Studi e Ricerche*, Rome and Bari, Laterza, 1984, p. 175-195; Gabriella Albanese, "Lo spazio della gloria. Il condottiero nel '*De viris illustribus*' di Facio e nella trattatistica dell'Umanesimo", in Mario Del Treppo (ed.), *Condottieri e uomini d'arme*, *op. cit.*, p. 93-123; Giuliana Crevatin, "Vite vendute. Biografie di capitani di ventura", in *ibid.*, p. 227-241; Gary Ianziti, "I 'Commentarii': appunti per la storia di un genere storiografico quattrocentesco", *Archivio Storico Italiano*, 150 (1992), p. 1029-1063; Gary Ianziti, *Humanistic Historiography under the Sforzas. Politics and Propaganda in Fifteenth-Century Milan*, Oxford, Clarendon Press, 1988; Riccardo Fubini, *L'umanesimo italiano e i suoi storici. origini rinascimentali, critica moderna*, Milan, F. Angeli, 2001. *Commentari* are rough historic materials or recounts of events produced by eyewitnesses or humanistic historians, which were functional to the writing of the proper *historia*. They were intended as provisional historiographical writings: since they were not meant to be published as written the literary style is poor and simple and the authors were freer to express opinions or to describe events that could have had an impact on the *condottiero*'s reputation. In the second half of the 15th century *commentari* had a short fortune within Italian courts as independent historical works and created for humanists a space useful to describe contemporary events without the rhetorical constraints of the historiographical genre (which makes them precious sources for historical research). An example of rough materials not meant to be published are the *commentari* of Federico di Montefeltro written by his chancellor Pierantonio Paltroni (Pierantonio Paltroni, *Commentari della vita et gesti dell'illustrissimo Federico Duca d'Urbino*, ed. by Walter Tommasoli, Urbino, Argalia, 1966); the most famous example of 15th century *commentari* are the *Commentarii rerum memorabilium* by Pope Pius II (Enea Silvio Piccolomini), written between 1462 and 1464. Following the example of Piccolomini's work, within the Sforza court in Milan were composed the most important examples of this genre for the recount of the life of a *condottiero*, namely Giovanni Simonetta's *commentari* (Giovanni Simonetta, *Rerum gestarum Francisci Sfortiae commentarii*, ed. by Giovanni Soranzo, in *Rerum Italicarum Scriptores 2*, Bologna, Zanichelli, 1932-1934, vol. XXI, part III).

to the role of the body and its practices throughout history, and has aimed to overcome dichotomies such as individual/society and mind/body. Particularly useful about this approach for the present analysis is the attention given to the emotions as active participants in the construction of both self-representation and social reality. Furthermore, practice theory offers methodological tools to investigate actions, gestures and behaviors involving emotions, which are used in the communication and interaction between subjects, without presuming a split between experience and performance[3]. Hence, the emotions expressed through body and (codified) actions are interpreted as cultural performances which not only display an emotional state, but have also an impact on reality and shape other people's emotions, thus strengthening and reaffirming the culture that produced the performance itself.

Emotions are intended as agents of change operating within emotional communities, something which implies that they are understood as produced by both mind and body, and as functional for the creation of passions, according to the neuroscientific theory of constructed emotions (which proposes an interdependent relation between body, environment and subjects)[4]. Particularly useful for the analysis of military perfor-

3 See: Katie Barclay, *The History of Emotions. A Student Guide to Methods and Sources*, London, Macmillan Education, 2020, p. 93-110; Alan Maddox, "Performing emotions", in Katie Barclay, Sharon Crozier-De Rosa, Peter N. Stearns (eds.), *Sources for the History of Emotions. A Guide*, London, Routledge, 2020, p. 127-142; Kate Davison, Marja Jalava, Giulia Morosini, Monique Scheer, Kristine Steenbergh, Iris van der Zande, Lisa Fetheringill Zwicker, "Emotions as a Kind of Practice. Six Case Studies Utilizing Monique Scheer's Practice-Based Approach to Emotions in History", *Cultural History*, 7/2 (2018), p. 226-238; Rob Boddice, *The History of Emotions*, Manchester, Manchester University Press, 2018, p. 120-124; Merridee L. Bailey and Katie Barclay (eds.), *Emotion, Ritual, and Power in Europe, 1200-1920. Family, State, and the Church*, Cham, Palgrave, 2017, p. 1-20; Barbara H. Rosenwein, Riccardo Cristiani, *What is the History of Emotions?*, Cambridge, Polity, 2018; Gerd Althoff, "Questions and perspectives. Medieval studies in Germany and the 'Performative Turn'", in Yoshihisa Hattori (ed.), *Political Order and Forms of Communication in Medieval and Early Modern Europe*, Rome, Viella, 2014, p. 33-51; Susan Broomhall (ed.), *Early Modern Emotions: an introduction*, London, Routledge, 2017 (here in particular p. 14-17, 45-48, 165-173, 202-205, 235-238). See also: Andrew Lynch and Susan Broomhall (eds.), *The Routledge History of Emotions in Europe, 1100-1700*, London, Routledge, 2020.

4 Lisa Feldman Barrett, *How Emotions are Made. The Secret Life of the Brain*, London, Macmillan, 2017. For the theory of *emotional communities* see: Barbara H. Rosenwein, "Worrying about Emotions in History", *The American Historical Review*, 107/3 (2002), p. 821-845; Barbara H. Rosenwein, *Emotional Communities in the Early Middle Ages*, Ithaca and London, Cornell University Press, 2006. — The whole military social group, with particular attention given to the *condottieri*, is intended as one military community, due to the anthropological

mances is the practiced-body paradigm proposed by Monique Scheer and the notion of communicating emotional practices[5], through which the shaping of collective emotions by the captain's use of voice, facial expressions, body and passions has been investigated.

Since the selected historical sources (particularly biographies and *commentari*) were aimed at celebrating the action and abilities of the single individual as the virtuous hero fighting against fate or as the symbolical representation of his times the authors were not much interested in the collective dimension of the military company; rather, they preferred to describe the soldiers' emotions as a mirror used to reflect the glorious image of the military captains. Hence, the collective emotions of the soldiers are represented as homogeneous: not as the result of many personal and singular emotions forming a group, but as one and undifferentiated entity which encompassed all the soldiers (who supposedly felt the same emotion, in the same way and at the same time) and that was subject to the action of the *condottiero*. They are presented as a sort of distributed cognition in which the embodied mind expands beyond the limits of the body and influences the bodies and minds of those present to the performance.

However, the emotional influence is not a unidirectional top-down movement, from the *condottiero* to the soldiers. If it is true that the sources are focused on the captain's actions, his emotional performances are often needed and operated in response to the soldiers' collective emotional status, which in turn influences the captain's emotional disposition. The need to shape the soldiers' emotions according to those of the *condottiero* is primarily a military necessity functional to the good outcome of the military action, in this way affirming the crucial role played by collective emotions for the practice of war and in the emotional landscape of the Renaissance battlefields.

---

uniformity shown in the sources and the continuous passage of men from one company to another. See: Maria Nadia Covini, "La fortuna e i fatti dei condottieri 'con veritate, ordine e bono inchiostro narrati': Antonio Minuti e Giovanni Simonetta", in Maria Nadia Covini, Massimo Della Misericordia, Andrea Gamberini and Francesco Somaini (eds.), *Medioevo dei Poteri. Studi di storia per Giorgio Chittolini*, Rome, Viella, 2012, p. 215-244.

5 Monique Scheer, "Are emotions a kind of practice (and is that what makes them have a history)? A Bourdieuian approach to understanding emotion", *History and Theory*, 51 (2012), p. 193-220.

Passions were intended as simultaneously located inside and outside the body and not necessarily localized in a single individual: therefore, they could be able to permeate the landscape and to condition different subjects[6]. Since the focus of the sources is directed towards the actions of the *condottiero*, his ability to shape the collective emotions of the soldiers became a feature of the so-called "military virtue[7]". Military virtue presents the same features in humanistic works, military treatises and captains' biographies: on the basis of the formulation made by Cicero (*De imperio Cn. Pompei)* and later recalled by Francesco Petrarca, the perfect captain had to possess four characteristics, namely *scientia rei militaris, virtus, auctoritas*, and *felicitas*; military virtue was then interpreted as composed by four parts, that is *prudenza, fortezza, audacia*, and *celerità* (prudence, fortitude, audacity and promptness). The recurrent formulation *franchezza d'animo e gagliardia di corpo* (bravery and strength of body and soul) aimed at showing the unity between body and mind and encompassed emotions as instruments of warfare, by interpreting the military profession as ennobling those who practice it.

The ability to shape collective emotions was ascribed to the virtue of *prudentia*, which was based on the experience and knowledge useful to the captain in the practice of war and in the management of both his emotions and those of his soldiers: hence the virtuous *condottiero* was

6 Mary Floyd-Wilson, Garrett A. Sullivan (eds.), *Environment and Embodiment in Early Modern England*, Basingstoke, Palgrave MacMillan, 2007, p. 1-13.

7 The neo-Aristotelian perspective introduced by Thomas Aquinas intended emotions as an essential component of human nature and, consequently, humanists proposed a portrait of the *condottiero* as a man who embraces, controls and manages his emotions in order to gain virtue and glory. See the letter-treatise from Petrarca to Luchino dal Verme, handed down with the title *De officio et virtutibus imperatoriis*: Francesco Petrarca, *De Republica optime administranda liber. Eiusdem De officio et virtutibus imperatoriis liber. Bernae Exeudebat IOHANNES LE PREUX, Illustriss. DD. Bernens. Typograph. Anno MDCII*; See also: Leonardo Bruni, *Orazione di Leonardo Bruni Aretino detta a Niccolò da Tolentino: edita per le nozze Gamurrini-Giulietti Gennajo MDCCCLXXVII*; Paolo Viti, "Bonus miles et fortis ac civium suorum amator. *La figura del condottiero nell'opera di Leonardo Bruni*", in Mario Del Treppo (ed.), *Condottieri e uomini d'arme, op. cit.*, p. 75-91; Charles Calvert Bailey, *War and Society in Renaissance Florence. The* De Militia *of Leonardo Bruni*, Toronto, University of Toronto Press, 1961; Andrea Donati, "L'immagine vittoriosa di Sigismondo Pandolfo Malatesta e l'orazione di Giannozzo Manetti per la consegna del bastone di comando dell'esercito fiorentino (Vada, 30 settembre 1453)", *Studi Romagnoli*, 61 (2010), p. 773-840; Andreas Hellerstedt (ed.), *Virtue Ethics and Education from Late Antiquity to the Eighteenth Century*, Amsterdam, Amsterdam University Press, 2018; Anthony F. D'Elia, *Pagan Virtue in a Christian World. Sigismondo Malatesta and the Italian Renaissance*, Cambridge (MA), Harvard University Press, 2016.

the one who is able to incite or placate the soldiers' souls. Within this cultural framework, two were the principal ways in which the captain could have shaped other people's emotions: through his speeches before a battle, and through the communication or dissimulation of his own passions.

Within the military companies the words of the *condottiero* and his speeches were a practice strategically used to modify and condition the soldiers' emotions. The military mentality believed in the power of words to actively act upon others' passions: "They heard the captain's speech / and he who was coward became a champion. /" All were shouting: "we are already in the fight/ and we shall see who is not brave[8]". In this quotation it is possible to notice how the emotions of the *bracceschi*[9] soldiers were different before and after the speech of their captain Braccio da Montone—and usually the movement of passions described in the sources shows a shift from fear to courage. The eloquence and oratory abilities of the condottiero were praised in biographies and *commentari*, in which the authors strove to depict a virtuous portrait of the perfect captain who was able to engage and shape the collective emotions of the soldiers[10].

The discussion about nobility of blood versus nobility of costumes lasted long after the 15th century[11]: regarding the captains' oratory,

8 *Cantari sulla guerra aquilana di Braccio*, edited by Roberto Valentini, Rome, Tipografia del Senato, 1935 (here c. VIII, o. 34, p. 142-143): *"Odenno lo parlar del capetano/ Deventa paladinu chi è codardu./ Grydano tucti: "Omay sciamo alle mano,/ Et vederasse chi non è galliardo""*.

9 The *bracceschi* were the soldiers who fought in the company of Braccio da Montone. Italian Renaissance military companies were usually named after their *condottieri*, therefore Muzio Attendolo Sforza's soldiers were called *sforzeschi*, those of Gattamelata *gatteschi*, the soldiers of Federico di Montefeltro were called *feltreschi* and so on. The biggest or most famous companies kept their names even after the captain's death: for example, Niccolò Piccinino and his sons commanded over the *braccesca* company after Braccio's death in 1424, while the *gatteschi* were recruited with their name and fought with the banners of Gattamelata after his death in 1443.

10 See for example: Giannantonio Campano, *Braccii Perusini vita et gesta ab anno 1368 usque ad 1424*, edited by Roberto Valentini, in *Rerum Italicarum Scriptores 2*, vol. XIX, part IV, Bologna, Zanichelli, 1929, p. 62: *"Erat in Braccio non ficta et simulata calliditas orationis, sed gravis nudaque in dicendo suavitas, non arte sed natura, nonnihil etiam industria, comparata. Nemo iratos hominum animos remissus demulcere, nemo hortari vehementius ardentisque excitare."*

11 See for example the short treatise *De Nobilitate* by Buonaccorso da Montemagno (written in Latin in the early 15th century, vulgarized twice after its distribution and attested in numerous codices), in which the author stages a dispute between Publio Cornelio Scipione

during the Early Renaissance the ability to shape emotions was not believed to result from the social and economic power of the élites which, thanks to their higher social status, possessed the instruments to emotionally influence the illiterate mass. The social mobility granted by the military profession and the possibility for commoners to command over other (and sometimes noble) men oriented the discussion about virtue and nobility and attributed to the profession of arms the ability to ennoble those who practiced it, through the steps of its *cursus honorum*. For example Achille Marozzo, in his treatise about the military profession, states that the commoners can aim at acquiring nobility and virtue through military exercise, training and demonstration of gallantry and bravery[12]; Guarino Veronese, in his *laudatio* of Francesco Bussone di Carmagnola (on the occasion of his victory at the battle of Maclodio in 1427), affirmed that the excellence, nobility and virtue of the *condottiero* results only from his will and actions, not from his *genus*[13]. Therefore, the captain's oratory ability is part of his military virtue, which is a virtue of action that does not depend from the nobility of blood but that comes from the nobility of costumes.

Oratory, considered since classical Greece as an art form, interpreted eloquence as a performance constituted by two parts: *verbum* and *actio*. The attention to the performative aspect of the speech became even more central since the Carolingian era, in which performance was interpreted

and Gaio Flaminio. The treatise is edited in Eugenio Garin, *Prosatori latini del Quattrocento. La letteratura italiana Storia e Testi*, vol. 13, Milan, Ricciardi, 1952, p. 142-151: "*Constat igitur ex sola animi virtute veram nobilitate defluere*"; "*Non itaque contrahitur ex genere nobilitas, verum ex insita animi virtute*"; "*Virtus enim, ac virtutis socia nobilitas, proprio labore quaeritur, neque cum vitiis constare potest*"; "*Omnis igitur iactantia ista generis alienam laudem praedicat, non suam. Et si sanguinem, artus et viscera posteri a maioribus claris accipiunt, supervacuo illorum vendicant nobilitatem, cuius propria sedes est animus, cuius pars nulla posteris relinquitur.*"

12 Achille Marozzo, *Opera nova chiamata Duello, O Vero Fiore dell'Armi de Singulari Abattimenti Offensivi, et Difensivi*, Modena, 1536, V, 227: "*La quale nobilità se acquista per l'arme per li rustici et non nobili per longo esercitio, habiando acquistata quela virtute della strenuità de l'arme, venendo de grado in grado, di tempo in tempo, se esaltando, chè prima son ragaci, dapoi sono famigli armati, dapoi, essendo provato la loro virtude et esperimentata, son tratti huomini de arme, date le arme et cavalli et habbiano condutta et altri sotto lori et portano li cimieri in l'elmo loro in segno di honore et con quello son coronati et signati per demostratione de le loro virtude et son fatti nobili, essendo posti in lo numero grande et loco delli Cavalieri armati; et per tal virtù serà deletta la viltà paterna et acquistarà nobilità, perchè sono in officio de defensione de la republica et compagni deli principi, li quali appellano loro comilitoni et compagni.*"

13 Giuliana Crevatin, "La 'virtus' del condottiero tra retorica e romanzo", *Rivista Storica Italiana*, 116 (1984), p. 338-359.

as an act involving all the body and its movements. Medieval culture, sometimes defined as a "culture of gestures", paid particular attention to the ability of gestures to express the dialectic between the inside and the outside of the body, and to communicate and control the disposition of the soul[14]. In the 15th century the rediscovery of classical texts caused a revival of the ancient theory of gestures, which proposed a non-subordinate position of the *actio* to the *verbum*: the references to Horace's *Ars Poetica* not only insisted on the compelling power of action (that is, the emotional communication through acts and gestures), but incorporated also the neo-Aristotelian view which proposed the unity of body and soul and therefore reaffirmed the ability of the body to successfully express passions[15]. An imitative interpretation of emotions underpinned this theory of gestures, which made in this way possible for the *condottiero* to shape the collective passions of the soldiers. "It comes from nature that nothing more than [the soul] is greedy for things similar to itself, hence we cry with that who is crying, we laugh with that who is laughing, and we are sad with that who is sad" said Leon Battista Alberti in his *De Pictura*, adding that "we recognize these movements of the soul from the movements of the body[16]", connecting in this way the bodily performance to the communicating emotional practice and to an emotional imitation by those whom the performance was directed to.

Renaissance military treatises insisted at length on the ability of words and speeches to *commuovere*, literally to move the soldiers' emotions together with the passions communicated by the captain. For example, here is how the Italian Renaissance translation of Onosandro Platonico's

14 Jean-Claude Schmitt, *Il gesto nel Medioevo*, Roma and Bari, Laterza, 1990, (or. ed. *La Raison des gestes dans l'Occident médiéval*, Paris, Gallimard, 1990) p. 21-38; *id.*, *The rationale of gestures in the West: third to thirteenth centuries*, in *A Cultural History of Gesture. From Antiquity to the Present Day*, edited by Jan N. Bremmer, Herman Roodenburg, Cambridge, 1991, p. 59-70. On the performative approach to medieval emotions see for example: Gerd Althoff, *Family, Friends and Followers. Political and Social Bonds in Early Medieval Europe*, Cambridge, Cambridge University Press, 2004.

15 Silvia Gazzola, *L'Arte de' cenni di Giovanni Bonifacio*, vol. I and II, Treviso, ZeL Edizioni, 2018 (here vol. I, p. 25-45).

16 Leon Battista Alberti, *De Pictura*, edited by Cecil Grayson, Roma and Bari, Laterza, 1975, here II, 41: "*Interviene da natura, quale nulla più che lei si truova rapace di cose a sé simile, che piagniamo con chi piange, e ridiamo con chi ride, e doglianci con chi si duole. Ma questi movimenti d'animo si conoscono dai movimenti del corpo.*" On the connection between images and emotional communication see: Heather Hunter-Crawley and Erica O'Brien (eds.), *The Multi-sensory Image from Antiquity to the Renaissance*, London, Routledge, 2019.

Dell'ottimo capitano generale (a work which was widespread during the 15th century) described the power of words:

> When it is necessary to order the troops for battle, the captain with an appropriate speech will comfort the soldiers and will easily persuade each of them to disdain every danger and to carry out their glorious endeavor: the sound of the trumpet will not be able to excite the souls to pick up the arms and to encourage them to fight bravely as much as the appropriate and advantageous speech of the captain can move them [...] and if it is necessary to console their afflicted souls due to a defeat, his words will be like a medicine [...]. He [the captain] with sweet and gracious words comforts and immensely cheers up the weak and afflicted souls, he confirms the souls of those who are sound and holds those who are overexcited[17].

When humanistic authors talk about "the captain's words" they are referring to a performance in its entirety, by interpreting eloquence as an act that incorporates different aspects such as words, modulation of the voice, postures of the body, gestures and face expressions[18]. These emotional practices are discursive practices defined as perlocutions: "Perlocutionary speech acts (to do something by saying something) could direct the behaviors of others immediately (for instance, by commands), or they could produce a certain consequential effect upon the feelings of others[19]". In other words, the captain's oratory is a speech act through which not only the humanistic authors were able to highlight the impact

17 Onosandro Platonico, *Dell'ottimo Capitano generale, et del suo ufficio, tradotto di greco in lingua volgare italiana per messer Fabio Cotta nobil romano, in Vinegia appresso Gabriel Giolito de Ferrari*, 1546. Here p. 9v-10r: "*Perché overo havendosi ad ordinare le schiere alla battaglia, il Capitano con accomodato parlamento confortando i soldati agevolmente persuaderà a ciascuno di dispregiare ogni pericolo, et attendere alla gloriosa impresa: ne il suono della tromba potrà accender gli animi a prender le armi, et spingerli a combattere valorosamente, quanto il convenevole et secondo il tempo accomodato parlamento del Capitano puote commoverli* [...] *o veramente se farà di bisogno di consolare gli animi afflitti per qualche havuta sconfitta, le sue parole saranno come medicina* [...]. *Egli con dolce et cortese maniera di parlare consola et sommamente allegra gli animi deboli et afflitti, conferma oltra di ciò gli animi di coloro che sono sani, et quei che sono inanimati trattiene.*"

18 It combined three aspects: *logos* (the logical argument depending on words), *ethos* (the authority of the speaker) and *pathos* (the emotional appeal capable of moving the passions). See: Alan Maddox, "Rhetoric and the Performance of Recitative", in Jane W. Davidson, Rebekah Prince (eds.), *Singing emotions: voices from History*, Perth, ARC Centre of Excellence for the History of Emotions, 2012, p. 27-31.

19 Cornelis van der Haven, "Drill and Allocution as Emotional Practices in Seventeenth-Century Dutch Poetry, Plays, and Military Treatises", in Erika Kuijpers and Cornelis van der Haven (eds.), *Battlefield Emotions 1500-1800. Practices, Experience, Imagination*, London and New York, Palgrave MacMillan, 2016, p. 27-28. See also: John L. Austin, *How to*

of the individual's will on others (and on the material reality of the world), but also the unity between body and mind and the role of the body in the performative communication of emotional states. Emotions, by being the interface between verbal language, bodily language and physical act, were the tangible expression of the individual's persuasion and action[20].

Antonio Cornazzano, in his treatise about the military profession (composed before 1483), directly addressed the *condottiero* explaining what topics should have composed his oration:

> Start with how you owe to their ardent hand your status, and then speak at length about their virtues. Remind them of the past glories and, if needed, show your banner, which is not missing any parts. Turn back and forth from the loyal to the audacious, calling them fathers and brothers and sons, and with a smile to one and a kind gaze to another show that thanks to their advice and their great confidence you are incited to take the fight. [...] Above all you have to make them sympathetic by saying that you only reserve the glory to yourself, and by promising gold to them [...] At times [a speech] can break a heart of stone and calm the excited minds[21].

Cornazzano explicitly intended the oration as a performance, since he dwells upon the movements of the body and the head, the use of objects, the gaze and the emotions communicated through facial expressions. This kind of performance was believed to be able to shape collective emotions and to allow the *condottiero* to obtain the emotional state required to the company in a specific context, in order to gain victory in battle.

---

do things with Words: the William James Lectures at Harvard University in 1955, Oxford, Oxford University Press, 1962.

20 Damien Boquet and Piroska Nagy, *Medioevo Sensibile: una storia delle emozioni (secoli 3-15)*, Rome, Carocci, 2018, (or. ed. *Sensible Moyen Âge: Une histoire des émotions dans l'Occident médiéval*, Paris, Seuil, 2015), p. 214.

21 Antonio Cornazzano, *Opera bellissima dell'arte militar dell'excellentissimo poeta miser Antonio Cornazano in terza rima*, Venice, 1493, VI, 2: "*Comincia come el stato ella persona / tuo, semper havesti in la lor dextra ardente / e su le sue virtuti assai ragionaRicordagli le glorie antecedente / mostrando se'l bisogna el tuo stendardo / al qual non Mancha un minimo pendente / Voltati hora al fidele hora al gagliardo / appellandogli padri e frati e figli / e a chi da un riso a chi un piacevol sguardo / Mostra se ben non e che i lor consigli / t'instiga a questo e per gran confidenza / di lor procede el facto d'arme pigli.* [...] *E soprattutto a fargli ben disposti / non riservando a te sennò la gloria / prometegli oro* [...] *ma talhor romper pote un cor di sasso / e l'infiamate menti far tranquille.*"

By interpreting the captain's speech as a performance (or better, as a communicating emotional practice), it can be seen how all the body is involved in the communication of the feelings necessary to influence and shape collective emotions. As Cornazzano stated, particular importance was given to the face, as the body part usually considered as central for the emotional expression in Western culture. "*Imago animi vultus est*" said Cicero (*De Oratore*, III, 59, 221), the face is the mirror of the soul, and also a locus in which the emotional communication is both passive and active: passive because it is the surface which the subject looks in order to detect someone else's emotions; but also active, since the subject operates on his facial expressions to effectively communicate the desired emotion. Medieval and Renaissance culture interpreted the face as the preferred physical and material space for emotional expression: a stage on which the "inside", the temper, the individual's nature, the passions are shown "outside"—through the body, its modifications and the facial expressions[22]. For the *condottieri* as well, the face was central for emotional communication: in their case, according to the treatises, the neo-Aristotelian standard of balance and *medietas* was applied less to the physical appearance, i.e. to the symmetry and proportion of facial features, and more to the balanced performance of emotional expressions, which was driven both by the necessary physical actions required for the emotional recognition by others, and by the social rules regarding the pertinence of specific passions in determined contexts.

For the military mentality and within military companies the face became the locus in which the *condottiero*'s active emotional management could be operated. The Renaissance interpretations of emotions suggests the possibility of exercising control over one's feelings, something which could also be shown through the face. Of Muzio Sforza it was said that he was able, thanks to his prudence and experience, "to fake and cover the concerns and melancholy of heart and mind, as someone who had the ability of knowing how to fake and cover all of his worries[23]".

22 See: Patrizia Magli, *Il volto e l'anima: fisiognomica e passioni*, Milan, Bompiani, 1995, p. 11-24; Lucia Rodler, *Il corpo specchio dell'anima. Teoria e storia della fisiognomica*, Milan, 2000, p. 30-sq.

23 Antonio Minuti, *Vita di Muzio Attendolo Sforza*, edited by Giulio Porro Lambertenghi, Miscellanea di Storia Italiana, edita per cura della Regia Deputazione di Storia Patria, t. VII, Turin, 1869, p. 250: "*Pur con la sua prudentia et sapientia a sapere fingere et coprire l'affanno et la melanconia del core et della mente, come quello che haveva tal natura che sapeva meglio fingere et coprire li affanni.*"

Furthermore, since the face was the primary site where emotions of others could be detected and recognized, it was also the main location where the management of emotional expression took place. Hence, military culture, which accepted and encouraged a strategical use of passions in specific situations, praised those captains who were able to separate the "inside" from the "outside" and to convey strategic feelings in the particular military context, aiming at shaping the emotions of others.

> Braccio sighed with his face looking down, and many things were running through his mind [...] and after having thought a lot about what was that his lords were asking, as a just and loyal captain raised his face to those ambassadors. He turned with a happy face as someone who wants to show the will of a true heart[24].

In this recount of an encounter between Braccio da Montone and the ambassadors from Perugia (June 1416) it is possible to notice the contradiction between the inner feelings of the captain and the emotions showed to the ambassadors. Braccio's ability to convey the emotion necessary on that occasion is praised by Lorenzo Spirito, who established in this way emotional self-control as a quality of the good *condottiero*; furthermore, emotional communication was particularly effective since it was operated through the captain's facial expressions, since the face was the site where the pure heart, *puro cuore*, was manifested. The possibility of a contradiction between the emotions felt and the feelings showed by the captain was accepted by military culture, without compromising the success of this emotional communication practice or the perceived sincerity of the emotion conveyed through it; furthermore, in case of a dissonance between inner and outer feelings, in the majority of cases emotions were mainly communicated through facial expressions. For example Francesco Sforza, provoked by a challenge to duel by Niccolò Piccinino in 1443, "after hearing the heralds, showed a magnanimous and happy expression, with a clear face, although in his chest he burned with rage and resentment[25]": the contradiction between inner and outer

24 Lorenzo Spirito, *L'Altro Marte (Vicenza: presso Simone Bevilaqua, 1489)*, I, 15: "*Braccio col viso a terra sospirava; Avendo molte cose in sé pensate* [...] *E stato alquanto pur pessando quale; Fussi l'adimandare dei suoi signore; Si como capitano giusto et leale; Alzato el viso a quelli ambassciatore; Si volse lieto como quel che volse; Mostrare la voluntà del puro core.*"

25 Gaspare Broglio (Gaspare Broglio Tartaglia da Lavello), *Cronaca Malatestiana del secolo XV (dalla Cronaca Universale)*, ed. by Antonio Luciani, Rimini, Bruno Ghigi Editore, 1982,

emotions does not inhibit appropriate emotional communication and it is also a sign of the *condottiero*'s virtue and military skills.

The resulting question is: how were the *condottiero*'s emotional performances connected to the collective emotions of the military company? The perfect captain had to be able to control and conceal the emotions regarded as dangerous for the morale of the soldiers or inappropriate for a specific context. Therefore, it was necessary for the captain to hide those emotions and facial and bodily manifestations that could be interpreted as vile, such as trembling, sweating, going pale etc. On the one side, military culture interpreted physical manifestation of emotions as more effective than words and speeches for communicating emotions: this concept can be applied to the codified gestures used to convey specific passions, since the success of the communication relied on the perceived sincerity of the manifested emotion. This perceived sincerity was not intended as the external communication of a true inner feeling, but rather as the appropriate and well executed performance of the (physical and cultural) features that identified the emotion.

On the other side, the personal and military skills of the captain were involved: one of the characteristics the good *condottiero* had to possess was the ability to control and manage his emotions and to be capable of showing any required feeling. Hence the insistence of the Renaissance military treatises on the necessity of showing audacity and strength in order to be obeyed by the soldiers, to give them courage and, if needed, to conceal fear and doubt through bodily practices learned during the long years of training and service in the military companies.

For example, Antonio Cornazzano describes this skill by saying that "another way to give courage to the soldiers resides in the face of the captain. When the group is miserable and frightened, the ignorant fall in vain terror". The author underlines the connection between the face of the captain, the communication of emotions and the collective emotions of the soldiers by saying that "the face and the brave soul of the captain lend courage to his men". He then continued by suggesting that if his actions, face and words were not enough to eliminate fear from the soldiers' souls, then the only solution was to simulate

p. 100: "*Lo illustrissimo conte Francesco, inteso che ave li dicti trombetti, fece una cera magnanima e alegra, con viso chiaro, ben che nel suo petto tucto ardiva di furore e mal talento.*"

(or better, perform) the required emotions: "But if that is not enough and your men are still debilitated, the only remedy is to feign. Show that their doubts do not affect you, and by concealing your heart you pretend so strongly that it becomes true to them". Military treatises particularly insist on the ability to transform the soldier's fear into bravery and courage: in fact, this was the most practical aspect of the simulation and dissimulation of passions, a fundamental one for the good outcome of the battle. It is also interesting to notice how victory was for a large part dependent on the emotional state of the military company, reaffirming how passions were a part of human nature that could be useful to transform the material world.

The *condottiero* is not required to modify his own emotions in order to better communicate the appropriate passion, but instead to conceal his emotions and to accurately perform the emotional communication needed to persuade others of its sincerity. Finally, the captain's ability to operate this emotional management and to shape the collective emotions of the soldiers is attributed to his experience or, in other words, his prudence: "This softening and igniting great fires are due to the experience of the captains[26]". The military virtue of *prudentia* corresponded to the ability to foresee the events and to make the right military choices on the basis of the context: furthermore, it was the virtue in charge of manipulating collective feelings, as the experience required to not only to understand the soldiers' emotions, but also to actively operate on them, in some cases by simulating and dissimulating one's own passions[27].

On the one hand, simulating and dissimulating emotions were actions oriented towards the outside of the subject and useful to the *condottiero* for the communication of his feelings and for the military command; on the other hand, the collective courage of the military company was

26 This and the previous quotations on this page are taken from: Antonio Cornazzano, *Opera bellissima*, *op. cit.*, VI, 4: "*D'inanimar i soldati è un'altra forma / che consiste nel viso del capitano / quando sta mesta e trepida la torma / Pigliano gl'ignoranti un terror vano. /* [...] *Cossì del volto e de l'animo francho / del capitano, ardire a soi si presta / el quale ne ferri poi mai non vien mancho /. Se ciò facto tua gente anchor sta mesta / Mostra che'l dubbio suo tu non perpende / e celando el cor finge altra trama / tal che color della verità rende. /* [...] *Questo asmorzare et incender gran fochi / sono di duci excelse esperienze.*"

27 *Ibid.*, VII, 6: "*Et è somma prudenza in dimostranza / del contrario coprire un caso adverso / perché tra i nostri non mora speranza / Simula pure in caso che sia perso / ove non val ripar perché le tue genti / non ti veggiano in dubbio esser sommerso.*"

strictly connected to the emotions expressed by its captain, and the soldiers' emotions were to a certain degree presented as dependent on the perceived sincerity and strength with which the *condottiero* manifested his emotional state through his words, physical appearance and actions. "The appearance and aspect of the captain usually shapes the soldiers' souls, and he moves them completely with his appearance", stated Onosandro Platonico, and added that "it is better and more suitable to the captain's prudence to fake joy with the appearance of his face, and to make the soldiers happy through his happiness, rather than comforting them with words and speeches while they are afflicted with melancholy[28]". In this quotation the stronger effectiveness ascribed to the bodily practices in shaping the collective emotions compared to the captain's oratory and speech acts is made particularly clear.

Interpreting the military company as emotionally homogeneous presumes the necessity of an emotional sharing or, in the words of the constructed emotions theory, a collective intentionality, thanks to which the emotion concepts can both be communicated (when two or more people categorize emotion concepts in unison) and influence others' body budgets (provoking changes in the body, which then adapts to the communicated emotion concept)[29]. The military emotional framework of the Renaissance required soldiers to feel the same emotions at the same time, and this emotional commonality and consonance was believed to be fundamental for the good outcome of the military action, which also depended on the feelings of the *condottiero* and his ability to manage and perform the appropriate passion.

To summarize what has been analyzed so far, a fictional discourse attributed to Angelo della Pergola can serve as a useful example:

> For the good general it is necessary either to have a resolute hope of certain victory, or to at least to know how to fake it, because everyone else (like in a mirror) looks into his eyes and face, and the whole army generally has the same disposition and courage as the one they can see their captain has; if the soldiers perceive him as timid, irresolute and distrustful of his strength,

28 Onosandro Platonico, *Dell'ottimo capitano*, *op. cit.*, p. 27v: "*Il sembiante et l'aspetto del Capitano suole farsi gli animi de soldati conformi, et del tutto con la sua sembianza gli muove.* [...] *Onde veramente meglio è, e più si conviene alla prudenza del capitano col sembiante della faccia finger allegrezza alle genti, et con la sua Letitia farle allegrare, che con parole, et orationi consolarle, mentre sono afflitte dalla maninconia.*"

29 Lisa Feldman Barrett, *How Emotions are made*, *op. cit.*, p. 26-150.

> they cannot retain from fleeing under any circumstance, but on the contrary if they see him moving around the army full of courage and hope, inciting the soldiers to fight, they have no fear even of manifest danger[30].

First, we can notice that it was expected that the *condottiero*, in the case he was not feeling the appropriate emotion, would not act on his personal feelings (so that he could change them into the disposition needed), but that he convincingly perform other emotions; secondly, the author declares that the soldiers focused their attention on the eyes and face of the *condottiero* in order to read the emotion communicated and its perceived sincerity; finally, the principle of the body's ability to move others' souls and the imitative nature of embodied emotions is reaffirmed.

To conclude, the analytical tools proposed by practice theory have been useful to analyze the collective emotions of the 15th century soldiers and the bodily practices operated in order to shape them. Since the historical sources consulted pay particular attention to the individual and his actions, collective emotions are presented as homogeneous and mirroring the captain's passions. On the *condottiero*'s emotions and skills depended the good outcome of the battle and therefore the management of the military company's emotions was referred to him. The captain's ability to control both his feelings and those of the soldiers was considered an aspect of the military virtue of *prudenza*: therefore, shaping the collective emotions was a virtuous trait inherent to the perfect *condottiero*.

At the basis of this ability stand Renaissance interpretations of emotions, according to which not only were they a natural part of the

30 Pompeo Pellini, *L'Historie et Vite di Braccio Fortebracci detto da Montone, et di Nicolo Piccinino perugini, Venezia, 1572*, p. 13r: "*Al buon Generale è necessario, ò d'havere una ferma speranza di certa vittoria, ò almeno di saperla fingere, percioché tutti gli altri sogliano (come in uno specchio) mirar negli occhi, et nella fronte di lui, et tutto l'essercito suol essere di quell'animo, et ardire, di che egli esser vede il suo Capitano, il quale, se i soldati veggono esser timido, irresoluto, et diffidente delle sue forze, non possono per niuna diligenza del mondo ritenersi dalla fuga, ma se al'incontro lo veggono tutto pieno d'ardire, et di speranza, andare allegramente intorno all'essercito, essortando i soldati à combattere, non hanno alcun timore, etiando se in grave et manifesto pericolo si vedessero*"; Giannantonio Campano, *Braccii Perusini*, op. cit., p. 27: "*Probum imperatorem aut spe, aut spei simulatione esse oportere. Eius frontem atque oculos intueri ceteros, eo animo exercitum esse, quem praestari ab imperatore suo videant: si timidum, si haesitantem, si denique rebus diffidentem suis aspexerint, ne bonum paria detinere fugientes; sin alacrem et magna spe plenum, circum euntem et hortantem suos viderint, ne in magno quidem periculo pertimescere.*"

individual, in this way celebrating the mundanity of human life, but they were also intended as imitative, that is possessing the power to influence others thanks to the mimetic imitation of communicated and manifested emotional states[31]. To the *condottiero* was ascribed the ability to transform fearful soldiers into audacious ones and also to calm the too excited souls.

Two were the principal ways of emotional communication through which one could shape collective emotions: that is, the speeches and the practices that involved the simulation and dissimulation of passions. In one case, the words of the *condottiero* were interpreted as speech acts able to actively operate on others' emotions thanks to rhetoric, as they were seen as performative orations constituted by both *actio* and *verbum*. In the other case, by demanding to his performance the ability to shape the collective emotions, special attention was given to the face of the captain, a locus on which passions could be read and communicated, but also the main site where the emotional management through simulation and dissimulation could be operated by the *condottiero*. The Renaissance concept of sincerity, which was not based upon the manifestation of the captain's true emotions but instead on the perceived sincerity of the feeling communicated, gave great power to the efficacy and appropriateness of the emotional performance.

Finally, the connection between the emotions of the *condottiero* and those of the soldiers operated for a significant part through facial communication of the passion required to modify and shape the soldiers' souls and instill courage in them. Collective emotions are thus presented and interpreted as dependent on those of the captain, or better, on the perceived sincerity of his communicating emotional practice. Therefore, it

---

31 On medieval and Renaissance interpretation of emotions see in general: Peter Goldie (ed.), *The Oxford Handbook of Philosophy of Emotion*, Oxford, Oxford University Press, 2010, in particular: Anthony W. Price, "Emotions in Plato and Aristotle", in *ibid.*, p. 121-142; Peter King, "Emotions in Medieval Thought", in *ibid.* p. 167-188. See also: Peter Goldie, *The Emotions. A Philosophical Exploration*, Oxford, Clarendon Press, 2002; Simo Knuuttila, *Emotions in Ancient and Medieval Philosophy*, Oxford, Oxford University Press, 2004; Eugenio Garin, *La cultura filosofica del Rinascimento italiano*, Florence, G. C. Sansoni, 1961, p. 65-81; Eugenio Garin, *L'umanesimo italiano: filosofia e vita civile nel Rinascimento*, Bari, Laterza, 1958, p. 55-57; Eugenio Garin, *La cultura del Rinascimento*, Milan, Il Saggiatore, 1988, p. 118-123. For a Renaissance historical source that describes in depth the different philosophical approaches towards emotions see: Giannozzo Manetti, *Dialogus consolatorius*, edited by Alfonso de Petris, Rome, Edizioni di Storia e Letteratura, 1983.

was to the *condottiero*'s body that the management of collective emotions was assigned, as this was considered as more effective than words and orations in order to move afflicted souls and turn them into audacious ones. Hence, the military company was interpreted as emotionally coherent, and all the soldiers were requested to indiscriminately feel the same feelings as the captain at the same time: emotions that were indubitably mirroring that of the captain in case he was skillful, virtuous and prudent enough to shape the soldiers' collective emotions through his bodily practices.

Giulia MOROSINI
Università degli Studi della
Repubblica di San Marino

BIBLIOGRAPHY

PRIMARY SOURCES

ACHILLE MAROZZO, *Opera nova chiamata Duello, O Vero Fiore dell'Armi de Singulari Abattimenti Offensivi, et Difensivi*, Modena, in aedibus venerabilis d. Antonii Bergolae sacerdotis, 1536.

ANTONIO CORNAZZANO, *Opera bellissima dell'arte militar dell'excellentissimo poeta miser Antonio Cornazano in terza rima*, Venice, Cristoforo de' Pensi, 1493.

ANTONIO MINUTI, *Vita di Muzio Attendolo Sforza*, ed. by Giulio Porro Lambertenghi, Miscellanea di Storia Italiana, t. VII, Turin, edita per cura della Regia Deputazione di Storia Patria 1869.

BUONACCORSO DA MONTEMAGNO, *De Nobilitate*, in Eugenio Garin (ed.), *Prosatori latini del Quattrocento. La letteratura italiana Storia e Testi*, vol. 13, Milan, Ricciardi, 1952, p. 142-151.

Cantari sulla guerra aquilana di Braccio, ed. by Roberto Valentini, Rome, Tipografia del Senato, 1935.

FRANCESCO PETRARCA, *De Republica optime administranda liber. Eiusdem De officio et virtutibus imperatoriis liber. Bernae Exeudebat IOHANNES LE PREUX, Illustriss. DD. Bernens. Typograph. Anno MDCII.*

GASPARE BROGLIO (GASPARE BROGLIO TARTAGLIA DA LAVELLO), *Cronaca Malatestiana del secolo XV (dalla Cronaca Universale)*, ed. by Antonio Luciani, Rimini, Bruno Ghigi Editore, 1982.

GIANNOZZO MANETTI, *Dialogus consolatorius*, ed. by Alfonso de Petris, Rome, Edizioni di Storia e Letteratura, 1983.

GIOVANNI ANTONIO CAMPANO, *Braccii Perusini vita et gesta ab anno 1368 usque ad 1424*, in *Rerum Italicarum Scriptores*, vol. 19 (IV part), ed. by Roberto Valentini, Bologna, Zanichelli, 1929.

GIOVANNI SIMONETTA, *Rerum gestarum Francisci Sfortiae commentarii*, in *Rerum Italicarum Scriptores*, vol. 21 (III part), ed. by Giovanni Soranzo, Bologna, Zanichelli, 1932-1934.

LEON BATTISTA ALBERTI, *De Pictura*, ed. by Cecil Grayson, Rome-Bari, Laterza, 1975.

LEONARDO BRUNI, *Orazione di Leonardo Bruni Aretino detta a Niccolò da Tolentino: edita per le nozze Gamurrini-Giulietti Gennajo MDCCCLXXVII*, Firenze, Tipografia del Vocabolario, 1877.

LORENZO SPIRITO, *L'Altro Marte*, Vicenza, presso Simone Bevilaqua, 1489.

ONOSANDRO PLATONICO, *Dell'ottimo Capitano generale, et del suo ufficio, tradotto di greco in lingua volgare italiana per messer Fabio Cotta nobil romano*, Venice, appresso Gabriel Giolito de Ferrari, 1546.

PIERANTONIO PALTRONI, *Commentari della vita et gesti dell'illustrissimo Federico Duca d'Urbino*, ed. by Walter Tommasoli, Urbino, Argalia, 1966.

POMPEO PELLINI, *L'Historie et Vite di Braccio Fortebracci detto da Montone, et di Nicolo Piccinino perugini*, Venezia, appresso Francesco Ziletti, 1572.

SECONDARY WORKS

ALBANESE, Gabriella, "Lo spazio della gloria. Il condottiero nel "*De viris illustribus*" di Facio e nella trattatistica dell'Umanesimo", in Mario Del Treppo (ed.), *Condottieri e uomini d'arme nell'Italia del Rinascimento*, Naples, Liguori, 2001, p. 93-123.

ALTHOFF, Gerd, *Family, Friends and Followers. Political and Social Bonds in Early Medieval Europe*, Cambridge, Cambridge University Press, 2004.

ALTHOFF, Gerd, "Questions and perspectives. Medieval studies in Germany and the 'Performative Turn'", in Yoshihisa Hattori (ed.), *Political Order and Forms of Communication in Medieval and Early Modern Europe*, Rome, Viella, 2014, p. 33-51.

AUSTIN, John, *How to do things with Words: the William James Lectures at Harvard University in 1955*, Oxford, Oxford University Press, 1962.

BAILEY, Charles Calvert, *War and Society in Renaissance Florence. The* De Militia *of Leonardo Bruni*, Toronto, University of Toronto Press, 1961.

BAILEY, Merridee L., BARCLAY, Katie (eds.), *Emotion, Ritual, and Power in Europe, 1200-1920. Family, State, and the Church*, London, Palgrave, 2017.

BARCLAY, Katie, *The History of Emotions. A Student Guide to Methods and Sources*, London, Macmillan Education, 2020.

BODDICE, Rob, *The History of Emotions*, Manchester, Manchester University Press, 2018.

BOQUET, Damien, NAGY, Piroska, *Sensible Moyen Âge. Une histoire des émotions dans l'Occident médiéval*, Paris, Seuil, 2015.

BROOMHALL, Susan, (ed.), *Early Modern Emotions: an introduction*, London, Routledge, 2017.

CLEMENTE, Ancona, "Milizie e condottieri", in *Storia d'Italia*, vol. 5, Turin, Einaudi, 1973, p. 643-665.

COVINI, Maria Nadia, *L'esercito del duca. Organizzazione militare e istituzioni al tempo degli Sforza (1450-1480)*, Rome, Istituto Storico Italiano per il Medio Evo, Nuovi Studi Storici – 42, 1998.

COVINI, Maria Nadia, "La fortuna e i fatti dei condottieri 'con veritate, ordine e bono inchiostro narrati': Antonio Minuti e Giovanni Simonetta", in Maria Nadia Covini, Massimo Della Misericordia, Andrea Gamberini,

Francesco Somaini (eds.), *Medioevo dei Poteri. Studi di storia per Giorgio Chittolini*, Rome, Viella, 2012, p. 215-244.

CREVATIN, Giuliana, "La 'virtus' del condottiero tra retorica e romanzo", *Rivista Storica Italiana*, 116 (1984), p. 338-359.

CREVATIN, Giuliana, "Vite vendute. Biografie di capitani di ventura", in Mario Del Treppo (ed.), *Condottieri e uomini d'arme nell'Italia del Rinascimento*, Naples, Liguori, 2001, p. 227-241.

D'ELIA, Anthony F., *Pagan Virtue in a Christian World. Sigismondo Malatesta and the Italian Renaissance*, Cambridge (MA), Harvard University Press, 2016.

DAVISON, Kate, JALAVA, Marja, MOROSINI, Giulia, SCHEER, Monique, STEENBERGH, Kristine, VAN DER ZANDE, Iris, ZWICKER, Lisa F., "Emotions as a Kind of Practice. Six Case Studies Utilizing Monique Scheer's Practice-Based Approach to Emotions in History", *Cultural History*, 7/2 (2018), p. 226-238.

DONATI, Andrea, "L'immagine vittoriosa di Sigismondo Pandolfo Malatesta e l'orazione di Giannozzo Manetti per la consegna del bastone di comando dell'esercito fiorentino (Vada, 30 settembre 1453)", *Studi Romagnoli*, 61 (2010), p. 773-840.

FELDMAN BARRETT, Lisa, *How Emotions are Made. The Secret Life of the Brain*, London, Macmillan, 2017.

FLOYD-WILSON, Mary, SULLIVAN, Garrett A., (eds.), *Environment and Embodiment in Early Modern England*, Basingstoke, Palgrave MacMillan, 2007.

FUBINI, Riccardo, *L'umanesimo italiano e i suoi storici. origini rinascimentali, critica moderna*, Milan, F. Angeli, 2001.

GARIN, Eugenio, *L'umanesimo italiano: filosofia e vita civile nel Rinascimento*, Bari, Laterza, 1958.

GARIN, Eugenio, *La cultura filosofica del Rinascimento italiano*, Florence, G. C. Sansoni, 1961.

GARIN, Eugenio, *Medioevo e Rinascimento. Studi e Ricerche*, Rome-Bari, Laterza, 1984.

GARIN, Eugenio, *La cultura del Rinascimento*, Milan, Il Saggiatore, 1988.

GAZZOLA, Silvia, *L'*Arte de' cenni *di Giovanni Bonifacio*, vol. I-II, Treviso, ZeL Edizioni, 2018.

GOLDIE, Peter, *The Emotions. A Philosophical Exploration*, Oxford, Clarendon Press, 2002.

GOLDIE, Peter (ed.), *The Oxford Handbook of Philosophy of Emotion*, Oxford, Oxford University Press, 2010.

HELLERSTEDT, Andreas, (ed.), *Virtue Ethics and Education from Late Antiquity to the Eighteenth Century*, Amsterdam, Amsterdam University Press, 2018.

HUNTER-CRAWLEY, Heather and O'BRIEN, Erica (eds.), *The Multi-sensory image from Antiquity to the Renaissance*, London, Routledge, 2019.

IANZITI, Gary, "I 'Commentarii': appunti per la storia di un genere storiografico quattrocentesco", *Archivio Storico Italiano*, 150 (1992), p. 1029-1063.

IANZITI, Gary, *Humanistic Historiography under the Sforzas. Politics and Propaganda in Fifteenth-Century Milan*, Oxford, Clarendon Press, 1988.

KNUUTTILA, Simo, *Emotions in Ancient and Medieval Philosophy*, Oxford, Oxford University Press, 2004.

LYNCH, Andrew, BROOMHALL, Susan, (eds.), *The Routledge History of Emotions in Europe, 1100-1700*, London, Routledge, 2020.

MADDOX, Alan, "Rhetoric and the Performance of Recitative", in Jane W. Davidson, Rebekah Prince (eds.), *Singing emotions: voices from History*, Perth, ARC Centre of Excellence for the History of Emotions, 2012, p. 27-31.

MADDOX, Alan, "Performing emotions", in Katie Barclay, Sharon Crozier-De Rosa, Peter N. Stearns (eds.), *Sources for the History of Emotions. A guide*, London, Routledge, 2020, p. 127-142.

MAGLI, Patrizia, *Il volto e l'anima: fisiognomica e passioni*, Milan, Bompiani, 1995.

MALLETT, Michael, *Mercenaries and their masters. Warfare in Renaissance Italy*, London, The Bodley Head, 1974.

MALLETT, Michael, *L'Organizzazione militare di Venezia nel "400"*, Rome, Jouvence, 1989.

PIERI, Piero, *Il Rinascimento e la crisi militare italiana*, Turin, Einaudi, 1952.

RODLER, Lucia, *Il corpo specchio dell'anima. Teoria e storia della fisiognomica*, Milan, Mondadori, 2000.

ROSENWEIN, Barbara H., "Worrying about Emotions in History", *The American Historical Review*, 107, 3 (2002), p. 821-845.

ROSENWEIN, Barbara H., *Emotional communities in the early Middle Ages*, Ithaca & London, Cornell University Press, 2006.

ROSENWEIN, Barbara H., CRISTIANI, Riccardo, *What is the History of Emotions?*, Cambridge, Polity, 2018.

SCHEER, Monique, "Are emotions a kind of practice (and is that what makes them have a history)? A Bourdieuian approach to understanding emotion", *History and Theory*, 51 (2012), p. 193-220.

SCHMITT, Jean-Claude, *La Raison des gestes dans l'Occident médiéval*, Paris, Gallimard, 1990.

SCHMITT, JEAN-Claude, *The rationale of gestures in the West: third to thirteenth centuries*, in Jan Bremmer, Herman Roodenburg (eds.), *A Cultural History of Gesture. From Antiquity to the Present Day*, Oxford, Polity Press, 1991, p. 59-70.

VAN DER HAVEN, Cornelis, "Drill and Allocution as Emotional Practices in Seventeenth-Century Dutch Poetry, Plays, and Military Treatises", in Erika Kuijpers, Cornelis Van Der Haven (eds.), *Battlefield Emotions 1500-1800. Practices, Experience, Imagination*, London-New York, Palgrave MacMillan, 2016, p. 25-47.

VITI, Paolo, "Bonus miles et fortis ac civium suorum amator. *La figura del condottiero nell'opera di Leonardo Bruni*", in Mario Del Treppo (ed.), *Condottieri e uomini d'arme nell'Italia del Rinascimento*, Naples, Liguori, 2001, p. 75-91.

TROISIÈME PARTIE

LA FOULE ANIMÉE PAR L'ÉMOTION

LES TUMULTES DE LA MULTITUDE

Versatilité et verticalité de l'émotion populaire chez Cicéron[1]

Dans son discours *Sur sa maison* (*De domo sua*), délivré à son retour d'exil en 57 av. J.-C., Cicéron condamne « le défaut le plus grave de la foule ignorante, la légèreté, l'inconstance, le changement d'avis aussi fréquent que les variations de l'air[2] ». La multitude serait dominée par ses passions, qui dicteraient ses mouvements. Comportement honteux, dont on ne se formaliserait pas chez la « Grécaille » (*Graeculorum* ; *Sest.*, 59, 126) conspuée par Cicéron, mais bien indigne de vrais Romains. *Topoi*, poncifs, pourrait-on penser, bien caractéristiques de la pensée d'un aristocrate conservateur exprimant ses préjugés d'ordre et de classe. Ce serait une erreur.

Qu'on reprenne simplement la sentence apparemment sans appel du *De domo sua*, riche d'implications diverses : si la foule est ignorante, c'est qu'on peut – qu'on doit – la guider, l'instruire de son devoir. De même, si elle est versatile et inconstante, c'est qu'on peut la « plier » à sa convenance, lui imprimer un nouveau mouvement, plus ou moins conforme à l'ordre institutionnel, social et politique. Il est possible d'agir sur la foule, qui n'est pas que chaos et indistinction : la foule, en effet, s'insère dans un contexte, dans un ensemble d'institutions qui encadrent et contribuent à donner forme à son action, cette dernière seule la donnant à voir – au-delà des jugements lapidaires, partiaux et souvent trompeurs des auteurs anciens. C'est que la naissance et l'évolution de l'émotion populaire respecteraient ce que Jean-Michel David, étudiant les manifestations de violence dans les assemblées populaires de la République romaine, a

1 Cette recherche a été financée par la bourse Vanier du Conseil de recherches en sciences humaines du Canada. Mes remerciements vont à Christel Freu, Frédéric Hurlet et Jean-Pierre Guilhembet pour leurs relectures et leurs commentaires.

2 Cic., *Dom.*, 2, 4 : « *quod in imperita multitudine est uitiosissimum, uarietas et inconstantia et crebra tamquam tempestatum sic sententiarum commutatio* [...] ». Les traductions de Cicéron sont celles de la CUF, légèrement modifiées.

appelé une « séquence obligée », un « paradigme collectif », un « modèle général de comportement[3] ». Le passage de Cicéron qui fonde la réflexion de J.-M. David et décrit ce « paradigme » mérite d'être cité au long :

> Souvent une émeute surgit du fait de l'obstination ou de l'inflexibilité d'un tribun opposant son veto, ou quand, par la faute ou la malhonnêteté d'un rapporteur de loi, la perspective de quelque largesse ou de quelque avantage est offerte à des esprits simples ; elle surgit à la suite de démêlés entre des magistrats ; elle surgit insensiblement ; ce sont d'abord des cris, puis des scissions dans l'assemblée ; ce n'est que tard, à la fin et rarement qu'on en vient aux mains [...][4].

Cicéron établit ainsi une séquence-type, dont Jean-Michel David a cru reconnaître les étapes-clés en étudiant les actions collectives violentes sous la République : « confrontation – émotion dans l'auditoire – division – violences verbales ou physiques – fin de l'épisode[5] ». L'émotion populaire naîtrait de l'affrontement entre eux des détenteurs de l'autorité et du pouvoir de commandement, de l'opposition publique entre membres de l'élite ; elle se propagerait du haut vers le bas[6]. La faille par laquelle la violence s'infiltrerait dans l'assemblée trouverait son point d'origine dans le choc de magistrats aux opinions contraires. Le « blocage » institutionnel qui en résulterait ne pourrait alors se résoudre que par le recours à une forme extérieure d'arbitrage, dont la violence collective constituerait le point d'aboutissement : la victoire reviendrait à celui qui, sans nécessairement la pousser jusqu'à l'émeute, saurait capter l'émotion populaire provoquée par une scission qui serait d'abord interne à l'élite et sans laquelle, devine-t-on, la foule serait demeurée inerte, muette. Car si l'émotion populaire est versatile, elle serait aussi verticale, en ce qu'elle serait presque immanquablement soit suggérée, soit récupérée par des personnalités qui la surplombent – sénateurs ou magistrats, le plus souvent.

Ainsi, qu'est-ce qui meut la foule ? Ce qui l'émeut, pourrait-on dire ; ceux qui l'émeuvent, ajoute Cicéron – ou encore : ceux qui savent lire son émotion, la plier au mieux, l'accompagner au pire. Cette dernière

3 Jean-Michel David, « Les règles de la violence dans les assemblées populaires de la République romaine », *Politica antica*, 3 (2013), p. 11 et 17.

4 Cic., *Sest.*, 35, 77 : « *Nam ex pertinacia aut constantia intercessoris oritur saepe seditio, culpa atque improbitate latoris commodo aliquo (proposito) imperitis aut largitione, oritur ex concertatione magistratuum, oritur sensim ex clamore primum, deinde aliqua discessione contionis, vix sero et raro ad manus pervenitur* [...] »

5 Jean-Michel David, « Les règles de la violence », art. cité, p. 24.

6 Comme le souligne Jean-Michel David, « Les règles de la violence », art. cité, p. 16.

précision est capitale : l'émotion populaire, en effet, n'est pas qu'une conséquence de l'action de magistrats qui en seraient les boutefeux, ou plutôt elle n'en est pas *nécessairement* la conséquence : elle peut préexister à cette action, l'inspirer même. Le recours à ce qu'on pourrait appeler le « paradigme cicéronien de l'émeute » a conduit J.-M. David à réaffirmer la primauté politique absolue de la composante aristocratique de la République, fondée sur l'adhésion de tous – y compris celle des membres d'une plèbe politiquement acculturée – aux valeurs de l'aristocratie gouvernante et sur le pouvoir constitutionnel d'initiative des magistrats[7]. En vertu de ce pouvoir d'initiative, seuls les détenteurs d'une magistrature auraient pu créer les conditions nécessaires au déclenchement de violences populaires dans le cadre des assemblées. Ces violences, qu'elles aient été préparées ou non en amont, ne seraient au fond rien d'autre que l'incarnation et l'accentuation d'une émotion populaire elle-même provoquée par l'action des magistrats – dans ce cas précis, par la confrontation de deux (ou davantage) d'entre eux devant le peuple.

Cette conclusion n'est pas satisfaisante et mérite d'être nuancée. Elle est insatisfaisante car elle tronque la séquence émotive, qui a pu débuter avant l'ouverture de l'assemblée et se poursuivre après sa clôture. En outre, elle pèche par excès : limitée au strict cadre des assemblées comitiales et des *contiones*, c'est-à-dire des rassemblements institutionnels du peuple romain, elle pose une affirmation de portée générale, à savoir que : « [l]es violences collectives des milieux populaires n'étaient pas tournées contre les institutions. Elles ne les contestaient pas. Elles en empruntaient la structure ». Quelle structure ? Celle de la domination aristocratique et, partant, de la « profondeur d'obéissance » d'un *populus Romanus* incapable d'action et contraint à la réaction – et encore : à

7 Sur cette prééminence des valeurs aristocratiques et sur la « vocation à obéir » du *populus Romanus*, voir Karl-Joachim Hölkeskamp, *Reconstruire une République. La « culture politique » de la Rome antique et la recherche des dernières décennies*, Nantes, Les Éditions Maisons, 2008 [2004], p. 37 et 118-120 ; Frédéric Hurlet, « Démocratie à Rome ? Quelle démocratie ? En relisant Millar (et Hölkeskamp) », dans Stéphane Benoist (dir.), *Rome, une cité impériale en jeu. L'impact du monde romain selon Fergus Millar*, Brill, Leiden, 2012, p. 27-32 ; M. Jehne, « Methods, Models, and Historiography », dans Robert Morstein-Marx et Nathan Rosenstein (dir.), *A Companion to the Roman Republic*, Oxford, Blackwell, 2006, p. 14-17 et 20-23 ; Henrik Mouritsen, *Politics in the Roman Republic*, Cambridge, Cambridge University Press, 2017, p. 94-99. *Contra*, lire Cyril Courrier, *La Plèbe de Rome et sa culture (Fin du IIe siècle av. J.-C. – fin du Ier siècle ap. J.-C.)*, Rome, École française de Rome, 2014 (que nous suivons ici).

une réaction suggérée, modelée (aussi bien dire : imposée) par l'un ou l'autre des magistrats[8].

Cette assertion exigerait quelques remarques. Que la politique formelle respecte généralement les formes (institutionnelles), c'est une tautologie dont on ne devrait pas exagérer les implications : après tout, c'est ce qu'on attend d'elle, ce par quoi elle se définit. Pour autant, on notera que, dans le détail, ces formes varient, ne font pas l'unanimité, sont sujettes à des évolutions ou des interprétations diverses : elles sont elles-mêmes conflictuelles, comme le montrent entre autres l'étude des pratiques ou même la confrontation des discours[9]. Enfin, se limiter à l'étude de la politique formelle, c'est encore une fois tronquer la séquence émotive, la séparer de son nécessaire arrière-plan contextuel et interactionnel : ainsi, l'émotion populaire exprimée dans une réunion publique a pu naître en amont de l'assemblée ; pour en rendre compte, il est nécessaire d'étendre l'analyse à la politique dite informelle (*informal politics*)[10], extra-institutionnelle – à laquelle, du reste, l'émotion collective se limite parfois, et qui n'est pas pour autant insignifiante.

Il convient donc d'étendre le champ de l'étude en mettant l'accent sur la pratique et les actions – les mouvements – de la foule émue, au-delà du cadre comitial[11]. La première partie de cet article a pour objectif, à travers l'étude des applaudissements et des habitudes d'écoute de la foule romaine au dernier siècle de la République (d'environ 133 jusqu'à

8 Voir Alexander Yakobson, « Traditional Culture and the People's Role in the Roman Republic », *Historia : Zeitschrift für Alte Geschichte*, 59 (2010), p. 282-301, qui définit le pouvoir de l'élite par sa « capacité à donner forme, plutôt qu'à ignorer ou à frustrer, la volonté populaire. »

9 Lire le convaincant ouvrage de Claudia Moatti, Res publica. *Histoire romaine de la chose publique*, Paris, Fayard, 2018, p. 17, qui reprend à Castoriadis le concept d'altéronomie, soit « l'aptitude à l'imagination politique, à l'altérité comme à l'altération, aux clivages dans les conceptions et les pratiques. »

10 Voir, sur le concept de politique informelle appliquée à la République romaine, Cristina Rosillo-Lopez, *Public Opinion and Politics in the Late Roman Republic*, Cambridge, Cambridge University Press, 2017, p. 16-18 (pour une définition théorique) ; Francisco Pina Polo, « *Frigidus rumor* : the Creation of a (Negative) Public Image in Rome », dans Andrew J. Turner et *al.* (dir.), *Private and Public Lies. The Discourse of Despotism and Deceit in the Graeco-Roman World*, Leiden, Brill, 2010, p. 78-79 ; Frédéric Hurlet et Pascal Montlahuc, « L'opinion publique dans la Rome tardo-républicaine », *Revue d'études anciennes*, 120 (2018), p. 491.

11 Cyril Courrier, *La Plèbe de Rome*, *op. cit.*, p. 430, utilise les expressions « comportement collectif » et « action collective » pour désigner « toute trace de rassemblement de personnes dans lequel une action ou une réaction de la plèbe est discernable en vue de promouvoir des intérêts communs ». Nous pourrions ajouter ici : ou d'exprimer une émotion commune.

43 av. J.-C.), d'ébranler l'idée d'une unanimité du *populus Romanus* autour de formes canoniques et ritualisées d'interactions.

La seconde partie s'intéresse au procès de Cluentius, qui se situe au cœur d'une séquence émotionnelle richement décrite dans le corpus cicéronien, entre 74 et 66 av. J.-C. Le récit suivi offert par l'orateur, de même que l'analyse qu'il propose des événements rapportés, permettront de situer l'émotion populaire dans son contexte plus large.

L'analyse proposée ici allie donc deux temporalités différentes – celle, longue, de la pratique émotive, récurrente et rituelle, soumise à une lente évolution, et celle, courte, de la séquence émotive, qui n'est jamais que le produit d'un contexte précis. Toutes deux servent un même objectif : en affinant le *topos* ancien de la versatilité et de la verticalité de la foule, il s'agit de nuancer la théorie historienne moderne de l'inconséquence politique du *populus Romanus*.

LES PRATIQUES D'ÉCOUTE DE LA FOULE ROMAINE : DU SILENCE AUX ACCLAMATIONS

En septembre 57 av. J.-C., Cicéron, récemment rappelé d'exil, est entraîné dans la grande affaire du moment. La disette sévit à Rome ; le peuple a faim ; le Sénat est pressé d'agir. Le consulaire prend la parole devant le *consilium publicum* et propose qu'on confie la charge de l'annone à Pompée. Les sénateurs votent la proposition de l'orateur, qui est ensuite lue devant le *populus*. Cicéron est chaudement applaudi par la foule, qu'on devine acquise à Pompée, dont la popularité était encore très grande dans les milieux populaires au début des années 50. Dans une lettre à son grand ami, le chevalier Pomponius Atticus, Cicéron revient sur l'événement et se fend pourtant d'une confidence qui est presque une excuse : il qualifie ainsi les applaudissements de la foule de « mode nouvelle et stupide » (*mos insulsus et nouus*)[12].

12 Cic., *Att.*, 4, 1, 6 : « *Eo biduo cum esset annonae summa caritas et homines ad theatrum primo, deinde ad senatum concurrissent, impulsu Clodi mea opera frumenti inopiam esse clamarent, cum per eos dies senatus de annona haberetur et ad eius procurationem sermone non solum plebis uerum etiam bonorum Pompeius vocaretur idque ipse cuperet multitudoque a me nominatim ut id decernerem postularet, feci et accurate sententiam dixi. Cum abessent consulares, quod tuto se negarent*

Qu'est-ce à dire ? Le peuple craignait la famine ; il campait sur les marches du Sénat et réclamait que ses dirigeants répondent promptement à la situation. Un consulaire prestigieux, récemment revenu d'exil, malgré une opposition encore vive, fait en sorte que le champion du *populus Romanus* – Pompée – reçoive des pouvoirs extraordinaires afin de remédier au problème et d'assurer le ravitaillement de Rome. Soulagée, sans doute emportée par une grande joie, qui faisait suite au mécontentement dont elle faisait montre quelques instants à peine auparavant, la foule éclate en applaudissements lorsqu'on lui apprend la nouvelle ; elle acclame le porteur de la mesure. Ce dernier saisit l'opportunité qui lui est offerte et prononce un discours devant le public enthousiaste. Toutefois, dans une lettre privée, l'orateur se désole, faussement contrit semble-t-il : quel dommage, au fond, qu'on l'ait applaudi ! Cicéron commente un mode nouveau, mais commun, d'expression de l'affect joyeux et de la faveur populaire : l'applaudissement. Il en prend acte, tâche d'en tirer le meilleur profit, l'invoque rhétoriquement à son avantage ; mais, malgré tout, il déplore cette pratique.

Les textes le montrent bien. L'applaudissement (ici *plausus*, du verbe *plaudo*, frapper, battre, d'où son sens dérivé de battre des mains, généralement en signe d'approbation) est une « marque de faveur » (*significatio*), d'amour même : les *populares*, écrit Cicéron, « étaient applaudis au théâtre ; ils obtenaient par les suffrages ce qu'ils sollicitaient ; on aimait leur nom, leur parole, leur visage, leur allure[13] ». Lorsqu'en 57 av. J.-C., le *populus Romanus* exprime spontanément la joie (*gaudium*) qu'il éprouve (*sentio*) à la lecture du sénatus-consulte lançant la procédure de rappel de Cicéron, il applaudit d'abord unanimement la mesure et le Sénat absent, puis chaque sénateur individuellement, au fur et à mesure que ces derniers, la séance terminée, rejoignent leurs places au théâtre. L'arrivée du consul Lentulus, principal instigateur du rappel, est saluée par des mains tendues et des larmes de joie[14]. La démonstration d'émotion va crescendo, mais ce sont

posse sententiam dicere, praeter Messallam et Afranium, factum est senatus consultum in meam sententiam, ut cum Pompeio ageretur ut eam rem susciperet lexque ferretur. Quo senatus consulto recitato cum (populus) more hoc insulso et nouo plausum meo nomine recitando dedisset, habui contionem. Omnes magistratus praesentes praeter unum praetorem et duos tribunos pl. dederunt. »

13 Cic., *Sest.*, 49, 105 : « *His in theatro plaudebatur, hi suffragiis quod contenderant consequebantur, horum homines nomen, orationem, uultum, incessum amabant.* »

14 Cic., *Sest.*, 55, 117 : « *Quo quidem tempore quid populus Romanus sentire se ostenderet utroque in genere declaratum est : primum cum audito senatus consulto rei ipsi atque absenti senatui plausus est ab universis datus, deinde cum senatoribus singulis spectatum e senatu redeuntibus : cum uero*

les applaudissements qui constituent le premier signe d'affect joyeux. Pour Cicéron, ils sont l'une des expressions de « l'opinion vraie et sincère du peuple, dans son ensemble, et [d]es sentiments intimes de la cité[15] ».

Or, ce mode d'expression, l'applaudissement, on l'a vu, est justement critiqué par l'Arpinate dans sa correspondance. Ce n'est pas là une coquetterie, ni seulement le signe d'un mépris élitiste pour la faveur populaire. Dans une autre lettre à Atticus, datée celle-là de 54 av. J.-C., Cicéron écrit : « Je suis rentré à Rome pour Fontéius le 9 juillet. Je suis allé au spectacle, où d'abord j'ai été accueilli par des applaudissements vifs et soutenus – mais ne fais pas attention à cela ; je suis un sot de te l'avoir écrit [...][16] ». Pour en revenir au *Pro Sestio*, discours judiciaire prononcé en 56 av. J.-C., l'avocat persiste, mais explicite davantage sa pensée :

> Dans les comices et les assemblées, l'expression des opinions est parfois sincère, mais, quelquefois aussi, faussée et viciée [...]. Est-il besoin dès lors de vous dire quels hommes et quelles catégories de citoyens l'on applaudit le plus ? Personne parmi vous ne s'y trompe. *Qu'il y ait là – dans ces applaudissements – quelque chose de frivole, j'y consens*, et encore cela n'est pas, puisque l'on applaudit les meilleurs, mais si c'est là chose frivole, ce ne peut être frivole qu'aux yeux d'un homme sérieux ; au contraire, pour ceux qui ne se raccrochent qu'aux choses les plus frivoles, qui se laissent prendre et gouverner par la rumeur et, comme ils disent, la faveur populaire, les applaudissements doivent nécessairement signifier l'immortalité, les sifflets la mort[17].

N'affirme-t-il pas, toujours dans le *Pro Sestio*, que lorsqu'à la fin du IIe siècle av. J.-C. l'un des membres du meilleur parti « recueillait

ipse qui ludos faciebat consul adsedit, stantes ei manibus passis gratias agentes et lacrimantes gaudio suam erga me beniuolentiam ac misericordiam declararunt. »

15 Cic., *Sest.*, 56, 119 : « *si uniuersi populi iudicium uerum et incorruptum et si intimos sensus ciuitatis expressero.* » Voir aussi *Sest.*, 54, 115. On pourrait accumuler les exemples : voir aussi *Sest.*, 56, 121 ; *Sest.*, 58, 124.

16 Cic., *Att.*, 4, 15, 6 : « *Redii Romam Fontei causa a. d. vii Idus Quint. Veni in spectaculum primum magno et aequabili plausu. Sed hoc ne curaris ; ego ineptus qui scripserim.* »

17 Cic., *Sest.*, 54, 115 : « *Comitiorum et contionum significationes sunt interdum uerae, sunt non numquam uitiatae atque corruptae [...]. Quid ego nunc dicam quibus uiris aut cui generi ciuium maxime plaudatur ? Neminem uestrum fallit. Sit hoc sane leue, quod non ita est, quoniam optimo cuique impertitur ; sed, si est leue, homini graui leue est, ei uero qui pendet rebus leuissimis, qui rumore et, ut ipsi loquuntur, fauore populi tenetur et ducitur, plausum immortalitatem, sibilum mortem uideri necesse est.* » Nous soulignons. On retrouve la même affirmation ambiguë sur la frivolité des applaudissements dans Cic., *Phil.*, 1, 15, 37.

d'aventure des applaudissements, il se prenait à craindre d'avoir commis une bévue[18] » ?

La disqualification, ici, est double : elle concerne non seulement les émetteurs et les destinataires des applaudissements, mais aussi, par extension – et c'est ce qui importe ici –, la pratique elle-même. L'acclamation est associée aux *populares*, aux démagogues et à leur public ; elle constitue au sein de ce cercle, pourrait-on dire, le mode d'expression privilégié de la faveur, comprise comme affect joyeux, émotion mobilisatrice, porteuse d'enthousiasme et d'approbation. L'adhésion fait naître la joie (*gaudium laetitia*), qui s'exprime par les applaudissements – mais qui s'est déjà manifestée autrement, en d'autres temps et dans d'autres cercles. Pour le dire simplement : l'applaudissement, en tant que marque d'approbation politique, est une pratique émotionnelle historiquement située. Née dans les milieux *populares*, elle s'est ensuite peu à peu diffusée dans l'ensemble de la société politique romaine, jusqu'à devenir à la fin de la République la « marque de faveur » par excellence. Et ce, en dépit de la désapprobation des milieux aristocratiques, très critiques à l'encontre de cette pratique qui tranchait avec un régime émotionnel – peut-être plus militant que réel – davantage centré sur la participation réglée et déférente du *populus Romanus*. L'émotion n'est-elle pas « mouvement de l'âme » (*animi motus*) et l'applaudissement, premier signe de la mise en mouvement émotionnelle, mais aussi incarnée, d'un peuple qu'on préférerait immobile ?

Le contraste, en effet, ne saurait être plus grand : aux applaudissements, battement rythmé des mains, geste intrinsèquement physique, corporel et sonore[19] – *plausus* désigne aussi le bruit résultant de ce battement – s'oppose le silence, l'absence de bruit, l'écoute quasi-religieuse. Cicéron y insiste dans un long passage du *Pro Sestio* :

> P. Lentulus tint aussi, lors de son consulat, une réunion à mon propos ; tout le peuple romain y courut ; tous les ordres, l'Italie entière s'y rassemblèrent. Il plaida ma cause avec une force et une abondance hors pair, *au milieu d'un tel silence, d'une approbation si totale que, jamais, à ce qu'il semblait, rien d'aussi*

18 Cic., *Sest.*, 49, 105 : « *plausum uero etiam si quis eorum aliquando acceperat, ne quid peccasset pertimescebat.* »

19 Sur le geste d'applaudir et ses implications corporelles, lire Annie Dubourdieu et Philippe Moreau, « *Imbrex* et *Tegula* : la technique des applaudissements à Rome », *Latomus*, 45 (1986), p. 717-730. Voir aussi Sylvain Forichon, « *Furor circensis* : étude des émotions et des expressions corporelles des spectateurs lors d'une course de chars », *Nikephoros*, 25 (2012), p. 192-193.

> *« populaire » n'avait touché les oreilles du peuple romain.* Pompée, produit par lui à la tribune, proclama qu'il n'était pas seulement l'instigateur de mon rappel ; mais il supplia même le peuple romain de le voter. Son intervention fut, comme toujours dans les *contiones*, agréable et digne, mais j'ose dire que son opinion n'eut jamais plus d'autorité, ni son éloquence plus de charme. *Quel silence accueillit les autres notables de la cité*, quand ils parlèrent de moi[20] !

Cette fois, nulle réserve chez l'orateur, nul malaise perceptible, nulle contorsion rhétorique. Le peuple a exprimé son approbation et il l'a fait dans les formes : en accueillant dans le silence le plus complet une série de discours qui ont suscité sa joie et son adhésion émue – car, en suppliant (*supplicare*) l'assistance, l'objectif était bien d'émouvoir cette dernière. Le fait est d'autant plus significatif qu'il concerne Cicéron lui-même et touche directement à sa gloire et à sa popularité : c'est donc que le comportement décrit était attendu et approuvé, que sa signification était claire et comprise par tous. Il ne s'agit pas d'un habile ou malhonnête artifice rhétorique : Cicéron ne s'en serait pas alors vanté sur le forum, non seulement devant les juges, mais aussi devant la foule nombreuse venue assister au procès.

Dans le *Pro Deiotaro*, prononcé devant César pendant sa dictature, Cicéron poursuit dans la même veine et met en parallèle silence et acclamations : « Pour les applaudissements, que répondrais-je ? Tu n'as jamais eu à les désirer, et parfois l'assistance, rendue muette par l'admiration, les a retenus ou s'en est peut-être abstenue comme d'un témoignage trop vulgaire pour être digne de toi[21] ». La foule peut être muette d'émotion : c'est là, selon Cicéron, la plus grande des marques de respect et d'approbation pour les gens de bien[22].

Qu'on se figure le forum ou le Champ de Mars, avec leur appareil monumental, leurs portiques, leurs estrades, leurs tribunes et leurs

---

20 Cic., *Sest.*, 50, 107-108 : « *habuit de eodem me P. Lentulus consul contionem : concursus est populi Romani factus ; omnes ordines, tota in illa contione Italia constitit. Egit causam summa cum grauitate copiaque dicendi tanto silentio, tanta adprobatione omnium, nihil ut umquam uideretur tam populare ad populi Romani auris accidisse. Productus est ab eo Cn. Pompeius, qui se non solum auctorem meae salutis, sed etiam supplicem populo Romano (praebuit). Huius oratio ut semper grauis et grata in contionibus fuit, sic contendo numquam neque sententiam eius auctoritate neque eloquentiam iucunditate fuisse maiore. Quo silentio sunt auditi de me ceteri principes ciuitatis !* » Traduction légèrement modifiée. Nous soulignons.

21 Cic., *Dej.*, 12, 34 : « *De plausu autem quid respondeam ? Qui nec desideratus umquam a te est et non numquam obstupefactis hominibus ipsa admiratione compressus est et fortasse eo praeterrnissus, quia nihil uolgare te dignum uideri potest.* »

22 Voir Cic., *Rab., Perd.*, 6, 18 ; *Mil*, 33, 91 et *Clu.*, 34, 93.

temples, et la foule, parfois forte de milliers ou de dizaines de milliers de citoyens, qui y était rassemblée. En ces lieux habituellement grouillant d'activité, agités de constantes allées et venues, riches de sons divers, le silence évoqué par Cicéron devait être presque palpable[23] ; plus remarquable sans doute, plus rare en tout cas, que le battement cadencé des applaudissements. Opposé à ces moments où « tout le forum retentiss[ai]t de la clameur de la multitude ignorante[24] », les profonds silences devaient être chargés d'une réelle puissance. Ils étaient du reste porteurs d'une lourde signification : le silence, comme l'a bien exprimé Alexandre Vincent en une formule frappante, constituait pour les Romains le « cadre acoustique de la perfection rituelle[25] » ; il était lié au sacré (*sacrum*), dont il marquait la présence, et scandait les moments importants des rites romains, soulignant dans le « paysage sonore[26] » la frontière entre sacré et profane. La perfection du silence garantissait la pureté et la validité du rite, en même temps qu'elle exprimait l'assentiment des dieux, par exemple lors des prises d'auspices ou des sacrifices. Enfin, dans le vocabulaire des augures, *silentium* désignait précisément « l'absence de tout vice [de forme] » au moment de la prise d'auspices : le rite ne devait pas être interrompu par de « mauvais présages bruyants » (Plin., 28, 11 : *dirae obstrepentes*) ; sa pureté formelle et la perfection de son déroulement garantissaient sa validité[27]. L'importance du silence dans la conduite du

---

23 « Peut-il y avoir plus bruyant pêle-mêle qu'au forum ? » (*Num quid tam turbidum fieri potest quam forum ?*) demande Sénèque, *Ep.*, 3, 28, 6, un siècle plus tard. Décrivant dans une autre lettre (*Ep.*, 6, 56, 1-5), en un passage formidable de vie, les bruits de la rue, le philosophe stoïcien prête à son correspondant une remarque éloquente : « Tu es de fer, vas-tu me dire, ou tu es sourd, si tu ne perds pas la tête parmi tant de clameurs variées, dans un pareil tintamarre » (« *O te* » *inquis* « *ferreum aut surdum, cui mens inter tot clamores tam varios, tam dissonos consta* »). Édition et traduction révisées par Paul Veyne, *Entretiens. Lettres à Lucilius*, Paris, Robert Laffont, coll. « Bouquins », 1993.

24 Val.-Max., 3, 8, 6 : *clamore imperitae multitudinis obstrepens totum forum*. Sur les bruits du forum, lire aussi E. Kondratieff, « The Urban Preator's Tribunal in The Roman Republic », dans Francesco de Angelis (dir.), *Spaces of Justice in the Roman World*, Brill, Leiden, 2010, p. 107-108.

25 La formule apparaît dans le résumé de la communication citée ci-après. Sur le silence dans la religion romaine et ses significations, voir Alexandre Vincent, « Une histoire de silences », *Annales. Histoire, Sciences Sociales*, 72 (2017), p. 643-658.

26 Sur ce sujet, voir les contributions rassemblées dans Sibylle Emerit, Sylvain Perrot et Alexandre Vincent, *Le Paysage sonore de l'Antiquité. Méthodologie, historiographie et perspectives*, Le Caire, Institut français d'archéologie orientale, 2015.

27 Comme le souligne Michel Humm, « Silence et bruits autour de la prise d'auspices », dans Maria Teresa Schettino et Sylvie Pitta (dir.), *Les Sons du pouvoir dans les mondes anciens*, Besançon, Presses universitaires de Franche-Comté, 2012, p. 275-295 (et spécialement

rituel était telle que l'expression utilisée pour désigner le temps augural de la prise d'auspices (le *silentium noctis*) en vint à désigner, comme l'a montré M. Humm « une période de temps au cœur de la nuit ». Varron (*L.*, 6, 7) parlait aussi de *conticinium* pour évoquer ce « moment où tout se tait » – où tout devait se taire. Au scrupule religieux se mêle une valorisation du rôle de l'expert (augure ou magistrat), qui doit pouvoir mener sa tâche sans interférence, dans un silence ou une écoute proprement « religieux ».

En même temps, le silence réaffirmait une hiérarchie : on se taisait pour mieux écouter, mieux percevoir la voix de l'autre, homme ou dieu. En confinant l'une des parties à une passivité apparente, le silence soulignait la supériorité des dieux sur les hommes, mais aussi celle des magistrats sur le peuple rassemblé dans le cadre des rituels civiques. Il marquait la supériorité symbolique de détenteur de l'*imperium* en l'inscrivant dans l'espace et le paysage sonore[28]. Le briser, c'était ébranler cet ordre. C'était aussi, on l'a vu, faire disparaître le signe de l'approbation divine ou empêcher le magistrat de mener à bien la tâche qui lui était dévolue.

Il semble donc que le *populus Romanus* était, au Ier siècle av. J.-C., moins « passif » qu'il ne l'avait déjà été ou que les membres les plus conservateurs de l'élite sénatoriale l'auraient souhaité. Il n'est pas dit toutefois que l'écoute silencieuse regrettée par Cicéron ait été caractérisée par une plus faible implication émotionnelle, de la part de la foule que les applaudissements de la période tardo-républicaine. On ne saurait juger de l'intensité de l'expression ; on peut toutefois constater son évolution, la transformation de la pratique émotionnelle. Comme l'écrit Philippe Moreau dans un article consacré à l'implication – ou plutôt la non-implication – du peuple dans les *contiones*, et qui s'attarde longuement aux applaudissements, les *optimates*, dont Cicéron, « caractéris[ai]ent sur le mode de la nostalgie les *contiones* de jadis, où le public gardait le silence, par un système de double opposition : opposition aux *contiones* contemporaines, marquées par les cris et les clameurs, celles que Cicéron appelle *turbulentae* ou *seditiosae*, et opposition aux assemblées des démocraties grecques, marquées

p. 278-283, dont l'argument et les sources sont repris ici). On retrouve cette définition du *silentium* dans Cic., *N. D.*, 2, 71 : « en effet, dans les auspices, on dit qu'il y a *silentium* lorsqu'il n'y a aucune défectuosité » (*id enim silentium dicimus in auspiciis, quod omni uitio caret*). Voir aussi Festus, Lindsay, p. 474 et 476.

28 Voir les passages éclairants de Jean-Michel David, *Au service de l'honneur. Les appariteurs de magistrats romains*, Paris, Les Belles Lettres, 2019, p. 34-37, 45-47 et 207-211.

par l'intervention du public[29] ». Ph. Moreau a bien montré la dissymétrie propre à cette conception traditionnelle de l'activité politique, selon laquelle le magistrat seul possédait l'initiative. Par conséquent, lui seul pouvait agir : le peuple n'avait qu'à acquiescer – à se taire et à montrer son inévitable adhésion, suscitée par le discours et l'autorité de l'orateur et exprimée par un silence total, proche de recueillement, face à la parole sacrée du magistrat. Comment alors, en cas d'opposition ou d'affrontement entre détenteurs de l'autorité, le *populus Romanus* pouvait-il marquer sa préférence ? En rompant avec la séquence établie, c'est-à-dire en montrant son adhésion, en exprimant son affect d'une autre manière, qui serait immédiatement décelable. En l'occurrence : l'applaudissement. Que cette pratique lui ait été suggérée par les orateurs *populares* (c'est probable) ou soit née spontanément du sein de la foule importe peu : le fait est que la foule l'avait faite sienne, s'était appropriée ce nouveau mode d'expression. Encore à la fin des années 60 av. J.-C., lors du procès de Rabirius, Cicéron pouvait distinguer entre l'ancienne manière – adoptée par ses partisans – et les cris de ses opposants. Dans les années 50, il n'hésitait pas à rappeler le lien entre applaudissements, *populares* et démagogie. La pratique, toutefois, était devenue majoritaire. S'il est vrai que l'événement prend place hors du cadre rituel des assemblées populaires, Cicéron lui-même décrit en ces mots son retour triomphal à Rome en 57 :

> Arrivé à la porte Capène, je trouvai les degrés des temples couverts d'une foule de petites gens : elle me manifesta sa joie par les applaudissements les plus vifs ; et ce fut jusqu'au Capitole semblable affluence et mêmes applaudissements : sur le forum et au Capitole même, c'était un merveilleux concours du peuple[30].

Il y a bel et bien eu substitution d'un mode d'expression par un autre, changement dans la manière de montrer l'émotion et la faveur qu'elle soulignait. Évolution logique : on peut briser le silence par des applaudissements ; on peut difficilement enterrer des acclamations sous le

29 Philippe Moreau, « Donner la parole au peuple ? Rhétorique et manipulation des *contiones* à la fin de la République romaine », dans Simone Bonnafous et *al.* (dir.), *Argumentation et discours politique. Antiquité grecque et latine, Révolution française, Monde contemporain. Actes du colloque international de Cerisy-la-Salle*, Rennes, Presses universitaires de Rennes, 2001, p. 175-189. Disponible en ligne : https://books.openedition.org/pur/24845?lang=fr (ici parag. 3).

30 Cic., *Att.*, 4, 1, 5 : « *Cum venissem ad portam Capenam, gradus templorum ab infima plebe completi erant. A qua plausu maximo cum esset mihi gratulatio significata, similis et frequentia et plausus me usque ad Capitolium celebrauit in foroque et in ipso Capitolio miranda multitudo fuit.* »

silence. Logique, mais historiquement située : si la pratique émotionnelle a évolué, c'est peut-être qu'il y avait dissension au sein de l'aristocratie dirigeante ; si elle s'est imposée, c'est que la foule l'a adoptée, jusqu'à la rendre incontournable même pour les magistrats qui y étaient les plus hostiles. Son usage s'est progressivement diffusé, des cercles *populares* à l'ensemble du *populus Romanus*, jusqu'à devenir l'étalon universel de mesure de l'enthousiasme populaire et non plus le reflet du dissensus aristocratique tel qu'il pouvait se jouer à la tribune. La pratique était toujours dirigée vers un homme politique, certes, mais pas nécessairement orchestrée par lui, au contraire, elle pouvait être imposée, dans certains cas de figure, par la foule à ses héros du moment : car si l'émotion populaire est peut-être bien verticale, elle remonte parfois en geyser.

L'ÉMOTION EN AMONT : AUX RACINES DU SENTIMENT COLLECTIF. LE *PRO CLUENTIO* ET LES PROCÈS D'OPPIANICUS ET D'A. CLUENTIUS

Voilà pour la pratique émotionnelle, étudiée sur un temps long. Mais qu'arrive-t-il si l'on s'intéresse, plutôt qu'à la lente évolution d'un geste d'expression de l'émotion, à une éruption collective précise et identifiable, limitée dans le temps, liée à un contexte précis ? Le *populus Romanus* conserve-t-il alors sa liberté d'action, sa capacité à faire sienne l'émotion, en dépit des efforts de contrôle exercés par les membres de l'élite gouvernante ? Pour répondre à cette question, il est nécessaire d'analyser l'émotion collective dans son déroulement séquentiel complet : car l'émotion, même lorsqu'elle est centrée autour d'un événement donné, d'une action collective identifiable, se limite rarement à cette unique action.

Cette séquence, dont Cicéron est l'un des acteurs-clés, se déploie autour de deux moments forts, deux procès criminels pour empoisonnement menés devant la *quaestio de sicariis et ueneficis*[31] en 74 et 66 av. J.-C. En 74 av. J.-C. d'abord, un jeune homme, Aulus Cluentius, accuse son beau-père, Statius Abbius Oppianicus, d'avoir tenté de

31 Instituée en 81 av. J.-C. par Sylla, qui fit promulguer lors de sa réforme des tribunaux une *lex Cornelia de sicariis et ueneficis*.

l'empoisonner. L'homme est traduit en justice et, au terme d'un procès entaché d'irrégularités – les deux parties sont très vite soupçonnées d'avoir acheté les juges –, condamné à l'exil. Huit ans plus tard, le même Aulus Cluentius est à son tour accusé d'empoisonnement, cette fois par sa propre mère. La victime alléguée ? Oppianicus, le beau-père exilé en 74, décédé depuis. Cluentius est défendu par Cicéron, qui obtient son acquittement après avoir prononcé un discours, le *Pro Cluentio*, dans lequel sont résumées les deux affaires.

Le discours présente l'accusé comme la victime de ce qu'il convient bien d'appeler une « opinion publique[32] » hostile, devant laquelle il apparaissait d'office comme un coupable. On défendra ici l'idée que cette opinion, entendue comme l'expression tangible d'une volonté populaire perçue comme majoritaire, se fondait sur un sentiment populaire durable, largement diffusé, bien implanté dans la société romaine, du moins hors des cercles sénatoriaux les plus traditionalistes ; elle se donnait à voir et à percevoir lors de certains moments-clés, à l'occasion de démonstrations d'émotions populaires qui constituaient autant de segments d'une séquence plus longue.

Déroulons donc cette séquence. Déjà en 74 av. J.-C., la condamnation d'Oppianicus avait fait grand bruit. Rapidement, la rumeur de la corruption des juges par l'accusateur avait couru ; la sentence, favorable à Cluentius, avait semblé confirmer ces soupçons. Un tribun de la plèbe s'était emparé de l'affaire et s'était fait le héraut des frustrations populaires :

> Oppianicus condamné, aussitôt Lucius Quinctius, un démagogue s'il en fut, qui avait l'habitude de recueillir et de gonfler tous les souffles des rumeurs et des réunions publiques, jugea l'occasion venue d'accroître sa situation grâce à l'impopularité des sénateurs, parce qu'il croyait que les jugements rendus par leur ordre n'étaient plus désormais bien vus du peuple. Il tient successivement deux réunions passionnées et violentes. Ce tribun clamait qu'on avait reçu de l'argent pour condamner un accusé innocent ; il disait que les intérêts de tous étaient en jeu, qu'il n'y avait plus de justice ; quand on avait un ennemi couvert d'or, on ne pouvait plus se sauver. Les gens qui ignoraient tout de l'affaire, qui n'avaient jamais vu Oppianicus, qui le prenaient pour un excellent homme, plein

32 Sur l'existence d'une « opinion publique » à Rome, voir Claude Nicolet, *Le Métier de citoyen dans la Rome républicaine*, 2e édition, Paris, Gallimard, 1979, p. 492, dont nous partageons les conclusions affirmatives. Pour une réflexion sur l'usage du concept d'« opinion publique » en histoire romaine, lire Frédéric Hurlet et Pascal Montlahuc, « L'opinion publique dans la Rome tardo-républicaine », art. cité, p. 489-496.

> de délicatesse, victime de l'argent, tout enflammés de suspicion commencèrent à mettre la question sur le tapis, à réclamer qu'on leur déférât tout ce procès[33].

À partir de ce moment, les choses se précipitèrent : sous l'impulsion du tribun et de la foule, plusieurs juges furent accusés de corruption et cités à comparaître, selon cette même loi *de sicariis et ueneficis* en vertu de laquelle Oppianicus avait été condamné[34]. Le président du tribunal, C. Iunius, fut traduit en justice et condamné, « précipité », selon les mots mêmes de Cicéron, « dans ces flammes à peine allumées, et cet ancien édile, que l'opinion publique élevait déjà à la préture, disparut du forum et même de la cité, sans qu'il y eût débat, sous les seules clameurs des gens[35] ». D'autres juges furent par la suite poursuivis et condamnés[36].

Pour Cicéron, ces condamnations ne sauraient être que la conséquence malheureuse d'une flambée d'émotion populaire. Le lexique utilisé par l'orateur est évocateur : il parle tantôt de tempête (*tempestas*)[37], tantôt de flammes et d'incendie[38]. Plus loin, il se gausse des juges, qui avaient fondé leur verdict sur les « menus bruits répandus par des hommes ignorants » (*imperitorum hominum rumusculos aucupati*)[39] – l'usage du diminutif est frappant. C'était l'hostilité (*inuidia*, mot utilisé à 45 reprises dans le *Pro*

33 Cic., *Clu.*, 28, 77 : « *Condemnato Oppianico statim L. Quinctius, homo maxime popularis, qui omnes rumorum et contionum uentos colligere consuesset, oblatam sibi facultatem putauit ut ex inuidia senatoria posset crescere, quod eius ordinis iudicia minus iam probari populo arbitrabatur. Habetur una atque altera contio uehemens et grauis : accepisse pecuniam iudices ut innocentem reum condemnarent, tribunus plebis clamitabat ; agi fortunas omnium dicebat ; nulla esse iudicia ; qui pecuniosum inimicum haberet, incolumem esse neminem posse. Homines totius ignari negotii, qui Oppianicum numquam uidissent, uirum optimum et hominem pudentissimum pecunia oppressum esse arbitrarentur, incensi suspicione rem in medium uocare coeperunt et causam illam totam deposcere.* »

34 Voir à ce sujet les commentaires de Pierre Boyancé dans l'« Introduction » de son édition du *Pro Cluentio*, Paris, Les Belles Lettres, 1953, p. 20-25.

35 Cic., *Clu.*, 29, 79 : « *atque in hanc flammam recentem tum C. Iunium, qui illi quaestioni praefuerat, iniectum esse memini, et illum hominem aedilicium iam praetorem opinionibus omnium constitutum, non disceptatione dicendi, sed clamore hominum de foro atque adeo de ciuitate esse sublatum.* »

36 Cic., *Clu.*, 34, 93. Sur les dix-sept ou dix-huit juges connus ayant prononcé la sentence défavorable à Oppianicus, huit furent condamnés pour corruption par la suite. Le tribunal était composé de 32 membres ; cinq votèrent l'acquittement, les autres (huit ou neuf selon la version retenue) s'abstinrent. Sur ce point, voir la note détaillée de Pierre Boyancé « Introduction » *op. cit.*, p. 12, n. 1.

37 Cic., *Clu.*, 34, 94 et 35, 95.

38 Cic., *Clu.*, 1, 4 : « *perniciosissima flamma, communis incendium* » ; 29, 79 : « *homo cum summa potestate praeditus, tum ad inflammandos animos multitudinis accommodates* » ; 28, 77 : « *incensi suspicione.* »

39 Cic., *Clu.*, 38, 105.

Cluentio) de l'opinion, une « opinion si forte, si profondément enracinée, si invétérée » (*tantam opinionem, tam penitus insitam, tam uetustam*)[40], qui avait entraîné la chute des juges d'Oppianicus. Si l'on en croit l'Arpinate, cela ne fait aucun doute : en effet, dès sa conclusion, « l'arrêt rendu dans ce procès [celui de Cluentius] vit se former contre lui l'opinion la plus défavorable, le décri le plus absolu[41] ».

Huit ans plus tard, au moment du procès du beau-fils, qu'en était-il ? L'hostilité s'était dissipée, comme l'explique l'avocat dans un long passage empreint de fausse modestie :

> Je ne regrette certes pas de défendre la cause d'Aulus Cluentius aujourd'hui plutôt qu'en ces temps. La cause en effet reste la même, elle qui ne peut changer ; l'hostilité et la haine dues aux circonstances se sont dispersées, en sorte que ce qu'il y eut dans les circonstances de défavorable ne peut plus nuire, ce qu'il y eut dans la cause de favorable peut servir. C'est pourquoi je comprends dans quel esprit je suis écouté aujourd'hui, non pas seulement de ceux à qui appartiennent la justice et le pouvoir, mais de ceux qui n'ont que leur opinion. Mais si j'avais parlé alors, on ne m'aurait pas entendu, non que l'affaire fût différente, elle était la même, mais parce que les temps étaient autres[42].

Il n'y a rien de candide dans ce dernier extrait, qui vient renforcer un argumentaire minutieusement élaboré : défendant Cluentius de l'accusation même par laquelle ce dernier avait causé la perte de son beau-père huit ans auparavant, Cicéron s'attache dans son discours à réhabiliter le jeune chevalier. C'était là une condition essentielle pour obtenir l'acquittement. L'avocat devait donc démontrer qu'Oppianicus avait été condamné car les preuves contre lui étaient accablantes ; si certains de ses juges avaient par la suite été poursuivis et condamnés pour corruption, c'est qu'ils avaient contre eux l'opinion populaire, excitée (*concitata*)[43] par L. Quinctius, et que celle-ci entravait la bonne marche des tribunaux. C. Iunius, président

40 Cic., *Clu.*, 1, 4. Cicéron dénonce à plusieurs reprises dans son discours la « malveillance », l'« hostilité » et la « haine » (*inuidia, infama*) populaires dont son client et les juges de 74 av. J.-C. ont été les cibles (voir notamment 2, 5 ; 29, 80 ; 33, 90 ; 34, 93 et 94 ; 35, 95).

41 Cic., *Clu.*, 29, 79 : « *summam illi iudicio inuidiam infamiamque esse conflatam.* »

42 Cic., *Clu.*, 29, 80 : « *Neque me paenitet hoc tempore potius quam illo causam A. Cluenti defendere. Causa enim manet eadem, quae mutari nullo modo potest : temporis iniquitas atque inuidia recessit, ut quod in tempore mali fuit nihil obsit, quod in causa boni fuit prosit. Itaque nunc quem ad modum audiar sentio, non modo ab eis quorum iudicium ac potestas est, sed etiam ab illis quorum tantum est existimatio ; at tum si dicerem, non audirer, non quod alia res esset, immo eadem, sed tempus aliud.* »

43 Cic., *Clu.*, 1, 2 ; 33, 90 ; 34, 94 (2 occurrences) ; 34, 94 ; 35, 95 ; 39, 108 ; 49, 136 (2 occurrences) ; 49, 137 ; 49, 138.

du tribunal, n'avait-t-il pas été condamné sans même pouvoir articuler sa défense, enterré sous les clameurs de la foule, alors qu'en 66 av. J.-C. Cicéron pouvait défendre A. Cluentius dans le silence le plus complet ? Le juge Caius Fidiculanius Falcula, ayant été poursuivi deux fois à la suite du procès d'Oppianicus, n'avait-il pas d'abord été condamné pour non-respect des procédures, lorsque L. Quinctius « l'avait amené, par des réunions tenues chaque jour dans la révolte et l'agitation, au comble de l'impopularité[44] » et que l'hostilité de l'opinion était encore vive ? Ne fut-il pas acquitté à sa seconde comparution (pour corruption judiciaire), qui se tint alors que « les temps étaient un peu plus calmes » (*paulo sedatiore tempore*) et sans que le procès n'ait cette fois été marqué par la révolte (*seditio*), la violence (*uis*) et le désordre (*turba*)[45] ?

Ces arguments sont évidemment intéressés. Ils n'en sont pas faux ou infondés pour autant. Le procès romain se tenait en plein air, sur le forum[46], sous l'œil de la foule, qui pouvait se déplacer en masse pour assister aux grandes affaires : il n'y a pas à douter que des juges, soumis à la double menace d'une assistance en colère – menace immédiatement perceptible, physique – et de tribuns tout prêts à les poursuivre pour malversations, à peine le jugement prononcé et au grand plaisir de la foule hostile, n'aient préféré s'effacer et aient jugé plus prudent de céder à la pression populaire. Sachant cela, on ne saurait considérer les développements cicéroniens sous leur seul aspect rhétorique. Il faut en tirer les leçons proprement historiques, précieuses pour qui s'intéresse à l'histoire des émotions collectives.

La décennie 79-70 av. J.-C. fut, au moins dans sa seconde moitié, traversée par un profond et durable sentiment d'hostilité du *populus Romanus* à l'égard des jurys sénatoriaux. Ce sentiment était né d'une perception, du reste en grande partie fondée[47] : celle de la corruption des jurys contrôlés par les sénateurs. La mainmise de ces derniers sur

44 Cic., *Clu.*, 37, 103 : « *in summam enim L. Quinctius inuidiam contionibus eum cotidianis seditiosis et turbulentis adduxerat.* »

45 Cic., *Clu.*, 37, 103-114.

46 Lire, sur le lieu où se tenaient les procès à Rome sous la République, Eric Kondratieff, « The Urban Praetor's Tribunal in The Roman Republic », art. cité, p. 89-126. Voir aussi Michel Humbert, « Le procès romain : approche sociologique », *Archives de philosophie du droit*, 39 (1994), p. 76.

47 Les tribuns réformateurs et les conservateurs modérés, du reste, n'hésitèrent pas à s'appuyer sur cette perception pour faire avancer leurs projets, dont la loi sur les tribunaux. Cicéron lui-même s'en sert dans le *Contre Verrès* : voir *Verr. prim.*, 15, 43 et *Verr.*, 2, 51, 174 ; 3, 96, 223 et 97, 224.

l'appareil judiciaire était d'ailleurs ponctuellement menacée par des réformateurs favorables aux intérêts des chevaliers, qui ravivèrent le débat à intervalles réguliers et firent fond sur l'insatisfaction populaire[48]. L'hostilité perdura tout au long de la période, constamment attisée et entretenue par certains verdicts, jugés inacceptables – la condamnation d'Oppianicus fut de ceux-là. À ces occasions, la colère populaire se cristallisait, s'incarnait en un mouvement de foule, sans doute canalisé par certains hommes politiques et tribuns réformateurs, mais qui préexistait à leur action. L'hostilité populaire se sublimait, trouvait son exutoire en certains moments d'émotions (rassemblements informels, *contiones*, procès) qui, émanations d'un sentiment plus vaste, contribuaient en retour à entretenir ce sentiment qui constituait leur nécessaire arrière-plan, la condition première de leur existence. On ne peut souscrire ici au jugement de Cicéron, partial et politiquement orienté, selon lequel « de même que la mer est tranquille par sa nature mais agitée et bouleversée par la force des vents, de même le peuple romain aussi livré à lui-même est paisible, mais il est soulevé par la voix des révolutionnaires comme par les plus violentes tempêtes[49] ». La réalité était plus complexe : L. Quinctius et ses collègues s'appuyèrent sur le sentiment populaire plus qu'ils ne le suscitèrent. L'étude de vocabulaire menée précédemment le montre bien : l'usage répété des mots *fama*, *inuidia*, *uentus*, *rumor*, *rumusculus*, le recours aux métaphores de l'orage, de la tempête et surtout de l'incendie, pour peu qu'on ne le réduise pas à un simple artifice rhétorique, évoquent un peuple en ébullition, actif, où circulaient les informations et où se formait et se diffusait une véritable opinion publique. Cette opinion s'exprimait par un « répertoire d'action » récurrent, partagé entre les membres d'une « communauté émotionnelle » plébéienne cohérente, dont les motivations et les manifestations d'émotion étaient culturellement déterminées et en grande partie connues[50]. Cicéron lui-même, dans sa première *Verrine*, ne

48 À Rome, le contrôle des tribunaux constituait un sujet de grande politique. Dès 123 av. J.-C., de nombreuses lois modifièrent la composition des jurys, favorisant alternativement les sénateurs et les chevaliers. Voir par exemple Jean-Louis Ferrary, « Recherches sur la législation de Saturninus et de Glaucia II. La loi *de iudiciis repetundarum* de C. Servilius Glaucia », *MEFRA Antiquité*, 91 (1979), p. 85-134.

49 Cic., *Clu.*, 49, 138 : « *ut mare, quod sua natura tranquillum sit, uentorum ui agitari atque turbari, sic populum Romanum sua sponte esse placatum, hominum seditiosorum uocibus ut uiolentissimis tempestatibus concitari.* »

50 Pour les définitions les plus récentes de ces concepts par leurs auteurs, voir Charles Tilly, *Contentious Performances*, Cambridge, Cambridge University Press, 2008, p. 4-5 et Barbara

reprit-il pas le discours du tribun sur la corruption des jurys sénatoriaux, en l'enrobant des formes respectables de la *concordia ordinum*, soucieux sans doute non seulement de favoriser la prise de conscience des juges, mais aussi de s'attirer la faveur du public du forum.

Le sentiment de rejet éprouvé par le peuple, et dont les jurys sénatoriaux furent l'une des cibles privilégiées, fut durable, les discours mêmes de Cicéron en témoignent : l'acquittement de Falcula prouve tout au plus que l'intensité de ce sentiment pouvait varier et qu'il était toujours possible, contre une émotion donnée, à un moment donné, de faire jouer un affect contraire – cela, sans pour autant annuler le sentiment sur lequel s'appuyait l'émotion première, toujours prête à renaître. En 66 av. J.-C., lorsque Cicéron prononce le *Pro Cluentio*, ce sentiment hostile, qui avait présidé au premier procès, n'avait plus lieu d'être : la *lex Aurelia Iudicaria*, adoptée quelques mois plus tôt, avait couronné la victoire des réformateurs et des conservateurs modérés[51]. Triomphante (ou habilement désamorcée), et donc privée de son essentiel combustible, la colère populaire ne pouvait que s'éteindre. Ce n'est pas là versatilité, mais évolution logique : la foule, sur ce sujet précis, était en 66, pour un temps du moins, émotionnellement démobilisée, c'est-à-dire *disponible* ; dans ce contexte, Cicéron pouvait tenter de recomposer l'affect en l'orientant vers une nouvelle cible – ici, Oppianicus.

CONCLUSION

L'histoire des émotions et des sentiments de la foule est riche d'enseignements : appliquée à l'histoire de la Rome antique, elle promet de renouveler certains champs d'études classiques et permet d'approcher autrement la question, centrale mais parfois sclérosée, de la politisation du *populus Romanus* à la fin de la République. Les concepts de « culture plébéienne » et de « politique informelle » mis de l'avant par Cyril Courrier

H. Rosenwein, *Generations of Feeling : a History of Emotions, 600-1700*, Cambridge, Cambridge University Press, 2016, p. 3. Voir dans ce même volume l'article de Vincent Challet.

51 Voir Jean-Louis Ferrary, « Cicéron et la loi judiciaire de Cotta (70 av. J.-C.) », *MEFRA Antiquité*, 87 (1975), p. 335.

et Cristina Rosillo-Lopez ont déjà permis d'élargir considérablement un débat lancé il y a maintenant près de trois décennies par les travaux de Fergus Millar. L'études des pratiques de sociabilité de la plèbe, l'accent mis sur une histoire spatiale des échanges et des rencontres, mais aussi sur les conditions matérielles d'existence des habitants de l'*Urbs*, les liens de voisinage et le partage d'une mémoire commune ont contribué à donner au *populus Romanus* une épaisseur historique jusque-là absente.

Une dimension manquait toujours pourtant : celle de l'émotion partagée et collectivement exprimée à l'occasion de ces rassemblements et mouvements de foule dont nous avons étudié ici deux aspects différents, mais complémentaires. D'abord, celui de la pratique quasi-rituelle, répétée sur le temps long, d'un geste d'émotion dont le sens ne s'imposa que progressivement et qui fut le résultat d'une évolution proprement politique : l'applaudissement. Ce dernier, venant rompre un silence jusque-là dominant, qui contraignait le *populus Romanus* à une passivité apparente, marque l'irruption de l'émotion populaire jusque dans le cadre contrôlé et sévèrement hiérarchisé de l'assemblée romaine, *comitia* ou *contio*.

Ensuite, celui de la séquence émotive ou sentimentale, durable et cohérente, dont on peut identifier non seulement les causes lointaines ou immédiates, mais aussi les objectifs, et qui montre l'étroite imbrication du politique et de l'émotif dans l'action de la foule. Insérés dans le contexte plus large de la lutte pour le contrôle des tribunaux et du désaveu des jurys sénatoriaux, les mouvements de foule qui caractérisèrent les procès d'Oppianicus et de Cluentius constituent un exemple frappant, mais loin d'être unique, de la politisation de l'émotion populaire.

Ces deux incursions, brèves mais éclairantes, dans les foules tardo-républicaines, montrent toute la pertinence de l'histoire des émotions populaires pour l'étude de l'Antiquité : on ne saurait en effet comprendre le fait politique tardo-républicain dans toute sa complexité sans accorder à l'un de ses acteurs-clés – la foule émue, si aisément écartée par les auteurs anciens et encore largement ignorée par la historiens modernes – toute l'attention qu'il mérite. Tout juste esquissée ici, une telle histoire devra se traduire par une analyse et une mise en relation systématique des séquences, des discours et des pratiques émotionnelles du *populus Romanus* : au-delà de l'événement particulier, c'est tout le système politique romain qui s'en trouvera éclairé, et notre connaissance de la « culture plébéienne » enrichie.

Nathan MURRAY
Université Laval, Québec –
Université Paris X Nanterre

BIBLIOGRAPHIE

SOURCES

CICÉRON, *La Nature des dieux*, édité et traduit par Clara Auvray-Assayas d'après le texte latin établi par Arthur Stanley Pease [Cambridge, Harvard University Press, 1955-1958], Paris, Les Belles Lettres, 2002, coll. « La roue à livres ».

CICÉRON, *Première action contre Verrès*, dans *Discours*, tome II., édité et traduit par Henri de La Ville de Mirmont, Les Belles Lettres, 1922.

CICÉRON, *Seconde action contre Verrès : la préture de Sicile*, dans *Discours*, tome II, édité et traduit par Henri de La Ville de Mirmont, Les Belles Lettres, 1922.

CICÉRON, *Seconde action contre Verrès : le froment*, dans *Discours*, tome IV, édité et traduit par Henri de La Ville de Mirmont, Les Belles Lettres, 1925.

CICÉRON, *Pro Cluentio*, dans *Discours*, tome VIII, édité et traduit par Pierre Boyancé, Paris, Les Belles Lettres, 1953.

CICÉRON, *Pour C. Rabirius*, dans *Discours*, tome IX, édité et traduit par André Boulanger, Paris, Les Belles Lettres, 1932.

CICÉRON, *Sur sa maison*, dans *Discours*, tome XIII, 1re partie, édité et traduit par Pierre Wuilleumier, Paris, Les Belles Lettres, 1952.

CICÉRON, *Pour Sestius*, dans *Discours*, tome XIV, édité et traduit par Jean Cousin, Paris, Les Belles Lettres, 1966.

CICÉRON, *Pour le roi Déjotarus*, dans *Discours*, tome XVIII, édité et traduit par Marcel Lob, Paris, Les Belles Lettres, 1968.

CICÉRON, *Philippiques*, dans *Discours*, tome XIX, édité et traduit par André Boulanger et Pierre Wuilleumier, Paris, Les Belles Lettres, 1959.

CICÉRON, *Correspondance*, tome II, édité et traduit par Léopold-Albert Constans, Paris, Les Belles Lettres, 1935.

CICÉRON, *Correspondance*, tome III, édité et traduit par Léopold-Albert Constans, Paris, Les Belles Lettres, 1936.

FESTUS, *Sexti Pompeii de Verborum Significatu quae supersunt cum Pauli Epitome*, édité par Wallace Martin Lindsay, Leipzig, Teubner, 1913.

PLINE L'ANCIEN, *Histoire naturelle*, livre XXVIII, édité et traduit par Alfred Ernout, Paris, Les Belles Lettres, 1962.

SÉNÈQUE, *Lettres à Lucilius*, dans *Sénèque. Entretiens, Lettres à Lucilius*, édité et révisé par Paul Veyne d'après l'édition et la traduction de François Préchac et Henri Noblot [Paris, Les Belles Lettres, 1945], Paris, Robert Laffont, 1993, coll. « Bouquins ».

VALÈRE MAXIME, *Faits et dits mémorables*, tome I, édité et traduit par Robert Combès, Paris, Les Belles Lettres, 1995.

ÉTUDES

COURRIER, Cyril, *La Plèbe de Rome et sa culture (Fin du IIe siècle av. J.-C. – fin du Ier siècle ap. J.-C.)*, Rome, École française de Rome, 2014.

DAVID, Jean-Michel, *Au service de l'honneur. Les appariteurs de magistrats romains*, Paris, Les Belles Lettres, 2019.

DAVID, Jean-Michel, « Les règles de la violence dans les assemblées populaires de la République romaine », *Politica antica*, 3 (2013), p. 11-29.

DUBOURDIEU, Annie et Philippe MOREAU, « *Imbrex* et *Tegula* : la technique des applaudissements à Rome », *Latomus*, 45 (1986), p. 717-730.

EMERIT, Sybille, Sylvain PERROT et Alexandre VINCENT, *Le Paysage sonore de l'Antiquité. Méthodologie, historiographie et perspectives*, Le Caire, Institut français d'archéologie orientale, 2015.

FERRARY, Jean-Louis, « Recherches sur la législation de Saturninus et de Glaucia II. La loi *de iudiciis repetundarum* de C. Servilius Glaucia », *MEFRA Antiquité*, n° 91 (1979), p. 85-134.

FERRARY, Jean-Louis, « Cicéron et la loi judiciaire de Cotta (70 av. J.-C.) », *MEFRA Antiquité*, 87 (1975) p. 321-348.

FORICHON, Sylvain, « *Furor circensis* : étude des émotions et des expressions corporelles des spectateurs lors d'une course de chars », *Nikephoros*, 25 (2012), p. 159-203.

HÖLKESKAMP, Karl-Joachim, *Reconstruire une République. La « culture politique » de la Rome antique et la recherche des dernières décennies*, Nantes, Les Éditions Maisons, 2008 [2004].

HUMBERT, Michel, « Le procès romain : approche sociologique », *Archives de philosophie du droit*, 39 (1994), p. 73-86.

HUMM, Michel, « Silence et bruits autour de la prise d'auspices », dans Maria Teresa Schettino et Sylvie Pitta (dir.), *Les sons du pouvoir dans les mondes anciens*, Besançon, Presses universitaires de Franche-Comté, 2012, p. 275-295

HURLET, Frédéric, « Démocratie à Rome ? Quelle démocratie ? En relisant Millar (et Hölkeskamp) », dans Stéphane Benoist (éd.)., *Rome, une cité impériale en jeu. L'impact du monde romain selon Fergus Millar*, Brill, Leiden, 2012, p. 19-43.

HURLET, Frédéric et Pascal MONTLAHUC, « L'opinion publique dans la Rome tardo-républicaine », *Revue d'études anciennes* 120 (2018), p. 489-507.

JEHNE, Martin, « Methods, Models, and Historiography », dans Robert Morstein-Marx et Nathan Rosenstein, (éd.), *A Companion to the Roman Republic*, Oxford, Blackwell, 2006, p. 3-28.

KONDRATIEFF, Eric, « The Urban Preator's Tribunal in The Roman Republic », dans Francesco de Angelis (éd.)., *Spaces of Justice in the Roman World*, Brill, Leiden, 2010, p. 89-126.

Moatti, Claudia, Res publica. *Histoire romaine de la chose publique*, Paris, Fayard, 2018.

Moreau, Philippe, « Donner la parole au peuple ? Rhétorique et manipulation des *contiones* à la fin de la République romaine », dans Simone Bonnafous *et al.* (dir.), *Argumentation et discours politique. Antiquité grecque et latine, Révolution française, Monde contemporain. Actes du colloque international de Cerisy-la-Salle*, Rennes, Presses universitaires de Rennes, 2001, p. 175-189.

Morstein-Marx, Robert, *Mass Oratory and Political Power in the Late Roman Republic*, Cambridge, Cambridge University Press, 2008 [2004].

Mouritsen, Henrik, *Politics in the Roman Republic*, Cambridge, Cambridge University Press, 2017.

Nicolet, Claude, *Le Métier de citoyen dans la Rome républicaine*, 2e édition, Paris, Gallimard, 1979.

Pina Polo, Francisco, « *Frigidus rumor* : the Creation of a (Negative) Public Image in Rome », dans Andrew J. Turner et *al.* (éd.), *Private and Public Lies. The Discourse of Despotism and Deceit in the Graeco-Roman World*, Leiden, Brill, 2010, p. 75-90.

Rosenwein, Barbara H., *Generations of Feeling : a History of Emotions, 600-1700*, Cambridge, Cambridge University Press, 2016.

Rosillo-Lopez, Cristina, *Public Opinion and Politics in the Late Roman Republic*, Cambridge, Cambridge University Press, 2017.

Tilly, Charles, *Contentious Performances*, Cambridge, Cambridge University Press, 2008.

Vincent, Alexandre, « Une histoire de silences », *Annales. Histoire, Sciences Sociales*, 72 (2017), p. 633-658.

Yakobson, Alexander, « Traditional Culture and the People's Role in the Roman Republic », *Historia : Zeitschrift für Alte Geschichte*, 59 (2010), p. 282-301.

LA COLÈRE DE LA FOULE AU SERVICE DE LA CONSTRUCTION DE L'ALTÉRITÉ

L'exemple de l'hagiographie missionnaire carolingienne

> Il y avait parmi ce peuple une veuve ayant deux enfants qui lui étaient très chers. Le sort avait décidé qu'ils devaient être immolés aux démons et mis à mort en étant dévorés par la mer. Ils furent donc conduits jusqu'à un banc de sable entouré par la mer jusqu'à ce que l'endroit soit entièrement recouvert par l'eau et qu'ils soient misérablement avalés par les flots. Il a été rapporté que l'un avait sept ans et l'autre cinq. Alors que le flux de la marée haute emplissait ce lieu, l'aîné des petits enfants (*puerulus*) s'efforça de soulever son frère dans ses bras, pour qu'il ne soit pas englouti. Le fait est que le duc incrédule [Radbod], avec une innombrable foule de gentils (*cum plebe innumera gentilium*), était présent à ce spectacle abominable, mais aucune piété de compassion ou disposition de pitié ne put amollir son cœur de pierre[1].

> Pendant ce temps, l'orage faisait rage. Les toits des maisons étaient arrachés par la violence du vent, le sol tremblait sous les chocs répétés de la foudre et l'épaisse obscurité, intensifiée par le scintillement incessant des éclairs qui jaillissait à travers les fenêtres, redoubla leur épouvante. Alors tout le peuple (*populus omnis*), incapable de supporter la terreur plus longtemps, se précipita vers l'autel pour sortir la bienheureuse vierge de la prière et chercher sa protection[2].

1 *Vita Vulframni episcopi Senonici auctore pseudo-Iona*, édité par Wilhelm Levison, *MGH, Scriptores Rerum Merovingicarum*, tome V, Hanovre et Leipzig, Hahn, 1910, p. 657-673 (= *Vita Vulframni*). *Vita Vulframni*, 8 : « *Erat in praedicta gente mulier quaedam vidua, duos carissimos habens natos, qui ex sorte missa daemonibus fuerant immolandi et gurgite maris enecandi. Ducti namque sunt ad quendam locum bitalassi more aqua inclusum, ut, dum reuma maris eundem cooperiret locum, miserabiliter fluctibus obsorberentur. Erat vero, ut fertur, unus aetate septennis alterque quinquennis. Cumque reuma maris tempore malinae praedictum impleret locum, is qui maior natu erat puerulus iuniorem fratrem ulnis nitebatur sublevare, dum iam ingurgitarentur. Aderat namque ad spectaculum infandum antefatus dux incredulus cum plebe innumera gentilium; sed nulla compassionis pietas vel miserantis affectus saxeum eius cor emollire quivit.* »

2 *Vita Leobæ Abbatissæ Biscofesheimensis auct. Rudolfo Fuldensis*, édité par Georg Waitz, *MGH Scriptores*, 15, 1, 1887, Hanovre, Hahn, p. 118-131 (= *Vita Leobae*). *Vita Leobae*, 14 : « *Interea saevit tempestas, et ventorum furorem domorum tecta non sustinent, crebrisque fulminum ictibus terra tremescit, tenebrarum quoque densitas et continua coruscationum per fenestras irruptio maximum timidis horrorem ingeminant. Tum populus omnis, tanti terroris inmanitatem non ferens, ad altare cucurrit et beatam virginem ab oratione excitat periculis opponendam.* »

Voici deux extraits présentant chacun un portrait de foule en émoi, qui fourmillent de références affectives. Le premier, issu de la *Vie de saint Vulfran*, rédigée au tournant du IXe siècle, évoque la froideur du duc en présence d'une foule de gentils. Le second, provenant de la *Vie de sainte Leoba*, composée dans le premier tiers du IXe siècle, décrit la foule des chrétiens terrorisée par un orage.

Le choix du vocabulaire y est très révélateur : dans un cas il s'agit de la plèbe et dans l'autre du peuple. Cette désignation découle directement de la conception des Anciens[3] distinguant d'un côté la *plebs*, c'est-à-dire le corps social et civique exempt de patriciens et de sénateurs, utilisé ici dans un sens péjoratif ; et de l'autre le *populus*, peuple des citoyens romains dans son sens noble, transmué ici en peuple de Dieu. Cette distinction sémantique, fixée par le *Code Justinien*, reprise par Isidore de Séville, est bien connue des hagiographes du haut Moyen Âge[4]. En termes de vocabulaire justement, l'importance du legs antique est à souligner : *multitudo*, *populus*, *plebs*, *vulgus*, *turba* sont autant de termes classiques que l'on retrouve dans les textes du haut Moyen Âge. Il serait donc facile de s'engouffrer dans la brèche de la continuité. Pourtant, les auteurs du haut Moyen Âge ne semblent pas aussi hostiles aux foules que leurs prédécesseurs antiques, ce que Shane Bobrycki a récemment bien montré dans sa thèse, encore inédite, *The Crowd in the Early Middle Ages*[5]. L'usage de la foule émotive[6],

3 Voir Nathan Murray, « Les tumultes de la multitude : versatilité et verticalité de l'émotion populaire chez Cicéron » communication présentée lors de la journée d'étude organisée par le GRHS et le programme de recherche EMMA (*Emporté par la foule. Histoire des émotions collectives : épistémologie, émergences, expériences*), le vendredi 7 février 2020 ; voir également la thèse de Sylvain Forichon, « Les spectateurs du cirque à Rome (du Ier siècle a. C. au VIe siècle p. C.) : passion, émotions et politique », Theses.fr (ID : 10670/1.m9tst6).

4 *Instit.* I, 2, 4 : « *Plebs a populo eo differt quo species a genere ; nam appellatione populi universi cives significantur, connumeratis etiam patriciis et senatoribus ; plebis autem appellatione sine patribus et senatu cives significantur* » ; Isidorus Hispalensis, *Isidori Hispalensis episcopi Etymologiarum sive originum libri XX, recognovit brevique adnotatione critica instruxit*, tome 1, édité par Wallace Martin Lindsay, Oxford, Clarendon, 1911, IX, 4, 5-6. ; PL 82, col. 349 : « *Populus universi cives sunt* [...] *plebs autem reliquum vulgus sine senioribus civitatis. Populus ergo tota civitas, vulgus vero plebs est. Plebs autem dicta a pluralitate, major est enim numerus minorum quam seniorum* [...]. *Vulgus est passim inhabitans multitudo, quasi quisque quo vult* ». Voir Pierre Boglioni, « *Populus*, *vulgus* et termes apparentés chez Thomas d'Aquin », *Le Petit peuple dans l'Occident médiéval*, Paris, Éditions de la Sorbonne, 2002, p. 67-82, notamment l'introduction p. 67.

5 Shane Bobrycki, *The Crowd in the Early Middle Ages, c. 500-c. 1000*, thèse de doctorat (non publiée), Cambridge, Mass., Université Harvard, avril 2016.

6 Voir sur le sujet Piroska Nagy, « Collective Emotions, History and Change : The Case of the Pataria (Milan, Eleventh Century) », *Emotions : History, Culture, Society*, 2/1 (2018), p. 132-152.

et notamment de sa colère, apparaît parfois même comme un élément de légitimation des opinions des auteurs contemporains, c'est-à-dire essentiellement des clercs.

Pour reprendre les propos de Shane Bobrycki, le haut Moyen Âge n'est pas particulièrement réputé pour ses foules, contrairement à l'Antiquité et à la fin du Moyen Âge. En revanche, à la différence de ces deux périodes, le comportement collectif de la foule y est perçu comme davantage légitime, notamment à travers l'influence du christianisme qui a pour vocation de rassembler l'*ecclesia*, c'est-à-dire littéralement « l'assemblée des fidèles ». Il est vrai que durant cette période, l'un des éléments caractéristiques des foules, c'est-à-dire le nombre d'individus qui les compose, se réduit considérablement. Cependant, il faut prendre garde à la vision d'un haut Moyen Âge misérabiliste et dépeuplé puisque cette conception est aujourd'hui largement remise en question, notamment par les travaux archéologiques d'Isabelle Catteddu sur le premier Moyen Âge en France[7]. Si le haut Moyen Âge n'était effectivement pas dans son ensemble une période de révoltes paysannes et de soulèvements populaires ouverts, cela ne veut pas dire que les foules n'étaient pas en mesure de menacer le fragile statu quo qui venait d'être établi par l'élite naissante[8].

À l'époque carolingienne et dans le contexte effervescent de mission qui l'anime dès le VIIe siècle, la question des mouvements de foule se pose avec acuité puisque la plupart des héros des *vitae* de la période sont des évêques, eux-mêmes considérés comme « modérateurs des foules » au moins depuis Ambroise de Milan[9]. La foule peut y être mobilisée à des fins positives dans le processus de leur élection comme il est possible de le lire au chapitre 7 de la *Vita Arnulfi*, saint dynastique carolingien par excellence de la deuxième moitié du VIIe siècle :

> Et il veillait continuellement à ces bonnes actions et à d'autres, tel un tout-puissant aurige, lorsque par hasard il advint que la ville de Metz eut besoin d'un pasteur. Alors, d'une seule voix, le peuple acclama Arnulfus, administrateur

7 Shane Bobrycki, *The Crowd in the Early Middle Ages, c. 500-c.* 1000, *op. cit.*, p. 55 ; Isabelle Catteddu, *Archéologie médiévale en France : Le premier Moyen Âge (Ve-XIe siècle)*, Paris, La Découverte, 2009, p. 25.

8 Shane Bobrycki, *The Crowd in the Early Middle Ages, c. 500-c. 1000, op. cit.*, p. 31-32.

9 Ambrosius Mediolanensis, *Epistulae*, édité par Michaela Zelzer, *Sancti Ambrosi Opera, pars X*, Vienne, Hölder-Pichler-Tempsky, 1982 (= Ambrosius Mediolanensis, *ep.*). Ambrosius Mediolanensis, *ep.* 40, 6 : « *Non astruo exspectandam fuisse assertionem episcopi ; sacerdotes enim turbarum moderatores sunt.* »

> et conseiller royal, digne de devenir évêque. Celui-ci, en pleurant et à son corps défendant / sous la contrainte, accepta néanmoins, afin de plaire à Dieu, et il porta pour ainsi dire les insignes épiscopaux, de sorte qu'il conservait son ancienne charge de haut fonctionnaire et son rang de premier du palais. Bientôt, sa générosité en matière d'aumônes crût à tel point de perfection que, sa réputation grandissant, une foule innombrable de pauvres, venue de régions et de villes lointaines, se pressa auprès du saint évêque Arnulfus dans l'attente d'un réconfort[10].

Chez Venance Fortunat par exemple, comme l'a montré Geneviève Bührer Thierry, les évêques sont parfois perçus comme « des phares [...] destinés à montrer la lumière à tous ceux qui s'égarent[11] », révélant d'emblée leur fonction pastorale et par conséquent leur vocation intrinsèque à modérer les foules. Nombre de missionnaires faisant l'objet d'une *vita* carolingienne sont des évêques. Or, les missionnaires sont par définition au contact des foules parmi les plus effrayantes : les foules païennes, tout en devant parfois faire face à l'émotion du rassemblement des fidèles. Cette double vocation à manœuvrer à la fois au sein de foules de gentils et de chrétiens offre un champ de réflexion fécond sur l'usage de l'émotion collective comme un instrument de discrimination.

Dans cet espace septentrional européen en pleine mutation religieuse, politique et sociale, les hagiographes – dont l'œuvre a pour rôle d'offrir des modèles – ont à cœur de distinguer et de faire distinguer les foules : d'un côté la bonne (si tant est qu'elle existe, comme on pourrait être tenté de la percevoir dans la *Vita Arnulfi*) ; et de l'autre la mauvaise,

10 *Vita Arnulfi*, édité par Bruno Krusch, *MGH, Scriptores rerum merouingicarum*, t. II, 1888, p. 432-446 (= *Vita Arnbulfi*). *Vita Arnulfi*, 7 : « *Cumque in his adque diversis bonis [...] tamquam potentissimus auriga iugiter invigilaret, forte fuit, ut urbs Metensium praesule indigeret. Tunc una vox populorum Arnulfum domesticum adque consiliarium regis dignum esse episcopum adclamavit [quia et principi acceptissimus haberetur et sacricolis actibus pollere nosceretur.] Ille autem lacrimans et conpulsus, quia Deo ita placitum fuit, urbem at gubernandum suscepit, sicque deinceps episcopales gestans infulas, ut eciam domesticatus sollicitudine adque primatum palacii hacsi nollens teneret. Mox autem tanta tamque perfecta munificencia in aelemosinis pauperum adcrevit, ut etiam de longinquis regionibus adque civitatibus, fama currente, innumera caterva pauperum ad sanctum Arnulfum pontefecem refocilanda festinaret.* » (Traduction inédite de J.-N. Rolland). La participation de la foule était par ailleurs prévue par la norme, souvent l'acclamation populaire agissait comme une confirmation du choix préalablement opéré par les clercs : voir Jean Gaudemet, *Formation du droit canonique et gouvernement de l'Église de l'Antiquité à l'Âge classique*, Strasbourg, Presses Universitaires de Strasbourg, 2008, p. 385-400.

11 Geneviève Bührer-Thierry, « Lumière et pouvoir dans le haut Moyen Âge occidental : célébration du pouvoir et métaphores lumineuses », *Mélanges de l'École française de Rome*, 116/2 (2004), p. 538.

comme l'extrait de la *Vita Vulframni* l'évoque. Or l'affectivité semble constituer pour eux un outil de discrimination particulièrement efficace, notamment à l'aide des émotions associées à la violence des foules.

LA COLÈRE, MOTEUR DE VIOLENCE PHYSIQUE CONTRE LES SAINTS : UNE SPÉCIFICITÉ PAÏENNE

Dans le monde carolingien christianisé, le thème de la foule fait tout d'abord écho à l'épisode biblique dans lequel le rassemblement des juifs – que Bède qualifie d'*infidelium turbae*[12] – réclame la crucifixion du Christ[13]. C'est sous cette même dénomination de « cohues d'infidèles[14] » que la *Visio Wettini*, à la fin du VIIIe siècle, désigne les Avars à l'origine de la mort de Gérold, préfet de Bavière et beau-frère de Charlemagne, faisant quasiment un saint de ce militaire, comme quoi le bon usage des émotions de la foule peut devenir un élément de glorification ou de disqualification, selon le dessein de l'auteur.

Je propose donc dans une première partie d'étudier deux extraits de textes hagiographiques où la colère collective païenne mène à une violence extrême aboutissant à la mort de chrétiens. Le premier décrit les circonstances du martyre de Boniface en 754, le second retrace la réaction païenne qui eut lieu en 839, à Birka, en Suède.

CHEZ WILLIBALD : COLÈRE ET FOLIE D'UNE FOULE PAÏENNE DÉSORDONNÉE

Le récit que livre l'hagiographe Willibald du martyre de Boniface (en 754), moine d'origine anglo-saxonne, considéré comme l'apôtre de la

---

12 Bède, *In Evangelium S. Matthaei*, PL 92, col. 61B.

13 Luc, 23:21.

14 Voir Richard M. Pollard, « Carolingian Literature at Reichenau and St. Gall », visible sur http://www.stgallplan.org/en/tours_carol_literature.html (consulté le 21 août 2021) ; voir aussi *Walahfridi Strabi carmina*, dans *MGH, Poetae Latini aevi Carolini* II, édité par Ernst Dümmler, Berlin, Weidmann, 1884, p. 274 : « *De Gerolto etiam quondam comite dixit idem angelus, quod in requie esset gloria martyrum adaequatus : 'Zelo', inquiens, 'dei in defensione sanctae ecclesiae infidelium turbis congressus temporalus vitae dispendia est passus, ideo aeternae vitae est particeps factus.* »

Germanie, est riche[15]. À la fin de sa vie, archevêque de Mayence, Boniface honore sa vocation première de missionnaire et quitte la Germanie pour évangéliser une nouvelle fois la Frise voisine de l'Empire. Lorsque l'aurore se lève sur le campement de son expédition,

> Une immense multitude d'adversaires, armes brandies, équipée de javelots et de boucliers, avait fait irruption dans le camp. Alors soudain, de la partie opposée, les serviteurs, s'élançant hors du camp se jettent de tous côtés sur les armes et brûlent de défendre les saints – bientôt martyrs – contre l'armée insensée du peuple en furie. Mais aussitôt l'homme de Dieu, ayant entendu la charge de la foule en tumulte, ayant appelé à lui l'ordre des clercs [...] s'avance hors de sa tente. Aussitôt il adressa des reproches aux serviteurs et leur défendit de combattre [...] Alors qu'avec de telles paroles, il exhortait ses disciples à accepter gracieusement la couronne du martyre, le tumulte des païens en délire (*furens*) [...] fondit sur eux et ensanglanta les corps des bienheureux saints. Aussitôt que la chair mortelle des justes eut été mutilée, la cohue trépidante des Gentils saisit la rapine [...] ravagea le campement puis partagea et emporta le butin[16].

Après quoi les païens s'enivrent, se disputent à propos du butin et finissent par

15 Voir Gerhardus J. M. Bartelink, « Martyr und Martyrium bei Gregorius dem Grossen », dans Johan Leemans (dir.), *Martyrdom and Persecution in Late Antique Christianity : Festschrift Boudewijn Dehandschutter*, Louvain, Peteers, 2010, p. 15-32 ; Edina Bozóky (dir.), *Les Saints face aux barbares au haut Moyen Âge : réalités et légendes*, Rennes, Presses universitaires de Rennes, 2017 ; et particulièrement l'article de Geneviève Bührer-Thierry, « Autour du martyre de saint Adalbert », p. 147-160 ; Susan Ashbrook Harvey, « Martyr passions and hagiography », dans *ead.* et David G. Hunter (dir.), *The Oxford Handbook of Early Christian Studies*, Oxford, Oxford University Press, 2008, p. 603-627 ; Anne-Marie Helvétius, « L'idée du martyre dans l'hagiographie monastique franque (VIIIe-IXe siècles) », dans Gordon Blennemann et Klaus Herbers (dir.), *Vom Blutzeugen zum Glaubenszeugen ? Formen und Vorstellungen des christlichen Martyriums im Wandel*, Stuttgart, Franz Steiner Verlag, 2014, p. 83-99 ; Marie-Céline Isaïa, « Face à face. Le modèle des saints dans l'hagiographie latine du haut Moyen Âge », dans Clémentine Bernard-Valette, Jérémy Delmulle et Camille Gerzaguet (dir.), *Nihil ueritas erubescit. Mélanges offerts à Paul Mattei par ses élèves, collègues et amis*, Turnhout, Brepols, 2017, p. 651-668 ; Edward E. Malone, *The Monk and the Martyr. The Monk as the Successor of the Martyr*, Washington, Catholic University of America Press, 1950 ; Hajnalka Tamas, « Martyrdom and Episcopal Authority : The Bishop-Martyr in Pannonian Hagiography », dans Mihail Mitrea (dir.), *Tradition and Transformation. Dissent and Consent in the Mediterranean*, Kiel, Solivagus-Verlag, 2017, p. 76-91.

16 *Vitae sancti Bonifatii archiepiscopi Moguntini*, édité par Wilhelm Levison, *MGH, SRG*, 57, Hanovre et Leipzig, Hahn, 1905, p. 1-58 (= *Vita Bonifatii*). *Vita Bonifatii*, 8 : « *hostiumque ingens in castra, bibrantibus armis, astata ac scutata inruerat multitudo. Tunc repente ex adverso pueri e castris prosilientes, utrubique se armis inpetunt et sanctos contra insensatum – postmodum martyres – furentis populi exercitum defendere gestiunt. Sed vir Dei statim, audito tumultuantis turbae inpetu, accito ad se clericorum clero* [...] *tentorio procedit. Et confestim increpando pueris pugnae interdixit* [...] *Cumque tali doctrinae hortamento discipulos ad coronam martyrii affabiliter incitabat, confestim furens super eos paganorum tumultus* [...] *felici sanctorum cede corpora*

> se battre entre eux jusqu'à ce que la cohue insensée (*insaniens*) soit divisée en deux factions par la frénésie (*furore*) de leur délire (*vesaniae*)[17].

Willibald utilise une rhétorique classique d'opposition entre la communauté des chrétiens et la foule des païens, cette « armée insensée du peuple en furie[18] ». La foule des païens est ainsi dotée de tous les attributs de la multitude (*multitudo, exercitum populi*) et plus négativement de ceux de la cohue désordonnée (*gentilium turba, turbae inpetu, maxima insanientis turbae*). Ce sont des disqualifications bien connues depuis l'Antiquité classique mais aussi dans la tradition chrétienne plus récente, notamment la tradition eschatologique associée aux funestes Gog et Magog[19] – développée au moins depuis le VIIe siècle dans l'apocalypse du Pseudo-Méthode[20]. Dans cette œuvre, les portes du Nord empêchent une multitude de païens féroces de sortir et de ravager le monde[21].

Le désordre provoqué par les exécuteurs de Boniface est aggravé par l'opposition entre la multitude des bourreaux (*carnifices*), armée jusqu'aux dents (*bibrantibus armis, astata ac scutata* ; *cum gladiis cunctaque militiae armatura* ; *ad extremum arma*) et celle des chrétiens désarmés, respectant les préceptes évangéliques de ne pas rendre le mal pour le mal[22]. Pour l'hagiographe, les émotions collectives et notamment les formes de fureur (*furentis, furens, furor*) qui animent la masse des païens sont une réalité.

---

cruentavit. Statimque, mortali iustorum multata carne, tripudians gentilium turba victricem suae damnationis praedam arripuit, castraque depopulans, manubias diripiendo inpertivit. »

17 *Vita Bonifatii*, 8 : [...] « *ut furore etiam vesaniae insaniens turba in duas divisa est factiones.* »

18 *Vita Bonifatii*, 8 : « *furentis populi exercitum.* »

19 *Apocalypse* 20 : 8.

20 Voir *Apocalypse of Pseudo-Methodius. An Alexandrian World Chronicle*, édité et traduit par Benjamin Garstad, Cambridge et Londres, Harvard University Press, 2012.

21 *Ibid.*, p. 130-133 : « *Tunc reserabuntur portae aquilonis et egredientur virtutes gentium illarum, quas conclusit intus Alexander, et concutietur omnis terra a conspectu earum et expaviscent homines et fugientes conterriti abscondent se in montibus et in speluncis et in munumentis. Et mortificabuntur a timore et corrumpentur prae pavore quamplurimi, et non erit, qui corpora sepeliat. Gentes namque, que exient ab aquilone, comedent canes hominum et bibent snaguinem bestiarum sicut aqua et comedent inmundas, serpentes et scorpiones et omnem sordididdimum et abominabilem genus bestiarum et reptilia, que repunt super terram, iumentorum autem et corpora mortua et abortitia mulierum. Etiam occidunt parvulus et cedunt eos suis matribus* [...] *et edunt eaos. Et corrumpent terram et contaminabunt eam* [...] *et nullus erit, qui poterit stare coram eis.* »

22 *Vita Bonifatii*, 8 : « *Cessate, pueri, a conflictu pugnaeque deponite bellum, quoniam scripturae testimonio veraciter erudimur, et ne malum pro malo, sed etiam bonum pro malis reddamus* » ; « Cessez de combattre, serviteurs, et déposez les armes, car ainsi que nous l'apprend le témoignage des Écritures, nous ne devons pas rendre le mal pour le mal, mais plutôt le bien pour le mal ».

Dans tous les cas, il s'agit pour lui de convaincre son auditoire et son lectorat de leur authenticité. Le récit s'oriente alors vers une tendance à la disqualification par l'affectivité.

La réalité de la fureur collective se lit chez Willibald dans les effets qu'elle génère : c'est-à-dire qu'elle prive littéralement la foule de raison (*insaniens*) et de sens (*insensatum*) jusqu'à la rendre totalement incontrôlable dans son délire (*vesania*). Elle devient un objet déshumanisé qui sert la cause du récit. Plus loin dans son œuvre, Willibald corrèle cette privation de sens causée par la colère, à l'ignorance de la vérité divine, puisque selon lui, après que l'armée chrétienne a châtié les Frisons, les survivants se sont convertis à la foi chrétienne[23].

En ce sens, il préfigure tout à fait les conceptions d'Alcuin (735-804) qui, dans sa célèbre formule souvent dévoyée, estimait à propos de la folie collective, que

> Le peuple doit être conduit selon les sanctions divines et non être suivi [...] il ne faut pas écouter ceux qui ont coutume de dire : « *Vox populi, vox Dei* », alors que le tumulte des foules est toujours proche de la folie [...] De telle sorte que je suis d'avis qu'il faille inculquer cela aux simples, car c'est l'ignorance de la vérité qui pousse la plupart à l'erreur[24].

Ainsi, ignorante de la vérité divine, la collectivité des païens est poussée à la folie de la violence. L'ignorance ou le rejet de la vérité divine se retrouvent aussi à l'origine de la fureur collective dans la

23 *Vita Bonifatii*, 8 : « *fitque modo mirabili ut superstites gentilium accolae, praesentibus confracti malis, aeterna potius tormenta, fidei fulgore inluminati, devitarunt et praefati antestitis doctrinae documentum, quod eo vivente rennuerunt, etiam moriente, divinae increpationis moderamine perterriti, susciperunt* » ; « Il arriva, d'une admirable façon, que les survivants parmi les gentils avoisinants, brisés par leur présent malheur et terrorisés par le divin blâme, évitèrent les tourments éternels et admirent l'éclat de la lumineuse foi, une fois que le susdit prêtre fut mort, par la démonstration de la doctrine à laquelle ils avaient renoncé alors que celui-ci vivait encore ».

24 Alcuin, *Ep.* 132, dans *Epistolae Karolini aevi*, II, édité par Ernst Dümmler, Berlin, Weidmann, 1895, p. 199 : « *Populus iuxta sanctiones divinas ducendus est, non sequendus* [...]. *Nec audiendi qui solent dicere* : "*Vox Populi, vox Dei*", *cum tumultuositas vulgi semper insanę proxima sit* [...] *Hęc et eiusmodi, reor, inculcanda simplicibus ; eo quod ignorantia veritatis cogat errare quam plurimos* ». Voir Michel Banniard, *Viva Voce. Communication écrite et communication orale du* IVe *au* IXe *siècle en Occident Latin*, Paris, Institut des études augustiniennes, 1992, p. 335 ; voir également Michel Sot, « La première Renaissance carolingienne : échanges d'hommes, d'ouvrages et de savoirs », dans Patrick Boucheron (dir.), *Les Échanges culturels au Moyen Âge*, Paris, Publications de la Sorbonne, 2002, p. 38 ; voir également Alain Boureau, « L'adage *vox populi, vox Dei* et l'invention de la nation anglaise (VIIIe-XIIe siècle) », *Annales. Économies, Sociétés, Civilisations*, 47/4-5 (1992), p. 1071-1089.

Vita Anskarii de Rimbert (v. 830-888), rédigée dans le deuxième tiers du IXe siècle.

CHEZ RIMBERT : LA HAINE RELIGIEUSE À L'ORIGINE DE LA COLÈRE COLLECTIVE

Au chapitre 17 de sa *Vita Anskarii*, Rimbert évoque un soulèvement païen. Sans qu'il soit possible d'en déterminer clairement la cause[25], une violente émeute éclate vers 839 à Birka[26], contre Gauzbert – l'évêque qu'Ebbon de Reims (v. 775-851) avait nommé à Birka après le départ d'Anschaire – et s'achève tristement sur l'assassinat de son *nepos* Nithard[27] :

> Il arriva qu'une partie de ce peuple, unanimement coalisée, se rua dans la maison où il restait, pour y piller. Ils assassinèrent par l'épée son neveu (*nepos*), nommé Nithard, frappé par haine de la religion chrétienne, ce qui fit de lui, nous croyons, un martyr. Ils lièrent Gauzbert et tous les autres compagnons qui étaient là, volèrent tout ce qu'ils purent trouver et les chassèrent du pays en les couvrant d'insultes et d'opprobre. Toutefois, ceci ne fut pas perpétré par ordre du roi, mais seulement du fait d'une conspiration populaire[28].

Rimbert se fait ici l'écho d'un contexte où les relations entre la Suède et l'Empire franc s'étaient déjà largement détériorées puisqu'en 839, les *Annales de Saint Bertin* indiquent que deux émissaires suédois furent arrêtés pour des suspicions d'espionnage[29]. Le sac de Hambourg, six ans plus tard, en 845, est l'ultime manifestation de ce durcissement des relations entre l'Empire et ses voisins septentrionaux.

---

25 Jean-Baptiste Brunet-Jailly évoque l'hypothèse d'un signe interprété comme le mécontentement des dieux païens devant les progrès du christianisme. Voir *id.*, *Vie de saint Anschaire de Rimbert*, Paris, Cerf, 2011, p. 181.

26 *Ibid.*

27 *Vita Anskarii auctore Rimberto*, édité par Georg Waitz, *MGH, SSRG*, 55, Hanovre, Hahn, 1884 (réimpr. 1988), p. 3-79 (= *Vita Anskarii*). *Vita Anskarii*, 17.

28 *Vita Anskarii*, 17 : « *Factumque est, ut ad domum, in qua manebat, unanima conventione pars quaedam populi causa direptionis irruerit et nepotem quidem ipsius Nithardium nomine gladio peremerit et odio christiani nominis percussum, Dei, ut credimus, martyrem fecerit. Ipsum vero cum sociis ceteris, qui simul aderant, ligaverunt, et diripientes omnia quae apud eos invenire potuerunt, contumelia et opprobriis affectos a finibus suis expulerunt. Quod tamen non regio iussu factum, sed populari tantum conspiratione est perpetratum* ».

29 *Annales Bertiniani*, a. 839 : « *Quorum adventus causam imperator diligentius investigans, comperit eos gentis esse Sueonum exploratores potius regni illius nostroque quam amicitiae petitores ratus, penes se eos usque retinendos judicavit, quoad veraciter invenire posset* ».

Dans ce récit, les motivations de la violence païenne sont les mêmes que dans le récit du martyre de Boniface : le goût du pillage et l'appât du gain (*disreptio, diripiere*) mais surtout la fureur (*furore zeli accensus*)[30] qui s'exprime à l'unanimité (*unanima conventione*). La violence se manifeste alors par les armes (*gladius*), le meurtre (*perimere*), les coups (*percussus*) et l'humiliation (*ligare*, *opprobria*, *contumelia*). L'une des spécificités de cet extrait est qu'il dépasse ces *topoi*. En effet, la fureur collective n'est pas uniquement liée à l'ignorance. Pour Rimbert, sa cause profonde réside dans la « haine de la religion chrétienne » (*odium christiani nominis*). En revanche, tout comme dans le récit de Willibald, la fureur collective des païens constitue le catalyseur du déchaînement chaotique d'une violence irrépressible. La folie qui accompagne celle-ci rend impossible toute tentative de contrôle de cette brutalité. Ainsi le potentiel saint, traditionnel médiateur des foules, se voit dans l'incapacité d'agir et est contraint à la fuite, comme c'est le cas ici avec Gauzbert.

Le traitement de la colère collective est présenté tout à fait autrement lorsqu'elle s'empare de chrétiens. La vie de Leoba, abbesse du couvent de Tauberbischofsheim au IXe siècle, décrit les mouvements d'une foule chrétienne où la colère collective est toujours contenue, notamment lorsqu'elle aurait vocation à s'exercer contre les saints.

LA COLÈRE CONTENUE DE LA FOULE CHRÉTIENNE

L'hagiographe de Leoba, Rudolf de Fulda (v. 800-865), livre une histoire particulièrement pathétique : une jeune infirme qui demandait l'aumône devant les portes du couvent, avait noyé son nouveau-né, fruit du péché de luxure, dans le bassin où la communauté villageoise collectait l'eau. Le petit corps est découvert le lendemain matin par une femme qui venait y puiser de l'eau[31] :

> Elle fut embrasée d'une fureur toute féminine (*femineo accensa furore*), emplit tout le village de cris incohérents, et, en couvrant les saintes vierges de reproches, dit

30 *Vita Anskarii*, 17 : [...] « *ut populus Sueonum furore zeli accensus praefatum Gauzbertum episcopum insidiose persequi coeperit* ».

31 *Vita Leobae*, 12.

> ces mots indignés : « Ô quelle chaste congrégation, quel glorieux comportement pour ces vierges, qui cachent sous leur voile les fils qu'elles ont mis au monde et accomplissent en même temps l'office de mère et de prêtre, baptisant elles-mêmes les enfants qu'elles ont engendrés. Car, ô citoyens, vous aviez préparé ce bassin pour moudre le grain, mais vous ne saviez pas qu'il l'était aussi pour de nouveaux usages inouïs de baptême. À présent demandez-leur, à celles que vous avez l'habitude de glorifier en les appelant vierges, comment enlever ce cadavre de notre rivière et rendre notre eau à nouveau utilisable. Allez voir ! Allez voir celles qui ne sont plus dans le monastère et vous connaitrez celle qui a perpétré ce forfait ! » À ces mots, le peuple entier, de tous les âges et de tous les sexes, fut secoué et courût d'un bloc (*uno agmine*), pour voir le spectacle. Voyant le crime et frappés d'horreur par le forfait, ils maudirent les vierges sacrées. Quand l'abbesse, entendit ce tumulte et découvrit les faits, elle fit convoquer les sœurs pour leur exposer l'affaire[32].

Rudolf décrit un accès de fureur féminin (*femineo accensa furore*)[33] et use du vocabulaire habituel de l'embrasement (*accensa*) qui se manifeste ici par des débordements corporels et des « cris incohérents (*clamor inordinatus*) ». L'incohérence qui est ici soulignée reflète en réalité une condamnation de ce type de débordement féminin. La *Vita Leobae* est une *vita* dont l'héroïne est une femme, élaborée une cinquantaine d'années après la mort de celle-ci. Le récit est, selon toute logique, très fortement marqué par la présence féminine, mais celle-ci dépasse la simple narration puisque Rudolf reconnaît s'être appuyé sur le travail préparatoire d'un certain Mago, *presbyter*, qui avait lui-même recueilli les témoignages de

32 *Vita Leobae*, 12 : [...] « *femineoque accensa furore, villam omnem clamore inordinato complevit et sanctis virginibus cum indignatione improperans ait : « O quam casta congregatio, quam gloriosa conversatio virginum, quae sub velo positae filios pariunt, et matrum pariter ac presbiterorum fungentes officio, eosdem quos genuerint ipsae baptizant ! Non enim, o cives, molendi tantum usibus hanc stagnastis aquam, sed novo huic et inaudito baptismati nescientes praeparastis. Nunc ergo rogate eas, quas virginum appellatione sublimare soletis, ut tollentes cadaver de flumine nobis aquam reddant usibilem. Videte, videte, quae ex eis monasterio desit, et eam scelus hoc perpetrasse cognoscite ! » Ad hanc vocem plebs tota commota est, omnis aetas omnisque sexus quasi ad spectaculum uno agmine cucurrit. Vident nefas, facinus exhorrent, virgines sacras detestantur. Cum autem abbatissa, audito tumultu, rem gestam comperisset, convocatis sororibus causam exposuit* [...] ».

33 Cette association qui se retrouve essentiellement dans la littérature sous le syntagme *furor feminae* parfois accompagné du qualificatif *succensa* : Eugyppius Africae, *Vita sancti Severini*, 7, VIII, 7 ; Freculphus Lexovensis, *Chronica*, PL 106, 1063A ; Isidorus Hispalensis, *Quaestiones in Veterum Testamentum*, PL 83, col. 288C ; Landulfus Sagax, *Historia miscella*, PL 95, col. 798B ; Orosius, *Historiae adversum paganos* [CSEL], 4, 23, 4 ; *Id.*, [CSEL], 5, 16, 21 ; 1 ; Paulus Diaconus, *Historia Langobardorum*, 2, 20 ; 13 ; 12, 24, 20 ; 13 ; *Id.*, *Historia Romana*, 20 ; 80 ; 43 ; 12 ; Paulus Vinfridus, *De gestis Langobardorum*, PL 95, col. 459 ; Venantius Fortunatus, *Vita S. Amantii*, PL 88, col. 518A.

quatre femmes, disciples de Leoba dont nous avons les noms : Agatha, Tecla, Nana et Eoloba (probablement nonnes de Tauberbischofsheim)[34]. Il faut surtout noter que l'hagiographe dédie l'une de ses copies à une certaine Hadamout, qui était très certainement l'abbesse Hathumoda de Gandersheim[35]. La colère féminine est probablement à considérer dans ce contexte précis : celui d'un modèle de vie de sainte offert à une femme. Si le calme de Leoba est une référence positive, les débordements chaotiques de la *mulier* embrasée par la fureur sont présentés comme un anti-modèle.

En effet, les auteurs carolingiens condamnaient sans appel les paysannes qui intervenaient et sortaient de leur rôle domestique en animant une foule non réglementée[36]. Shane Bobrycki a par ailleurs remarqué que les femmes sont très fréquemment associées à ce type de regroupement dans les sources des VIIIe et IXe siècles[37]. Il faut citer à titre exemplaire les plaintes de Boniface contre l'hérétique Aldebert[38], coupable de mener de nombreuses jeunes femmes (*mulierculae*) à l'égarement[39] et surtout le célèbre cas de Thiota, « pseudo-prophétesse » (*pseudoprophetissa*), qui sillonna la région du lac de Constance en proclamant connaître la date

34 *Vita Leobae*, p. 122 ; *Annales Necrologi Fuldenses*, édité par Georg Waitz, *MGH, SS, XIII*, Hanovre, Hahn, p. 173 ; I Deug-Su, *L'eloquenza del silenzio nelle fonti mediolatine. Il caso di Leoba, dilecta di Bonifacio Vinfrido*, Florence, SISMEL, 2004, p. 20 ; Ian N. Wood, *The Missionary Life. Saints and the Evangelisation of Europe*, 400-1050, Harlow, Longman, 2001, p. 67 ; Walter Berschin, *Karolingische biographie 750-920 n. Chr., Biographie und Epochenstil im lateinischen Mittelalter*, vol. 3, Stuttgart, Hiersemann, p. 260-262 ; *Id.*, « Biographie im karolingischen Fulda », dans G. Schrimpf (dir.), *Kloster Fulda in der Welt der Karolinger und Ottonen*, Francfort, Knecht, 1996, p. 315-324 ; Thomas F. X. Noble et Thomas Head (dir.), *Soldiers of Christ : Saints and Saints' Lives from Late Antiquity and the Early Middle Ages*, Pennsylvania State University Press, University Park, 2011, p. 257, n. 2.

35 Frederick S. Paxton, *Anchoress and Abbess in Ninth Century Saxony : The Lives of Liutbirga of Wendhausen and Hathumoda of Gandersheim*, Washington, CUA Press, 2009, p. 43.

36 Shane Bobrycki, « The Flailing Women of Dijon… », art. cité, p. 5.

37 *Ibid.*, p. 9.

38 Florence Close, « Aldebert et Clément. Deux évêques marginaux sacrifiés à la réforme de l'Église ? », dans Philippe Depreux, François Bougard et Régine Le Jan (dir.), *Compétition et sacré au haut Moyen Âge : entre médiation et exclusion. Actes du congrès de Limoges*, Turnhout, Brepols, 2015, p. 193-216.

39 *Ibid.* ; Boniface, *Epistolae*, n° 59, édité par Ernst Dümmler, *MGH, Epistolae Merovingici et Karolini Aevi*, III, Berlin, Weidmann, 1892 ; Nicole Zeddies, « Bonifatius und zwei nützliche Rebellen : Die Häretiker Aldebert und Clemens », dans Marie Theres Fögen (dir.), *Ordnung und Aufruhr im Mittelalter : Historische und juristische Studien zur Rebellion*, Frankfurt, Klostermann, 1995, p. 217-263, particulièrement p. 262-263.

du jugement dernier[40]. Son succès fut tel qu'il fallut la juger devant un synode à Mayence où elle fut contrainte d'avouer qu'il s'agissait d'une supercherie, initiée par un prêtre[41].

Cependant, dans cet extrait, il ne s'agit pas d'un regroupement dicté par la ferveur ou l'exaltation religieuse mais par l'indignation (*cum indignatione*). Les reproches adressés aux religieuses reflètent donc une partie des valeurs auxquelles la société chrétienne du IXe siècle adhérait (ici la pureté de l'eau, des vierges, le respect des sacrements). De plus, le récit reflète aussi les accusations qui pouvaient être portées contre les religieuses : la présence d'enfants n'était pas rare dans les monastères féminins. L'indignation de la *mulier* est donc crédible et sa fureur, concentrée sur les religieuses, anime la foule des laïcs qui joue alors, à son tour, le rôle d'amplificateur d'émotion.

La colère spectaculaire de la *mulier* agit sur la foule qui lui répond « comme un seul bloc » (*uno agmine*), une seule entité, unanime, asexué et sans âge. Semblable à une masse uniforme qui partage les mêmes valeurs et les mêmes émotions[42], elle est secouée et frappée d'horreur. Si la fureur féminine est désordonnée et individuelle, la fureur collective est ordonnée et unanime. Pourtant, dans ce cas de figure d'une foule chrétienne, la répression demeure verbale puisque la population profère uniquement des malédictions. Il n'y aura jamais aucune violence physique commise contre les religieuses.

Si les motifs de colère de la foule paraissent justifiés aux yeux de Rudolf qui les relie à l'indignation, il n'en demeure pas moins que ce rassemblement populaire est spontané et non-réglementé. Il représente donc une source de danger potentiel pour les moniales et pour l'harmonie préalablement établie autour de leur communauté. Ainsi, la fureur associée au désordre chez la *mulier* de Tauberbischofsheim se transforme en colère maîtrisée dans la foule chrétienne. La fureur féminine relève presque de l'animalité tandis que la colère du peuple chrétien relève d'une certaine forme de mécanique. La fureur féminine concerne l'individualité, elle est à part, distincte du reste de la société ; la colère populaire met en scène une foule indifférenciée qui, d'abord

---

40 Johannes Fried, *Les Fruits de l'Apocalypse : Origines de la pensée scientifique moderne au Moyen Âge*, Paris, Édition de la Maison des sciences de l'homme, 2004, p. 167.

41 *Annales Fuldenses*, dans *MGH*, *Scriptorum*, t. I, édité par Georg H. Pertz, Hanovre, Hahn, 1876, p. 337-415. (= *Annales Fuldenses*). *Annales Fuldenses*, a. 847.

42 Pierre Livet, *Émotions et rationalité morale*, *op. cit.*, p. 124.

passive, écoute les accusations de la femme en colère avant de devenir active en se mettant en mouvement (*plebs tota commota est*) et se fait le relai de la colère individuelle de celle-ci.

Par ailleurs, l'utilisation du vocable *plebs* au lieu de *turba* pour désigner la foule de chrétiens est notable. Sans doute parce que le vocable *turba* désigne habituellement une foule ordonnée, comme l'a montré Shane Bobrycki[43] (et l'on peut d'ailleurs constater que cette remarque de vocabulaire ne s'applique pas aux foules païennes chaotiques de la *Vita Bonifatii*[44]. C'est en effet sous cette appellation qu'est désignée la foule qui se regroupe spontanément dans la *Translatio Petri et Marcellini* rédigée par Éginhard à la même époque, dans le premier tiers du IXe siècle[45].

Quant au lien tissé entre féminité et émoi populaire, il paraît intéressant de comparer ce récit à celui d'un autre rassemblement non-réglementé que Shane Bobrycki a analysé. L'événement fait l'objet d'une lettre rédigée par Amalaire (775-850), archevêque de Lyon, au début des années 840[46]. Le chorévêque de Dijon, Théodebald, se plaint du rassemblement, à Saint-Bénigne, d'une foule qui se comporte comme si elle était frappée par des fléaux invisibles et qui refuse de quitter l'église. Or cette population rassemblée est largement constituée de femmes, parmi lesquelles se trouvent non seulement des jeunes filles mais aussi des femmes mariées de toutes les catégories socio-économiques[47]. Ce phénomène semble être relié à l'arrivée de mystérieuses reliques venues d'Italie que personne n'est en mesure d'identifier. L'affaire s'amplifie jusqu'à se répandre à d'autres paroisses. Amalaire propose une réponse énergique : il conseille au chorévêque de Dijon de disperser la foule et de dissimuler ces nouvelles reliques. Si la foule persiste à demeurer rassemblée, il recommande à Théodebald

43 Shane Bobrycki, « The Flailing Women of Dijon… », art. cité, p. 7-8.

44 *Vita Bonifatii*, 8 : « *audito tumultuantis turbae inpetu.* »

45 Éginhard, *Translatio Petri et Marcellini*, édité par G. Waitz, *MGH, Scriptores*, XV-1, Hanovre, Hahn, 1887, p. 247.

46 Shane Bobrycki, « The Flailing Women of Dijon… », art. cité, p. 17 : Paris, Bibliothèque de l'Arsenal, ms. 717 ; Max Manitius, *Geschichte der lateinischen Literatur des Mittelalters*, vol. 1, Munich, 1911, p. 389; Charles M. A. West, « Unauthorised miracles in mid-ninth-century Dijon and the Carolingian church reforms », *Journal of Medieval History*, 36/4 (2010), p. 303 ; Amalaire de Lyon, *ep.* 1, édité par Ernst Dümmler, *MGH inde A. C. 500 usque ad 1500, Epistolarum*, t. V, Hanovre, Hahn, 1826, p. 363-368.

47 Amalaire de Lyon, *ep.* 1, *op. cit.*, c. 2 : « *In quibus esse dicuntur non solum puellae, sed etiam coniugatae, iuveniores et maturiores aetate, honestiores atque viliores.* »

de les faire battre[48]. Pour Amalaire, l'explication de ce rassemblement réside probablement dans la coutume de montrer les reliques à « la foule rustique[49] » (*populares turbae*) pour les proposer à la vénération et qu'il s'agit d'une fraude, mise en scène par quelque malveillant désireux de tirer profit de cette crédulité[50].

Bien que les femmes soient encouragées à l'époque carolingienne à participer au culte des reliques, Amalaire considère que cette réunion n'est pas conforme à la volonté divine : Dieu ne désire certainement pas séparer les mères de leurs enfants ou les épouses de leurs maris[51]. De plus, l'archevêque de Lyon désigne une catégorie spécifique de femmes : il emploie les termes très particuliers de *miserae mulierculae*[52], c'est-à-dire « misérables petites femmes ». Or, un demi-siècle après les événements, le concile de Nantes (895) condamne, sous le même vocable, les *mulierculae* qui « perturbent sans cesse les conseils généraux et les rassemblements publics », tout en précisant que « cette présomption scandaleuse devrait être imputée davantage aux instigatrices (*fautores*) plutôt qu'aux femmes elles-mêmes (*foemina*)[53] ». Selon Shane Bobrycki, cette atténuation de la responsabilité des femmes relève de leur faiblesse innée (liée au péché originel) et à la facilité avec laquelle il est possible de les manipuler[54]. En définitive, il constate que les élites carolingiennes – cléricales ou laïques – voyaient ces rassemblements

48 *Ibid.*, c. 8 : « *ita ut si forte aliqui obstinatiores in tali facto apparere voluerint, duris omnino verberibus coerciti ad confessionem veritatis compellendu nobis esse videantur.* »

49 Trad. Shane Bobrycki, « The Flailing Women of Dijon… », art. cité, p. 40.

50 Amalaire de Lyon, *ep.* 1, *op. cit.*, c. 4 : « *Atque ex hoc iam superveniente sollemnitate paschali, quando talia inchoasse perhibentur, viles et nequam homunculi accepta occasione, sive necessitate famis cogente, sive cupiditate lucri instigante, istiusmodi velut percussiones et consiliones et dementationes ac rursum sanationes fingere atque ostentare coeperint, sive sint viri, sive mulieres.* »

51 Shane Bobrycki, « The Flailing Women of Dijon… », art. cité, p. 40.

52 Amalaire de Lyon, *ep.* 1, *op. cit.*, c. 2.

53 *Ibid.* ; *Concilium Nanmetense*, c. 19, édité par Johannes Dominicus Mansi, *Sacrorum conciliorum nova et amplissima collectio, XVIII-1*, Venise, 1773, p. 171-172 : « *mirum videtur, quod quaedam mulierculae, contra divinas humanasque leges attrita fronte impundenter agentes, placita generalia et publicos conventus indefinenter adeant, et negotia regni, utilitatesque reipublicae magis perturbent… Quae ignominiosa præsumptio fautoribus magis imputanda videtur, quam foeminis.* » Voir Shane Bobrycki, *The Crowd in the Early Middle Ages, c. 500-c. 1000*, *op. cit.*, p. 315-316 ; Suzanne Foney Wemple, *Women in Frankish Society : Marriage and the Cloister, 500 to 900*, Philadelphie, University of Pennsylvania Press, 1985, p. 105-106 ; Janet L. Nelson, « Women and the Word in the Earlier Middle Ages », *Women in the Church*, 27 (1990), p. 53-78.

54 Shane Bobrycki, « The Flailing Women of Dijon… », art. cité, p. 40.

populaires non réglementés comme les manifestations d'une « autonomie non-élitiste[55] ». Le récit de Rudolf reprend cette nuance lorsqu'il souligne le fait que la colère de la *mulier* est « toute féminine » et donc inhérente à sa nature fragile.

Ces deux cas de figures féminins ne sont cependant pas tout à fait similaires : la *mulier* en colère de la *Vita Leobae* ne simule pas une extase religieuse. En revanche, elle est désignée comme l'instigatrice d'un rassemblement non réglementé. En ce sens, son exemple pourrait illustrer la perception négative que l'élite carolingienne avait des tentatives d'autonomie amorcées par les paysannes, tout en révélant parallèlement à l'historien la possibilité qu'elles avaient d'exprimer cette forme d'autonomie à travers les émotions.

Il faut souligner l'idée – qui ne se généralise vraiment que sous le règne de Louis le Pieux[56] – que l'intégralité du corps social doit participer à la cohésion de l'Église et à son bon fonctionnement : en témoignent l'*Admonitio* de 823-825[57], qui s'adresse successivement à l'ensemble des sujets (peuple, archevêques, évêques, abbés, comtes), et le concile de Paris où est réaffirmée la nécessité pour les dirigeants de guider les peuples vers le salut éternel (829)[58]. Ceci rejoint l'argument de Shane Bobrycki selon lequel « La principale forme de rassemblement [...] était l'assemblée solennelle : une forme de rassemblement qui servait et célébrait le pouvoir légitime[59] ».

En revanche, lorsqu'il s'agit de rassemblements non-réglementés, dans la dynamique spécifique de la mission, les hagiographes usent de l'outil affectif (notamment celui de la fureur aveugle qui débouche sur la violence) pour disqualifier les rassemblements païens. La fureur dans l'hagiographie carolingienne est le fruit d'une perte de contrôle. Elle s'empare de la personne, l'embrase et l'anime. Elle peut être désordonnée à l'échelle de l'individu, ou de la foule des bourreaux de Boniface ; ou encore ordonnée, lorsqu'elle engage la foule des chrétiens de Tauberbischofsheim.

55 *Ibid.*, p. 44.

56 Karl-Ferdinand Werner, « Hludovicus augustus : gouverner l'empire chrétien – idées et réalités », dans Peter Godman et Roger Collins (dir.), *Charlemagne's Heir : New Perspectives on the Reign of Louis the Pious (814-840)*, Oxford, Oxford University Press, 1990, p. 83-92.

57 *Admonitio Ad Omnes Regni Ordines*, édité par Alfred Boretius et Viktor Kraüse, *MGH, Capitularia regum Francorum*, I, Hanovre, Hahn, 1883, p. 303-307.

58 *Concilium Parisiense a. 829, m. Iunio*, édité par Albert Werminghoff, *MGH, Concilia aevi Karolini*, I, 2, Hanovre et Leipzig, Hahn, 1908, p. 605-680.

59 Shane Bobrycki, *The Crowd in the Early Middle Ages, c. 500-c. 1000*, *op. cit.*, p. 117.

En ce qui concerne la colère collective chrétienne, les motivations de l'indignation qui en sont à l'origine révèlent des normes auxquelles la société de l'époque adhère et présente une foule chrétienne aux émotions contenues et maîtrisées. Cette modération ne légitime pas pour autant les rassemblements non réglementés mais justifie en partie l'indignation de la population. L'affectivité apparaît alors comme un outil de classification, justifiant ou disqualifiant les rassemblements populaires. En somme, elle en constitue un instrument de contrôle.

Anne-Gaëlle WEBER
Université du Québec à Montréal
(UQÀM)

BIBLIOGRAPHIE

SOURCES

AMBROSIUS MEDIONALENSIS, *Epistulae*, édité par Michaela Zelzer, *Sancti Ambrosi Opera, pars X*, Vienne, Hölder-Pichler-Tempsky, 1982.

Annales Bertiniani, MGH, SRG, 5, édité par Georg Waitz, Hanovre, Hahn, 1883, p. 337-416.

Annales Fuldenses dans *MGH, Scriptorum*, édité par Georg H. Pertz, t. I, Hanovre, Hahn, 1876, p. 337-415.

Annales Necrologi Fuldenses, MGH, SS, XIII, édité par Georg Waitz, Hanovre, Hahn, 1881, p. 161-218.

Annales regni Francorum inde ab a. 741 usque ad a. 829, qui dicuntur Annales Laurissenses maiores et Einhardi, SS rer. Germ., 6, édité par Friedrich Kurze et Georg Friedrich Pertz, Hanovre, Hahn, 1895.

Apocalypse of Pseudo-Methodius. An Alexandrian World Chronicle, édité et traduit par Bruno Garstad, Cambridge et Londres, Harvard University Press, 2012.

BONIFACE, *Epistolae*, dans *MGH, Epistolae Merovingici et Karolini Aevi*, III, édité par Ernst Dümmler, Berlin, Weidmann, 1892.

ÉGINHARD, *Translatio Petri et Marcellini*, édité par Georg Waitz, *MGH, Scriptores*, XV-1, Hanovre, Hahn, 1887.

Epistolae Karolini aevi, II, édité par Ernst Dümmler, Berlin, Weidmann, 1895.

Eugippii Vita sancti Severini, édité par Hermann Sauppe, *MGH*, München, 1985.

FRECULPHUS LEXOVENSIS, *Chronica*, PL 106, p. 915-1258.

ISIDORUS HISPALENSIS, *Etymologiae : Isidori Hispalensis episcopi Etymologiarum sive originum libri XX, recognovit brevique adnotatione critica instruxit*, édité par Wallace M. Lindsay, Oxford, Clarendon, 1911.

ISIDORUS HISPALENSIS, *Quaestiones in Veterum Testamentum*, PL 83, p. 207-434.

JEAN CASSIEN, *Conférences*, traduit par Dom Eugène Pichery, Paris, Cerf, 3 vol., 1955-1971.

LANDULFUS SAGAX, *Historia miscella*, PL 95, col. 743-1158.

MGH, Concilia aevi Karolini, I, 2, édité par Albertus Werminghoff, Hanovre et Leipzig, Hahn, 1908.

MGH, Capitaluria regum Francorum, édité par Alfred Boreti et Viktor Kraüse, Hanovre, Hahn, 1883.

MGH inde A. C. 500 usque ad 1500, Epistolarum, t. V, édité par Ernst Dümmler, Hanovre, Hahn, 1826.

OROSIUS, *Historiae adversum paganos*, édité par Karl Zangermeister, *CSEL*, 5, Vienne, Karl Gerold, 1882.

PAULUS DIACONUS, *Historia Langobardorum*, édité par Georg Waitz, *MGH SS rerum Langobardicarum*, Hannover, 1878, p. 12-187.

PAULUS DIACONUS, *Historia Romana*, édité par Hans Droysen, *MGH SS rer. Germ. in us. schol.*, 49, Berlin, 1879, p. 1-135.

PAULUS VINFRIDUS, *De gestis Langobardorum*, PL 95, col. 433-476.

PSEUDO-BÈDE, *In Evangelium S. Matthaei*, PL 92, col. 9-132.

RIMBERT, *Vie de saint Anschaire de Rimbert*, édité et traduit par Jean-Baptiste Brunet-Jailly, Paris, Cerf, 2011.

Sacrorum conciliorum nova et amplissima collectio, XVIII-1, édité par Johannes Dominicus Mansi, Venise, 1773.

VENANTIUS FORTUNATUS, *Vita S. Amantii*, édité par Bruno Krusch, dans *MGH Auct. Ant, 4-2*, p. 55-64.

Vita Anskarii auctore Rimberto, *MGH, SSRG*, 55, édité par Georg Waitz, Hanovre, Hahn, 1884 (réimpr. 1988), p. 3-79.

Vita Arnulfi, dans *MGH, Scriptores rerum merouingicarum*, t. II, édité par Bruno Krusch, p. 432-446, 1888.

Vita Leobæ Abbatissæ Biscofesheimensis auct. Rudolfo Fuldensis, *MGH Scriptores*, 15, 1, édité par Georg Waitz, 1887, Hanovre, Hahn, p. 118-131.

Vitae sancti Bonifatii archiepiscopi Moguntini, *MGH, SRG*, 57, édité par Wilhelm Levison, Hanovre et Leipzig, Hahn, 1905, p. 1-58.

Vita Vulframni episcopi Senonici auctore pseudo-Iona, *MGH, Scriptores Rerum Merovingicarum*, t. V, édité par Wilhelm Levison, Hanovre et Leipzig, Hahn, 1910, p. 657-673.

Walahfridi Strabi carmina, MGH, Poetae Latini aevi Carolini II, édité par Ernst Dümmler, Berlin, Weidmann, 1884, p. 259-473.

ÉTUDES

ASHBROOK HARVEY, Susan, « Martyr passions and hagiography », dans *ead.* et David G. Hunter (dir.), *The Oxford Handbook of Early Christian Studies*, Oxford, Oxford University Press, 2008, p. 603-627.

BANNIARD, Michel, *Viva Voce. Communication écrite et communication orale du IVe au IXe siècle en Occident latin*, Paris, Institut des études augustiniennes, 1992.

BARTELINK, Gerhardus J. M., « Martyr und Martyrium bei Gregorius dem Grossen », dans Johan Leemans (dir.), *Martyrdom and Persecution in Late Antique Christianity : Festschrift Boudewijn Dehandschutter*, Louvain, Peteers, 2010, p. 15-32.

BERSCHIN, Walter, « Biographie im karolingischen Fulda », dans Gangolf Schrimpf (dir.), *Kloster Fulda in der Welt der Karolinger und Ottonen*, Francfort, Knecht, 1996, p. 315-324.

BERSCHIN, Walter, *Karolingische biographie 750-920 n. Chr., Biographie und Epochenstil im lateinischen Mittelalter*, vol. 3, Stuttgart, Hiersemann, 1991.

BOBRYCKI, Shane, « The Flailing Women of Dijon : Crowds in Ninth Century Europe », *Past and Present*, 240/1 (2018), p. 3-46.

BOBRYCKI, Shane, *The Crowd in the Early Middle Ages, c. 500-c. 1000*, thèse de doctorat (non publiée), Cambridge (Mass.), Harvard University, avril 2016.

BOGLIONI, Pierre, « Populus, vulgus et termes apparentés chez Thomas d'Aquin », *Le Petit peuple dans l'Occident médiéval*, Paris, Éditions de la Sorbonne, 2002, p. 67-82.

BOUREAU, Alain, « L'adage vox populi, vox dei et l'invention de la nation anglaise (VIIIe-XIIe siècle) », *Annales. Économies, Sociétés, Civilisations*, 47/4-5 (1992), p. 1071-1089.

BOZÓKY, Edina (dir.), *Les Saints face aux barbares au haut Moyen Âge : réalités et légendes*, Rennes, Presses universitaires de Rennes, 2017.

BÜHRER-THIERRY, Geneviève, « Autour du martyre de saint Adalbert », dans Edina Bozóky (dir.), *Les Saints face aux barbares au haut Moyen Âge : réalités et légendes*, Rennes, Presses universitaires de Rennes, 2017, p. 147-160.

BÜHRER-THIERRY, Geneviève, « Lumière et pouvoir dans le haut Moyen Âge occidental : célébration du pouvoir et métaphores lumineuses », *Mélanges de l'École française de Rome*, 116/2 (2004), p. 521-556.

CATTEDDU, Isabelle, *Archéologie médiévale en France : Le premier Moyen Âge (V^e^-XIe siècle)*, Paris, La Découverte, 2009.

CLOSE, Florence, « Aldebert et Clément. Deux évêques marginaux sacrifiés à la réforme de l'Église ? », dans Philippe Depreux, François Bougard et Régine Le Jan (dir.), *Compétition et sacré au haut Moyen Âge : entre médiation et exclusion. Actes du congrès de Limoges*, Turnhout, Brepols, 2015, p. 193-216.

DEUG-SU, I, *L'eloquenza del silenzio nelle fonti mediolatine. Il caso di Leoba, dilecta di Bonifacio Vinfrido*, Florence, SISMEL, 2004.

FONAY WEMPLE, Suzanne, *Women in Frankish Society : Marriage and the Cloister, 500 to 900*, Philadelphie, University of Pennsylvania Press, 1985.

FORICHON, Sylvain, « Les spectateurs du cirque à Rome (du Ier siècle a.C. au VIe siècle p.C.) : passion, émotions et politique », Theses.fr (ID : 10670/1.m9tst6).

FRIED, Johannes, *Les Fruits de l'Apocalypse : Origines de la pensée scientifique moderne au Moyen Âge*, Paris, Édition de la Maison des sciences de l'homme, 2004.

GAUDEMET, Jean, *Formation du droit canonique et gouvernement de l'Église de l'Antiquité à l'Âge classique*, Strasbourg, Presses Universitaires de Strasbourg, 2008.

HELVÉTIUS, Anne-Marie, « L'idée du martyre dans l'hagiographie monastique franque (VIIIe-IXe siècles) », dans Gordon Blennemann et Klaus Herbers (dir.), *Vom Blutzeugen zum Glaubenszeugen ? Formen und Vorstellungen des christlichen Martyriums im Wandel*, Stuttgart, Franz Steiner Verlag, 2014, p. 83-99.

ISAÏA, Marie-Céline, « Face à face. Le modèle des saints dans l'hagiographie latine du haut Moyen Âge », dans Clémentine Bernard-Valette, Jérémy Delmulle et Camille Gerzaguet (dir.), *Nihil ueritas erubescit. Mélanges offerts à Paul Mattei par ses élèves, collègues et amis*, Turnhout, Brepols, 2017, p. 651-668.

LIVET, Pierre, *Émotions et rationalité morale*, Paris, PUF, 2002.

MALONE, Edward E., *The Monk and the Martyr. The Monk as the Successor of the Martyr*, Washington, Catholic University of America Press, 1950.

MANITIUS, Max, *Geschichte der lateinischen Literatur des Mittelalters*, I, Munich, 1911.

MURRAY, Nathan, « Les tumultes de la multitude : versatilité et verticalité de l'émotion populaire chez Cicéron », communication présentée lors de la journée d'étude organisée par le GRHS et le programme de recherche EMMA (*Emporté par la foule. Histoire des émotions collectives : épistémologie, émergences, expériences*), le vendredi 7 février 2020.

NAGY, Piroska, « Collective Emotions, History and Change : The Case of the Pataria (Milan, Eleventh Century) », *Emotions : History, Culture, Society*, 2/1 (2018), p. 132-152.

NELSON, Janet L., « Women and the Word in the Earlier Middle Ages », *Women in the Church*, 27 (1990), p. 53-78.

NOBLE, Thomas F. X. et HEAD, Thomas (dir.), *Soldiers of Christ : Saints and Saints' Lives from Late Antiquity and the Early Middle Ages*, Pennsylvania State University Press, University Park, 2011.

PAXTON, Frederick S., *Anchoress and Abbess in Ninth Century Saxony : The Lives of Liutbirga of Wendhausen and Hathumoda of Gandersheim*, Washington, CUA Press, 2009.

POLLARD, Richard M., « Carolingian Literature at Reichenau and St. Gall », visible sur http://www.stgallplan.org/en/tours_carol_literature.html.

QUÉRÉ, Louis, « Natures et formes de l'émotion collective », *Occasional Paper*, 32 (2015), en ligne, http://cems.ehess.fr/docannexe/file/3689/op32_louis_quere.pdf.

SOT, Michel, « La première Renaissance carolingienne : échanges d'hommes, d'ouvrages et de savoirs », dans Patrick Boucheron (dir.), *Les Échanges culturels au Moyen Âge*, Paris, Publications de la Sorbonne, 2002.

TAMAS, Hajnalka, « Martyrdom and Episcopal Authority : The Bishop-Martyr in Pannonian Hagiography », dans Mihail Mitrea (éd.), *Tradition and Transformation. Dissent and Consent in the Mediterranean*, Kiel, Solivagus-Verlag, 2017, p. 76-91.

WERNER, Karl-Ferdinand, « Hludovicus augustus : gouverner l'empire chrétien – idées et réalités », dans Peter Godman et Roger Collins (dir.), *Charlemagne's Heir : New Perspectives on the Reign of Louis the Pious (814-840)*, Oxford, Oxford University Press, 1990, p. 83-92.

WEST, Charles M. A., « Unauthorised miracles in mid-ninth-century Dijon and the Carolingian church reforms », *Journal of Medieval History*, 36/4 (2010), p. 295-311.

WOOD, Ian N., *The Missonary Life. Saints and the Evangelisation of Europe, 400-1050*, Harlow, Longman, 2001.

ZEDDIES, Nicole, « Bonifatius und zwei nützliche Rebellen : Die Häretiker Aldebert und Clemens », dans Marie Theres Fögen (dir.), *Ordnung und Aufruhr im Mittelalter : Historische und juristische Studien zur Rebellion*, Frankfurt, Klostermann, 1995, p. 217-263.

FOULES ÉMUES AU PIED DE L'ÉCHAFAUD DANS L'ITALIE COMMUNALE DES XIIIe ET XIVe SIÈCLES

QUELLES ÉMOTIONS AU PIED DE L'ÉCHAFAUD ?

Les exécutions capitales prémodernes ont souvent été vues, par les historiens et dans les sciences sociales, comme un parfait exemple de rituel destiné à produire des réactions émotionnelles dans le public qui y assistait. De nombreux éléments contribuent à corroborer cette vision : leur nature publique et l'installation des gibets le plus souvent dans des lieux symboliques pour l'identité locale[1] ; le ritualisme complexe de la procédure pénale, qui dans certains cas définissait un itinéraire précis que la charrette transportant le condamné à mort devait respecter ; et

1 Dans le cas de l'Italie du Moyen Âge tardif, cependant, aucune recherche spécifique n'a été menée sur le choix des lieux des exécutions capitales, contrairement aux études sur la France médiévale qui ont abouti à des considérations importantes sur la valeur idéologique de l'emplacement des gibets (voir notamment Sylvie Bépoix, *Une cité et son territoire. Besançon, 1391, l'affaire des fourches patibulaires*, Besançon, Presses universitaires de Franche-Comté, 2010 ; et les contributions de Vincent Challet, « Les fourches sont-elles vraiment patibulaires ? Les fourches et leur contraire à partir de quelques exemples languedociens » et de Michelle Bubenicek, « "*Et encourt sont les dictes forches en la dicte place toutes droictes…*". La guerre des gibets dans l'État bourguignon naissant (Franche-Comté, 1380-1400) », dans Martine Charageat et Mathieu Vivas (dir.), *Les Fourches Patibulaires du Moyen Âge à l'Époque moderne. Approche interdisciplinaire*, *Criminocorpus. Revue hypermédia*, 2015, en ligne : https://journals.openedition.org/criminocorpus/3018 (consulté le 12 mai 2020). Au moins jusqu'à la moitié du XIVe siècle, dans l'Italie communale, il ne semble pas y avoir d'endroit spécifique pour exécuter les criminels. Par exemple, la *Cronaca senese dei fatti riguardanti la città e il suo territorio di autore anonimo del secolo XIV*, dans *Cronache senesi*, édité par Alessandro Lisini et Fabio Iacometti, *Rerum Italicarum Scriptores*, vol. 15, Bologne, N. Zanichelli, 1931, montre que les exécutions pouvaient avoir lieu soit dans le Campo (p. 105, en 1315), soit dans des localités périphériques comme le quartier de Valdimontone (p. 121-122, en 1321), soit même en privé (p. 72, en 1287). Je souhaite aborder ce sujet plus en profondeur dans un futur article.

surtout le fait que les exécutions étaient perçues comme des rituels d'exclusion des condamnés, visant à renforcer l'identité collective de la communauté[2].

La justification principale donnée par les autorités laïques et religieuses du bas Moyen Âge pour l'utilisation de la peine capitale reposait sur sa valeur émotionnelle. Les sources fondatrices du droit pénal d'inspiration romano-canonique légitimaient le recours à la peine de mort en arguant de l'effet dissuasif des exécutions, qui devaient provoquer la peur dans le public qui y assistait et donc prévenir la diffusion des actes criminels dans la société. Dans la seconde moitié du XIIIe siècle, quand le recours à la peine capitale devient un élément de plus en plus ordinaire des systèmes juridiques de l'Italie communale et plus généralement de l'Europe occidentale[3], la peur de l'exécution se trouve encore une fois au centre de la justification de cette transformation. Ainsi, le *Corpus Iuris Civilis* affirme ouvertement que la peine de mort existe « pour que le châtiment d'une seule personne suscite la peur de tous[4] ». Gratien dans son *Décret* va dans le même sens en affirmant que les institutions de la puissance royale, tels les gibets, tirent leur légitimité du sentiment de peur qu'elles pouvaient instiller : « Le pouvoir des rois, le droit d'enquête, les instruments des bourreaux n'ont pas été institués sans raison [...]. Quand ces institutions font peur, les méchants sont punis et les bons peuvent vivre tranquillement parmi les méchants[5] ».

2 Claude Gauvard, « Pendre et dépendre à la fin du Moyen Âge : les exigences d'un rituel judiciaire », dans Jacques Chiffoleau, Lauro Martines et Agostino Paravicini Bagliani (dir.), *Riti e rituali nelle società medievali*, Spoleto, Centro Italiano di Studi sull'Alto Medioevo, 1994, p. 191-211. ; Andrea Zorzi, « Rituali di violenza, cerimoniali penali, rappresentazioni della giustizia nelle città italiane centro-settentrionali (secoli XIII-XV) », dans Paolo Cammarosano (dir.), *Le forme della propaganda politica nel Due e Trecento*, Rome, École Française de Rome, 1994, p. 395-425 ; *Id.*, « L'esecuzione delle condanne a morte a Firenze nel tardo Medioevo tra repressione penale e cerimoniale pubblico », dans Giuseppe Lombardi et Massimo Miglio (dir.), *Simbolo e realtà della vita urbana nel tardo Medioevo*, Manziana, Vecchiarelli, 1993, p. 153-253.

3 Andrea Zorzi, « La pena di morte in Italia nel Tardo Medioevo », *Clio & Crimen*, 4 (2007), p. 47-62 ; Claude Gauvard, *Condamner à mort au Moyen Âge : Pratiques de la peine capitale en France XIII-XVe siècle*, Paris, PUF, 2018, p. 12.

4 « *Ut unius poena sit metus multorum* » : *Corpus Iuris Civilis*, édité par Theodor Mommsen, Paul Krüger, Rudolf Schöll et Wilhelm Kroll, Berlin, Weidmann, 1889-1895 (ici vol. 2, *Pandectae Iustinianeae*, liv. XLVIIII, titre XI *de lege Julia repetundarum*, VIII).

5 « *Non frustra sunt instituta potestas regis, ius cognitoris, ungule carnificis [...]. Hec cum timentur, et mali cohercentur, et boni quieti inter malos vivunt* » : *Corpus Iuris Canonici*, édité par Aemilius Friedberg, Graz, Akademische Druck – u. Verlagsanstalt, 1959 (ici vol. 2, Causa

À une période plus proche de celle examinée dans cet article, le juriste italien Alberto da Gandino exprime la même opinion dans son *Tractatus de maleficiis* (vers 1287), l'un des premiers traités médiévaux consacrés spécifiquement au droit criminel[6]. De leur côté, les prêcheurs des XIIIe et XIVe siècles utilisent les mêmes arguments lorsqu'ils parlent des condamnations à mort[7].

Cette interprétation des supplices capitaux pose cependant des problèmes considérables, en premier lieu parce que les historiens ont très rarement essayé de vérifier si ces déclarations idéologiques des autorités correspondaient à l'expérience vécue des foules. Les études sur l'Italie communale, en particulier, se sont concentrées davantage sur les motivations des gouvernements dans leur promotion de la peine de mort, fondées comme on l'a vu sur l'exemplarité, que sur les réactions populaires[8]. Travaillant sur la France septentrionale, Claude Gauvard a pourtant remis en question l'idée que le gibet pouvait faire peur aux spectateurs. Selon elle, le peuple consentait aux exécutions, et les alentours du gibet en tant que lieu partagé ne pouvaient pas inspirer la peur, parce que la foule s'identifiait plus aux autorités qui avaient prononcé la condamnation qu'aux suppliciés[9]. Ces conclusions s'accordent partiellement avec celles des travaux portant sur les lieux d'exécution en France méridionale, qui suggèrent une polysémie des gibets aux yeux des différents types de public, sans que la peur soit évoquée fréquemment[10]. Ces travaux pionniers encouragent les chercheurs à examiner quelles autres émotions caractérisaient ces moments et à se concentrer sur d'autres espaces qui possèdent des sources relativement riches pour cette période, à l'exemple de l'Italie communale.

XXIII, quaestio V, causa XVIII). Sur ce passage voir aussi Michèle Bordeaux, « Le sang du corps du droit canon ou des acceptions de l'adage *Ecclesia abhorret a sanguine* », *Droit et société*, 28 (1994), p. 543-563 (ici p. 563).

6 Alberto da Gandino, *Tractatus de Maleficiis*, édité par Hermann Kantorowicz, dans *id.*, *Albertus Gandinus und das Strafrecht der Scholastik*, vol. 2, Berlin et Leipzig, De Gruyter, 1907-1926, p. 348 : « *opus est exemplo ut pena unius sit metus multorum* » (l'exemplarité est nécessaire pour que la peine d'une seule personne soit cause de peur pour plusieurs).

7 Cecilia Iannella, *Giordano da Pisa. Etica urbana e forme della società*, Pise, Edizioni ETS, 1999, p. 65.

8 Andrea Zorzi, « Le esecuzioni delle condanne a morte », art. cité ; *Id.* « La pena di morte in Italia », art. cité ; Christiane Klapisch-Zuber, *Le Voleur de paradis. Le Bon Larron dans l'art et la société (XIVe-XVIe siècles)*, Paris, Alma Éditeur, 2015, p. 77.

9 Claude Gauvard, *Condamner à mort au Moyen Age*, *op. cit.*, p. 222.

10 Vincent Challet, « Les fourches sont-elles vraiment patibulaires ? », art. cité.

On peut évoquer un autre argument allant dans le même sens : un grand nombre d'études affirment en effet que les criminels condamnés à mort étaient considérés à cette époque comme des individus capables de polluer la société et qu'ils étaient partiellement déshumanisés[11]. Cette théorie se prête à des critiques, que nous ne pouvons discuter ici pour des raisons de cohérence argumentative[12]. Pourtant, le fait que la majorité des suppliciés, dans les sources qui nous donnent un aperçu des condamnations à mort effectivement infligées dans les villes italiennes, s'avèrent être des étrangers ou des marginaux plaiderait en faveur de cette théorie[13]. Il conviendrait donc d'examiner soigneusement l'idée selon laquelle les foules auraient pu s'identifier avec ces criminels au point de développer, en assistant à leur supplice, une peur de commettre des crimes pour ne pas subir le même sort. Bien que les études criminologiques tendent à indiquer que les effets de la *deterrence theory* sur la prévention du crime ne sont pas satisfaisants, les arguments fondés sur la dissuasion sont encore très répandus aujourd'hui. Cette question reste centrale dans l'histoire de la justice criminelle[14]. Les réactions émotionnelles aux manifestations de violence judiciaire sont donc un domaine où l'histoire des sensibilités peut engager un dialogue fructueux avec les sciences sociales et avec la philosophie du droit. Ce type d'histoire propose une méthode qui peut en retour bénéficier aux champs de la recherche qui s'intéressent à la dimension affective inhérente aux situations de violence judiciaire.

Afin de contribuer à clarifier cette question historiographique, cet article vise à présenter les résultats préliminaires d'une étude sur les

11 Esther Cohen, *The Crossroads of Justice : Law and Culture in Late Medieval France*, Leyde, Brill, 1993, p. 198 ; Andrea Zorzi, « La pena di morte in Italia », art. cité, p. 58 ; Gennaro Ferrante, « Control of Emotions and Comforting Practices Before the Scaffold in Medieval and Early Modern Italy (With some Remarks on Lorenzetti's Fresco) », dans Fabrizio Ricciardelli et Andrea Zorzi (dir.), *Emotions, Passions, and Power in Renaissance Italy : Proceedings of the International Conference Georgetown University at Villa Le Balze, 5-8 May 2012*, Amsterdam, Amsterdam University Press, 2015, p. 209-236 (ici p. 218 : « infected and accursed body »).

12 Voir par exemple Claude Gauvard, « Pendre et dépendre à la fin du Moyen Âge », art. cité., p. 192.

13 Elsa Luttazzi Gregori, « La "morte confortata" nella Toscana dell'età moderna (XV-XVIII secolo) », dans Luigi Berlinguer et Floriana Colao (dir.), *Criminalità e società in età moderna*, Milan, Giuffré, 1991, p. 25-91 (ici p. 49) ; Claude Gauvard, *Condamner à mort au Moyen Age*, *op. cit.*, p. 250-257.

14 Ronald L. Akers, *Criminological Theories : Introduction and Evaluation*, New York et Abingdon, Routledge, 1999, p. 19-21.

émotions collectives autour des exécutions capitales dans les communes de l'Italie du Nord entre le XIIIe et le XIVe siècle. Durant cette période, la peine capitale devient une réalité ordinaire dans les systèmes juridiques de l'Europe occidentale. C'est aussi le moment où, pour des raisons qui demeurent encore confuses, les oppositions aux condamnations à mort dans les milieux ecclésiastiques et laïcs s'affaiblissent considérablement[15]. Les sources italiennes disponibles pour conduire cette étude (surtout les chroniques et les recueils de documents judiciaires) seront parfois complétées par des documents provençaux dont le contexte sociopolitique et religieux est assez similaire, ce qui permet de confirmer certaines analyses sur l'émotivité des foules communales au pied de l'échafaud[16]. Cette étude soutient que la peur n'était pas une émotion caractéristique des spectateurs des exécutions dans l'Italie médiévale. En revanche, d'autres émotions faisaient souvent leur apparition dans ces contextes, notamment la compassion et l'indignation. Les sources laissent transparaitre clairement que tant les autorités en charge des supplices capitaux que les suppliciés étaient pleinement conscients du fait que d'autres scénarios émotionnels étaient en vigueur et influençaient la société[17]. Les acteurs sociaux essayaient souvent de manipuler ces scénarios ou d'infléchir la pratique de la procédure criminelle communale. Les foules de l'Italie communale ont réussi à faire reconnaitre leur agentivité dans le champ de la violence judiciaire à travers ce que je définis comme une « indépendance émotionnelle », c'est-à-dire en mobilisant au pied de l'échafaud des émotions différentes de celles que les autorités cherchaient à promouvoir. Les gibets des villes italiennes n'étaient pas des lieux partagés, comme Claude Gauvard l'a envisagé pour la France du Nord, mais des lieux où s'affrontaient différentes visions du rôle de la violence judiciaire dans la société.

15 Peter D. Diehl, « Overcoming Reluctance to Prosecute Heresy in Thirteenth-Century Italy », dans Scott L. Waugh et Peter D. Diehl (dir.), *Christendom and its Discontents : Exclusion, Persecution, and Rebellion, 1000-1500*, Cambridge, Cambridge University Press, 1996, p. 47-66.

16 Comme le suggère Simone Balossino, *I podestà sulle sponde del Rodano. Arles e Avignone nei secoli XII e XIII*, Rome, Viella, 2015.

17 J'emploie l'expression « scénario émotionnel » (*emotional script*) dans le sens d'ensemble des différentes émotions et manifestations extérieures de ces émotions qui s'ensuivent dans une certaine situation, selon la définition de Robert A. Kaster, *Emotion, Restraint and Community in Ancient Rome*, Oxford, Oxford University Press, 2005.

COMPASSION ET INDIGNATION

Le rôle du sentiment de compassion et son rapport avec l'indignation dans les récits de ces évènements apparaît par exemple à l'occasion d'une émeute de la foule bolognaise en 1299 provoquée par le supplice de deux hérétiques récidivistes, Bompietro et Giuliano[18]. La commune de Bologne était à cette époque soumise à la souveraineté du pape, ce qui obligeait son élite laïque à collaborer étroitement avec les inquisiteurs locaux. Malgré cela l'Inquisition, ici comme ailleurs, était souvent contestée par la population en raison de sa réputation de cupidité, des confiscations de biens qu'elle mettait en œuvre et qui finissaient par appauvrir même des personnes qui n'avaient aucun lien avec l'hérésie[19].

Dans le cas de Bompietro et Giuliano, ce furent les gestes accomplis par l'un des suppliciés, Bompietro, qui ont suscité la compassion parmi la foule et qui ont fini même par provoquer une émeute. Le 13 mai 1299, lorsqu'ils furent amenés à la Place du Marché où leur bûcher avait été dressé, Bompietro demanda la grâce de recevoir l'eucharistie avant de mourir[20]. Quand l'évêque et le podestat (le principal officier judiciaire des communes italiennes) lui refusèrent cette requête, la foule commença à jeter des pierres et à brandir des épées pour essayer de faire retarder leur

18 Les sources sur cette émeute se trouvent dans *Acta S. Officii Bononie ab anno 1291 usque ad annum 1310*, édité par Lorenzo Paolini et Raniero Orioli, Rome, Istituto Storico Italiano per il Medio Evo, 1982-1984 (ici vol. 1-3, p. 152 *sq.*) ; sur cet épisode voir aussi Augustine Thompson, « Lay versus Clerical Perceptions of Heresy : Protests against the Inquisition in Bologna, 1299 », dans Wolfram Hoyer (dir.), *Praedicatores Inquisitores*, vol. 1, *The Dominicans and the Mediaevel Inquisition*, Rome, Istituto Storico Domenicano, 2004, p. 701-730 ; Vincenzo Lavenia, « *Ipse Christus innocentissimus*. Inquisizione, eretici condannati e sacramenti », *Mélanges de l'École française de Rome. Italie et Méditerranée*, 121/1 (2009), p. 155-172 (ici p. 158).

19 Lorenzo Paolini et Raniero Orioli, *L'eresia a Bologna tra* XIII *e* XIV *secolo*, vol. 1, *L'eresia catara alla fine del Duecento*, Rome, Istituto Storico Italiano per il Medio Evo, 1975, p. 78-79 ; voir aussi Andrea Padovani, « L'inquisizione del podestà : disposizioni antiereticali negli statuti cittadini dell'Italia centrosettentrionale nel secolo XIII », *Clio*, 21/3 (1985), p. 345-393 (ici p. 387-393) ; sur l'hostilité des mêmes frères dominicains contre les inquisiteurs voir Christine Caldwell Ames, « Obeying God, Not Man : Heresy, Inquisitors, and Obedience in the Dominican Order », dans Cornelia Linde (dir.), *Making and Breaking the Rules. Discussion, Implementation, and Consequences of Dominican Legislation*, Oxford, Oxford University Press, 2018, p. 37-58.

20 Lorenzo Paolini et Raniero Orioli, *Acta S. Officii Bononiae*, *op. cit.*, p. 50.

exécution. Peu après, une enquête fut diligentée. Les actes de l'Inquisition de Bologne préservent les dépositions d'environ 345 participants à l'émeute[21], ce qui nous permet d'en savoir plus tant sur la sociologie de cette foule composite[22] – rassemblant aussi bien des hommes que de femmes, des aristocrates que des serviteurs – que sur les motivations qui guidèrent leurs actions. Bien que le motif traditionnel d'hostilité envers l'Inquisition soit parfois invoqué, la plupart des participants mentionne le refus de donner l'eucharistie à Bompietro comme raison principale de leur mobilisation. Une femme présente affirme par exemple : « Ces frères maudits auraient dû le gracier, parce que le Christ pardonne tout le monde[23] ». Un autre « soulevait la population et disait que [les condamnés] demandaient à recevoir le corps du Christ et ne devaient pas mourir[24] ».

Derrière ce désir de sauver les hérétiques – les dépositions se concentrent particulièrement sur Bompietro – les émotions de la foule semblent avoir une importance non négligeable. De nombreux témoins révèlent qu'à l'origine de leurs actions, il y avait la douleur éprouvée devant une condamnation vue comme injuste, ce que les Inquisiteurs enregistrent par la formule « il/elle dit qu'il/elle était affligé(e) par la mort de Bompietro [*dixit quod doluit de morte Bompietri*] », en notant que les témoins avaient pleuré et que selon eux l'acte avait été commis *contra iustitiam*[25]. L'indignation joue un rôle important : c'est le cas pour un homme qui avoue avoir agi « parce qu'il était troublé », (*ex turbatione*)[26]. Il faut noter que pour l'Inquisition de Bologne, le fait même d'avoir éprouvé ces émotions sans avoir pour autant participé aux aspects violents de l'émeute était déjà une raison suffisante pour considérer les témoins comme impliqués. La requête de Bompietro de recevoir l'eucharistie – un geste prouvant son orthopraxie chrétienne[27] – aurait donc eu le

21 Cette donnée est tirée de Augustine Thompson, « Lay versus Clerical Perceptions of Heresy », art. cité.

22 *Ibid.*

23 « *Illi fratres maledicti debebant recipere eum, quia Christus recipit omnes* » : Lorenzo Paolini et Raniero Orioli, *Acta S. Officii Bononiae*, *op. cit.*, p. 180.

24 « *[...] comovendo populum et dicendo quod ipsi petebant corpus Christi et non debebant mori* » : *Ibid.*, p. 156. Pour la portée du mot *commotio* dans des contextes d'affectivité collective au Moyen Âge, voir l'article de Piroska Nagy sur les Flagellants dans ce même volume.

25 *Ibid.*, par exemple p. 182, 185, 188.

26 *Ibid.*, p. 218.

27 Sur le pouvoir de ce type de gestes, voir Piroska Nagy, « Spectacle du miraculeux et peuple ému autour du cadavre d'Arialdo, martyr de la Pataria milanaise », dans Laura

pouvoir d'attiser dans la foule une réaction émotionnelle bien plus puissante que l'hostilité ordinaire des Bolognais envers l'Inquisition. Les sources inquisitoriales suggèrent cependant que sa requête, plus qu'un geste désintéressé de dévotion, pourrait avoir été le fruit d'une stratégie délibérée pour manipuler les émotions de la foule. C'est du moins ce que pense le chef de l'Inquisition qui, selon les actes, demanda à un certain Valeriano di Guido (dont le statut social n'est pas spécifié) :

> S'il avait dit que ce que [les Inquisiteurs] faisaient était un péché, et s'il s'était retourné et avait dit en larmes : « voici un grand péché, parce que Bompietro a demandé le *corpus Domini* », et s'il avait excité les gens en sa faveur ; et s'il avait instruit ledit Bompietro de demander le corps du Christ, afin de faciliter l'obtention de sa libération[28].

Un scénario émotionnel employé par la foule (et peut-être également par Bompietro) émerge de la comparaison avec d'autres sources. En premier lieu, la décrétale *Super Eo*, promulguée par le pape Alexandre IV en 1258 à la suite d'une requête de l'Inquisition de Rome[29], essayait de régler précisément des cas semblables. L'on y apprend que la demande des condamnés à mort d'avoir accès aux sacrements sur l'échafaud causait un sentiment de malaise à la fois chez les inquisiteurs et chez les spectateurs : dans ces circonstances, ne fallait-il pas épargner les condamnés[30] ?

L'épisode de Bompietro n'est pas un *unicum* de performance chrétienne sur l'échafaud en mesure de produire des émotions collectives très

---

Andreani et Agostino Paravicini-Bagliani (dir.), *Miracolo ! Emozione, spettacolo e potere nella storia dei secoli XIII-XVII*, Florence, SISMEL et Edizioni del Galluzzo, 2019, p. 173-192 (ici p. 180-183). Sur l'importance de l'eucharistie dans cette période où la fête du *Corpus Domini* fut instituée, voir Miri Rubin, *Corpus Christi*, Cambridge, Cambridge University Press, 1992 ; plus récemment, Ian C. Levy, Gary Macy et Kristen Van Ausdall (dir.), *A Companion to Eucharist in the Middle Ages*, Leiden et Boston, Brill, 2012 (3e partie) ; Laura Andreani et Agostino Paravicini Bagliani (dir.), *Il Corpus Domini : teologia, antropologia e politica*, Florence, SISMEL et Edizioni del Galluzzo, 2015.

28 « *Quod erat peccatum illud quod fiebat et volvendo se et dicendo cum lacrimis : "Ecce quale peccatum, quia ipse Bompetrus petit corpus Domini", et provocando personas in favorem eius, et si docuit dictum Bompetrum quod peteret corpus Christi, ut per hoc posset melius liberari* » : *Acta Sancti Officii Bononiae*, *op. cit.*, p. 162.

29 *Corpus Iuris Canonici*, *op. cit.* (ici vol. 2, *Liber Sextus*, liv. 5, titre 2, chap. 4) ; voir aussi Vincenzo Lavenia, « *Ipse Christus innocentissimus* », art. cité, p. 157-158.

30 Peter D. Diehl, « Overcoming Reluctance to Prosecute Heresy », art. cité ; Augustine Thompson, « Lay versus Clerical Perceptions of Heresy », art. cité ; Vincenzo Lavenia, « *Ipse Christus innocentissimus* », art. cité, p. 157-159.

puissantes : en 1320, les registres inquisitoriaux de Jacques Fournier, évêque de Pamiers et futur pape sous le nom de Benoît XII, présentent par exemple le cas du vaudois Raymond de Sainte-Foy, qui aurait joint les mains en prière pendant son exécution sur le bûcher, en provoquant dans le public un sentiment de compassion mêlé d'indignation devant sa condamnation[31]. Certains parmi les témoins, interrogés par l'inquisiteur pour avoir commencé à faire de la propagande anti-inquisitoriale après cet épisode, révélèrent qu'ils étaient convaincus que le même Jacques Fournier avait plaint la mort de l'hérétique (« *multum plangebat dictum Raymundum*[32] »). La chronique bolognaise des frères Villola, compilée au XIVe siècle, nous transmet le cas énigmatique de l'homicide Michele Delceti, exécuté en 1225 et ensuite vénéré comme saint par les citadins, probablement à cause de sa performance chrétienne sur l'échafaud, comme le suggère Augustine Thompson[33].

MANIPULER LES ÉMOTIONS DE LA FOULE

Ce scénario émotionnel, qui met en scène la compassion et l'indignation devant une condamnation perçue comme injuste, n'opérait pas seulement dans des cas d'hérésie, comme le démontre le dernier exemple, mais également lorsque des condamnés n'évoquaient pas explicitement les valeurs chrétiennes. En 1315, l'inimitié entre les familles aristocratiques

31 *Le Registre d'inquisition de Jacques Fournier (Évêque de Pamiers), 1318-1325*, édité par Jean Duvernoy, Paris et New York, Mouton, 1978, p. 173 *sq.* ; Grado Giovanni Merlo, *Valdesi e valdismi medievali : itinerari e proposte di ricerca*, Turin, Claudiana, 1984, p. 86-89.

32 *Le Registre d'inquisition de Jacques Fournier*, *op. cit.*, p. 174.

33 Pietro et Floriano Villola, *Cronaca, Corpus Chronicorum Bononiensium*, dans *Rerum Italicarum Scriptores*, vol. 18 (1re partie), édité par Albano Sorbelli, Città di Castello et Bologne, S. Lapi et N. Zanichelli, 1910-1940, p. 90 ; voir aussi Augustine Thompson, *Cities of God : The Religion of the Italian Communes 1125-1325*, University Park (Pa.), Pennsylvania State University Press, 2005, p. 189. Pour des cas semblables de condamnés à mort vénérés comme martyrs en raison de leur comportement sur l'échafaud et/ou de doutes sur la justesse de leur condamnation, voir aussi Romedio Schmitz-Esser, « The Cursed and the Holy Body : Burning Corpses in the Middle Ages », *Journal of Medieval and Early Modern Studies*, 45/1 (2015), p. 146-147 ; John T. McQuillen, « Who was St Thomas of Lancaster ? New Manuscript Evidence », dans Jeffrey S. Hamilton (dir.), *Fourteenth Century England*, vol. 4, Woodbridge, Boydell, 2006, p. 1-25.

des Tolomei et des Salimbeni poussa le gouvernement de Sienne à promulguer un décret qui interdisait aux habitants de la campagne d'entrer dans la ville, sous peine de subir la mutilation d'une jambe, par peur qu'ils fussent recrutés pour participer à la lutte entre les deux familles[34]. Quand sept paysans, arrivés à Sienne dans l'ignorance de cette loi, furent capturés et menés au supplice le 19 avril de cette année, « le peuple de Sienne se rassembla sur la Piazza del Campo, et beaucoup de gens pensaient que ce délit était trop petit pour justifier que fussent mutilées autant de personnes[35] ».

Ce rassemblement aboutit à une émeute, que la *Cronaca senese d'autore anonimo* (première moitié du XIVe siècle) caractérise par la *furia* (rage) de la population qui commença à jeter des pierres et parvint à libérer six paysans sur les sept arrêtés. Le podestat, décrit par le chroniqueur comme un homme sans modération (*intemperante*), décida donc de couper la tête du seul paysan qui restait, par rancune (*per dispetto*) et afin de maintenir le caractère exemplaire de l'exécution et de terroriser la population (*per dare terrore al populo*)[36]. On constate une nouvelle fois que la plupart du temps les actes de violence judiciaire exécutés par les autorités ne parvenaient pas à leur fin, à savoir inspirer la peur aux foules qui y assistaient. Les Siennois, loin d'être intimidés, continuèrent leur émeute jusqu'à ce que le gouvernement de la ville eût négocié avec eux. Par ailleurs, toutes les chroniques qui rapportent cet épisode signalent un fait notable : quelques heures avant le supplice planifié pour les paysans, le podestat avait fait pendre « triomphalement » (*sur uno trionfale paro di forche*) au même endroit un fameux malfaiteur qui avait enlevé un jeune garçon[37]. Cette première exécution, qui fut particulièrement publicisée, concernait donc un félon notoire qui venait de commettre un crime particulièrement détestable[38]. On est tenté de l'interpréter comme une tentative de la part des autorités de gagner l'approbation du public avant de procéder à une autre exécution dont la légitimité

34 *Cronaca senese di autore anonimo*, *op. cit.*, p. 105-106 ; *Frammento di cronaca senese di anonimo*, dans *Cronache senesi*, *op. cit.*, p. 169.

35 « *El populo di Siena se raunò in sul Chanpo e a molti lo' pareva che per sì picholo delitto e fuseno guasti tanti uomini* » : *Cronaca senese di autore anonimo*, *op. cit.*, p. 106.

36 *Ibid.*

37 *Ibid.*, p. 105.

38 Claude Gauvard, « Rumeur et stéréotypes à la fin du Moyen Age », dans *La Circulation des nouvelles au Moyen Âge. XXIVe Congrès de la S.H.M.E.S. (Avignon, juin 1993)*, Rome, École française de Rome, 1994, p. 157-177 (ici p. 173).

était bien plus difficile à justifier. Le fait que les chroniques soulignent la coïncidence de temps et de lieu entre les deux exécutions semble jouer en faveur de cette interprétation.

En revanche, d'autres chroniques toscanes du XIVe siècle offrent de nombreux exemples explicites d'élites communales non seulement pleinement conscientes des types d'exécutions qui pouvaient provoquer une réaction émotionnelle des foules, mais aussi prêtes à négocier avec la population ou à la manipuler. Giovanni Villani raconte par exemple qu'à Bologne, en 1329, le légat pontifical Bertrand du Pouget, qui administrait la cité au nom de la papauté avignonnaise, découvrit une conspiration des Gibelins contre son gouvernement. Mais comme les conspirateurs étaient aimés du peuple, il attendit avant de procéder à l'exécution l'arrivée d'une garnison de 300 chevaliers et de 400 arbalétriers qu'il avait requis de Florence, par peur de la réaction populaire[39]. Selon la chronique d'un autre florentin, Marchionne di Coppo Stefani, la chute du leader politique florentin Giano della Bella fut précipitée par l'acquittement de l'aristocrate Corso Donati accusé d'avoir tué des *popolani* (des membres des sociétés du *Popolo*, qui fournissaient une organisation politique aux artisans et aux commerçants des villes italiennes)[40]. Dans ce cas, ce fut l'annulation de l'exécution qui suscita l'indignation du peuple, manipulé par les ennemis de Giano, alors *Capitano del Popolo* (un autre important officier judiciaire communal). Cette indignation tourna à l'émeute contre l'autorité du même Giano. L'on pourrait évoquer de nombreux autres exemples de gouvernements communaux prêts à prendre en compte les possibles émotions du peuple au moment de condamner quelqu'un à mort ou pas, ou du moins d'exécuter cette condamnation en public ou en privé[41]. Bien sûr, cette disponibilité des autorités locales à entendre les réactions de leurs concitoyens n'était pas nécessairement déclarée ouvertement : bien souvent, elle est suggérée par les chroniqueurs parce que le déroulement de la procédure pénale se révèle différent de la lettre

39 Giovanni Villani, *Nova Cronica*, édité par Giuseppe Porta, vol. 1-3, Parma, 1991 (ici ligne 10, paragr. 145) ; le même épisode est transmis aussi par les *Storie Pistoresi, MCCC-MCCCXLVIII*, *Rerum Italicarum Scriptores*, t. 11 (5e partie), édité par Silvio Adrasto Barbi, Città di Castello, S. Lapi, 1907, p. 130.

40 Marchionne di Coppo Stefani, *Cronaca fiorentina*, dans *Rerum italicarum scriptores*, t. 30, édité par Niccolò Rodolico, Città di Castello, S. Lapi, 1903, p. 72 ; voir aussi Giovanni Villani, *Nova Cronica*, *op. cit.* (ici ligne 9, paragr. 8).

41 Par exemple *Storie Pistoresi*, *op. cit.*, p. 176 ; Marchionne di Coppo Stefani, *Cronaca fiorentina*, *op. cit.* p. 63, 195, 215-216 et 257-258.

des lois. L'efficacité des émotions convoquées par les foules se manifeste précisément à travers ces récits où les élites communales modifient leurs décisions judiciaires pour déclencher – ou au contraire, pour éviter de déclencher – la compassion ou l'indignation du peuple.

ÉMOTIONS ET APPARTENANCE SOCIALE

Les sources analysées au cours de cet article ne cachent pas les motivations – tout à fait rationnelles même si parfois elles ne sont pas pleinement réfléchies[42] – des réactions émotionnelles et des comportements des foules autour des actes de violence judiciaire. Dans le cas de Bompietro et de Raymond de Sainte-Foy, entre autres, le désir de faire respecter le principe chrétien de miséricorde est évident, bien qu'il ne faille pas négliger l'hostilité de la foule envers l'Inquisition, accusée d'appauvrir des familles entières. Cette forme d'indignation pouvait également se manifester en réaction à des condamnations à mort pour des crimes communs dans la mesure où, dans plusieurs communes d'Italie centrale, la peine de mort impliquait la confiscation des biens[43]. Dans d'autres cas, lorsque l'exécution concernait des personnes considérées comme des membres particulièrement faibles de la société (les paysans, les *popolani* ou encore les gens très jeunes)[44], l'indignation de la foule prenait la forme d'une protestation contre une justice criminelle perçue comme élitiste : « Le peuple se plaignait en disant que le gouvernement ne voulait pas que les citoyens puissants soient punis, mais les citoyens pauvres et impuissants étaient pendus, mutilés et décapités pour n'importe quel petit crime[45] ».

42 Eva Illouz, *Les Sentiments du capitalisme*, traduit par Jean-Pierre Ricard, Paris, Seuil, 2006, p. 15.

43 Carmelo Elio Tavilla, « Guerra contro il crimine. Pena di morte e abolizionismo nella cultura giuridica italiana », dans Alberto Sciumè (dir.), *Il diritto come forza, la forza del diritto. Le fonti in azione nel diritto europeo tra medioevo ed età contemporanea*, Turin, Giappichelli, 2012, p. 151-185 ; voir aussi Contardo Ferrini, *Diritto penale romano : esposizione storica e dottrinale*, Rome, L'Erma Di Bretschneider, 1976, p. 160-161, pour l'origine de cette coutume dans le droit romain.

44 Giovanni Villani, *Nova Cronica*, *op. cit.* (ici ligne 8, paragr. 35).

45 « *Il popolo [...] doleansi [sic] dicendo che i potenti cittadini che facevano i grandi mali non voleano che fossono puniti, e i piccoli e impotenti cittadini d'ogni piccolo fallo erano impiccati, e smozzicati, e dicollati* » :

On peut penser que ce sentiment ne concernait pas seulement les *popolani* qui s'identifiaient aux victimes de cette « justice injuste », mais peut-être aussi les membres des autres classes sociales, au nom de la protection due aux pauvres et aux faibles, une valeur fortement publicisée par les autorités laïques et religieuses des communes italiennes[46]. Pour ce qui concerne les chroniques citées ici, en effet, les auteurs (qui étaient tous des laïques issus majoritairement de la classe moyenne) montrent une attitude assez favorable à l'égard des émotions manifestées par les foules qui assistaient aux exécutions, et cela malgré leurs positions politiques divergentes[47]. Ils ne définissent pas ces foules en termes dépréciatifs, ce qui est pourtant la norme dans les sources du bas Moyen Âge[48]. Au contraire, ils parlent de *popolo* (le « peuple », terme dont on doit voir aussi l'écho politique qu'il avait dans les dialectes italiens), ou encore de *città* (la cité, la communauté des citadins)[49]. Ces vocables montrent que les foules avaient conscience d'incarner le *Popolo* qui constituait l'essence de la commune selon l'idéologie politique de cette période, et qui avait donc bon droit d'intervenir dans les questions concernant la sécurité publique[50].

Matteo Villani, *Cronica : con la continuazione di Filippo Villani*, édité par Giuseppe Porta, Parma, Ugo Guanda Editore, 1995 (ici liv. 3, chap. 58 [1352]). Des remarques similaires à propos de l'usage de la violence judiciaire par le gouvernement florentin se retrouvent aussi dans Marchionne di Coppo Stefani, *Cronica Fiorentina*, *op. cit.*, p. 257 (« *sempre va lo male per i meno possenti : ché li grossi pesci e le grosse bestie rompono le reti* »).

46 Voir par exemple B. J. Van Damme, « Siena and the Widow », *Medieval Feminist Forum*, 43/1 (2007), p. 77-87.

47 Sur les opinions politiques de Giovanni Villani, voir Alessandro Barbero, « Storia e politica fiorentina nella cronaca di Giovanni Villani », dans Chiara Frugoni (dir.), *Il Villani illustrato. Firenze e l'Italia medievale nelle 253 immagini del ms. Chigiano L VIII 296 della Biblioteca Vaticana*, Florence, Le Lettere, 2005, p. 14-16 ; et Zofia Anuszkiewicz, « The Communal Ideology in Giovanni Villani's *Nuova Cronica* », *Acta Poloniae Historica*, 112 (2015), p. 269-309. Sur celles de Marchionne di Coppo Stefani voir Ernesto Sestan, « BUONAIUTI, Baldassarre, detto Marchionne », *Dizionario Biografico degli Italiani*, vol. 15, Rome, Istituto dell'Enciclopedia Italiana, 1972 ; Amedeo De Vincentiis, « Scrittura storica e politica cittadina : la *Cronaca Fiorentina* di Marchionne di Coppo Stefani », *Rivista Storica Italiana*, 108 (1996), p. 230-297 (qui touche aussi les opinions politiques de Matteo Villani) ; et Vieri Mazzoni, « Nuovi documenti sul cronista fiorentino Marchionne di Coppo Stefani », *Archivio Storico Italiano*, 156/3 (1998), p. 503-516.

48 Gary Dickson, « Medieval Christian Crowds and the Origins of Crowd Psychology », *Revue d'Histoire Ecclésiastique*, 91/1 (2000), p. 54-75 (ici p. 66).

49 Pour le terme *popolo*, voir les exemples siennois et florentins ci-dessus ; pour *città*, voir par exemple Marchionne di Coppo Stefani, *Cronica Fiorentina*, *op. cit.*, p. 244.

50 Zofia Anuszkiewicz, « The Communal Ideology in Giovanni Villani's Nuova Cronica », art. cité, p. 277 ; sur l'idéologie du *Popolo* voir aussi Massimo Giansante, *Retorica e politica*

La mise en lumière de telles motivations nous montre que, même lorsqu'une opposition de principe aux exécutions capitales n'était pas soulevée (ce qui est le cas pour l'épisode de Corso Donati)[51], la foule se réservait le droit d'intervenir dans le processus judiciaire, exerçant son « indépendance émotionnelle » par rapport aux scénarios émotionnels proposés par les élites. En se comportant de cette façon, la foule rassemblée constitue une collectivité nouvelle, formée non pas d'individus atomisés mais plutôt de membres issus d'autres collectivités reconnues comme fondamentales dans les communes italiennes (notamment la société chrétienne, la famille, et les associations politiques populaires). Ces mêmes personnes appartenaient également à une ou à plusieurs communautés affectives (les « communautés émotionnelles » de B. H. Rosenwein) dont le « style émotionnel » exprimait les aspirations et les valeurs morales qui les caractérisaient[52]. En tant que telle, la foule spectatrice des exécutions adhérait aux différentes normes morales des collectivités qui la constituaient, mais également à des scénarios émotionnels qui étaient appliqués lorsque ces normes n'étaient pas respectées[53]. Le contexte

---

nel duecento. I notai bolognesi e l'ideologia comunale, Rome, Istituto Storico Italiano per il Medio Evo, 1998 ; sur l'expression d'une nostalgie pour l'« âge d'or » de la commune populaire aux XIIIe-XIVe siècles en Italie centrale, qui s'accompagne d'un sentiment d'angoisse éprouvé par les gouvernements des régimes républicains à cause de la crise économique et de l'essor des *signorie*, voir Andrea Zorzi, « L'angoscia delle repubbliche. Il "timor" nell'Italia comunale degli anni Trenta del Trecento », dans Andrea Gamberini, Jean-Philippe Genet et Andrea Zorzi (dir.), *The Languages of Political Society : Western Europe, 14th-17th centuries*, Rome, Viella, 2011, p. 287-324.

51 En revanche, dans les épisodes qui concernaient l'exécution d'hérétiques vaudois ou cathares, il faut prendre en considération le fait que les sympathisants des condamnés auraient pu présenter une attitude d'opposition totale à la peine de mort : sur l'opposition hérétique à la peine de mort, voir Salvo Burci, *Liber Suprastella*, édité par Caterina Bruschi, Rome, Istituto Storico Italiano per il Medio Evo, 2002, p. 178 ; et aussi Grado Giovanni Merlo, *Valdesi e valdismi medievali*, *op. cit.*, p. 82, qui démontre que cette opinion était encore présente parmi les vaudois au XIVe siècle.

52 Selon l'idée que « each individual is a component part of many crowds », d'après Peter Gay, *Freud for Historians*, Oxford, Oxford University Press, 1985, p. 153 ; repris par Rob Boddice, *The History of Emotions*, Manchester, Manchester University Press, 2017, p. 34.

53 Sur la connexion entre vertus morales et expression émotionnelle voir, entre autres, Robert A. Kaster, *Emotion, Restraint and Community in Ancient Rome*, *op. cit.*, p. 15 ; Rob Boddice, *The History of Emotions*, *op. cit.*, p. 15 (et chap. 8). Sur l'existence de communautés émotionnelles de respect, dont les membres sont liés par un engagement afin de défendre la dignité de tous, et sur les attentes quant aux réactions émotionnelles à performer quand cette dignité est respectée ou ne l'est pas, voir Bennett W. Helm, « Emotional Communities of Respect », dans Christian von Scheve et Mikko Salmela (dir.), *Collective Emotions*, Oxford, Oxford University Press, 2014, p. 47-60.

de l'échafaud, lourd de signification, pouvait peut-être favoriser des réactions affectives particulièrement intenses même de la part de personnes qui normalement ne montraient pas un fort engagement au sein de leurs communautés émotionnelles d'appartenance. Cette proposition ne suggère pas pour autant que les exécutions étaient des occasions de contagion émotionnelle. Elle s'inspire plutôt des recherches qui ont montré que, dans certaines circonstances exceptionnelles impliquant une performance émotionnelle, des personnes pouvaient infléchir leur loyauté envers des communautés affectives précises[54].

Parfois, les systèmes de valeur exprimés par la foule pouvaient la porter à approuver ou même à demander l'exécution d'un criminel qui l'avait ouvertement méprisée. Dans la plupart des cas, pourtant, la foule réagit en opposition au supplice, en exprimant son objection aux normes morales et aux manifestations affectives proposées par les autorités. Les représentants des autorités communales appartenaient aux mêmes communautés de valeurs que les foules – et donc ils avaient une pleine compréhension des scénarios émotionnels manifestés par ces collectivités –, ce qui leur permettait de chercher à en manipuler les réactions émotionnelles. En conclusion, les autorités ne parvenaient pas à imposer directement et sans opposition leur idée de violence judiciaire, à la fois exemplaire et terrorisante, aux citadins des communes italiennes. En revanche, ces derniers arrivaient, à travers leurs émotions collectives manifestées de manière indépendante au pied de l'échafaud, à promouvoir des conceptions du but et du rôle social de la justice criminelle qui étaient bien différentes de celles soutenues par le pouvoir.

Lidia Luisa ZANETTI DOMINGUES
Institute of Historical Research,
University of London

54 Mark Seymour, « Emotional Arenas : from Provincial Circus to National Courtroom in Late Nineteenth-Century Italy », *Rethinking History* vol. 16, n° 2, 2012, p. 177-197, p. 179.

BIBLIOGRAPHIE

SOURCES

Acta S. Officii Bononie ab anno 1291 usque ad annum 1310, vol. 1-3, édité par Lorenzo Paolini et Raniero Orioli, Rome, Istituto Storico Italiano per il Medio Evo, 1982-1984.

Alberto da Gandino, *Tractatus de Maleficiis*, édité par Hermann Kantorowicz, *Id.*, *Albertus Gandinus und das Strafrecht der Scholastik*, vol. 2, Berlin et Leipzig, De Gruyter, 1907-1926.

Corpus Iuris Canonici, édité par Aemilius Friedberg, Graz, Akademische Druck-u. Verlagsanstalt, 1959.

Corpus Iuris Civilis, vol. 1-3, édité par Theodor Mommsen, Paul Krüger, Rudolf Schöll et Wilhelm Kroll, Berlin, Weidmann, 1889-1895.

Cronaca senese dei fatti riguardanti la città e il suo territorio di autore anonimo del secolo XIV, dans *Cronache senesi*, édité par Alessando Lisini et Fabio Iacometti, *Rerum Italicarum Scriptores*, vol. 15, Bologne, N. Zanichelli, 1931.

Frammento di cronaca senese di anonimo, dans *Cronache senesi*, édité par Alessando Lisini et Fabio Iacometti, *Rerum Italicarum Scriptores*, vol. 15, Bologne, N. Zanichelli, 1931.

Giovanni Villani, *Nova Cronica*, vol. 1-3, édité par Giuseppe Porta, Parma, Ugo Guanda Editore, 1991.

Le Registre d'inquisition de Jacques Fournier (Évêque de Pamiers), 1318-1325, édité par Jean Duvernoy, Paris et New York, Mouton, 1978.

Matteo Villani, *Cronica : con la continuazione di Filippo Villani*, vol. 1-2, édité par Giuseppe Porta, Parma, Ugo Guanda Editore, 1995.

Marchionne di Coppo Stefani, *Cronaca fiorentina*, dans *Rerum italicarum scriptores*, t. 30, édité par Niccolò Rodolico, Città di Castello, S. Lapi, 1903.

Pietro et Floriano Villola, *Cronaca*, dans *Corpus Chronicorum Bononiensium*, *Rerum Italicarum Scriptores*, vol. 18 (1re partie), édité par Albano Sorbelli, Città di Castello et Bologne, S. Lapi e N. Zanichelli, 1910-1940.

Salvo Burci, *Liber Suprastella*, édité par Caterina Bruschi, Rome, Istituto Storico Italiano per il Medio Evo, 2002.

Storie Pistoresi, MCCC-MCCCXLVIII, dans *Rerum Italicarum Scriptores*, vol. 11 (n. 5), édité par Silvio Adrasto Barbi, Città di Castello, S. Lapi, 1907.

ÉTUDES

AKERS, Ronald L., *Criminological Theories : Introduction and Evaluation*, New York et Abingdon, Routledge, 1999.

ANDREANI, Laura et PARAVICINI BAGLIANI, Agostino (dir.), *Il Corpus Domini : teologia, antropologia e politica*, Florence, SISMEL – Edizioni del Galluzzo, 2015.

ANUSZKIEWICZ, Zofia, « The Communal Ideology in Giovanni Villani's *Nuova Cronica* », *Acta Poloniae Historica*, 112 (2015), p. 269-309.

BALOSSINO, Simone, *I podestà sulle sponde del Rodano. Arles e Avignone nei secoli XII e XIII*, Rome, Viella, 2015.

BARBERO, Alessandro, « Storia e politica fiorentina nella cronaca di Giovanni Villani », dans Chiara Frugoni (dir.), *Il Villani illustrato. Firenze e l'Italia medievale nelle 253 immagini del ms. Chigiano L VIII 296 della Biblioteca Vaticana*, Florence, Le Lettere, 2005.

BÉPOIX, Sylvie, *Une Cité et son territoire. Besançon, 1391, l'affaire des fourches patibulaires*, Besançon, Presses universitaires de Franche-Comté, 2010.

BODDICE, Rob, *The History of Emotion*, Manchester, Manchester University Press, 2017.

BORDEAUX, Michèle, « Le sang du corps du droit canon ou des acceptions de l'adage *Ecclesia abhorret a sanguine* », *Droit et société*, 28 (1994), p. 543-563.

BUBENICEK, Michelle, « "*Et encourt sont les dictes forches en la dicte place toutes droictes...*" La guerre des gibets dans l'État bourguignon naissant (Franche-Comté, 1380-1400) », dans Martine Charageat et Mathieu Vivas (dir.), *Les Fourches Patibulaires du Moyen Âge à l'Époque moderne. Approche interdisciplinaire. Criminocorpus. Revue hypermédia*, 2015, en ligne, https://journals.openedition.org/criminocorpus/3018 (consulté le 12 mai 2020).

CALDWELL AMES, Christine, « Obeying God, Not Man : Heresy, Inquisitors, and Obedience in the Dominican Order », dans Cornelia Linde (dir.), *Making and Breaking the Rules. Discussion, Implementation, and Consequences of Dominican Legislation*, Oxford, Oxford University Press, 2018, p. 37-58.

CHALLET, Vincent, « Les fourches sont-elles vraiment patibulaires ? Les fourches et leur contraire à partir de quelques exemples languedociens », dans Martine Charageat et Mathieu Vivas (dir.), *Les Fourches Patibulaires du Moyen Âge à l'Époque moderne. Approche interdisciplinaire. Criminocorpus. Revue hypermédia*, 2015, en ligne, https://journals.openedition.org/criminocorpus/3033 (consulté le 12 mai 2020).

COHEN, Esther, *The Crossroads of Justice : Law and Culture in Late Medieval France*, Leiden, Brill, 1993.

COLEMAN, Kathleen M., « Fatal Charades : Roman Executions Staged as Mythological Enactments », *The Journal of Roman Studies*, 80 (1990), p. 44-73.

De Vincentiis, A, « Scrittura storica e politica cittadina : la *Cronaca Fiorentina* di Marchionne di Coppo Stefani », *Rivista Storica Italiana*, 108 (1996), p. 230-297.

Dickson, Gary, « Medieval Christian Crowds and the Origins of Crowd Psychology », *Revue d'Histoire Ecclésiastique*, 91/1 (2000), p. 54-75.

Diehl, Peter D., « Overcoming Reluctance to Prosecute Heresy in Thirteenth-Century Italy », dans Scott L. Waugh et Peter D. Diehl (dir.), *Christendom and its Discontents : Exclusion, Persecution, and Rebellion, 1000-1500*, Cambridge, Cambridge University Press, 1996, p. 47-66.

Ferrante, Gennaro, « Control of Emotions and Comforting Practices Before the Scaffold in Medieval and Early Modern Italy (With some Remarks on Lorenzetti's Fresco) », dans Fabrizio Ricciardelli et Andrea Zorzi (dir.), *Emotions, passions, and power in Renaissance Italy : proceedings of the international conference Georgetown University at Villa Le Balze, 5-8 May 2012*, Amsterdam, Amsterdam University Press, 2015, p. 209-236.

Ferrini, Contardo, *Diritto penale romano : esposizione storica e dottrinale*, Rome, L'Erma Di Bretschneider, 1976.

Gauvard, Claude, « Pendre et dépendre à la fin du Moyen Âge : les exigences d'un rituel judiciaire », dans Jacques Chiffoleau, Lauro Martines et Agostino Paravicini Bagliani (dir.), *Riti e rituali nelle società medievali*, Spoleto, Centro Italiano di Studi sull'Alto Medioevo, 1994, p. 191-211.

Gauvard, Claude, « Rumeur et stéréotypes à la fin du Moyen Âge », *La Circulation des nouvelles au Moyen Âge. xxive Congrès de la S.H.M.E.S. (Avignon, juin 1993)*, Rome, École Française de Rome, 1994, p. 157-177.

Gauvard, Claude, *Condamner à mort au Moyen Âge : Pratiques de la peine capitale en France xiii-xve siècle*, Paris, PUF, 2018.

Gay, Peter, *Freud for Historians*, Oxford, Oxford University Press, 1985.

Giansante, Massimo, *Retorica e politica nel duecento. I notai bolognesi e l'ideologia comunale*, Rome, Istituto Storico Italiano per il Medio Evo, 1998.

Helm, Bennett W., « Emotional Communities of Respect », dans Christian von Scheve et Mikko Salmela (dir.), *Collective Emotions*, Oxford, Oxford University Press, 2014, p. 47-60.

Iannella, Cecilia, *Giordano da Pisa. Etica urbana e forme della società*, Pise, Edizioni ETS, 1999.

Illouz, Eva, *Les Sentiments du capitalisme*, traduit par Jean-Pierre Ricard, Paris, Seuil, 2006.

Kaster, Robert A., *Emotion, Restraint and Community in Ancient Rome*, Oxford, Oxford University Press, 2005.

Klapisch-Zuber, Christiane, *Le Voleur de paradis. Le Bon Larron dans l'art et la société (xive-xvie siècles)*, Paris, Alma Éditeur, 2015.

LAVENIA, Vincenzo, « *Ipse Christus innocentissimus.* Inquisizione, eretici condannati e sacramenti », *Mélanges de l'École française de Rome. Italie et Méditerranée*, 121/1 (2009), p. 155-172.

LEVY, Ian C., MACY, Gary et VAN AUSDALL, Kristen (dir.), *A Companion to Eucharist in the Middle Ages*, Leyde et Boston, Brill, 2012.

LUTTAZZI GREGORI, Elsa, « La "morte confortata" nella Toscana dell'età moderna (XV-XVIII secolo) », dans Luigi Berlinguer et Floriana Colao (dir.), *Criminalità e società in età moderna*, Milan, Giuffré, 1991, p. 25-91.

MAZZONI, Vieri, « Nuovi documenti sul cronista fiorentino Marchionne di Coppo Stefani », *Archivio Storico Italiano*, 156/3 (1998), p. 503-516.

MCQUILLEN, John T., « Who was St Thomas of Lancaster ? New Manuscript Evidence », dans Jeffrey S. Hamilton (dir.), *Fourteenth Century England*, vol. 4, Woodbridge, Boydell, 2006, p. 1-25.

MERLO, Grado G., *Valdesi e valdismi medievali : itinerari e proposte di ricerca*, Turin, Claudiana, 1984.

NAGY, Piroska, « Spectacle du miraculeux et peuple ému autour du cadavre d'Arialdo, martyr de la Pataria milanaise », dans Laura Andreani et Agostino Paravicini-Bagliani (dir.), *Miracolo ! Emozione, spettacolo e potere nella storia dei secoli XIII-XVII*, Florence, SISMEL et Edizioni del Galluzzo, 2019, p. 173-192.

PADOVANI, Andrea, « L'inquisizione del podestà : disposizioni antiereticali negli statuti cittadini dell'Italia centrosettentrionale nel secolo XIII », *Clio*, 21/3 (1985), p. 345-393.

PAOLINI, Lorenzo et ORIOLI, Raniero, *L'eresia a Bologna tra XIII e XIV secolo*, vol. 1, *L'eresia catara alla fine del Duecento*, Rome, Istituto Storico Italiano per il Medio Evo, 1975.

RUBIN, Miri, *Corpus Christi*, Cambridge, Cambridge University Press, 1992.

SCHMITZ-ESSER, Romedio, « The Cursed and the Holy Body : Burning Corpses in the Middle Ages », *Journal of Medieval and Early Modern Studies*, 45/1 (2015), p. 146-147.

SESTAN, Ernesto, « BUONAIUTI, Baldassarre, detto Marchionne », *Dizionario Biografico degli Italiani*, vol. 15, Roma, Istituto dell'Enciclopedia Italiana, 1972.

SEYMOUR, Mark, « Emotional Arenas : from Provincial Circus to National Courtroom in Late Nineteenth-Century Italy », *Rethinking History*, 16/2 (2012), p. 177-197.

TAVILLA, Carmelo Elio, « Guerra contro il crimine. Pena di morte e abolizionismo nella cultura giuridica italiana », dans Alberto Sciumè (dir.), *Il diritto come forza, la forza del diritto. Le fonti in azione nel diritto europeo tra medioevo ed età contemporanea*, Turin, Giappichelli, 2012, p. 151-185.

THOMPSON, Augustine, « Lay versus Clerical Perceptions of Heresy : Protests against the Inquisition in Bologna, 1299 », dans Wolfram Hoyer (dir.), *Praedicatores Inquisitores*, vol. 1, *The Dominicans and the Mediaevel Inquisition*, Rome, Istituto Storico Domenicano, 2004.

THOMPSON, Augustine, *Cities of God : The Religion of the Italian Communes, 1125-1325*, University Park (Pa.), Pennsylvania State University Press, 2005.

VAN DAMME, B. J., « Siena and the Widow », *Medieval Feminist Forum* 43/1 (2007), p. 77-87.

ZEMON DAVIS, Natalie, « Le conteurs de Montaillou », *Annales E.S.C.*, 34 (1979), p. 61-73.

ZORZI, Andrea, « L'esecuzione delle condanne a morte a Firenze nel tardo Medioevo tra repressione penale e cerimoniale pubblico », dans Giuseppe Lombardi et Massimo Miglio (dir.), *Simbolo e realtà della vita urbana nel tardo Medioevo*, Manziana, Vecchiarelli, 1993, p. 153-253.

ZORZI, Andrea, « Rituali di violenza, cerimoniali penali, rappresentazioni della giustizia nelle città italiane centro-settentrionali (secoli XIII-XV) », dans Paolo Cammarosano (dir.), *Le forme della propaganda politica nel Due e Trecento*, Rome, École Française de Rome, 1994, p. 395-425.

ZORZI, Andrea, « La pena di morte in Italia nel Tardo Medioevo », *Clio & Crimen*, 4 (2007), p. 47-62.

ZORZI, Andrea, « L'angoscia delle repubbliche. Il "timor" nell'Italia comunale degli anni Trenta del Trecento », dans Andrea Gamberini, Jean-Philippe Genet et Andrea Zorzi (dir.), *The Languages of Political Society : Western Europe, 14th-17th centuries*, Rome, Viella, 2011, p. 287-324.

L'ÉMOTION COLLECTIVE AU DÉFI DE LA FOULE

Les débuts de la Révolution à Montpellier

L'étude de la foule ou des foules est un des éléments qui ont permis de comprendre et d'expliquer les processus de transformation accélérée qui affectent les sociétés. Dès les années 1789-1790, la focalisation sur la foule a d'ailleurs servi à disqualifier ou à justifier la Révolution[1]. Cette tendance a été accentuée au XIXe siècle et encore au XXe siècle, tant chez les historiens qui défendaient la Révolution que chez ceux qui la condamnaient[2]. Or, tous fondaient leur analyse – et leur jugement – sur le caractère émotif des foules[3]. De manière plus générale, les études qui portaient sur celles-ci comme objets de psychologie collective ou qui les envisageaient comme un acteur d'une communication de masse ont fixé leur regard sur les « foules révolutionnaires ». L'ensemble de ces démarches, propres aux historiens ou puisées dans les sciences humaines, ont fait des foules révolutionnaires des foules archétypales, au risque de cacher le rôle d'autres types de foules. On constate pourtant qu'il émerge, à partir de 1789, des foules agissant collectivement sans être nécessairement révolutionnaires. Ces foules empruntent aux formes d'expression collectives caractéristiques de l'Ancien Régime, mais s'inscrivent dans le contexte de

---

1 Parmi une bibliographie immense, aussi bien française qu'étrangère, avec Edmund Burke dès 1790, on peut lire le témoignage du libraire Hardy sur la journée du 5 octobre 1789, dans lequel il décrit minutieusement le rôle des femmes assemblées pour partir à Versailles influencer le roi et l'Assemblée nationale à propos de l'approvisionnement de la capitale et la rédaction de la constitution. BnF, Ms fr. 6687, p. 502.

2 Parmi les tenants de la Révolution, citons Georges Lefebvre, et son ouvrage fondamental : *id.*, *La Grande Peur de 1789*, Paris, Armand Colin, 2014 [1932].

3 Le dernier exemple que l'on peut citer est tiré de l'œuvre d'Albert Soboul : « Le réveil subit de la conscience collective provoqué par une émotion violente, une surexcitation psychologique, transforme l'agrégat en rassemblement révolutionnaire prêt à l'action » ; *id.*, « Violence collective et rapports sociaux. Les foules révolutionnaires (1789-1795) », exposé présenté le 27 mars 1980, dans Albert Soboul, *La Révolution française*, Paris, PUF, 1989 [1965], coll. « Quadrige ».

mobilisation autour des États généraux. Parmi des centaines d'exemples, on peut ainsi rappeler, hors de Montpellier, que le 23 mars 1789, des foules se réunissent à Marseille, Toulon et Aix-en-Provence pour réclamer la limitation des prix des subsistances, et adjoignent à cette revendication traditionnelle l'abolition de certaines taxes (le « piquet » sur le vin) et une meilleure représentation aux Etats généraux. Elles sont elles aussi mues par des émotions fortes et, sous le coup de ces émotions, produisent une perturbation de l'ordre des choses qui, dans un contexte de remise en cause des structures politiques traditionnelles par une partie des élites, participe à la configuration d'un nouvel ordre social et politique[4]. Le schéma de la foule révolutionnaire peut donc être nuancé, en particulier grâce aux études sur les mobilisations ou la constitution de collectifs[5]. De manière plus minutieuse et dans une optique plus attentive aux relations entre individus, la « foule » est désormais envisagée non pas comme un objet existant pour et par soi, mais entendue comme un ensemble d'individus enserrés dans des relations sociales. La foule est alors l'aboutissement à la fois temporaire et structurant une vie sociale et politique plus large. Dans le cas de Paris au XVIIIe siècle, les travaux de David Garrioch ont ainsi mis en évidence l'influence du voisinage et de la communauté pour saisir la structuration des foules[6]. Colin Lucas a montré l'importance de la dimension spatiale du recrutement des foules[7]. Dans les deux cas, une communauté de socialisation et de vie permet d'affiner l'idée d'une émotion collective qui peut être située socialement et politiquement dans des luttes locales, par exemple lors de l'émeute Réveillon à Paris en 1789. Par ailleurs, Haïm Burstin a adopté une démarche anthropologique pour saisir la constitution du politique[8]. Dans cette démarche,

---

4 À propos de l'effectivité des émotions en politique, *cf.* la mise au point introductive de Damien Boquet et Piroska Nagy (dir.), *Politiques des émotions au Moyen Âge*, Florence, Sismel et Edizioni del Galluzzo, 2010.

5 Daniel Cefaï, *Pourquoi se mobilise-t-on ? Les théories de l'action collective*, Paris, La Découverte et MAUSS, 2007 (ici chap. 2, « L'affranchissement de la psychologie collective ») ; Laurence Kaufmann et Danny Trom (dir.), *Qu'est-ce qu'un collectif ? Du commun à la politique*, Paris, EHESS, 2010.

6 David Garrioch, *La Fabrique du Paris révolutionnaire*, Paris, La Découverte, 2013 [2002].

7 Colin Lucas et Keith M. Baker (dir.), *The French Revolution and the Creation of Modern Political Culture, v. 2 : The Political Culture of the French Revolution*, Oxford, Pergamon Press, 1988, (ici chap. 14 « *The Crowd and Politics* »).

8 Haim Burstin, *Révolutionnaires. Pour une anthropologie politique de la Révolution française*, Paris, Vendémiaire, 2013.

il souhaite appréhender la matérialité de la Révolution, et approcher le point de vue des individus pour comprendre quels furent leurs émotions, leur vécu, leur ressenti, qui ont permis une prise de conscience et une action proprement politiques. Dans son schéma, l'émotion est essentielle car elle permet de saisir les interactions entre individus et envisager la constitution d'un consensus à la fois matériel et symbolique, à la manière d'une communauté émotionnelle de fait – sans pour autant qu'il emploie l'expression. Enfin, les travaux de Sophie Wahnich ont souligné le rôle des foules en mai et juin 1789, mais encore le processus de transmutation des émotions en émotions souveraines, et ce sur un cours plus long, notamment pour questionner la place et le rôle de la violence dans les années qui précèdent et qui constituent la « Terreur[9] ».

Dans tous ces travaux, la « foule révolutionnaire » est principalement parisienne. Il peut être cependant utile de se déprendre de ce modèle, car il a beaucoup attiré l'attention et l'énergie des historiens et historiennes. Ainsi, la relation entre foule(s) et émotions collectives peut être testée dans un cadre beaucoup plus calme, celui d'une capitale provinciale administrative, décrite unanimement comme une « belle endormie » à la fin du XVIIIe siècle. Montpellier, en effet, est moins violemment affectée que d'autres villes du Sud ou du Languedoc par la Révolution, bien que son rôle ne soit pas mineur. C'est la raison pour laquelle le début de la Révolution est un moment tout à fait important, qui s'achève dans le cas de la capitale du Bas-Languedoc en janvier 1790.

L'originalité tient dans le fait qu'entre août 1789 et janvier 1790, deux assemblées dirigent la ville. Le Conseil de Ville, appelé des Vingt-Quatre, est l'institution bourgeoise centrale et traditionnelle du gouvernement urbain. Elle est concurrencée par une « Assemblée des Représentants de la Commune », dont les membres sont désignés au sein des assemblées électorales créées dans les quartiers au moment de la désignation des représentants aux États généraux convoqués par le roi. Numériquement plus fournies que le corps électoral bourgeois[10], ces assemblées sont traversées d'émotions, ce que le Conseil de Ville ne manifeste pas en

9 Sophie Wahnich, « De l'économie émotive de la Terreur », *Annales, Histoire, Sciences Sociales*, 57/4 (2002), p. 889-913 ; et « L'auto-contrôle de la cruauté des foules révolutionnaires », *Chimères*, 83/2 (2014), p. 109-116.

10 Le dénombrement des citoyens actifs effectué en 1790 indique le nombre de 7 943 hommes domiciliés de 25 ans et plus, pour une population d'environ 32 000 habitants. Archives Municipales de Montpellier (AMM), I 6, « Citoyens de Montpellier ».

ne les enregistrant pas dans les procès-verbaux des séances. Pour cette raison, en quoi des regroupements de personnes, soit dans des assemblées, soit dans la ville, agencés autour d'émotions, recréent-ils du politique entendu comme de nouveaux liens sociaux qui déterminent une nouvelle organisation politique ?

Pour répondre à cette question, nous tiendrons compte d'une contrainte majeure, que Sophie Wahnich a mis en évidence pour le cas lyonnais : la tension au sein des nouvelles élites entre le fait d'être portées par la foule et la volonté de la contenir pour éviter un débordement populaire[11]. Cela se traduit, à Montpellier, par la reviviscence d'un héritage fort dans la manière d'appréhender la foule et ses émotions, qui dessine une première ligne de fracture au sein du monde des gouvernants. Par ailleurs, on peut remarquer que l'émotion, ou les émotions, construisent une nouvelle façon d'être et de participer à la chose publique. Ce processus n'a rien d'univoque, et manifeste une nouvelle fois une diversité de positionnements sociaux et un conflit latent relatif à l'exercice du pouvoir. Enfin, on peut remarquer que ces foules émotives laissent entrevoir un nouveau « commun » urbain et patriotique, qui heurte assurément les intérêts du nouveau groupe dirigeant, et qui induit en retour des pratiques de mise à distance de ces émotions et des foules.

LA FOULE EN HÉRITAGE

Georges Lefebvre, dans son étude sur la foule révolutionnaire, distinguait les simples agrégats des « rassemblements » plus organisés[12]. Il insistait sur la dimension populaire de ces rassemblements, qui les faisait paraître dangereux aux autorités, en raison des stéréotypes attribués au peuple par les dominants. Le moment de 1789, qui voit à Montpellier une nouvelle génération et un nouveau groupe prétendre gouverner la ville, est celui d'un réemploi à la fois théorique et pratique de ce type de

11 Sophie Wahnich, « Désordre social et émotions publiques pendant la période révolutionnaire », dans Laurence Kaufmann et Jacques Guilhaumou (dir.), *L'Invention de la société. Nominalisme et science sociale au XVIIIe siècle*, Paris, éd. de l'EHESS, 2003, p. 227-259.

12 Georges Lefebvre, « Les foules révolutionnaires », reproduit dans *id.*, *La Grande Peur*, *op. cit.*, p. 263-286.

discours. Il induit, à partir d'une conception péjorative de la foule, une inquiétude fondée sur les émotions prêtées aux foules et une volonté de les contrôler. Mais la difficulté tient dans le fait que ces rassemblements sont nécessaires pour « régénérer » la vie politique.

LES DISCOURS SUR LA FOULE

Le paradoxe de 1789, entre inquiétude et besoin des foules, explique que le mot est rarement employé, car il conserve une dimension péjorative. Il désigne un rassemblement de personnes, et peut être synonyme d'assemblée. C'est l'usage qui en est fait qui compte, et les occurrences que nous avons identifiées présentent une foule dangereuse car émotive ou soumise à des émotions potentiellement perturbatrices. On peut repérer quatre domaines d'appréhension des foules qui constituent un héritage pour les hommes de 1789.

Le premier domaine se situe du côté de l'histoire des villes ou de la province de Languedoc. L'importance au siècle des Lumières de ces récits pour justifier les organisations politiques urbaines, et leur audience auprès du « public », invitent à lire ce qui était écrit à propos de la foule[13]. Pour la ville de Montpellier, une œuvre majeure est publiée entre 1737 et 1739. Il s'agit de l'*Histoire de Montpellier* composée par le chanoine d'Aigrefeuille à partir des années 1720[14]. Pour ce qui concerne l'histoire de la province, l'*Histoire générale de Languedoc* composée par les bénédictins Devic et Vaissette a également joué un rôle important dans la formation des élites locales qui prennent en charge le gouvernement de la ville en 1789-1790. Parmi ces hommes figure Jean d'Albisson, auteur entre 1780 et 1788 d'une compilation monumentale intitulée *Loix municipales et économiques de Languedoc*, dont la prétention est de justifier les compétences des villes face à l'État monarchique, et qui puise abondamment dans les histoires locales[15]. Ces récits décrivent fréquemment

13 Clarisse Coulomb, « Des villes de papier : écrire l'histoire de la ville dans l'Europe moderne », *Histoire Urbaine*, 28/2 (2010), p. 5-16 ; Henri Michel, « Les histoires urbaines languedociennes à l'époque moderne », dans *Société, politique, culture en Méditerranée occidentale. XVIe-XVIIIe siècles. Mélanges en l'honneur du professeur Anne Blanchard*, Montpellier, Université Paul-Valéry, Centre d'Histoire moderne, p. 199-234.

14 Charles d'Aigrefeuille, *Histoire de Montpellier depuis son origine jusqu'à notre temps*, 2 vol., Montpellier, imprimerie Martel, 1737-1739.

15 Jean d'Albisson, *Loix municipales et économiques de Languedoc*, 7 vol., Montpellier, Rigaud, 1780-1787.

des foules violentes mues par des émotions vives, en particulier les conflits dus aux « religionnaires » aux XVIe et XVIIe siècles. Sans que l'on soit capable d'identifier précisément dans les paroles des nouvelles élites de 1789-1790 conservées dans les registres de l'Assemblée des représentants un discours concernant spécifiquement la foule, l'attention première accordée à la sûreté et l'ordre, et l'insistance portée sur la nécessité de produire une bonne police pour le peuple, dessinent un horizon culturel sécuritaire commun aux élites de la fin du XVIIIe siècle pour qui le peuple, particulièrement lorsqu'il s'assemble, reste par nature dangereux. On retrouve également, dans les correspondances des administrateurs, des récits de foules émues et dangereuses, par exemple dans les lettres du gouverneur militaire de la ville à propos d'une assemblée d'étudiants en médecine tenue en 1762 et 1763[16]. Elle a donné lieu à des violences car ils réclamaient à l'époque un « doyen », à savoir un représentant élu, qui avait été supprimé en 1750 à la suite de « brigues ». Ici, ce n'est pas tant l'assemblée de personnes qui pose problème mais plutôt celle qui prend une décision sous le coup de l'émotion. En effet, le récit donne à voir des étudiants « animés », qui ont le « feu », et qui agissent à l'endroit du chancelier de l'université sous le coup de cette colère. Ce fonds culturel prend un sens nouveau en 1789-1790 quand on sait que les étudiants en médecine s'assemblent, notamment au sein de l'Association patriotique et de la Société des Amis de la Constitution[17], où ils jouent un rôle important, notamment à propos du sort de la citadelle de la ville.

Le deuxième stéréotype majeur sur la foule est qu'elle est une source de confusion. La « preuve » nous en est donnée par une *Description de Montpellier*, écrite en 1768 mais non publiée au XVIIIe siècle[18], que Robert Darnton qualifiait d'œuvre bourgeoise[19]. La similitude des informations avec les informations contenues dans de multiples rapports remis à l'intendant montre la proximité de l'auteur avec les institutions administratives[20]. Il évoque la foule à propos de l'enseignement, et réclame

16 Continuation de *L'Histoire de Montpellier*, vol. 4, Montpellier, Coulet, 1882, p. 722-723.

17 Archives Départementales de l'Hérault (ADH), L 9238, registre des membres de la Société populaire de Montpellier.

18 Anonyme, « Montpellier en 1768 », dans Joseph Berthelé, *Montpellier en 1768 et 1836, Extrait des Archives de Montpellier, Inventaire et Documents*, t. IV, Montpellier, 1909, p. 9-158.

19 Robert Darnton, *Le Grand massacre des chats. Attitudes et croyances dans l'Ancienne France*, Paris, Les Belles-Lettres, 2011 [1984, 1985 pour la trad.] (ici chapitre 3, p. 156).

20 AMM, BB 266, « État économique et politique du diocèse », *ca.* 1745.

des bâtiments spacieux et organisés pour permettre une meilleure exposition des savoirs en médecine et en droit, ce qui permettrait d'éviter la confusion que produit une foule[21]. La deuxième occurrence de la foule intervient à propos des réjouissances, où une confusion est provoquée par la « populace qui danse et qui s'enivre[22] ». Ici, c'est l'excès populaire qui est condamné. Cette crainte de la foule populaire ressurgit dans le troisième champ, qui est d'ordre politique et pratique.

Les registres de délibérations de la Communauté, tout comme ceux du Bureau de police, gardent le souvenir des luttes passées, qu'elles soient confessionnelles (au XVIIe siècle) ou frumentaires, en particulier une révolte de femmes sur un marché en 1645. La mémoire urbaine perpétue l'idée d'une multitude qui, sous l'influence de la colère, se transforme en un ensemble incontrôlable et dangereux, qui remet en cause le bon gouvernement de la cité et, corollairement, le bon ordre des choses. L'émotion sert à disqualifier la dimension politique et revendicative des « émeutiers » ou « séditieux ». Il est à noter que ce discours ressurgit en 1789-1790, lorsque les nouvelles autorités de la ville créent des ateliers de charité au sein desquels des travailleurs réclament un meilleur salaire[23].

Enfin, le quatrième danger de la foule tient à des raisons hygiénistes. Ce critère est assez neuf au XVIIIe siècle. Il est exposé publiquement par un imprimé proprement policier, le *Sommaire des règlements du Bureau de police* composé en 1760 par Reboul, membre du Bureau de Police. La réédition de 1781 comporte un ajout, le *Catéchisme sur les morts apparentes dites asphyxies*, écrit par Gardanne[24]. Ce médecin, qui prétend avoir inventé une méthode pour faire revenir à la vie les asphyxiés, affirme que la foule est un facteur majeur d'étouffement, aussi bien dans les espaces clos qu'en « plein air ». Connaissant le précédent de la Rue Royale à Paris en 1770[25], et différentes occasions de panique dans différentes salles de spectacle ou de théâtre en France, il tend par son propos à diffuser un nouvel argument médicalement validé pour disqualifier la foule.

---

21 « Montpellier en 1768 », *op. cit.*, p. 53.

22 *Ibid.*, p. 153.

23 AMM, BB sans cote, 5 janvier 1790, f° 106v°.

24 Reboul, *Sommaire des règlements faits par le Bureau de police de la Ville de Montpellier*, Montpellier, Rochard, 1780 (1760).

25 Vincent Milliot, « La police dans la tourmente. La bousculade de la rue Royale et ses retombées (Paris, 30 mai 1770) », dans Stefano Levati et Simona Mori (dir.), *Una storia di rigore e di passione. Saggi per Livio Antonielli*, Roma, Franco Angeli Ed., 2018.

En effet, l'émotion qui peut traverser une foule, « même en plein air », cause une chaleur qui accentue la dangerosité de ces rassemblements[26].

L'ensemble de ces raisons dessine un panorama d'appréhension de la foule comme objet dangereux. Elles n'explicitent pas profondément les émotions collectives qui la parcourent, si ce n'est en lui prêtant un caractère brusque, une émotivité prompte à s'orienter vers la colère ou l'intranquillité (les rapports mentionnent en 1789 et 1790 l'idée que la foule doit rester tranquille[27]). Un passage semble être opéré ici entre une appréhension des individus appartenant au peuple des villes, nerveux et qui s'échauffent rapidement, et la foule, considérée elle aussi comme un corps agissant selon les mêmes principes physiologiques. Cette conception des rassemblements n'est pas neuve, et s'inscrit dans une culture de gouvernement sédimentée depuis la deuxième moitié du XVIIe siècle. Ces théories, qui ressurgissent en 1789 au sein de l'Assemblée des représentants, semblent pourtant déconnectées de la réalité des pratiques de régulation des foules dans la ville d'Ancien Régime.

LES PRATIQUES

Dans les mémoires ou les actes de la pratique de la police et du Conseil de Ville dans les années qui précèdent la Révolution, il n'y a que trois types d'assemblée qui posent problème.

La première réunit les ouvriers qui s'assemblent sur les places pour trouver à s'embaucher, et qui peuvent faire monter les prix de la journée de travail. Ici, le dispositif réglementaire qui existe depuis le XVIIe siècle est simplement réactualisé au XVIIIe siècle, en tenant compte des lieux, puisqu'il transpose les dispositifs relatifs aux places où étaient recrutés les journaliers pour les récoltes aux places où sont recrutés les ouvriers[28]. Il oppose un « juste prix » qui assure le bien commun entre propriétaires et journaliers à un dérèglement dû à la mauvaise volonté des journaliers. Le caractère déraisonnable des demandes ouvrières est souligné, ce qui n'est jamais le cas des propriétaires, en particulier ceux possédant des terres dans le terroir de la ville[29]. Il ne s'agit pas d'un argument économique

26 Reboul, *op. cit.*, 2e partie, p. 10 et 31.

27 AMM, BB sans cote, Registre de l'Assemblée, f° 122v°.

28 AMM, BB sans cote, Registre de l'Assemblée, séance du 4 décembre 1789, f° 92r°.

29 *Ibid.*, séance du 5 janvier 1790. L'Assemblée « enjoint à Jean Fabre d'être plus circonspect dans ses plaintes sur la modicité de la journée, en lui ajoutant que ce n'étoit qu'un secours

rationnel fondé sur un calcul, mais bien de la conception classique du « juste prix » thomiste qui régit les relations contractuelles entre producteurs et salariés. Il faut par ailleurs noter que cette angoisse chez les responsables de la ville ne traduit pas un danger structurel, puisqu'il n'apparaît aucune sédition organisée d'ouvriers au cours du siècle[30]. Il y a en revanche un rappel constant de la volonté de préserver l'intérêt des propriétaires, et du risque que les ouvriers, en particulier lorsqu'ils sont assemblés, font peser sur le bon déroulement des moissons.

La deuxième assemblée, elle, pose problème en termes de moralité, de bonnes vie et mœurs et altère la tranquillité publique. Il s'agit des assemblées de joueurs, qui sont prohibées car « tumultueuses[31] ». Le jeu échauffe en effet les esprits et attise les convoitises, ce qui mène nécessairement, dans l'esprit policier, à des « désordres et scandales ». Or, faute de moyens, le Bureau de police ne peut prévenir ces assemblées. Il ne peut que les surprendre, au gré de dénonciations de la part de concurrents illégaux ou de joueurs lésés[32]. Les récits et les procès-verbaux insistent sur le danger que courent notamment les « fils de famille », trompés par des joueurs impénitents ou des femmes de mauvaise vertu.

Dans ces deux types d'assemblée, la foule n'existe que par une agrégation d'individualités qui peuvent sortir des limites de l'acceptable non pas sous le coup d'une émotion collective, mais par le fait d'altérations individuelles qui peuvent devenir contagieuses. La passion individuelle devient alors, sous l'effet de son expression simultanée, une véritable passion collective qui met à bas le tolérable. Mais dans ce processus, l'émotion collective n'est pas donnée, elle se construit.

Il en va un peu différemment pour les seules assemblées dans lesquelles la foule apparaît comme naturellement dangereuse. Il s'agit des bals masqués ou des assemblées de danse. La décision de les interdire totalement est publiée par une ordonnance du Bureau de police le 16 janvier 1790[33]. Elle a deux soubassements juridiques. D'une part, une ordonnance antérieure du Bureau de police de Montpellier du 18 décembre 1773 qui interdisait les assemblées de danse tenues sans

---

que l'on donnoit à ceux qui ne trouvoient pas de travail », f° 106v°.

30 Pour environ soixante années dépouillées jusqu'en 1789 pour les registres du Bureau de police.

31 Reboul, *op. cit.*, p. 12.

32 AMM, FF 243, Ordonnance du 20 mai 1783, affiche.

33 AMM, FF 303, 16 janvier 1790, f° 52r°.

autorisation dans les faubourgs et la ville, et qui insistait sur les émotions trop vives que ces assemblées produisent. D'autre part, une décision de la « Commune de Paris » du 8 janvier 1790 qui qualifie de potentiellement dangereux les moments de rassemblement de personnes masquées, donnant au travestissement et au déguisement une dimension politique inédite. Le Bureau de police montpelliérain, aux ordres de l'Assemblée des représentants, estime ainsi que des « personnes malintentionnées » risquent de profiter du moment de Carnaval pour subvertir « la paix, l'ordre et l'harmonie dans la société ». Le contexte des « dissipations » carnavalesques favorise, dans l'esprit des nouvelles autorités, des relâchements qui peuvent créer une foule potentiellement dangereuse, ce qui prend un sens plus aigu dans le contexte du début de 1790. De fait, ce sont les responsables de la sûreté qui donnent une coloration nouvelle à des pratiques festives traditionnelles, et ce en appliquant strictement un modèle parisien qui ne se comprend que dans la perspective d'une peur assez répandue des « brigands » en Languedoc, mais qui réactive un modèle de foule parisienne sans doute plus politisée qu'à Montpellier. Dans cette ordonnance, l'émotion est à la fois collective et individuelle, mais structure toujours le comportement de la foule qui devient le lieu dans lequel les mauvaises intentions peuvent se dissimuler au sein d'émotions potentiellement débordantes.

De manière générale, la foule émue est beaucoup plus pensée et crainte que pratiquée et vécue à Montpellier au XVIIIe siècle et au moment de la pré-Révolution. La cristallisation des affects en 1788-1790, en particulier la peur des brigands[34], ouvre le champ à une peur du complot qui justifie la réactivation de dispositifs exceptionnels, mais en leur donnant un nouveau sens.

Pour autant, la théorie de la peur comme moteur ne suffit pas. On constate en effet à Montpellier, dans l'espace public et dans les espaces des assemblées, des foules plus fréquentes, plus nombreuses, qui pèsent sur les procédures de désignation politique et orientent le gouvernement de la cité. À cette occasion, des émotions surgissent – ou du moins sont enregistrées sur le papier –, et c'est ce surgissement-enregistrement qui marque une rupture avec l'Ancien Régime.

34 Georges Lefebvre, *op. cit.* ; Valérie Sottocasa, « Les "brigands" des montagnes du Languedoc pendant la Révolution française », dans Valérie Sottocasa (dir.), *Les Brigands. Criminalité et protestation politique (1750-1850)*, Rennes, PUR, 2013, p. 155-174.

DES FOULES ÉMUES : LA PARTICIPATION À LA CHOSE PUBLIQUE

Les registres de délibérations du Conseil des Vingt-Quatre, tout comme les registres du Bureau de police, ne retranscrivent quasiment aucune émotion au XVIIIe siècle, hormis dans le cas où la politique royale heurte les équilibres politiques traditionnels (la communauté, alors, s'émeut) ou dans le cas où un condamné par le Bureau de police demande un allègement de peine en « touchant » les officiers par sa misère ou son dénuement. La période de la pré-Révolution marque à ce titre une rupture dans ces récits conventionnels. D'une part, parce que les émotions individuelles et collectives sont, pour certaines, exprimées et enregistrées. D'autre part, parce qu'elles fournissent une nouvelle légitimité politique qui s'inscrit dans un grand changement de souveraineté à l'échelle du royaume.

L'ÉMOTION COLLECTIVE COMME NOUVELLE LÉGITIMITÉ

Le surgissement des émotions collectives s'inscrit dans un contexte qui dépasse le seul cas montpelliérain. Tout au long de la deuxième moitié du XVIIIe siècle, les cours de justice du royaume s'opposent aux tentatives de réforme fiscale menées par l'administration monarchique. Cette opposition se traduit par le refus d'enregistrer les lois dites réformatrices, et donc de rendre la justice royale. Elle est justifiée par des constructions politiques théoriques telles que la « théorie des classes », « l'union des corps » (parlementaires) qui contribuent à l'émergence de la notion de « nation » dont les membres des cours souveraines seraient les représentants[35]. À Montpellier, c'est la Cour des Aides qui est à la pointe du combat. Il se trouve qu'à partir de 1787, les officiers de la Cour des Aides réinvestissent le Conseil des Vingt-Quatre, l'instance centrale du gouvernement de la ville. Ils en font un lieu de polarisation et de diffusion publique des questions politiques. Ils utilisent pour

35 Pour une synthèse utile, Jean-Yves Grenier, *Histoire de la pensée politique et économique de la France d'Ancien Régime*, Paris, Hachette, 2007 ; et sur le concept de « nation », David A. Bell, « Nation et patrie, société et civilisation. Transformations du vocabulaire social français, 1700-1789 », dans Laurence Kaufmann et Jacques Guilhaumou (dir.), *L'Invention de la société*, *op. cit.*, p. 99-120.

cela un nouvel argument au début de 1789 lors de la désignation des représentants aux États généraux, en développant l'argument d'une politique fondée sur le « cœur[36] ». Ils affirment être individuellement pétris de « sentiments » forts envers la « Justice », qu'ils traduisent par un « zèle infatigable » pour la défendre. Ces sentiments relèvent et révèlent l'amour de la patrie que ces hommes nouveaux entretiennent, et qu'ils manifestent par la fidélité à l'Assemblée nationale et par une préoccupation constante pour leurs concitoyens. L'argument du cœur n'est pas nouveau dans les motifs de justification politique, en particulier en Languedoc, où il était depuis longtemps utilisé par les États provinciaux pour exprimer la relation qu'ils entretenaient avec le roi[37]. Mais dans le cas précis de l'Assemblée des représentants, ce régime de justification sensible vise à écarter l'accusation de sédition et contraste avec l'aridité des registres du Conseil de Ville en matière d'émotions.

Ces registres perpétuent en effet une forme classique d'exposition des décisions, envisagées principalement sous un aspect technique. Les seules émotions décrites sont l'amitié (uniquement pour régler des conflits à l'amiable), une alarme, la crainte (à trois reprises face à une possible disette), et la joie pour fêter l'action de la Cour des Aides[38].

À l'inverse, l'Assemblée des représentants de la Commune, qui coexiste avec le Conseil pendant six mois, manifeste et exprime un tout autre régime émotionnel. Elle reprend la rhétorique du cœur, et y adjoint l'amitié, l'alarme et la crainte auxquelles s'ajoute l'inquiétude, qui n'apparaît pas dans les registres du Conseil[39]. De plus, les références au cœur sont plus nombreuses (quatre contre une), les « sentiments » sont fréquemment exprimés, et le « désir » justifie plus fermement certaines décisions. Il ne traduit pas uniquement le désir de l'assemblée ou d'un de ses membres, mais exprime ce que ressentent les habitants ou les « citoyens », sous la forme de demandes subsumées dans une volonté collective qui englobe les demandes individuelles et les relations interpersonnelles. Par

---

36 Sur l'importance du « cœur » dans les émotions politiques, Damien Boquet et Piroska Nagy (dir.), *Politiques des* émotions, *op. cit.* (introduction) ; Josiane Barbier, Monique Cottret et Lydwine Scordia (dir.), *Amour et désamour du prince. Du haut Moyen Âge à la Révolution française*, Paris, éd. Kimé, 2011.

37 Sylvie Quéré, « L'amour du roi dans le discours des États de Languedoc au XVe siècle », *Revue française d'histoire des idées politiques*, 50/2 (2019), p. 121-139.

38 AMM, BB 446.

39 AMM, BB sans cote.

exemple, lors de la séance du 16 octobre 1789, un membre de l'Assemblée, Barthélemy, propose que 18 commissaires soient envoyés pour participer au Conseil de Ville. Le vice-président invite les membres à voter, « mais l'assemblée désirant d'Eviter les longueurs de cette méthode, et pleine de confiance en la sagesse de M. le vice Président et les Lumières de tous les Citoyens qui la composent, a invité son Chef à nommer lui-même les Commissaires ». Un passage s'opère ici entre les individus et le collectif. Dans les registres classiques du Conseil, les individus agissaient au nom de la communauté, sans questionner les mécanismes de représentation. Dans les registres de l'Assemblée, ce sont les manifestations d'émotions individuelles qui constituent le soubassement d'une expression collective citoyenne. La participation à la chose publique de ceux qui ont désigné les représentants permet à ces derniers d'affirmer et d'exposer un sentiment collectif qui justifie les décisions de l'assemblée des représentants de la Commune qui s'est auto-instituée. Celle-ci, en effet, bénéficie de la « confiance des peuples[40] », et peut donc se targuer d'une nouvelle légitimité, qu'elle tire des assemblées et des foules réunies dans les quartiers. Un système ascendant de légitimité est ainsi construit à partir des foules « assemblées » dans la ville. Or, il s'agit en partie d'une fiction, puisque l'Assemblée ne représente pas socialement et économiquement la population[41]. De plus, l'affirmation dans les registres d'une émotion collective exprimée par l'assemblée ne signifie absolument pas qu'elle a été généralement ressentie dans la ville de Montpellier. Elle traduit plutôt l'usage qui en est fait après un processus de canalisation et de tri des émotions en fonction des catégories sociales qui les expriment car, d'un point de vue sociologique, les deux assemblées (le Conseil et l'Assemblée des représentants) réunissent en réalité les membres du groupe urbain dominant des nobles, des bourgeois et des juristes, pourtant numériquement minoritaires à Montpellier. Ce prisme sociologique doit nous

40 AMM, BB sans cote, f° 77r°.

41 Née du processus électoral dans les quartiers, l'Assemblée rassemble 106 membres en août 1789. Ils sont nommés par les assemblées de quartier en fonction du nombre de maisons selon la proportion d'un commissaire pour 30 maisons. Or, ils ne reflètent pas le corps électoral qui rassemble les hommes domiciliés de plus de 25 ans. De plus, le nombre de présents nécessaire pour valider les décisions est réduit à 30 le 13 octobre 1789. Sociologiquement, les membres encore présents ne reflètent pas la composition socio-professionnelle de Montpellier, puisqu'ils réunissent 13 bourgeois, 20 négociants et 2 marchands, 10 avocats, 24 officiers et trois membres dont la profession n'est pas indiquée.

inviter à replacer dans une perspective précise l'emploi de ces mots, mais également des gestes qui les accompagnent.

L'ÉMOTION COLLECTIVE COMME PRATIQUE POLITIQUE

L'Assemblée des représentants, qui affirme être l'organe d'expression de la population, à côté du système traditionnel de gouvernement de la « communauté » par le Conseil, est cependant mise en difficulté par la question des foules et de leur présence dans la ville, et ce alors même que l'Assemblée est née à la suite de mouvements de rassemblement dans les rues et autour des maisons des officiers pour les soutenir dans leur opposition[42]. Elle ne peut donc écarter d'un revers de main ce soutien populaire qu'elle regarde pourtant d'un œil suspicieux. Elle hérite en cela des *topoi* propres aux membres de la municipalité et du groupe des dominants, que nous avons évoqués précédemment. Mais elle l'exprime de manière plus nuancée, en encadrant les foules pour en canaliser les émotions et les contenir.

Certaines émotions peuvent être exprimées collectivement, mais en respectant une forme qui ôte à certains rassemblements le caractère de foule. Ainsi, les « remerciements » permettent de contenir ce qui est exprimé dans les assemblées de quartier qui ont élu les membres de l'Assemblée des représentants. Par exemple le 2 septembre 1789, le sixain (quartier) Saint-Paul vote à l'initiative d'un des dirigeants de l'Assemblée des remerciements « pour tous les corps qui ont contribué à la tranquillité publique[43] ». Dans ces cas précis, les vœux sont adressés en particulier à l'Association patriotique, qui a mis en place une « Légion » à côté de la Garde bourgeoise pour maintenir l'ordre dans la ville. Très rapidement, l'Association patriotique, portée par des personnages comme Cambon, un grand industriel, s'oppose à la politique menée par le Conseil de Ville et entend constituer une force politique capable de gouverner la ville. Les assemblées de quartier rassemblent de nombreux soutiens à l'Association patriotique, et apparaissent en décalage avec l'Assemblée des représentants qui souhaite maintenir des liens forts avec le Conseil de Ville traditionnel. Les « remerciements » sont dans ce contexte un moyen d'exprimer le vœu de l'assemblée de

42 AMM, BB 446, p. 136.
43 AMM, BB sans cote, f° 5v°.

quartier par un mode unanimiste, en le soumettant à l'approbation de l'Assemblée des représentants. Ces remerciements exprimeraient en effet, à ce titre, la volonté de l'ensemble des citoyens et des habitants du sixain réunis lors des assemblées de quartier, ce qui occulte les foules constituées de personnes qui s'assemblent pour soutenir l'Association patriotique, notamment à l'Esplanade. Ce décalage entre les assemblées de quartier, qui réunissent une grande partie de la population urbaine, et les assemblées supérieures aux procédures bureaucratiques et formelles a été mis en évidence par Haïm Burstin dans le cas parisien[44]. Il aurait suscité l'émergence d'autres formes d'expression politique comme les clubs ou les sociétés patriotiques. Dans le cas de Montpellier, il permet en tout état de cause de contenir les assemblées de personnes et d'orienter et de contraindre l'expression de leurs émotions politiques.

Un second mode d'expression des sentiments et émotions qui permet de canaliser les foules tient dans le réemploi d'une pratique connue depuis longtemps mais absente des registres du Conseil de Ville, les députations. L'Assemblée reçoit ainsi des membres du Bureau du commerce et de nombreuses députations de l'Association patriotique. Mais une des plus intéressantes est celle des écoliers du collège de Montpellier accompagnés de leurs maîtres, le 25 octobre 1789. Ils sont placés au premier rang, et viennent déposer un don de 288 livres – une somme modeste –, qui ont été récoltées à l'initiative de l'Association populaire[45]. Haïm Burstin a montré l'importance des dons dans l'engagement révolutionnaire, dans ce qu'il nomme le « protagonisme », dans lequel les sentiments jouent un rôle essentiel. Ici, il est effectué au nom de l'amour de la patrie, et répond aux vœux des patriotes de Montpellier de susciter parmi les bien-nés un mouvement charitable qui permette de pallier les difficultés de subsistances qui affectent le « peuple » et ainsi assurer la tranquillité publique. L'expression de cet amour patriotique est canalisée par le fait que les écoliers et leurs maîtres sont invités à assister à la séance, puis à la prestation de serment des milices bourgeoises nouvellement créées. Ces écoliers deviennent alors les modèles pour une jeunesse considérée comme turbulente à l'époque[46]. Ils ne constituent donc pas seulement

44 Haïm Burstin, *op. cit.*, p. 89-95.

45 AMM, BB sans cote, 25 octobre 1789, f° 59r°.

46 *Cf.* supra à propos des étudiants, et plus généralement, Giovanni Levi et Jean-Claude Schmidt, (dir.), *Histoire des jeunes en Occident*, vol. 1, Paris, Seuil, 1996.

une instance spectatrice à l'Assemblée, mais bien une instance de validation du consensus patriotique, qui filtre les émotions et leur expression et qui permet de ne pas inclure toute la population[47]. Ce processus est peut-être renforcé par les règles de l'éloquence en usage à la fin du XVIIIe siècle, mais on ne connaît pas le discours[48].

Ce dispositif est doublé de plongées dans la foule à travers des cérémonies. Ici encore, l'enregistrement renoue avec l'occultation des émotions des foules, en ne retenant que des discours construits à l'avance[49]. Mais on remarque, au-delà de ces discours, le surgissement d'émotions collectives qui remettent en cause les orientations politiques pour dessiner différents « communs » possibles.

QUELLES PERSPECTIVES DE « COMMUN » ?

Le problème pratique qui se pose est d'encadrer les foules. Généralement absentes des registres, elles existent pourtant, mais ne sont pas évoquées car elles restent dangereuses. Le travail d'encadrement consiste à les disqualifier en partie par un travail de distinction de leurs émotions en vue de donner un sens politique à ce nouveau commun de fait qui existe, qui est en partie porté par le projet « national » et patriotique, mais que les dirigeants montpelliérains n'entendent pas appliquer à toute la population. La différenciation est opérée par une hiérarchisation des sentiments qui animent les acteurs, qui permet la mise à distance d'un certain type de foule.

---

47 Et ce contre l'idée d'un amour collectif unanimiste, Alain Corbin, Jean-Jacques Courtine, Georges Vigarello (dir.), *Histoire des émotions*, t. 1 (dirigé par Georges Vigarello, *De l'Antiquité aux Lumières*), Paris, éd. du Seuil, 2016 (ici chap. 5, « Émotions politiques : la Révolution française »).

48 Sur l'art de la rhétorique au XVIIIe siècle, et les critiques qui lui sont adressées, Michel Delon, « Procès de la rhétorique, triomphe de l'éloquence (1775-1800) », dans Marc Fumaroli (dir.), *Histoire de la rhétorique dans l'Europe moderne*, Paris, PUF, 1999, p. 1004-1017.

49 AMM, BB sans cote. Cette tendance est poursuivie par le Conseil municipal après mars 1790, AMM, 1 D1, registre des délibérations du Conseil municipal, 1790.

LA VILLE ET LA « PATRIE »

L'émotion la plus importante qui traverse les assemblées de personnes et les structure, que ce soit dans la ville ou au sein des assemblées de sixain ou des représentants, est le « patriotisme[50] ». Il est, avant d'être un projet politique, une émotion, un ressenti, qui permet de réunir des citoyens auparavant divisés, de la ville au royaume. Mais il est également un moyen pour taire d'éventuelles oppositions politiques[51].

Lea patriotisme vise avant tout à procurer le bien à la cité en vue de la « régénérer[52] ». Il produit ensuite une « joie » individuelle et collective qui permet d'établir un rapport politique entre l'Assemblée et les assemblées de quartier ou les différents groupes qui peuvent exprimer leur sentiment. Ces derniers ont en retour de « l'estime » et de « l'amitié » pour les membres de l'Association patriotique. Cet élan réciproque est progressivement affiné au fil des séances.

Dans les faits, il permet d'inclure dans l'organisation des pouvoirs urbains l'Association patriotique de Montpellier, qui concurrence l'Assemblée des représentants. L'Association exerce en effet un rôle majeur de médiation sociale. Elle ouvre de nombreuses campagnes de don pour les subsistances ou les ateliers de charité, et entretient des liens forts avec la Légion qui réunit un nombre de plus en plus grand de personnes qui réclament des armes. En raison de cette influence, l'Assemblée décide de consulter l'Association à propos de la fixation des prix du pain et des subsistances[53]. La question est fondamentale en termes de gouvernement urbain. D'une part, parce que les émeutes

50 À propos du patriotisme et de ses usages à l'été et à l'automne 1789, Roger Dupuy rappelle combien il soude les communautés du Languedoc face au despotisme ministériel et face au despotisme des États. Mais il est avant tout un ferment d'unité à l'échelle micro-locale. Roger Dupuy, « Élément de conclusion III », dans *id.* (dir.), *Pouvoir local et Révolution, 1780-1850*, Rennes, PUR, 1999, p. 400. Dans le cas de Montpellier, le registre des délibérations de l'Assemblée des représentants attribue un sentiment de patriotisme aux cours souveraines face aux États de Languedoc, à l'Assemblée des représentants elle-même, à ses membres, à ceux de l'Association patriotique de la ville et à Necker. AMM, BB sans cote.

51 L'idée d'une cité paisible jusqu'aux élections municipales de février 1790 est notamment défendue par Hubert C. Johnson, *The Midi in Revolution*, Princeton, Princeton University Press, 1986, p. 109. Or, les oppositions existent auparavant, mais sont noyées dans des émotions collectives que personne ne conteste. D'où une impression trompeuse d'unanimité, et un voile jeté sur les processus d'opposition sociale, émotionnelle et politique.

52 AMM, BB sans cote, f° 1r° et BB 446, p. 251.

53 AMM, BB sans cote, f° 13v°.

frumentaires sont une cause majeure de révolte[54]. D'autre part, parce que l'organisation de l'approvisionnement ouvre sur des débats importants dans le dernier tiers du XVIIIe siècle, notamment à propos du libéralisme. À Montpellier, entre 1787 et 1788, le Conseil de Ville a introduit la liberté sur le marché de la viande. L'expérience a été abandonnée, mais la question de la libéralisation du commerce ressurgit en 1789, en lien avec le soutien apporté à Necker. Faut-il abolir ou modifier les règlementations ? Comment assurer l'approvisionnement de la ville en laissant les mécanismes de marché fonctionner naturellement[55] ? Faut-il tenir compte de la demande populaire de limitation des prix (le mot de « taxation » est soigneusement évité) ? C'est vers l'Association patriotique que l'on se tourne, car elle réunit une bonne part des marchands et industriels de la ville, qui sont sensibles à ces questions. Elle est en mesure d'avancer les fonds pour assurer – à perte – un approvisionnement de la ville et ainsi écarter une hausse trop importante des prix. L'Assemblée décide alors de la consulter pour fixer les prix, ce qui permettra de ne pas commettre de « méprise » qui aggraverait les « maux » que connaît la ville, mais surtout de se déprendre de la « cupidité » traditionnelle des marchands de blé. Cette pratique philanthropique[56] vise à contenir à la fois l'Association patriotique dans ses prétentions politiques et les foules qui se réunissent pour trouver du travail, ou celles qui sont déjà assemblées soit dans les ateliers, soit aux fossés de la ville. Les 5, 11 et 16 janvier 1790, des « propos séditieux » ou des refus collectifs d'obéir aux ordres donnés par les commissaires des ateliers interviennent[57]. Les meneurs sont renvoyés et les sanctions publiquement affichées et criées aux assemblées d'ouvriers. L'Assemblée, qui décide de ces sanctions, a associé à sa décision l'Association patriotique, et parvient ainsi à contenir un risque de débordement populaire et à éviter qu'une foule en colère ne se constitue et n'apporte son soutien à une organisation politique qui exprime avec elle un certain nombre d'émotions communes.

54 Et ce tout au long du XVIIIe siècle, *cf.* Jean Nicolas, *La Rébellion française, 1661-1789*, Paris, Gallimard, 2008 [2002].

55 AMM, BB sans cote, f° 14r°.

56 Sur la pratique philanthropique et ses implications politiques, en particulier en termes de « domestication des dominés » qui ne repose pas uniquement sur la « discipline » mais bien sur une aide aux pauvres qui permet de les inclure tout en les contenant, voir Pierre Bourdieu, *Sur l'État. Cours au Collège de France, 1989-1992*, Paris, Seuil, 2012, p. 565 *sq.*

57 AMM, BB sans cote, f° 106-113.

Le dispositif tend ainsi à opposer deux types de logiques de foules émotives. D'une part, des foules de rue qui ne parviennent pas à canaliser des émotions négatives : la colère, le mécontentement ou des revendications salariales et/ou frumentaires. D'autre part, des assemblées qui sont le fruit de regroupements mus par des sentiments positifs : le patriotisme, la sensibilité du cœur devant la régénération permise par les nouvelles élites, l'assistance aux pauvres dans une logique de don individuel. Les dirigeants de l'Assemblée des représentants parviennent à fragiliser le soutien populaire dont jouit l'Association patriotique par un processus de distinction des émotions, les unes – acceptables – ressortissant aux « assemblées », les autres constituant un danger.

Ainsi, la vertu et la pureté des intentions se dégagent de la pratique quotidienne de l'administration, et elles sont valorisées comme des modèles de comportement qui ressortissent au cœur. C'est le cas lorsque les secrétaires des différents bureaux composant l'Assemblée sont reçus par le curé de l'église Notre-Dame le 9 septembre au cours d'une messe solennelle de bénédiction des drapeaux de la milice[58]. Ils le remercient d'avoir été « l'interprète auprès de la divinité » de leurs intentions, et affirment qu'il a « le cœur patriote et les mains pures », à leur image. L'ensemble de ces mobilisations acceptables du sentiment patriotique, et l'ensemble des émotions qui lui sont adjointes et déterminent un engagement, dessinent un nouvel espace « commun » qui inclut des acteurs nouveaux et traditionnels (l'Église), et exclut sans l'exprimer explicitement la partie populaire de la population qui est renvoyée à la figure négative de la foule émue. Or, ce patriotisme est porté par des individus qui ont un projet politique précis : ils soutiennent Necker et sa politique de libéralisation, et souhaitent abolir les représentations traditionnelles pour récupérer le droit de représenter la « communauté ». En 1789-1790, ce projet n'a rien d'évident ni de définitif. Il s'inscrit en réalité dans des luttes entre groupes dominants qui les conduisent à se positionner en fonction du rôle politique qu'ils sont prêts à accorder à la population, et à mettre en œuvre des techniques de distinction par la mise à distance des foules.

58 AMM, BB sans cote, f° 23 r°.

LA MISE À DISTANCE DES FOULES

La première question qui se pose est une question émotionnelle et spatiale. Qui le patriotisme inclut-il, et où dans et hors la ville ? L'Assemblée des représentants s'inscrit dans une optique légaliste[59]. Elle marque constamment sa « soumission » aux décisions de l'Assemblée Nationale, la justifie par la « noblesse » et la dimension « patriotique » de la « loyauté », et la traduit par une « confiance en l'Assemblée Nationale [...] toujours également universelle et inaltérable[60] ». Ces expressions sont systématiquement accompagnées dans les registres d'une unanimité, qui se traduit par des « applaudissements », qui n'interviennent que dans ce cas et ne sont pas enregistrés comme un facteur de perturbation de l'assemblée. Cette hiérarchisation de la confiance implique à son tour une obéissance aux institutions locales.

L'Assemblée des représentants entend obtenir des patriotes de la région la même loyauté. Elle le manifeste lorsque des députations venues de villes ou villages alentour viennent demander des armes pour se défendre contre les « brigands[61] ». L'Assemblée montpelliéraine manifeste constamment sa « sensibilité » et le fait qu'elle soit « touchée » par ces demandes[62]. Elle ne distribue jamais aucune arme, refuse même parfois de jouer les intermédiaires avec les autorités militaires, mais manifeste à chaque refus « ses regrets ». Elle choisit alors de mettre en place une « confraternité » de patriotes, en invitant les délégations à assister à ses séances. Cette inclusion traduit une hiérarchisation des mouvements patriotes parmi les patriotes des villages ou bourgs qui acceptent de s'affilier à la Garde nationale de Montpellier. Cette centralisation est concomitante des débats pour redistribuer aux villes du Languedoc des fonctions administratives, et on comprend que la captation des

59 En cela, elle ne diffère en rien des députés aux États généraux devenus députés de l'Assemblée nationale. Timothy Tackett, *Anatomie de la Terreur. Le processus révolutionnaire, 1787-1793*, Paris, Seuil, 2018 [1re éd. 2015] (ici chap. 2 et 3). Timothy Tackett retient les émotions comme un des grands éléments explicatifs de 1789, sans pour autant préciser comment celles-ci ont agi localement : l'année 1789 prouve « qu'il n'est pas de meilleur exemple du pouvoir de l'émotion pendant les périodes révolutionnaires, qui pousse le cours des événements plus loin et plus vite que personne ne l'imaginait quelques mois plus tôt » (p. 75), à tel point qu'il compare ces émotions à une « conversion religieuse ».

60 AMM, BB sans cote, f° 74r°.

61 C'est le cas des villes et bourgs de Lodève, Castelnau, Le Crès, Salaizon, Monoblet (dans le département actuel du Gard), Sommières et Gignac.

62 AMM, BB sans cote, 11 novembre 1789.

sentiments est un outil dans la reconfiguration des pouvoirs. Elle est en effet un motif essentiel qui justifie le choix de Montpellier comme capitale provinciale. Et sur le terrain, elle permet de maintenir l'ordre de foules assemblées.

Cette mise en ordre se retrouve à l'échelle de la ville. La décision ultime intervient, sous le sceau du principe de légalité, le 30 octobre 1789, quand le décret sur la loi martiale du 21 octobre 1789 est reçu et appliqué à Montpellier. La loi mentionne explicitement les « attroupements » qui mettent en cause la tranquillité et la paix[63]. Or, le texte législatif opère un glissement entre les personnes attroupées et le « peuple », au sein duquel les opérations de maintien de l'ordre permettent de distinguer les « bons citoyens[64] ». La politisation de ces foules émues est opérée par l'Assemblée nationale, qui les qualifie de « séditieuses ». L'usage qui est fait à Montpellier de ce texte, dans un moment où les questions relatives à la constitution civile du clergé n'ont pas encore produit les divisions qui interviendront violemment dans la deuxième moitié de 1790, montre qu'il sert à mettre à distance la foule, souvent réunie à l'Esplanade et à l'initiative de Cambon ou de l'Association patriotique. Cette foule se voit parée des défauts qui lui étaient traditionnellement assignés, et ce schéma permet de la reléguer puis de la réduire à un rôle passif, qui trouve à s'exprimer lorsqu'elle est convoquée pour servir de spectatrice aux nouvelles édiles locales.

Le 16 janvier 1790, l'Assemblée des représentants, sous l'impulsion de Cambacérès, décide d'organiser une discussion publique avec les consuls du corps des boulangers. Ces derniers demandent depuis des semaines un relèvement du prix des pains justifié par le mécanisme classique de fixation de leur prix, qui tient compte de ceux pratiqués dans d'autres villes de Languedoc et des stocks disponibles à l'Orgerie. L'Assemblée des représentants, dans la lignée du Conseil de Ville, s'y oppose, et mobilise pour cela tout un argumentaire juridique qui risque d'entraîner un procès au Parlement de Toulouse. Pour mettre fin à ce processus, Cambacérès fait désigner quatre membres de l'Assemblée pour discuter publiquement avec les boulangers en vue « d'édifier le public ». Ici, on ne sait à qui se réfère ce public. S'agit-il de toute la population, concernée au premier chef par les questions de subsistances ?

63 *Archives Parlementaires de 1787 à 1860*, t. IX, Paris, Dupont, 1877, p. 475-476 (ici article 3).
64 *Ibid.*, articles 9 et 6.

Ou seulement de la partie dominante de la ville qui tente d'encadrer les mouvements de foule réclamant une taxation ? Rien ne l'indique, et aucune trace d'un tel débat n'existe, d'autant que la municipalité instituée à partir de mars 1790 hérite de ce problème. Mais on peut relever que dans le même temps, l'Assemblée des représentants, conformément aux instructions de l'Assemblée nationale, dresse des listes de citoyens en distinguant les « actifs » des « éligibles ». Cette distinction est prolongée dans l'espace urbain à propos de l'organisation des lieux de rassemblement. Contrairement aux mouvements de réunion spontanés de 1788 et 1789, ouverts à tous et toutes, ces espaces seront réservés aux seuls citoyens actifs, et solidement encadrés et clos par la Garde nationale. La foule devient, dans les deux cas, le réceptacle du spectacle du pouvoir, et voit ses possibilités de participation fortement réduites par le contingentement exercé au besoin par la force. Par ce moyen, une mise à l'écart des mouvements populaires est exercée, au nom du bon ordre et de la régénération de la cité.

CONCLUSION

Les émotions et les foules constituent deux éléments disjoints dans les sources du gouvernement urbain à la fin du XVIIIe siècle. Elles ne sont liées que dans les situations où elles justifient une pratique politique, en général de mise à distance des foules populaires. La difficulté née de 1789 est que le groupe qui concurrence les élites municipales en poste en 1789-1790 a besoin de ces rassemblements populaires portés en partie par le patriotisme. Un travail de distinction est donc effectué entre les bonnes et les mauvaises émotions. Le patriotisme et ce qui ressortit au cœur permettront d'exprimer une émotion commune qui justifiera le nouvel édifice politique légaliste et soumis à l'Assemblée nationale, et le rôle de plus en plus important de ce groupe de juristes et de bourgeois (dont Cambacérès), qui s'opposent à un groupe soutenu par une plus large partie de la population et qui réunit de nombreuses foules sous l'égide de l'Association patriotique. Ces dernières se voient alors affublées des stéréotypes classiques d'appréhension des foules :

une émotivité forte, une promptitude à perdre sa tranquillité, qui sont associés dans la pratique aux mouvements de contestation salariale dans les ateliers de charité ou sur les chantiers publics.

La réactivation de ces stéréotypes explique, à l'échelle du royaume, la réaction des autorités à la Grande Peur et aux mouvements populaires, et l'issue politique inaboutie ou en demi-teinte qu'a constitué la nuit du 4 août. À l'échelle régionale, les hésitations de l'Assemblée des représentants, et l'accointance puis la convergence qu'elle manifeste à l'égard du Conseil de Ville, s'explique par les oppositions politiques en son sein, entre une tendance plus attentive à la population et un autre groupe emmené par la partie des dominants auparavant exclue de l'exercice du pouvoir. Dans ce système, les émotions des foules ont constitué un instrument de différenciation, de distinction et d'exclusion ou d'inclusion politique. Elles ont été, pour cette raison, enregistrées ou non selon des formes d'expression classique. Ces deux mécanismes de sélection invitent donc à nuancer plus précisément le schéma d'une « foule révolutionnaire », et permettent de comprendre la poursuite des oppositions politiques en 1790-1791, quand les foules soutenant l'Association patriotique passent, à l'instar des foules qui s'opposent à la constitution civile du clergé, à l'action dans la ville. Elles seront, à ce moment-là, réduites par les autorités au rôle classique d'une foule émeutière mue par des émotions nées de mauvais sentiments.

Nicolas VIDONI
Aix-Marseille Université
UMR 7303 TELEMMe
AMU-CNRS

BIBLIOGRAPHIE

SOURCES

ANONYME, « Montpellier en 1768 », dans Joseph Berthelé, *Montpellier en 1768 et 1836, Extrait des Archives de Montpellier, Inventaire et Documents*, t. IV, Montpellier, 1909, p. 9-158.

Archives Départementales de l'Hérault, L 9238, registre des membres de la Société populaire de Montpellier.

Archives Municipales de Montpellier, 1 D1, registre des délibérations du Conseil municipal, 1790.

Archives Municipales de Montpellier, I 6, « Citoyens de Montpellier ».

Archives Municipales de Montpellier, BB sans cote.

Archives Municipales de Montpellier, BB sans cote, Registre de l'Assemblée.

Archives Municipales de Montpellier, BB 266, « État économique et politique du diocèse », *ca.* 1745.

Archives Municipales de Montpellier, BB 446.

Archives Municipales de Montpellier, FF 243, Ordonnance du 20 mai 1793, affiche.

Archives Municipales de Montpellier, FF 303, 16 janvier 1790.

Archives Parlementaires de 1787 à 1860, t. IX, Paris, Dupont, 1877.

Continuation de l'Histoire de Montpellier, vol. 4, Montpellier, Coulet, 1882, p. 722-723.

D'AIGREFEUILLE, Charles, *Histoire de Montpellier depuis son origine jusqu'à notre temps*, 2 vol., Montpellier, imprimerie Martel, 1737-1739.

ANTOINE REBOUL, *Sommaire des règlemens faits par le Bureau de police de la Ville de Montpellier*, Montpellier, Rochard, 1780 [1760].

ÉTUDES

BARBIER, Josiane, Monique COTTRET et Lydwine SCORDIA (dir.), *Amour et désamour du prince. Du haut Moyen Âge à la Révolution française*, Paris, éd. Kimé, 2011.

BELL, David A., « Nation et patrie, société et civilisation. Transformations du vocabulaire social français, 1700-1789 », dans Laurence Kaufmann et Jacques Guilhaumou (dir.), *L'Invention de la société. Nominalisme et science sociale au XVIIIe siècle*, Paris, éd. de l'EHESS, 2003, p. 99-120.

BOQUET, Damien et Piroska NAGY (dir.), *Politiques des émotions au Moyen Âge*, Florence, Sismel et Edizioni del Galluzzo, 2010.

BOURDIEU, Pierre, *Sur l'État. Cours au Collège de France, 1989-1992*, Paris, Seuil, 2012.

BURSTIN, Haïm, *Révolutionnaires. Pour une anthropologie politique de la Révolution française*, Paris, Vendémiaire, 2013.

CEFAÏ, Daniel, *Pourquoi se mobilise-t-on ? Les théories de l'action collective*, Paris, La Découverte et MAUSS, 2007.

COULOMB, Clarisse, « Des villes de papier : écrire l'histoire de la ville dans l'Europe moderne », *Histoire Urbaine*, 28/2 (2010), p. 5-16.

CORBIN, Alain, Jean-Jacques COURTINE et Georges VIGARELLO (dir.), *Histoire des émotions*, t. 1 (dirigé par Georges Vigarello, *De l'Antiquité aux Lumières*), Paris, éd. du Seuil, 2016.

D'ALBISSON, J., *Loix municipales et économiques de Languedoc*, 7 vol., Montpellier, Rigaud, 1780-1787.

DARNTON, Robert, *Le Grand massacre des chats. Attitudes et croyances dans l'Ancienne France*, Paris, Les Belles-Lettres, 2011 [1984, 1985 pour la trad.].

DELON, Michel, « Procès de la rhétorique, triomphe de l'éloquence (1775-1800) », dans Marc Fumaroli (dir.), *Histoire de la rhétorique dans l'Europe moderne*, Paris, PUF, 1999, p. 1004-1017.

DUPUY, Roger, *Pouvoir local et Révolution, 1780-1850*, Rennes, PUR, 1999.

GARRIOCH, David, *La Fabrique du Paris révolutionnaire*, Paris, La Découverte, 2013 [2002].

GRENIER, Jean-Yves, *Histoire de la pensée politique et économique de la France d'Ancien Régime*, Paris, Hachette, 2007.

JOHNSON, Hubert C., *The Midi in Revolution*, Princeton, Princeton University Press, 1986.

KAUFMANN, Laurence et Danny TROM (dir.), *Qu'est-ce qu'un collectif ? Du commun à la politique*, Paris, EHESS, 2010.

LEFEBVRE, Georges, *La Grande Peur de 1789*, Paris, Armand Colin, 2014 [1932].

LEVI, Giovanni et Jean-Claude SCHMITT (dir.), *Histoire des jeunes en Occident*, vol. 1, Paris, Seuil, 1996.

LUCAS, Colin et Keith M. BAKER (dir.), *The French Revolution and the Creation of Modern Political Culture, v. 2 : The Political Culture of the French Revolution*, Oxford, Pergamon Press, 1988.

MICHEL, Henri, « Les histoires urbaines languedociennes à l'époque moderne », dans *Société, politique, culture en Méditerranée occidentale.* XVIe-XVIIIe *siècles. Mélanges en l'honneur du professeur Anne Blanchard*, Montpellier, Université Paul-Valéry, Centre d'Histoire moderne, p. 199-234.

MILLIOT, Vincent, « La police dans la tourmente. La bousculade de la rue Royale et ses retombées (Paris, 30 mai 1770) », dans Stefano Levati et Simona Mori (dir.), *Una storia di rigore e di passione. Saggi per Livio Antonielli*, Roma, Franco Angeli Ed., 2018.

NICOLAS, Jean, *La Rébellion française, 1661-1789*, Paris, Gallimard, 2008 [2002].

QUÉRÉ, Sylvie, « L'amour du roi dans le discours des États de Languedoc au XVe siècle », *Revue française d'histoire des idées politiques*, 50/2 (2019), p. 121-139.

SOBOUL, Albert, « Violence collective et rapports sociaux. Les foules révolutionnaires (1789-1795) », exposé présenté le 27 mars 1980, dans Albert Soboul, *La Révolution française*, Paris, PUF, 1989 [1965], coll. « Quadrige », p. 563-582.

SOTTOCASA, Valérie, « Les "brigands" des montagnes du Languedoc pendant la Révolution française », dans Valérie Sottocasa (dir.), *Les Brigands. Criminalité et protestation politique (1750-1850)*, Rennes, PUR, 2013, p. 155-174.

TACKETT, Timothy, *Anatomie de la Terreur. Le processus révolutionnaire, 1787-1793*, Paris, Seuil, 2018 [1re éd. 2015].

WAHNICH, Sophie, « De l'économie émotive de la Terreur », *Annales, Histoire, Sciences Sociales*, 57/4 (2002), p. 889-913.

WAHNICH, Sophie, « Désordre social et émotions publiques pendant la période révolutionnaire », dans Laurence Kaufmann et Jacques Guilhaumou (dir.), *L'Invention de la société. Nominalisme et science sociale au XVIIIe siècle*, Paris, éd. de l'EHESS, 2003, p. 227-259.

WAHNICH, Sophie, « L'auto-contrôle de la cruauté des foules révolutionnaires », *Chimères*, 83/2 (2014), p. 109-116.

LES ÉMOTIONS COLLECTIVES COMME ÉMOTIONS SACRÉES ET SOUVERAINES PENDANT LA RÉVOLUTION FRANÇAISE 1789-1794

« Émotion » est synonyme d'« émeute populaire » depuis le Moyen Âge, mais chaque cœur est doué d'émotions et le même vocable réunit la nymphe émue et le peuple en colère. L'incertitude du langage est forte. Y a-t-il à expliciter un lien entre émotions individuelles et émotions collectives, situation psychique et situation sociale ?

Pour la période révolutionnaire, l'objet « émotion » est à cet égard spéculaire. Les questions des acteurs, des historiens, puis des psychologues sont autant de poupées russes qui viennent faire écran à la simple lecture de l'archive. Par des effets de jugements successifs portés sur l'événement « Révolution française », les émotions individuelles ou collectives sont soit louées comme expressions politiques d'un peuple qui pense et agit en écoutant ses émotions, soit vilipendées comme symptômes d'une populace ensauvagée et effrayante. Pour pouvoir revenir à l'archive, il faudrait ouvrir les matriochkas dans l'ordre. Sous la théorie des foules, l'historiographie ; sous l'historiographie, un rapport au politique et à l'appréciation du phénomène révolutionnaire ; sous cette appréciation, une appréciation des émotions populaires et du peuple comme acteur de l'histoire.

Les théories de la psychologie des foules de Gustave Le Bon comme de Sigmund Freud[1] prennent en effet appui sur une histoire politiquement située de la Révolution française : celle d'Hippolyte Taine. Ce dernier interprète les phénomènes révolutionnaires depuis l'expérience historique de 1848 puis de la Commune de Paris, et selon un imaginaire horrifié de la terreur. Il circule dans les cercles d'une nouvelle science de l'homme qui relie découvertes médicales et questions morales et considère que

1 Gustave Le Bon, *Psychologie des foules*, Paris, Presses universitaires de France, coll. « Quadrige », 1988 [1895] ; Sigmund Freud, *Psychologie des foules et analyse du moi*, Paris, Payot, 1984 [1921].

toutes les périodes de l'histoire qui conduisent à exacerber les émotions et le désordre sont néfastes[2].

Autant dire que pour étudier les émotions collectives de la Révolution française, travailler avec Gustave Le Bon reviendrait à endosser les outils des perspectives *a priori* hostiles aux émeutes populaires, perspectives de ceux qui exprimèrent explicitement une haine de l'utopie[3], une haine des mouvements révolutionnaires, un refus de la démocratie et de la république. Il faut donc pluraliser les outils. Georges Lefebvre qui souhaitait répondre avec finesse à Le Bon valorisait le concept de « mentalité[4] », hérité quant à lui, de Gabriel Tarde[5]. Pour ma part, la réflexion a commencé dans les années 1990 aux côtés de la sociologie contemporaine des émotions constituée dans le sillage de l'ethnométhodologie[6]. Elle décrit les émotions comme l'expression de jugements portés sur la réalité perçue, qui font surgir dans l'événement même des communautés sensibles différentes, ce que Jacques Rancière appelle au même moment « le partage du sensible[7] ». Si elles naissent dans l'événement, ces communautés expriment cependant des positions mentales individuelles constituées pour chacun des participants en amont, dans des expériences souvent vécues collectivement. L'événement et les émotions jouent alors un rôle de révélateur[8].

---

2 Cette science de l'homme a fait de la guillotine et de son imaginaire un objet déterminant pour mesurer la valeur morale de la Révolution française. Voir sur ce point l'analyse que Nathalie Richard fait du rêve d'Alfred Maury : « Rêver à la guillotine », dans Sophie Wahnich (dir.), *Histoire d'un trésor perdu, Transmettre la Révolution française*, Paris, Les Prairies ordinaires, 2013, p. 195-225.

3 Sur cette question on lira Miguel Abensour, *Utopiques 2, l'homme est un animal utopique*, Paris, Sens et Tonka, 2013.

4 Georges Lefebvre, « Foules historiques. Les foules révolutionnaires », dans *La Foule*, Centre international de synthèse, Paris, 1934, p. 79-107.

5 Gabriel Tarde, « La psychologie intermentale », *Revue internationale de sociologie*, 9 (1901), p. 1-13.

6 Erving Goffman, *Les Rites d'interaction*, Paris, Minuit, 1974 ; Patricia Paperman, « Le fantastique social. Goffman et la sociologie des émotions », dans Isaac Joseph (dir.), *Actes du Colloque de Cerisy : Lectures de Goffman en France*, Paris, Minuit, 1989 ; Patricia Paperman « Les émotions et l'espace public », *Quaderni*, 18 (1992), p. 93-107. Patricia Paperman et Ruwen Ogien (dir.), *Raisons pratiques, La couleur des pensées, sentiments, émotions, intentions*, Paris, Éditions de l'EHESS, 1995.

7 Jacques Rancière, « Esthétique de la politique et poétique du savoir », *Espace Temps*, 55/56 (1994), p. 80-87.

8 Patricia Paperman et Ruwen Ogien (dir.), *Raisons pratiques, La couleur des pensées, sentiments, émotions, intentions*, *op. cit.*, plus particulièrement pour nous, Patricia Paperman,

Dans ce texte, pour proposer une autre manière de penser et d'analyser les émotions collectives, je convoquerai également le Jean-Paul Sartre de *La Critique de la raison dialectique* où les émotions, le sacré et la magie permettent de saisir l'émergence du « groupe en fusion » et le Durkheim des *Formes élémentaires de la vie religieuse*[9]. Pour le premier, les émotions vécues dans ce processus de fusion émancipent les agents, ils échappent à l'emprise du « pratico-inerte », qui faisait d'eux des individus isolés dans une collection sérialisée[10] et deviennent des acteurs. Pour le second, l'effervescence de type religieux d'un groupe rassemblé refonde la société qui est elle-même au fondement de l'investissement symbolique ou sacré.

En amont du fait révolutionnaire, les théories de l'enthousiasme, celle de Locke puis celle de son élève Shaftesbury éclairent la configuration révolutionnaire et ses contradictions. Le premier voulait se débarrasser de l'enthousiasme pour éradiquer le fanatisme, le second regardait l'enthousiasme comme un « bon fond d'esprit visionnaire » mais souhaitait chercher les modes de sa régulation pour qu'il ne bascule pas dans cette panique fiévreuse qui s'empare d'un groupe quand, dit-il, « la sociabilité émeut trop[11] ». Mais ici c'est Kant comme contemporain du phénomène révolutionnaire, lui aussi grand penseur de l'enthousiasme et de la dynamique sublime, qui nous accompagne. Sa philosophie de *la faculté de juger* permet de penser non seulement l'éthique mais aussi *l'esthétique des événements*, comme Jacques Guilhaumou y incitait quand il étudiait la mort de Marat[12]. Il manquerait encore Rousseau, Smith et

---

« L'absence d'émotions comme offense », p. 175-197. Cette sociologie rencontre alors la philosophie de Jacques Rancière et son « partage du sensible » qu'il a déployé dans *id.*, *La Mésentente*, Paris, Galilée, 1995.

9 Émile Durkheim, *Les Formes élémentaires de la vie religieuse, le système totémique en Australie*, PUF, Paris, 1912.

10 Jean-Paul Sartre, *Critique de la raison dialectique*, Paris, Gallimard, 1984 [1960]. Nous en avons fait un commentaire précis dans Sophie Wahnich, *La Révolution française n'est pas un mythe*, Paris, Klincksieck, 2017. Désormais CRD.

11 John Locke, *Essai sur l'entendement humain*, traduit par Pierre Coste, 1689, disponible en ligne sur Gallica (https://gallica.bnf.fr/ark:/12148/bpt6k54249426.texteImage. Consulté le 16 août 2021). Shaftesbury (Anthony Ashley Cooper), *Lettre sur l'enthousiasme*, présentée par Claire Crignon de Oliveira, Paris, Le Livre de Poche, 2002.

12 Sur les liens entre l'esthétique kantienne et le processus révolutionnaire : Jacques Guilhaumou, *La Mort de Marat*, Paris, Complexe, 1989 ; *id.*, « Fragment d'une esthétique de l'événement révolutionnaire », dans Gilles Sauron, Andrzej Turowski et Sophie Wahnich (dir.), *L'Art et le discours face à la Révolution*, Dijon, E.U.D, 1997. On regardera également, Françoise Brunel, *Les Martyrs de prairial*, Genève, Georg Éditeur, 1992. L'un et l'autre définissent un moment esthétique de la politique en l'an II. Il y a esthétique quand la faculté de juger produit un

sa théorie des sentiments moraux. Impossible de clore cette liste. On le voit, les outils sont malgré tout nombreux et si l'hégémonie théorique de Le Bon semble encore grande, c'est sans doute un indice qui doit plus à la question politique et idéologique qu'à la question scientifique[13]. Or étudier les émotions collectives en histoire de la Révolution consiste à ramener de l'historicité là où des schèmes interprétatifs trop bien huilés ont empêché de comprendre les dynamiques historiques spécifiques. Le travail est élaboré contre l'histoire anthropologique quasi-immuable.

Aussi faut-il, avant toute chose, décrire la manière dont les révolutionnaires français eux-mêmes pensent l'articulation entre les émotions individuelles et les émotions collectives. Puis, montrer pourquoi ils ont maintenu jusqu'en thermidor leur confiance dans cette faculté de juger spécifique, malgré son caractère ambivalent et manipulable. Nous nous proposons donc ici de reconstituer un trajet de recherche et d'expliciter les questions ou problèmes qui se posent au contact de l'archive ; de préciser quels outils sont utiles pendant ce trajet mais aussi quels outils sont forgés chemin faisant. L'objectif est bien de suggérer de nouvelles notions interprétatives, aptes à rendre compte d'une compréhension des émotions comme variables historiques et non comme variables mécaniques.

LES ÉMOTIONS COLLECTIVES ENTRE NATURE (INDIVIDUELLE) ET ARTIFICIALITÉ (SOCIALE)

L'INTERACTION DE L'INDIVIDU ET DU GROUPE : FOULE ÉTHIQUE ET RESPONSABILITÉ INDIVIDUELLE

Dans l'hypothèse Le Bon-Freud, l'individu dans une foule perd sa compétence rationnelle et libère ses pulsions, puis disparaît dans la

accord entre l'imagination et l'entendement sans que l'entendement régisse l'imagination. Cette faculté de juger ne repose pas sur la connaissance, mais bien sur la sensibilité. Ces jugements sont communicables et fondent un sens commun. Ils donnent à penser sur un mode intersubjectif et pour les révolutionnaires, universel.

13 Dans Yves Cohen, *Le Siècle des chefs*, Paris, Amsterdam, 2014, l'auteur insiste sur le fait que les discours sur la foule toujours prête à devenir cruelle, incapable de se passer d'encadrement autoritaire, a conduit à légitimer des chefs présents à tous les niveaux.

foule en obéissant docilement au meneur : « La foule est un troupeau docile qui ne saurait jamais vivre sans maître[14] ». Mais pour les révolutionnaires français, les émotions collectives procèdent d'abord des émotions individuelles, et il n'est pas certain qu'elles fassent disparaître l'individu[15]. Enfin les foules n'ont pas toutes besoin de meneurs.

Revenons sur un exemple emblématique et inaugural : le serment du Jeu de paume du 20 juin 1789, où les députés trouvant la salle des menus plaisirs fermée par le Roi qui récuse leur décision prise la veille de se constituer en assemblée nationale constituante, se réfugient dans la salle du Jeu de paume et prêtent serment de ne pas se séparer avant d'avoir donné une Constitution à la France. C'est un événement d'émotion collective d'une grande puissance. Et indéniablement le modèle de Le Bon pourrait s'y appliquer, mais plutôt quand il évoque « la compétence éthique des foules », compétence reprise à la lettre par Freud :

> Pour juger équitablement de la moralité des foules, on doit prendre en considération que dans un rassemblement d'individus en foules, toutes les inhibitions individuelles tombent (...) rendant possible la libre satisfaction des pulsions. Mais les foules sont également capables, sous l'influence de la suggestion, de grands accès de renoncement, de désintéressement, de dévouement à un idéal. Alors que chez l'individu isolé, l'intérêt personnel est le mobile à peu près exclusif, c'est très rarement lui qui prédomine chez les foules. On peut parler d'une moralisation de l'individu par la foule.

Freud ajoute : « Alors que l'activité intellectuelle de la foule se situe toujours très au-dessous de celle de l'individu isolé, son comportement éthique peut tout aussi bien s'élever très au-dessus de ce niveau, que descendre très au-dessous[16] ».

Or, dans cette foule du Jeu de paume, il serait bien difficile de déclarer qu'il y a un meneur unique. Chaque député vit sa colère d'avoir été privé par le roi de sa salle de réunion avec celle des autres et doit continuer à penser sa position pour pouvoir l'agir, en particulier au moment où il signe

14 Le Bon cité par Freud dans *Psychologie des foules et analyse du moi*, *op. cit.*, p. 136-137.

15 Il aurait été intéressant de confronter sur ce plan les vues des révolutionnaires aux débats autour de la psychologie collective naissante de la fin du XIXe siècle, où l'on retrouve l'articulation entre l'individu et le collectif, dans l'opposition entre Tarde et Durkheim. Mais ni l'un ni l'autre ne s'intéressent de front à la Révolution française et Tarde sur le plan idéologique admire Taine et Le Bon, dans une logique libérale qui privilégie l'individu, qui seul donne naissance au corps social par relations intermentales.

16 Le Bon cité par Freud dans *Psychologie des foules et analyse du moi*, *op. cit.*, p. 135.

individuellement son engagement nominal[17]. Aussi la qualité éthique de cette foule est indéniable car il faut du courage pour décider de se sacrer soi-même par ce serment face au roi de droit divin qui peut anéantir les députés par la force des armes. La colère et la fureur comme phénomènes de contagion de foule peuvent expliquer le mouvement d'ensemble, de la salle des menus plaisirs, fermée, à celle du Jeu de paume. L'Assemblée est alors un lieu de « haute température » selon l'expression de Jaurès, mais justement il y a un moment qui pourrait faire redescendre cette haute température : celle de cet engagement écrit. On pourrait rétorquer que les députés ont été entrainés dans leur élan. Sans doute, mais malgré tout l'un d'entre eux se suicide, ne supportant pas dans l'intimité les risques que lui fait encourir son geste individuel : avoir prêté serment et l'avoir consigné dans une trace écrite. Bref il est difficile de faire disparaître les individus, ils sont certes différents en foule et isolés, mais l'effet de foule ne les délie pas de leur responsabilité individuelle et ils le savent, même si c'est dans une discontinuité du vécu. La foule désinhibe, fait tomber la peur mais ne détruit pas la réflexivité intellectuelle.

Ce savoir est consigné et réfléchi par les députés révolutionnaires quand ils rédigent la Déclaration des droits de l'homme et du citoyen de 1789, deux mois plus tard. Cette réflexivité sur l'articulation des émotions de l'individu au groupe et du groupe à la société apparaît ainsi particulièrement évidente dans le moment inaugural de la Révolution française puis à chaque fois que la Déclaration est réélaborée, en 1793 puis en 1795, mais pour lui donner un tout autre sens, celui de Thermidor.

LE DROIT DE RÉSISTANCE, LE DEVOIR D'INSURRECTION

En théorie, la résistance à l'oppression consignée dans les deux déclarations des droits de 1789 et 1793 comme droits naturels inaliénables, repose sur un savoir vécu dans le corps et par le corps de chaque individu. Chacun sait dans son corps s'il est opprimé. Sieyès évoque l'oppression sous la figure du joug exercé par le fort sur le faible :

> Lorsque le fort parvient à opprimer le faible, il produit effet sans produire obligation. Loin d'imposer un devoir nouveau au faible, il ranime en lui le devoir naturel et impérissable de repousser l'oppression. C'est donc une vérité éternelle, et qu'on ne peut trop répéter aux hommes, que l'acte par lequel le

17 Engagement nominal que l'on retrouve au moment du procès du roi.

> fort tient le faible sous son joug, ne peut jamais devenir un droit ; et qu'au contraire l'acte par lequel le faible se soustrait au joug du fort est toujours un droit, que c'est un devoir toujours pressant envers lui-même[18].

La valorisation des sensations individuelles articulées à des normes ou jugements moraux qui se constituent collectivement fait de la résistance à l'oppression un droit tout en lui donnant une réserve de sens pratique. Cette articulation pourrait être une définition pertinente de l'émotion : une sensation qui fait surgir un jugement constitué en amont. La résistance à l'oppression a alors partie liée avec une conception anthropologique de l'expérience de la domination, qui devrait conduire quiconque à se révolter contre le dominant, soit individuellement, soit collectivement. Les sentiments intimes de la justice et de l'injustice vécues en situation par les citoyens fondent le droit légitime[19] et fabriquent des normes qui semblent alors quasi-naturelles[20].

À cet égard la Constitution de 1793 est plus précise. Le droit de résistance à l'oppression est la « conséquence des autres droits de l'homme » dans l'article 33. L'alerte sur l'oppression par la résistance incombe à un citoyen qui potentiellement peut être seul. Un seul peut avoir raison contre tous et sonner l'alarme. Ce peut être aussi un groupe de citoyens ou encore tous les citoyens sous couvert de la notion de « souverain » : article 35 : « Quand le gouvernement viole les droits du peuple, l'insurrection est, pour le peuple et pour chaque portion du peuple, le plus sacré des droits et le plus indispensable des devoirs ». Mais ce lien entre individu et groupe est encore précisé dans l'article 34 : « Il y a oppression contre le corps social, lorsqu'un seul de ses membres est opprimé. Il y a oppression contre chaque membre lorsque le corps social est opprimé ». Le sort d'un individu opprimé détermine le sort de tout le corps social. L'oppression est donc communicative, de chacun

---

18 Bibliothèque nationale, Le 29 71 A.

19 Sophie Wahnich, « Individualité et subjectivation pendant la période révolutionnaire », dans Philippe Corcuff, Christian Le Bart et François de Singly (dir.), *L'Individu aujourd'hui, Débats sociologiques et contrepoints philosophiques*, Rennes, Presses universitaires de Rennes, 2010, p. 39-47.

20 William Reddy, *The Navigation of Feelings, a Framework for the History of Emotions*, Cambridge, Cambridge University Press, 2001 ; et désormais en français, *La Traversée des sentiments. Un cadre pour l'histoire des émotions (1700-1850)*, Presses du réel, 2019. Pour ce moment précis, l'auteur a raison sur le fait que toute bonne décision repose sur l'expression sincère des émotions comme expression vertueuse dans la logique esthétique.

à tous et de tous à chacun. Comment l'expliquer ? La faculté de juger si l'on est ou non opprimé est à la fois une faculté d'acteur sensible et de spectateur compatissant, intéressé au sort de son voisin qui engage le sien propre. Il est impossible d'être citoyen en étant indifférent ou apathique. La citoyenneté révolutionnaire, du moins de 1789 à 1795, est une citoyenneté qui lie émotions individuelles et émotions collectives par la réciprocité de la liberté et la compassion. Le citoyen est sur le qui-vive et c'est de proche en proche que les émotions circulent dans l'espace public et fondent l'évaluation morale et politique d'une situation dans une *économie émotive*, une circulation des émotions qui fait autorité. Les émotions éprouvées en situation ont valeur de jugement quand elles sont racontées[21]. Éprouver (le cœur), juger (l'expérience), raconter (l'esprit) sont les trois moments qui fondent l'esthétique de la citoyenneté révolutionnaire. Mais comme le cœur peut être trompé par des récits manipulateurs ou des mises en scène frauduleuses, seul le vécu sans médiation vaut jugement, sinon l'émotion est prise dans le jeu de l'esthétisation. Les trois moments de cette esthétique citoyenne ne sont plus alors homothétiques. L'expérience, c'est ce que l'on voit, ce que l'on sent, éprouve, ce que l'on traduit sans faire appel à une opinion plus éclairée ou plus légitime. Les gens du peuple sentent et disent ainsi pouvoir juger. Ils affirment savoir « d'expérience ».

LES ÉMOTIONS ENTRE ESTHÉTISATION ET ESTHÉTIQUE[22] : MANIPULER LES ÉMOTIONS, ÉCOUTER LES ÉMOTIONS COMME FACULTÉ DE JUGER

Le représentant Robespierre se plaint régulièrement des procédures d'esthétisation organisées, scénographiées. Elles brouillent la faculté de juger en provoquant un enthousiasme artificiel. Il critique donc les décrets

21 Ces récits sont donc des arguments et nous sommes sur ce point en accord avec la proposition faite par William Reddy quand il parle d'*emotives* (ou *émotifs*, en français) dans *The Navigation of feelings*, pour considérer la part performative du récit des émotions éprouvées.

22 Pour un éclairage de la notion d'esthétique, voir n. 12.

d'enthousiasme[23] pris sous le coup de scénographies qui produisant cet enthousiasme et transforment la situation[24]. Le paroxysme de ce phénomène étant sans doute en juillet 1792, le « baiser Lamourette », moment effusif où au nom de l'union à protéger, tous les députés s'embrassent pour attester de leur unité. Cela permet de différer encore une fois la décision de déclarer la patrie en danger. Mais il s'inquiète également de procédés d'esthétisation qui voilent la lucidité des émotions populaires. Ainsi aux Jacobins, il se plaint de la manière dont les qualités émotives qu'il prête au peuple, c'est-à-dire être « sensible » et « voyant », avoir du « bon sens » quant aux fondements de la justice, peuvent être retournées contre lui :

> Le peuple veut toujours le bien, mais il ne le voit pas toujours. Pour compléter la théorie des principes du gouvernement, il suffirait d'ajouter : les mandataires du peuple voient souvent le bien mais ne le veulent pas toujours. [...] Le peuple cependant sent plus vivement et voit mieux tout ce qui tient aux premiers principes de la justice et de l'humanité que la plupart de ceux qui se séparent de lui et son bon sens est souvent supérieur à l'esprit des habiles gens. Mais il n'a pas la même aptitude à détourner les détours de la politique artificieuse qu'ils emploient pour le tromper et pour l'asservir et sa bonté naturelle le dispose à être la dupe des charlatans politiques. Ceux-ci le savent bien et ils en profitent[25].

En fait, si tous les acteurs politiques savent que les émotions peuvent être provoquées et donc manipulées, le droit inventé en 1789 et consolidé en 1793 reconnaît pourtant à l'émotion comme faculté de juger un statut particulier. Ce statut particulier et les raisons de son existence méritent donc d'être interrogés au-delà de sa supposée naturalité.

LES ÉMOTIONS SACRÉES FONDATRICES : FACE AU DANGER, LE SALUT PUBLIC

Pour comprendre le rôle normatif des émotions, il faut envisager la possibilité d'émotions collectives qui se passent et de scénographie et d'émotions performatives comme embrayeurs, sans discours de

23 Jean-Philippe Heurtin, *L'Espace public parlementaire : Essai sur les raisons du législateur*, Paris, PUF, 1999.

24 Ce phénomène est celui que William M. Reddy thématise sous le nom d'*émotif*, des émotions qui en s'exprimant jouent un rôle performatif.

25 Robespierre, 2 janvier 1792, *Œuvres complètes*, t. 8, Paris, Phenix, 2000, p. 90. Nous soulignons les énoncés qui renvoient aux émotions décrites, ce sera de même ci-dessous désormais.

meneurs et sans effets de contagion ou d'imitation. Pour reprendre l'expression de Sartre, il s'agit de penser des « totalisations sans totalisateur », sans médiation autre que celle de la *dynamique émotive* de l'événement. Alors les individus se constituent en sujets collectifs à la faveur d'une configuration particulière où ils sont en danger. La notion de « salut public » nomme pendant la période révolutionnaire ce qui doit permettre de s'extirper de ce danger. Le sentiment de la nécessité l'emporte alors sur celui des manœuvres, l'esthétique n'a pas besoin de meneur et pour Sartre, elle présente un caractère « d'ubiquité ». Tous se lèvent en même temps sans s'être donné le mot. C'est ce que Georges Lefebvre a magistralement observé pour la Grande Peur qui procède de multiples foyers qui se déclarent en même temps puis se diffusent seulement ensuite de proche en proche sur tout le territoire. Pour la prise de la Bastille, décrite par Sartre, le territoire est celui de la ville.

LA PRISE DE LA BASTILLE COMME « APOCALYPSE » : LE GROUPE EN FUSION

Dans *La Critique de la raison dialectique*, Sartre distingue trois formes pour parler de ce que nous appelons ici « collectif » dans « émotions collectives » : les « collectifs », les « groupes en fusion » et les « groupes assermentés ». Le collectif est constitué par une série d'individus qui agissent selon des habitudes qu'ils n'interrogent pas. Ils vivent dans un héritage qu'ils méconnaissent, et que Sartre qualifie de « pratico-inerte ». Les individus sont « inertes » au sens de non libres, puisqu'ils ne décident pas de ce qui les fait agir. Ils constituent une « série discontinue ». Cette série, apte à répondre à la stimulation, peut être le jouet des esthétisations de la propagande qui active les normes incorporées du pratico-inerte. C'est ainsi que procède le bureau de l'esprit public girondin qui, au moment du débat sur la guerre en 1791-1792, agite la question de l'honneur incorporée en chacun comme pratico-inerte inactuel.

Le passage du collectif sérialisé au groupe en fusion est produit par la nécessité d'agir ensemble dans un objectif ressenti comme nécessaire. C'est l'alerte, l'alarme qui produit un changement d'état comme le passage d'une matière solide à une matière liquide ou gazeuse. « Dès ce moment, quelque chose est donné qui n'est ni le groupe ni la série, mais ce que Malraux a appelé, dans *L'Espoir*, "l'Apocalypse", c'est-à-dire la dissolution de la série dans le groupe en fusion[26] ». Selon Sartre, si l'acte créateur du groupe en fusion est un « apocalypse », il faut un serment fondateur pour le souder, un geste qui engage les acteurs vis à vis de tous les autres. Ce geste est sacré soit qu'il en appelle à un au-delà transcendant, l'être suprême ou Dieu, soit qu'il fonde un sacré sécularisé dans l'immanence du social comme tel[27]. Le serment est ce qui sauve une liberté fragile en fabriquant un « nous » plus solide qui préserve à la fois la liberté de chacun et la liberté collective dans le « groupe assermenté ». C'est ce que nous avons évoqué avec le serment du Jeu de paume. Danger d'une dissolution de l'assemblée à main armée, alarme, puis serment. Pour éclairer ce genre de transmutation et mettre en scène la question de l'ubiquité, Sartre choisit d'élargir la focale et d'analyser la prise de la Bastille. Selon lui partout au même moment et sans point de contact nécessaire, la nécessité se fait agissante et commune. Paris est devenu le lieu du politique comme ville en fusion, et à ce moment précis, les Parisiens armés sont les sujets de l'histoire.

Pour Sartre, tant que chaque Parisien agit pour son compte afin de se défendre de la menace royale, la ville n'est qu'un « collectif ». Il y a alors face au rassemblement des troupes mandées par le roi, effervescence et communauté d'action par imitation, comme dans une foule. « On court dans les rues, on crie, on se rassemble, on brûle les barrières de l'octroi[28] ». La conduite collective n'est pas encore selon Sartre une « praxis commune qui témoigne d'un acte de liberté », et il évoque le mot classique des descriptions de foules, « la contagion », mais en affirmant que justement il est impropre. Sartre parle alors de lien « d'altérité de quasi réciprocité » entre individus qui se savent différents, partagent le même sort et entrent dans des relations d'entraide réciproque[29]. La peur a conduit ce collectif à s'armer en pillant les armureries. La série ne se dissout qu'avec la décision, libre cette fois, de produire une milice de quarante-huit mille citoyens.

---

26 *CRD*, *op. cit.*, p. 461.

27 Marcel Mauss, « La nation », dans *Œuvres*, t. 3, Paris, Les Éditions de Minuit, 1969 [1920], p. 573-625. Notons que cet ouvrage est contemporain des travaux d'Albert Mathiez sur le religieux du politique qu'il distingue du religieux théologique.

28 *CRD*, *op. cit.*, p. 461.

29 Les révolutionnaires parlent régulièrement de la fondation d'une « société de secours réciproques », ce que Françoise Brunel a souligné dans Billaud Varenne, *Principes régénérateurs du système social*, présenté et annoté par Françoise Brunel, Paris, Publications de la Sorbonne, 1992.

Pour Sartre, quand par extraordinaire l'action salvatrice prend le dessus en situation (en vue du « salut public », diraient les révolutionnaires), sans qu'un chef domine et sans que l'action soit concertée, alors le groupe en fusion advient et témoigne d'une praxis libre :

> Dans l'Apocalypse, bien que la sérialité demeure au moins comme processus en voie de liquidation – et bien qu'elle puisse toujours réapparaitre, l'unité synthétique est toujours ici ; ou si l'on préfère, en chaque lieu de la ville, à chaque moment, dans chaque processus partiel, la partie se joue tout entière et le mouvement de la ville y trouve son achèvement et sa signification[30].

L'ubiquité des décisions fait que le groupe en fusion se réalise en une myriade de groupes en fusion singuliers et analogues. En chaque singularité réside le commun.

> Sur le soir (du 13 juillet), écrit Monjoye, Paris fut une ville nouvelle. Des coups de canons tirés d'intervalle à intervalle avertissaient la population de se tenir sur ses gardes. Au bruit du canon, se joignait celui des cloches qui ne cessaient de donner l'alarme. Les soixante églises où s'étaient réunis les habitants regorgeaient de monde. Chacun y était orateur. Le groupe en fusion, c'est la ville[31].

Sartre explique les raisons de son intérêt pour le 14 juillet :

> Nous avons choisi le 14 juillet parce que, en fait, il s'agit d'un regroupement neuf dissolvant une sérialité coutumière, dans l'homogénéité d'une ville en fusion : la réalité constituée n'existait plus depuis longtemps, et pour un moment, la violence du danger et de la pression (ce que Jaurès appelait *la haute température* historique) surmontait les hétérogénéités sociales[32].

Sartre prend le soin de distinguer très explicitement cette fusion de la question de l'union dans les luttes. Ce n'est pas le fait que chacun ne puisse plus se sauvegarder lui-même sans faire l'union qui crée la fusion, mais à l'inverse le sentiment que sa propre mort est devenue « spécification du danger commun[33] ». Pour Sartre, ce n'est donc pas l'intérêt qui œuvre mais l'imaginaire social, ou l'idéologie dans la dynamique émotive décrite. La peur, l'effervescence, le sentiment de trahison des autorités, la

30 *CRD*, *op. cit.*, p. 461.
31 *Ibid.*, p. 461.
32 *Ibid.*, p. 466.
33 *Ibid.*, p. 466.

sacralité de la matière ouvrée des armes, la ville comme lieu contenant de la société vient fabriquer ce creuset de la « nation souveraine ». Cette idée habite alors chaque membre du groupe et permet le dépassement en fusion. Le groupe en fusion comme tel est alors doué d'une praxis libre qui est créatrice d'un monde neuf mais fragile.

LE SERMENT OU LA LIBERTÉ STABILISÉE PAR L'ENGAGEMENT INDIVIDUEL

La transmutation du collectif en groupe en fusion n'est jamais complète. Cependant l'écart de chacun à chacun, le maintien de la responsabilité individuelle, n'est pas pour Sartre un obstacle mais une condition du groupe en fusion. Ces écarts produisent « les mille réfractions de la même opération ». Sans eux, il n'y aurait plus d'action régulatrice, « l'action serait aveugle et se changerait en inertie[34] ». On peut dire que ce sont ces écarts qui maintiennent la décision libre.

Pour que le groupe en fusion ne s'effondre pas, il faut cependant le consolider et c'est cette fonction consolidatrice que Sartre appelle « serment ». Le serment est alors « une détermination inerte de l'avenir[35] » qui « protège » le groupe « des menaces du pratico-inerte[36] ». Le « serment-conjuration » du Jeu de paume est à nouveau évoqué mais comme l'une des formes possibles de cette « liberté stabilisée[37] ». Le serment comme enjeu est toujours « l'invention pratique d'une permanence libre et inerte de l'unité commune en chacun, ce qui revient à dire que l'objectif du groupe, c'est le groupe maintenu[38] ». Chacun est donc le garant du tout comme dans les articles 34 et 35 de la déclaration de 1793. Sartre parle d'un mouvement qui consiste à jurer pour faire jurer les autres et où chacun devient exigence à l'égard de la liberté de l'autre, dans un geste commun. « Jurons[39] » est ainsi un mot d'ordre décidé en commun. « Dans cette mission dangereuse qui peut nous sauver, me sauver dans la totalité, j'existe chez chacun comme sa confiance et son courage[40] ». Il y a ainsi une dimension « sacramentelle » du serment : par les mots

---

34 *Ibid.*, p. 508.
35 *CRD*, *op. cit.*, p. 519.
36 *Ibid.*, p. 520
37 *Ibid.*, p. 518.
38 *Ibid.*, p. 439.
39 *Ibid.*, p. 520.
40 *Ibid.*, p. 525.

prononcés, et le mouvement du cœur associé, le serment agit de façon performative. Il crée le lien qu'il nomme, lequel devient sacré, au sens où rien ne peut lui être opposé, le serment est un sacre.

La théorie sartrienne n'est pas alors sans rappeler la position développée par Durkheim à propos de l'effervescence religieuse. Selon lui quand une société entre en effervescence, chacun et tout le groupe entre en suractivité, l'homme devient autre et capable de faire de sa présence une présence divine. Mais cette capacité à entrer en effervescence, l'homme ne la tient pas d'un dieu transcendant, mais de la société elle-même. C'est du vif social des « milieux effervescents que jaillit le sacré[41] ». La puissance morale peut prendre la forme d'une idée, d'un symbole, prendre le nom de Dieu, peu importe, le sacré vient de la société elle-même. Elle est la seule véritable « puissance morale[42] ». Or par le serment, mais aussi le rite, cette sacralité s'organise en chacun de manière durable, chacun est porteur de la société dans son ensemble. L'effervescence individuelle est toujours signe d'une effervescence collective dont chacun devient le médiateur responsable[43].

Or chez Sartre, chacun comme tiers médiateur conserve bien une responsabilité qui est aussi individuelle. Cette responsabilité est, dit-il, « libérante », car elle sauve la liberté de chacun dans la consolidation du groupe assermenté face à l'ennemi. Mais elle « limite cette liberté du dedans » et c'est ce que Sartre nomme à la fois « Terreur » et « commencement de l'Humanité[44] ». Il évoque alors une « foi librement jurée[45] », où l'on est à la fois prêt à mourir et à faire mourir au nom de la liberté[46]. Pour Sartre, la violence exercée du dedans est donc libre. C'est une auto-contrainte, qui constitue la liberté commune comme Terreur. Claude Lefort ne dit pas autre chose quelques années plus tard quand il affirme : « Il s'agit pour chacun plus que de servir (la terreur), de la vouloir, comme on veut la vertu, comme on veut la liberté[47] ». Ainsi chez Sartre c'est la capacité humaine à assumer sa propre violence qui fonde sa capacité à se

41 Émile Durkheim, *Les Formes élémentaires de la vie religieuse*, Paris, CNRS éditions, 2008, p. 321-329.
42 *Ibid.*, p. 337. Shaftesbury était déjà très proche de cette analyse.
43 *Ibid.*, p. 390.
44 *CRD*, *op. cit.*, p. 535.
45 *Ibid.*, p. 530.
46 Ainsi s'éclaire l'énoncé révolutionnaire : « la liberté ou la mort ».
47 Claude Lefort, « La Terreur révolutionnaire », *Passé/Présent*, 2 (1983), p. 25.

fonder comme humanité. La violence n'est pas ce qui doit être désignée seulement comme danger, mais bien comme moyen de ne pas céder sur la nécessité maintenue de faire humanité. Pour parfaire si l'on peut dire le tableau, cette Terreur-Humanité est aussi nommée Terreur-Fraternité, car il s'agit au sein du groupe assermenté de faire valoir la justice par la violence, réciproque et latente, effective parfois : « La fraternité (...) se traduit dans le groupe par un ensemble d'obligations réciproques et singulières[48] ». Le groupe en fusion est devenu groupe de contrainte librement consentie et produit ses institutions de contraintes. Or Sartre revient une nouvelle fois sur la dimension sacrée de ce lien : « Chaque groupe assermenté, en tant que pouvoir de juridiction diffus, se manifeste pour chaque tiers et dans la totalisation effectuée par l'autre tiers, comme puissance sacrée[49] ». Se débarrasser de la violence reviendrait à renoncer aussi à la fraternité, et de ce fait à renoncer à l'humanité comme processus d'humanisation par la libre praxis.

Les émotions collectives peuvent donc être qualifiées d'émotions sacrées si l'on accepte les outils de Durkheim puis de Sartre, un sacré qui n'a pas besoin de Dieu mais d'abord de l'effervescence du corps social, de l'ubiquité de ses décisions puis des serments qui maintiennent la présence de cette effervescence en chacun, même quand elle a quitté les corps. Le sacré fait trace par le serment. Il permet à chaque individu de se savoir partie prenante d'un tout social qui le dépasse et l'englobe. Pour Durkheim, ce concept de totalité recouvre et le concept de société et le concept de divinité, pour lui ce sont des aspects différents d'une même notion[50].

LES ÉMOTIONS SACRÉES COMME EXPRESSION DE LA SOUVERAINETÉ

En période révolutionnaire ces effervescences collectives sont récurrentes, car, tant que la liberté n'est pas suffisamment affermie, le sentiment du danger et la peur ressurgissent et produisent des effets analogues.

48 *CRD*, *op. cit.*, p. 536.
49 *Ibid.*, p. 541.
50 Émile Durkheim, *Les Formes élémentaires de la vie religieuse*, *op. cit.*, p. 630-631.

L'expérience insurrectionnelle du printemps et de l'été 1792 mérite attention car là aussi l'effervescence est grande et vient de tout le pays.

UNE ÉCONOMIE ÉMOTIVE PÉTITIONNAIRE

Des adresses et pétitions sur les dangers que court la patrie parviennent à l'Assemblée entre le 3 mai 1792 et le 11 juillet 1792 où l'on déclare que « la patrie est en danger ». Ce dispositif relève d'une *économie émotive*, les émotions circulent et se transforment. Elles produisent une nouvelle dynamique qui engage ce type de « sacré » du politique parfaitement a-théologique. Roland, ministre patriote, explique au roi les enjeux de la revendication populaire de déclarer la patrie en danger, le 10 juin 1792 :

> Les idées de justice et d'égalité universellement répandues, [...] ont pénétré partout ; l'opinion des droits du peuple a justifié ce sentiment de ces droits, la reconnaissance de ceux-ci, faite solennellement, est devenue une doctrine sacrée.
>
> [...] La patrie ce n'est point un mot que l'imagination se soit complu d'embellir ; c'est un être auquel on a fait des sacrifices, à qui l'on s'attache chaque jour davantage par les sollicitudes qu'il cause ; qu'on a créé par de grands efforts, qui s'élève au milieu des inquiétudes, et qu'on aime autant par ce qu'il coûte que par ce qu'on espère[51] ?

Le mot d'ordre se façonne peu à peu par la retraduction constante des émotions populaires vécues en situation dans tout le pays, en émotions audibles à l'Assemblée grâce à ces adresses, pétitions et députations. Ainsi les ouvriers du magasin des subsistances de Saint-Martin-des-Champs [...] le 12 mai 1792, expriment que :

> leur indignation est extrême quand ils pensent que la patrie, cette mère tendre et si chère à ses bons enfants est lâchement abandonnée par des traîtres infâmes qui préfèrent la honte et l'opprobre aux doux plaisirs de vivre en frères avec un peuple généreux qui veut être l'âme de tous les autres, mais qui ne transigera jamais avec ses droits et l'honneur[52].

---

51 Jean-Marie Roland, *Lettre écrite au Roi par le ministre de l'Intérieur le 10 juin 1792*, Paris, Imprimerie du cercle social, p. 6-7 (des 15 pages de l'imprimé). Texte réimprimé dans *1792, Chute de la royauté. Aux origines de la république, 1789-1792*, vol. VI, Paris, Edhis, 1991 (ici doc. 1, p. 11-12).

52 Série C 252, pièce 1.

Le 16 mai, les membres du tribunal de district de Montpellier réaffirment leur attachement patriotique par un don et déclarent que « le droit d'offrir à la patrie appartient aux vrais amis de la liberté[53] ». Au même moment, on peut lire dans le registre des délibérations des Côtes du Nord, une pétition du premier bataillon des volontaires de ce département : « La gloire attend les défenseurs de la patrie et des loix[54] ». Le 27 mai 1792, les membres du directoire du département du Var, à Toulon, s'adressent aux législateurs dans ces termes :

> Les citoyens actifs de Toulon, soussignés légalement assemblés en l'église des ci-devant Récollets, viennent vous faire part de leurs sollicitudes sur les dangers que court la patrie, elle est menacée de toute part ; vous savez que des ennemis considérables l'ont déjà attaquée en dehors et que des monstres l'attaquent en même temps dans l'intérieur ; de perfides Français ennemis déclarés de la Constitution et de l'égalité se rassemblent en nombre effrayant dans la capitale et dans les villes importantes de l'Empire. Paris est menacé d'une explosion très prochaine, on assure qu'un projet destructeur va bientôt s'effectuer dans cette superbe cité et que l'on forcera l'Assemblée nationale à transiger avec les Princes français ou qu'elle sera dissoute ! Administrateurs le péril est imminent, le temps presse et nous ne voyons pour parer à cette fatale catastrophe, qu'un seul moyen, il dépend de vous seuls[55]...

Enfin la société populaire de Champville en Haute Saône envoie cette adresse :

> La patrie est en danger, il existe une conjuration nouvelle ou plutôt une longue conjuration existe encore, la même qui depuis plus de trois ans, sous des apparences et par des moyens divers, menace, trompe, alarme, calomnie, accuse enfin le peuple et veut le punir de son amour pour la liberté. Après tant de peines et de travaux, voudrait-on mettre aujourd'hui la révolution en problème et réviser encore une fois la constitution ?
>
> C'est à vous qu'il appartient de terminer l'une et de faire triompher l'autre[56].

Les *émotifs*[57] d'alarme, c'est-à-dire ces émotions qui ont une valeur performative et donnent l'alarme, et de multiples jugements moraux inscrits dans l'archive relèvent de l'expérience et du ressenti mais sont

53 Série C 252, pièces 1 et 36.
54 Série C 149, L243, p. 22.
55 Série C 151.
56 Série C 153, Liasse 284, pièce 34.
57 Nous les avons soulignés dans les textes cités.

aussi arcboutés à la sacralité de la patrie, ici en danger et donc à défendre. C'est cette sacralité reconnue par chacun qui produit l'effervescence. Il faut être attaché à la patrie comme lieu sacré des lois justes pour réclamer de la défendre avec émotion. Nous sommes alors loin de l'esthétisation et de la manipulation et très près d'une « esthétique sublime » au sens kantien[58]. En effet, les acteurs subliment alors l'effroi de la trahison du roi. « Monsieur veto » refuse de protéger son peuple en ne ratifiant pas des décrets importants pour le salut public.

Ces adresses qui viennent de tout le pays décrivent l'ubiquité de ce sentiment sublime face à l'effroi. C'est l'ubiquité et non un meneur qui fabrique l'effervescence et l'unité. « Représentants, la nation entière est levée, le peuple armé, six millions d'hommes vous offrent leur fortune et leur vie pour soutenir notre sainte constitution[59] » déclare l'adresse de Montpellier. Certes, ce dire peut lui aussi être rhétorique, mais reconnaissons au moins que justement, une autre rhétorique entre en jeu qui magnifie cette compétence : juger d'une situation d'effroi grâce aux émotions vécues dans une expérience traversée, « éprouvée » disent-ils en situation, sur un mode sublime et qui peut porter jusqu'au sacrifice.

UNE DYNAMIQUE ÉMOTIVE SUBLIME QUI RENOUVELLE LE LIEN SACRÉ

La dynamique sublime de mai 1792 se poursuit en juin. Outre l'adresse de Montpellier rédigée le 6 juin et lue à l'Assemblée le 19 juin, une pétition des Marseillais rédigée également le 6 juin, marque un tournant majeur dans l'énonciation pétitionnaire. Elle affirme « la colère du peuple » au nom du peuple. Or la colère est l'émotion de la souveraineté. Le paradigme politique de la colère révolutionnaire est fort proche de celui d'Aristote[60]. La colère ou la rage est l'émotion qui pour les rois, les

58 Selon Kant, une force que plus rien ne pourrait maîtriser et qui menacerait mon existence même, serait l'objet d'un sentiment de terreur qui conduirait à l'abattement ou l'apathie. C'est donc le pouvoir moral que nous opposons à la menace de mort qui se réfléchit dans le sentiment dynamique du sublime. C'est pourquoi « la guerre elle-même, lorsqu'elle est conduite avec un ordre et un respect sacré des droits civils, a quelque chose de sublime en elle-même » (§ 28). « La liberté ou la mort » : la disjonction vaut aussi comme une conjonction. C'est seulement dans la proximité de la mort que l'infinité de notre destination morale donne sa vraie mesure. On pourra sur cette question lire Jean-François Lyotard, *Leçons sur l'analytique du sublime*, Paris, Galilée, 1991.

59 Adresse de Montpellier, du 6 juin lue le 19 juin, *Archives Parlementaires*.

60 Aristote, *Rhétorique*, Paris, Flammarion, coll. « Garnier Flammarion », 2007, (ici II, 2, 1378).

héros et les dieux vient réparer une offense ou une insulte. Mais la rage est aussi ce qui règle les rapports entre les hommes lorsque les attentes réciproques ne sont pas comblées, qu'ils ont par exemple le sentiment de l'ingratitude. Cette rage ou colère a partie liée avec le sentiment de l'honneur, du respect de soi, mais aussi avec le courage. Celui qui ne se mettrait jamais en colère serait un lâche. Enfin, cette colère est une passion généreuse car on ne se met pas en colère seulement pour soi. La colère peut être motivée par une offense faite à un ami ou un allié. Il s'agit de rétablir la justice. Cette colère peut concerner des individus, mais elle fabrique aussi un groupe par simultanéité du jugement vécu puis par réciprocité capillaire. Dans l'interaction sociale, les émotions jouent un rôle de publicité de l'évaluation de la situation[61] en fonction des conventions contradictoires qui sont à l'œuvre et qui s'affrontent. L'identité sociale et politique qui se constitue n'est donc jamais substantielle et immuable. Elle est bien le produit des représentations et conventions à l'œuvre dans les pratiques d'acteurs. L'émotion d'un côté souligne la norme admise, de l'autre, elle vient la rompre en écho à d'autres valeurs désormais disponibles. Le « lion » figure ci-dessous ce nouveau sujet subjectif, les individus le composent et en sont le garant.

> La liberté française est en péril : les hommes libres du midi sont tous levés pour la défendre. Le jour de la colère du peuple est arrivé (Vifs applaudissements à gauche et dans les tribunes). Ce peuple qu'on a toujours voulu égorger ou enchaîner, las de parer les coups, à son tour est prêt d'en porter ; las de déjouer les conspirations, il a jeté un regard terrible sur les conspirateurs. Ce lion généreux, mais aujourd'hui trop courroucé va sortir de son repos pour s'élancer contre la meute de ses ennemis[62].

Enfin, des porte-parole populaires des faubourgs se portent à l'Assemblée et demandent expressément aux législateurs de bien vouloir recueillir leurs craintes, leurs inquiétudes, leur colère et leur désir de porter des armes pour défendre la « patrie en danger ». Le 20 juin 1792, la demande se cristallise dans une pétition portée à l'Assemblée par les Faubourgs Saint-Antoine et Saint-Marcel. Or leur pétition se réfère à la prise de la Bastille, à la Déclaration des droits et plus particulièrement à l'article 2. La mémoire de l'effervescence fondatrice du groupe en fusion, un peuple

61 Patricia Paperman, « L'absence d'émotion comme offense », art. cité.

62 *AP*, *op. cit.*, p. 397.

humain car libre le 14 juillet, le serment consolidateur à savoir la déclaration des droits comme loi sacrée, enfin la résistance à l'oppression comme droit qui autorise à renouveler l'effervescence donnent légitimité et ardeur aux pétitionnaires :

> Les hommes du 14 juillet n'ont rien perdu de leur énergie. L'immortelle déclaration des droits de l'homme est trop profondément gravée dans leur cœur. Ce bien précieux, ce bien de toutes les nations sera défendu par eux, et rien ne sera capable de leur ravir[63].

> Le peuple est debout prêt à venger la majesté nationale outragée. Ces moyens de rigueur sont justifiés par l'article 2 des droits de l'homme « résistance à l'oppression ». Quel malheur cependant pour des hommes libres qui vous ont transmis tous leurs pouvoirs de se voir réduits à tremper leurs mains dans le sang des conspirateurs. (...) Forcera-t-on le peuple à se reporter à l'époque du 13 juillet, à reprendre lui même ce glaive et à venger d'un seul coup la loi outragée, à punir les coupables et les dépositaires pusillanimes de cette même loi ? Non Messieurs ! vous voyez nos craintes, nos alarmes et vous les dissiperez[64].

Dans la grammaire de Durkheim, comme dans celle de Sartre, cette nouvelle fièvre insurrectionnelle permet de renouveler le serment fondateur. Il s'agit d'honorer les droits de l'homme et du citoyen en étant entendu comme peuple souverain, mais aussi de demander aux députés de renouveler leur serment du Jeu de paume et de tout faire pour sauver la liberté. Comme « vie religieuse » au sens d'une « religion de l'immanence sociale », la dynamique insurrectionnelle recommence le geste premier, lui redonne sa pleine présence quand il pourrait disparaître. Cette nouvelle effervescence (trois heures de défilé en armes à l'Assemblée, avec tambours, danse et silences alternés) refonde l'origine du serment qui soude la relation entre peuple souverain et représentants mais la ritualise aussi. Quand le sacré rode il faut le border pour ne pas basculer dans la violence sans frein.

De fait, au lieu de trouver dans la journée du 20 juin 1792 les formes anthropologiques d'une violence sans frein qui, lorsqu'elle se déchaîne, n'est pas politique[65], on y cerne des formes historiques de bricolage

63 Santerre, porte-parole du Faubourg St-Antoine, *AP*, *op. cit.*, p. 417.

64 *Ibid.*

65 Nous souscrivons aux propos de P. Viola qui affirme que les pointes de violence extrême en Révolution sont celles « d'une violence irrationnelle, non politique, que la révolution n'exige pas, dont elle ne profite pas, dont elle a horreur, qu'elle refoule, qu'elle finit par réprimer, dès que possible mais qu'elle a déclenchées *parce qu'elle a touché les équilibres inconscients et fragiles qui règlent le rapport au sacré* », dans Paolo Viola « Violence révolutionnaire

permettant de donner sa place à l'émotion politique souveraine sans la laisser déborder dans un hors-champ du politique.

RETENIR LES DÉBORDEMENTS DU SACRÉ

C'est en effet en articulant d'une manière singulière la conscience réflexive des dangers de la « fureur » et l'invention en situation de rituels d'apaisement[66] que les révolutionnaires retiennent sans la refouler l'émotion révolutionnaire. Le 20 juin serait dans une certaine mesure l'envers des massacres de septembre qui se produisent dans une configuration analogue mais où l'effroi n'est pas circonscrit par une colère audible et symbolisable par une loi, configuration où les législateurs échouent constamment à représenter la loi comme solution régulatrice et où l'acte punitif expéditif l'emporte avec des débordements qui n'ont plus de qualité politique, au sens strict de la décision politique mais apparaissent comme des nécessités de survie quand les liens sacrés ont été rompus[67]. Le 20 juin, non seulement s'est mis en place un dispositif de symbolisation extrêmement efficace, des sociétés sectionnaires aux sociétés populaires jusqu'à l'Assemblée, mais des liturgies politiques très explicites et symboliques sont venues rompre la montée en puissance de la colère. Dans les jours qui précèdent, on a planté des arbres de la liberté, on est venu défiler en armes à l'Assemblée nationale. L'*économie émotive* de l'événement est de ce fait discontinue, elle alterne entre colère et apaisement. Dans cette rythmique, un travail de symbolisation permet de revendiquer, d'une manière de plus en plus explicite, le recours à la loi comme rituel d'apaisement.

Le temps social et politique semble ainsi scandé par des crises salutaires, au sens où elles doivent assurer, en situation de danger, le salut

---

ou violence du peuple en révolution ? », *Recherches sur la Révolution*, Paris, La Découverte et IHRF, 1991, p. 100.

66 On regardera en particulier, René Girard, *La Violence et le sacré*, Paris, Grasset 1972 ; Claude Rivière, *Les Liturgies politiques*, Paris, PUF, 1998 ; Olivier Ihl, *La Fête républicaine*, Paris, Gallimard 1996. Pour ma part, Sophie Wahnich, « Looking at the French Revolution with *Totem and Taboo* », *Research in psychoanalysis*, 21/1 (2016), p. 96-108 ; Sophie Wahnich, « Réfléchir les rituels pendant la Révolution française », *Ethnographique.org*, *Revue en ligne de sciences humaines et sociales*, 33 (2016), en ligne (https://www.ethnographiques.org/Wahnich_Sophie. Consulté le 16 août 2021).

67 Sur les massacres de septembre, le travail inaugural est celui de Bernard Conein, *Langage politique et mode d'affrontement, le jacobinisme et les massacres de septembre*, thèse de doctorat (dir. par Robert Mandrou), Paris, EHESS, 1978.

public. Si l'idée de nation souveraine est à l'origine de la fondation le 14 juillet 1789, comme le dit Sartre, alors ici ce qui met chacun en effervescence se confond avec la refondation de cette nation souveraine. En situation, la référence explicite aux émotions devient une référence productrice de souveraineté : la colère affirme la puissance du peuple. Ce dernier réclame une loi qui déplace dans les faits les limites de la citoyenneté active, délégitime le roi et fonde ainsi l'identité politique populaire souveraine[68]. Il est également demandé que chaque député entende les émotions populaires vécues et retraduites en pétitions, adresses, députations, et que ces émotions puissent ainsi devenir des vecteurs de la fabrique de la loi. Il s'agit de remettre en œuvre la sacralité des députés et leur fidélité au premier serment ou *a contrario* leur parjure, de rappeler que l'émotion collective insurrectionnelle du 14 juillet a laissé des traces, elles aussi sacrées qui peuvent être réactivées.

Cette question des émotions souveraines sacrées est donc un point important car selon Paolo Viola[69], ce sont les équilibres du sacré toujours fragiles qui peuvent basculer quand on assiste à des « transferts de sacralité » selon l'expression de Mona Ozouf, en l'occurrence du roi aux députés, des députés au peuple lui-même. Si le peuple est bien devenu « la chose sacrée », porter atteinte au peuple souverain c'est porter atteinte à la nouvelle société encore fragile et souffler sur le feu sacré révolutionnaire. Or les émotions les plus violentes surgissent lorsque des liens sacrés, c'est-à-dire les liens sociaux qui protègent l'existence même de la société, sont rompus. Alors l'effroi surgit.

Ces liens déjà rompus le 20 juin 1792 sont ceux qui lient le peuple et son roi parjure. Il avait juré à deux reprises de protéger son peuple et comme le dit une adresse de la section du Luxembourg à Paris : « Il l'expose à être anéanti ». Les liens qui peuvent se rompre avec dommage sont ceux qui lient les députés au peuple. Car la relation aux députés est aussi une relation sacrée. En effet les députés ne sont tels que pour s'être sacrés eux-mêmes le 20 juin 1789 au nom du peuple, reléguant la sacralité divine du roi au profit de cette immanence sacrée de l'Assemblée. Eux aussi pourraient devenir parjures et « abandonner le peuple ». Alors il n'y aurait plus de médiations politiques et symboliques entre l'effroi

68 Cette configuration et ces questions sont au cœur de mon livre : Sophie Wahnich, *La Longue patience du peuple, 1792, naissance de la République*, Paris, Payot, 2008.
69 Paolo Viola, *Il trono vuoto*, Torino, Einaudi, 1989.

vécu d'un anéantissement possible et les décisions à prendre souverainement. Le peuple serait seul. Pour sortir de l'effroi, il ne peut alors faire appel qu'à la mémoire de son propre héroïsme, donc au 14 juillet 1789.

CONCLUSION

Nous venons de décrire ce que les révolutionnaires tiennent pour une fondation sacrée, régulièrement revivifiée par le rejeu de l'effervescence. Nous avons mené cette description en termes d'*économie émotive*, de *dynamique sublime* et de contrôle des débordements du sacré par la *traductibilité des émotions* en lois et *rituels d'apaisement.* Tout cela relève d'un *régime émotif*[70], où les émotions populaires collectives permettent de refonder une société de liberté et de secours réciproques adéquate à la déclaration sacrée des droits de l'homme et du citoyen quand il y a danger public ou corruption des gouvernements.

Ce régime émotif suppose de reconnaître aux émotions leur valeur normative en termes de faculté de juger des situations. De 1789 à 1792, il convient cependant qu'elles soient esthétiques (Kant), c'est-à-dire non manipulées par des meneurs, de la propagande, des scénographies spectaculaires[71]. Les émotions sonnent l'alarme, les représentants doivent

70 En 2001, je donnais cette définition du régime émotif : « Décrire un régime émotif, c'est donc décrire des formes d'expressivité des psychismes historiquement configurés, la manière dont socialement cette expressivité est réglée en termes d'inscription : inscription publique ou privée, inscription dans le champ politique ou le champ littéraire, dans l'événementialité ou les mises en récits a posteriori ; expressivité réglée en termes de gestion des affects et de leurs usages sociaux et politiques, car chacun sait que les passions et les émotions agissent sur le fil du rasoir et peuvent à tout moment faire basculer la société dans le débordement, la furie et l'anarchie, qu'il convient donc de gérer ces données de la condition humaine ; enfin expressivité réglée en termes de légitimation, les émotions politiques peuvent être souhaitées, redoutées, récusées, refusées ». Sophie Wahnich, « Changement de siècle et changement de régime émotif en thermidor », dans *Les Limites de siècle, champs de forces conservatrices et régressives depuis les temps modernes*, vol. 1, Paris, Presses universitaires Franc-Comtoises, 2001, p. 27-38.

71 Notons que c'est le même concept que Walter Benjamin utilise quand il parle des foules de Nuremberg vues par l'objectif photographique, ce qui le conduisait à affirmer, « À l'esthétisation de la vie politique résultant de la technique et de la montée du fascisme, le communisme doit répondre par la politisation de l'art. » dans Walter Benjamin, *L'Œuvre d'art à l'ère de la reproductibilité technique*, Paris, Folio et Gallimard, 2000, p. 316.

l'entendre et faire les lois qui conviennent à leur apaisement. Les théories de Durkheim puis de Sartre, plus que celles de Le Bon et Freud permettent d'éclairer cette conception du politique. La sociologie des émotions explicite elle aussi l'enjeu normatif des émotions publiques et la création dans l'événement même de communautés politiques sensibles, fragiles et instables.

Mais comme l'expérience révolutionnaire a montré que le peuple pouvait se laisser prendre au jeu de l'esthétisation sans toujours le savoir, la séquence qui s'ouvre en germinal an II (avril 1794), à la fin de la période de la terreur, vise à doter chaque citoyen d'une compétence à résister à l'oppression, non pas innée mais acquise. Il s'agit désormais de fabriquer des rites qui façonnent la sensibilité de chacun. Même s'il n'a pas vécu de véritables événements capables de lui donner la réserve d'expériences nécessaires à cette faculté de juger, le citoyen la trouvera dans des pantomimes proposés par la religion des devoirs de l'homme. On peut dire que l'esthétisation est alors mise au service de l'esthétique. Il ne s'agit pas de manipuler la perception des situations pour mener le peuple où l'on souhaite, mais, grâce à des fêtes, du théâtre, des hymnes, de le doter de bons réflexes et d'intuitions dont il pourra faire usage justement en situation de danger. Cette politique culturelle vise à consolider ce régime d'émotions. Il est caractérisé par la puissance reconnue de l'opinion publique, des lieux politiques où elle se forme à l'articulation des émotions et des discours, le tout arcbouté à la déclaration des droits et aux événements fondateurs et sacrés de mai-juin-juillet 1789, ceux où s'inventent la souveraineté populaire. En récusant la valeur de l'opinion publique et de ses alarmes, en fermant les lieux du politique, à commencer par le club des jacobins, en affirmant que les représentants ne doivent surtout pas répondre aux demandes populaires, et donc doivent cesser de se faire intercesseurs, en abandonnant le droit de résistance à l'oppression jugé facteur de désordres, les thermidoriens tournent le dos à ce régime d'émotions et à la conception de la démocratie et de la république qui va avec. Les émotions populaires ne sont plus admises comme voix souveraine du peuple dans l'espace public.

Si mon concept de *régime émotif* coïncide en partie avec la catégorie de William Reddy de *régime émotionnel* forgé au même moment, je ne partage pas pour autant ses conclusions sur la période révolutionnaire. L'échec de l'an II ne vient pas selon moi d'une impossibilité de la sincérité *naturelle*, car la sincérité si elle vient effectivement du cœur, est reconnue comme devant relever d'un apprentissage, d'une régénération nécessaire après la dénaturation d'Ancien régime et la brûlure contre-révolutionnaire. Très vite la nature apparaît davantage comme une hypothèse nécessaire que comme un fondement réel. Elle vient simplement de la difficulté à assumer la sincérité comme articulation des émotions éduquées (comme on éduquait le *thymos* à Athènes) et de la raison. Dire vrai. Question éternelle d'une politique de la vérité. « Quelque rude que soit ce langage », « je vous dois des vérités… ». Vient ensuite, comme le dit Nicole Loraux, la difficulté à assumer que la politique est par soi conflit et donc génératrice de passions[72]. Mais Reddy a raison de souligner qu'à défaut de régénération effective, il faudrait faire l'effort de mimer les émotions attendues et que cet effort épuise ceux qui n'adhèrent pas aux nouvelles normes de justice qui doivent guider les sentiments et les émotions, parfois au risque des affects singuliers et privés. Pour autant il est aussi aisé d'affirmer que l'échec de la terreur est l'échec de l'adhésion à la justice voulue par la Révolution qui est aussi une justice démocratique.

Lorsque les émotions sont bannies de l'espace public, les citoyens ne gagnent qu'une liberté émotionnelle privatisée et sont obligés à l'apathie publique. C'est une contrainte qui nie en fait l'exercice même du pouvoir politique du peuple souverain qui ne peut qu'être public. Or cette contrainte est bien exercée par une répression des affects sociaux, répression émotionnelle puisqu'exprimer certaines émotions comme la colère dans l'espace public devient répréhensible (criminalisation), faute de goût (enjeu esthétique) et faute de mœurs (enjeu politique de la nature du serment). Mais la répression peut aussi se faire violence sur les corps et non sur les cœurs, ce qui est effectif lors de la journée d'émeute du 1er prairial an III (20 mai 1795). Comment considérer dès lors qu'il y a là une plus grande liberté dans la navigation des émotions[73] ?

Avant de refermer ce petit trajet, je voudrais enfin revenir sur le concept de *communauté émotionnelle* de Barbara H. Rosenwein[74]. L'historienne américaine étudie à la fois des formations sociales très constituées

72 Nicole Loraux, « Éloge de l'anachronisme en histoire », *L'Ancien et le nouveau, le genre humain*, 27 (1993), p. 23-39.

73 J'ai mené cette discussion récemment dans la revue *Sensibilité*, rubrique dispute, voir « Régime émotif, régime émotionnel, économie émotive », 7 (2020), p. 110-121.

74 Barbara H. Rosenwein « Worrying about Emotions in History », *American Historical Review*, 107 (2002), p. 21-45.

– parlements, monastères, corporations – et des situations plus fluides comme des personnes qui ont des références communes pour avoir étudié ensemble. Or la temporalité n'est pas celle de l'événement mais de la stratification qui ressemble à des mentalités forgées dans la durée. Les communautés révolutionnaires sont *a contrario* très fragiles et encore à l'état liquide, « groupe en fusion » dit Sartre car les émotions sont liées à un surgissement, un événement. C'est pourquoi j'ai élaboré au même moment cette notion d'*économie émotive*[75] qui permet de comprendre la circulation des émotions de groupes en groupes et la constitution *in fine* de positions politiques plus que de communautés sociales stabilisées[76]. Les problématisations historiographiques qui nous préoccupent n'ont d'ailleurs peut-être que peu de choses en commun. Certes les alliances de la raison et des émotions nous préoccupent l'une et l'autre. Mais alors que Barbara H. Rosenwein cherche à sortir de l'aporie opposant temps modernes et temps médiévaux, liée à la pensée éliasienne, et réfléchit sur la rationalité des buts que se donnent les formations sociales incluses dans ces communautés émotionnelles, je cherchais ici à sortir de l'aporie de la psychologie des foules et de la figure d'un peuple manipulable et manipulé, prêt à toutes les abjections par amour d'un chef. En ce moment, la question des révolutionnaires qui se demandent au printemps de l'an II « comment faire une cité ? » me conduit à observer les modes de constitution de communautés civiques par des actes rituels civils et civiques qui engagent les émotions. C'est seulement maintenant que la notion de communauté émotionnelle pourrait m'être utile, sans pour autant considérer les communautés politiques et civiques comme aussi normées que les communautés émotionnelles du Moyen Âge. Il faut donc continuer à discuter par-delà les époques mais avec précision et accepter le plus souvent de faire émerger des outils par l'enquête et non comme arsenal théorique posé a priori. À ce titre je voudrais préciser que paradoxalement je n'ai découvert les outils des philosophes et des sociologues avec lesquels je dialogue ici, voire qui me permettent de consolider mes hypothèses, qu'après un travail de longue haleine dans l'archive. Toute tentative de soumettre l'archive à un regard purement

75 Sophie Wahnich, « De l'économie émotive de la terreur », *Annales histoire sciences sociales*, 57/4 (2002), p. 889-913.

76 *Contra* voir Philippe Munch, « Sophie Wahnich, la violence révolutionnaire et la Terreur. Note critique sur l'approche émotionnelle », *Tracés. Revue de Sciences humaines*, 19 (2010), p. 155-169, qui ne semble pas saisir cet écart.

théorique me semble appauvrissante, car cela conduirait à manquer les processus de théorisation des acteurs eux-mêmes, leur réflexivité, mais aussi à faire fi de l'inventivité historique des acteurs. Or nous ne pouvons comme historiens qu'en rendre compte en acceptant que la théorie ne soit qu'une manière de pouvoir entrer dans le propos et de le réfléchir. Si l'histoire n'existe qu'en se constituant dans une relation inextricable avec ce qui est déjà constitué, l'analyse de la théorie produite par les acteurs et l'analyse de leurs actes eux-mêmes, doivent toujours précéder l'analyse des théoriciens postérieurs. Ces derniers offrent cependant indéniablement la possibilité de penser la description historique au-delà de la seule contingence, mais bien pour affiner la qualité des Lumières que nous nous donnons en faisant de l'histoire interdisciplinaire.

Sophie WAHNICH
Université de Grenoble Alpes /
CNRS Laboratoire PACTE.
14bis, avenue Marie Reynoard
38 100 Grenoble

BIBLIOGRAPHIE

SOURCES

Archives parlementaires, première série, de 1787 à 1860, recueil complet des débats législatifs et politiques des chambres françaises, réalisé sous la direction de M. Mavidal, Laurent, Claveau, Pionnier, Lataste et Barbier puis de l'IHRF.

ARISTOTE, *Rhétorique*, Paris, Flammarion, coll. « Garnier Flammarion », 2007.

BILLAUD-VARENNE, J. N., *Principes régénérateurs du système social*, texte présenté et annoté par Françoise Brunel, Paris, Publications de la Sorbonne, 1992.

Gazette nationale, ou, Le moniteur universel, Paris, Henri Agasse, 1789-1810.

ROBESPIERRE, Maximilien, *Œuvres complètes*, t. 8, Paris, Phenix, 2000.

ROLAND, Jean-Marie, « Lettre écrite au Roi par le ministre de l'Intérieur le 10 juin 1792 », Paris, Imprimerie du cercle social, p. 6-7. Texte réimprimé dans *1792, Chute de la royauté. Aux origines de la république, 1789-1792*, vol. VI, Paris, Edhis, 1991, doc. 1, p. 11-12.

ÉTUDES

ABENSOUR, Miguel, *Utopiques 2, l'homme est un animal utopique*, Paris, Sens et tonka, 2013.

BENJAMIN, Walter, « L'œuvre d'art à l'ère de la reproductibilité technique », Paris, Folio et Gallimard, 2000.

BRUNEL, Françoise, *Les Martyrs de prairial*, Genève, Georg Éditeur, 1992.

COHEN, Yves, *Le Siècle des chefs*, Paris, Amsterdam, 2014.

CONEIN, Bernard, *Langage politique et mode d'affrontement, le jacobinisme et les massacres de septembre*, thèse de doctorat (dir. par Robert Mandrou), Paris, EHESS, 1978.

CORCUFF, Philippe, Christian LE BART et François DE SINGLY (dir.) *L'Individu aujourd'hui, Débats sociologiques et contrepoints philosophiques*, Rennes, Presses universitaires de Rennes, 2010.

DURKHEIM, Émile, *Les Formes élémentaires de la vie religieuse, le système totémique en Australie*, Paris, PUF, 1979 [1912 ; 2008 CNRS éd.], p. 321-329.

FREUD, Sigmund, *Psychologie des foules et analyse du moi*, Paris, Petite bibliothèque Payot, 1984 [1921].

GIRARD, René, *La Violence et le sacré*, Paris, Grasset, 1972.

GOFFMAN, Erving, *Les Rites d'interaction*, Paris, Minuit, 1974.

GUILHAUMOU, Jacques, *La Mort de Marat*, Paris, Complexe, 1989.

GUILHAUMOU, Jacques, « Fragment d'une esthétique de l'événement révolutionnaire », dans Gilles Sauron, Andrezj Turowski et Sophie Wahnich (dir.), *L'Art et le discours face à la Révolution*, Dijon, E.U.D, 1997.

HEURTIN, Jean-Philippe, *L'Espace public parlementaire : Essai sur les raisons du législateur*, Paris, PUF, 1999.

IHL, Olivier, *La Fête républicaine*, Paris, Gallimard 1996.

JOSEPH, Isaac (dir.), *Actes du Colloque de Cerisy : Lectures de Goffman en France*, Paris, Minuit, 1989.

LE BON, Gustave, *Psychologie des foules*, Paris, PUF, coll. « Quadrige », 1988 [1895].

LEFEBVRE, Georges, « Foules historiques. Les foules révolutionnaires », dans *La Foule*, Paris, Centre international de synthèse, 1934, p. 79-107.

LEFORT, Claude « La Terreur révolutionnaire », *Passé/Présent*, 2 (1983), p. 20-43.

LOCKE, John, *Essai sur l'entendement humain*, traduit par Pierre Coste, 1689, disponible en ligne sur Gallica (https://gallica.bnf.fr/ark:/12148/bpt6k54249426.texteImage).

LORAUX, Nicole, « Éloge de l'anachronisme en histoire », *L'Ancien et le nouveau, le genre humain*, 27 (1993), p. 23-39.

LYOTARD, Jean-François, *Leçons sur l'analytique du sublime*, Paris, Galilée, 1991.

MAUSS, Marcel, « La nation », dans *Œuvres*, t. III, Paris, Les Éditions de Minuit, 1969 [1920], p. 573-625.

MUNCH, Philippe « S. Wahnich, la violence révolutionnaire et la Terreur. Note critique sur l'approche émotionnelle », *Tracés. Revue de Sciences humaines*, 19 (2010), p. 155-169.

PAPERMAN, Patricia et Ruwen OGIEN (dir.), *Raisons pratiques, La couleur des pensées, sentiments, émotions, intentions*, Paris, Éditions de l'EHESS, 1995.

PAPERMAN, Patricia, « Les émotions et l'espace public », *Quaderni*, 18 (1992), p. 93-107.

PAPERMAN, Patricia, « L'absence d'émotions comme offense », *Raisons pratiques, La couleur des pensées, sentiments, émotions, intentions*, Paris, Éditions de l'EHESS, 1995, p. 175-197.

RANCIERE, Jacques, « Esthétique de la politique et poétique du savoir », *Espace Temps*, 55-56 (1994), p. 80-87.

RANCIERE, Jacques, *La Mésentente*, Paris, Galilée, 1995.

REDDY, William, *The Navigation of Feelings, a Framework for the History of Emotions*, Cambridge, Cambridge University Press, 2001 ; traduction : *La Traversée dessentiments. Un cadre pour l'histoire des émotions (1700-1850)*, Paris, Presses du réel, 2019.

RICHARD, Nathalie, « Rêver à la guillotine », dans Sophie Wahnich (dir.), *Histoire d'un trésor perdu, Transmettre la Révolution française*, Paris, Les Prairies ordinaires, 2013, p. 195-225.

RIVIERE, Claude, *Les Liturgies politiques*, Paris, PUF, 1998.

ROSENWEIN, Barbara H., « Worrying about Emotions in History », *American Historical Review*, 107 (2002), p. 21-45.

SARTRE, Jean-Paul, *Critique de la raison dialectique*, Paris, Gallimard, 1984 [1960].

SHAFTESBURY, Anthony Cooper Ashley, *Lettre sur l'enthousiasme*, présentée par Claude Crignon de Oliveira, Paris, Le Livre de Poche, 2002.

TARDE, Gabriel, « La psychologie intermentale », *Revue internationale de sociologie*, 9 (1901), p. 1-13.

VIOLA, Paolo, *Il trono vuoto, Torino*, Einaudi, 1989.

VIOLA, Paolo, « Violence révolutionnaire ou violence du peuple en révolution ? », *Recherches sur la Révolution*, Paris, La Découverte IHRF, 1991, p. 95-102.

WAHNICH, Sophie (dir.), *Histoire d'un trésor perdu, Transmettre la Révolution française*, Paris, Les Prairies ordinaires, 2013.

WAHNICH, Sophie, *La Longue patience du peuple, 1792, naissance de la République*, Paris, Payot, 2008.

WAHNICH, Sophie, *La Révolution française n'est pas un mythe*, Paris, Klincksieck, 2017.

Wahnich, Sophie, « Changement de siècle et changement de régime émotif en thermidor », dans *Les Limites de siècle, champs de forces conservatrices et régressives depuis les temps modernes, vol. 1*, Paris, Presses universitaires Franc-Comtoises, 2001, p. 27-38.

WAHNICH, Sophie, « Individualité et subjectivation pendant la période révolutionnaire », dans Philippe Corcuff, Christian Le Bart et François de Singly (dir.), *L'Individu aujourd'hui, Débats sociologiques et contrepoints philosophiques*, Rennes, Presses universitaires de Rennes, 2010, p. 39-47.

WAHNICH, Sophie, « Looking at the French Revolution with *Totem et Taboo* » *Research in psychoanalysis*, 21 (2016), p. 96-108.

WAHNICH, Sophie, « Réfléchir les rituels pendant la Révolution française », Paris, *ethnographique.org. Revue en ligne de sciences humaines et sociales*, 33 (2016), en ligne (https://www.ethnographiques.org/Wahnich_Sophie).

WAHNICH, Sophie, « Régime émotif, régime émotionnel, économie émotive », *Sensibilité*, 7 (2020), p. 110-121.

« GILET JAUNE COLÈRE NOIRE »

Affects politiques d'un mouvement historique

« Gilet jaune colère noire » : à Bordeaux le 1er décembre 2018, un Gilet jaune affiche d'emblée la couleur des émotions et leur intensité. Pour les participantes et participants au mouvement, c'est évident : la colère n'est pas mauvaise conseillère. Elle forme l'impulsion du soulèvement, son étincelle. Bien d'autres affects le traversent. « Mon cœur pleure de voir la misère dans le pays », confie un Gilet jaune à Paris ; mais un peu plus bas sur le même gilet s'exprime aussi la joie de se retrouver et ce qu'on y éprouve de plaisir : « La marée jaune me donne le sourire ». Sur un gilet nantais, à l'acte 11[1], on peut lire : « Je pleure des larmes de sang je suis gilet jaune dans l'âme et dans le cœur je suis le peuple ». Il y a là tant d'affirmations fortes en quelques phrases, comme un condensé de ce soulèvement populaire, où les affects s'énoncent en s'assumant et où le sensible est politique.

La mobilisation des Gilets jaunes s'amorce le 17 novembre 2018 un peu partout en France. L'étincelle en est l'instauration d'une taxe supplémentaire dite « taxe carbone » pesant sur le prix de l'essence, qui pénalise beaucoup les ménages modestes, en particulier dans les zones périurbaines où les déplacements automobiles sont nombreux. Une telle taxe est aussi vue de manière générale comme celle de trop dans une situation de difficultés sociales et économiques. Très vite, de nombreux enjeux sont portés par le mouvement, bien au-delà de cette taxe : justice fiscale et justice sociale, conditions de travail et de vie, état des services publics, proposition de référendums d'initiative citoyenne (RIC). Au centre de ces aspirations est posée la question cruciale de la démocratie : comment surmonter le sentiment d'être dépossédé de la décision politique, face à une démocratie abîmée par les promesses non tenues ? Les Gilets jaunes y répondent avec des formes de démocratie directe expérimentées

---

1 Les Gilets jaunes ont nommé « actes » les samedis de manifestation, l'acte 1 correspondant au 17 novembre 2018.

localement. Il en découle une autre volonté : celle d'entrer dans la chose politique, au sens large, de ne plus voir sa parole occultée. C'est aussi une aspiration à la dignité. Les Gilets jaunes développent alors des formes spécifiques d'occupation des lieux, puisqu'ils s'installent sur des espaces qui justement étaient jusque-là des non-lieux : des ronds-points aux flux de circulation ininterrompus. Les investir engage des formes de sociabilité, d'hospitalité mais aussi d'humanité – dans l'humanisation même de ces espaces d'ordinaire sans âme. Des situations vécues comme individuelles ou culpabilisantes, comme la pauvreté, la précarité, les fins de mois difficiles, sont alors pensées collectivement et partagées, comme une manière aussi de sortir de l'isolement.

Or, cette mobilisation, en conférant aux émotions une grande importance, vient opportunément rappeler le sens premier du terme : *esmouvoir*, mettre en mouvement. On le sait, les *esmotions* ont longtemps désigné les « agitations populaires » : troubles, insubordinations, séditions… Émotion et émeute se rejoignent ici dans l'étymologie[2]. Ce qui rend ce mouvement social passionnant, au regard d'une histoire qui entend prendre au sérieux les émotions sociales et politiques, c'est sa détermination à les exprimer, en accordant à cette expression une place essentielle et même stratégique. Une telle verbalisation vient à point nommé confirmer la pertinence des *émotifs* théorisés par William Reddy[3]. Car il ne suffit pas d'éprouver des émotions, au sens d'expériences subjectives ; encore s'agit-il de les faire connaître et de les partager, afin que d'autres les ressentent aussi, ce qui vient leur conférer une force performative[4]. Bien loin de la dichotomie ancienne et très occidentale entre émotions et raison, les affects ressentis sont considérés comme une intelligence de la situation. On le mesure ici : les émotions ne se rabattent nullement sur une dimension

2 Isabelle Sommier, « Les états affectifs ou la dimension affectuelle des mouvements sociaux », dans Olivier Fillieule, Éric Agrikoliansky et Isabelle Sommier (dir.), *Penser les mouvements sociaux. Conflits sociaux et contestations dans les sociétés contemporaines*, Paris, La Découverte, 2010, p. 185 ; Bernard Rimé, *Le Partage social des émotions*, Paris, PUF, 2005, p. 43.

3 Voir William M. Reddy, *La Traversée des sentiments. Un cadre pour l'histoire des émotions (1700-1850)*, Dijon, Les Presses du réel, 2019 [2001].

4 William M. Reddy, « Against Constructionism : The Historical Ethnography of Emotions », *Current Anthropology*, 38/3 (1997), p. 331 *sq.* ; Damien Boquet et Piroska Nagy, « L'historien et les émotions en politique : entre science et citoyenneté », dans *Politique des émotions au Moyen Âge*, Firenze, Edizioni del Galluzzo, 2010, p. 26 *sq.* ; Quentin Deluermoz, Emmanuel Fureix, Hervé Mazurel et M'hamed Oualdi, « Écrire l'histoire des émotions : de l'objet à la catégorie d'analyse », *Revue d'histoire du XIX*e *siècle*, 47 (2013), p. 5 *sq.*

psychologique et les sciences sociales ont décidément bien raison de les prendre en considération comme des enjeux, précisément, sociaux. Car les émotions manifestées le sont ici à des fins de communication ; elles sont politiques au sens fort du terme, elles expriment un positionnement et un partage dans la vie de la cité. Il y là d'ailleurs un processus dialectique que l'on pourrait rapidement décrire ainsi : les émotions accompagnent les actions menées dans la mobilisation, elles en sont un reflet et une expression ; mais elles nourrissent aussi ces actions, les légitiment, les justifient et en consolident le soubassement. En somme, parce que les émotions ne sont pas simplement ressenties ou éprouvées mais consignées sur les gilets, elles constituent en elles-mêmes une action, elles mobilisent et ce faisant elles sont performatives.

De fait, le mouvement des Gilets jaunes produit des actes émotionnels performatifs en abondance. Leurs traces forment autant de sources pour les documenter : les dos des gilets. Cette étude s'appuie ainsi sur un vaste corpus de photographies – plus de 750 – prises au cours des manifestations qui eurent lieu chaque samedi en scandant le mouvement[5]. Ces mots, phrases, slogans le plus souvent, mais aussi dessins et créations graphiques forment un vaste texte politique. C'est un matériau exceptionnel pour documenter avec précision le surgissement des émotions en contexte de mobilisation sociale, mobilisation elle-même exceptionnelle par son originalité, ses formes et sa durée. Ses protagonistes comme ses commentateurs et commentatrices ont d'ailleurs mesuré tout ce qu'elle a d'historique. Sur les ronds-points et dans les manifestations se retrouvent, pour l'une des très rares fois dans l'histoire, des serveurs, des agents d'entretien, des ouvriers en usine, des enseignants, des infirmières, des commis de cuisine, des étudiants, de petits commerçants et artisans, des chômeurs[6]… Le taux de chômage chez les Gilets jaunes est de fait plus élevé que la moyenne – autour de 16 % contre 10 % pour la moyenne nationale, selon une enquête sociologique collective[7]. Les Gilets jaunes

---

5 Elles ont été collectées par « Plein le dos », un collectif créé à cette occasion https://pleinledos.org/ et qui a aussi publié un livre de photographies sur le mouvement : *Plein le dos. 365 gilets jaunes novembre 2018-juillet 2019*, Le Mas-d'Azil, Les éditions du Bout de la ville, 2020.

6 Ludivine Bantigny et Samuel Hayat, « Les Gilets jaunes, une histoire de classes ? », *Mouvements*, 100 (2019), p. 12-23.

7 Collectif d'enquête, « Enquêter *in situ* par questionnaire sur une mobilisation. Une étude sur les gilets jaunes », *Revue française de science politique*, 69 (2019), p. 869-892.

interrogés lors des enquêtes sociologiques menées à leur sujet témoignent de la précarité : 25 % déclarent vivre dans un foyer où le revenu est inférieur à 1 200 euros, 50 % à 2 000 euros et 75 % à 2 900 euros par mois. Dans ce mouvement intergénérationnel, les jeunes ont une présence égale à celle des personnes retraitées. Parmi ces dernières, « beaucoup ont fait l'expérience de conditions de vie difficiles, soit personnellement, soit au travers de leurs enfants devenus adultes, qu'elles doivent encore régulièrement aider financièrement ». Les femmes sont aussi présentes que les hommes. Les Gilets jaunes forment donc un monde d'ouvriers, d'employés, avec beaucoup d'intérimaires, de petits indépendants et dans une moindre mesure de professions intermédiaires, dans des secteurs très divers : dans les services publics, beaucoup d'agents territoriaux de catégorie C ; dans le privé, beaucoup de chauffeurs routiers ; de nombreuses aides-soignantes, femmes de ménage et agentes hospitalières[8]. Le pays entier est représenté dans ce mouvement : monde rural où les occupations de ronds-points se multiplient, villes de toutes tailles et zones périurbaines avec des comités de quartier et des assemblées. C'est une révolte populaire.

Quant au gilet que revêtent ses protagonistes, il peut être assimilé à un « dispositif de sensibilisation[9] », support matériel qui accueille et recueille les indignations, revendications, espoirs et aspirations – et les énonce comme autant d'interpellations. L'ensemble forme bel et bien un « régime collectif d'affects » qui crée une puissance[10]. Le mouvement des Gilets jaunes est pétri d'une économie morale telle que décrite par Edward P. Thompson, c'est-à-dire comme ensemble d'« émotions profondes » suscitées par une situation sociale délabrée, mais aussi par l'indignation et la conception du bien commun[11]. Les séditions

8 Isabelle Coutant, « Les "petits-moyens" prennent la parole », dans Joseph Confavreux (dir.), *Le Fond de l'air est jaune. Comprendre une révolte inédite*, Paris, Seuil, 2019, p. 147-150.

9 Christophe Traïni, *Émotions… Mobilisation !*, Paris, Presses de Sciences Po, 2009, p. 13 ; Christophe Traïni, « Des sentiments aux émotions (et vice-versa) Comment devient-on militant de la cause animale ? », *Revue française de science politique*, 60 (2010), p. 350.

10 Yves Citton et Frédéric Lordon, « Un devenir spinoziste des sciences sociales ? », dans *Eid.* (dir.), *Spinoza et les sciences sociales. De la puissance de la multitude à l'économie des affects*, Paris, Amsterdam, 2008, p. 32.

11 Edward P. Thompson, « The moral economy reviewed », dans *Id.*, *Customs in Common*, London, The Merlin Press, 1991, p. 259-351. *Cf.* aussi son premier article sur le sujet, « The Moral Economy of the English Crowd in the Eighteenth Century », *Past & Present*, 50 (1971), p. 76-136. Ainsi que Axel Honneth, *Kampf um Anerkennung* (1992), traduit

populaires ne sont pas, en effet, la résultante mécanique de difficultés économiques ; elles sont loin de n'être que des « rébellions du ventre ». Le concept d'« économie morale » permet de désigner la dimension éthique des protestations et des rébellions au nom de l'aspiration à une vie juste et bonne. Au cœur de l'économie morale se mêlent dès lors des motivations matérielles liées à une certaine détresse sociale, la volonté de reconnaissance par la revendication d'une dignité et d'une légitimité à s'exprimer dans l'espace public, enfin le sentiment de faire peuple, c'est-à-dire catégorie politique mobilisée[12].

LES RAISONS DE LA COLÈRE

En se lançant dans les rues et sur les ronds-points à l'automne 2018 et pendant plus d'une année, les Gilets jaunes ont indéniablement formé une « communauté émotionnelle[13] ». Elles et ils font naître en effet une constellation d'émotions communes, partagées et valorisées. La colère est la première d'entre elles. Le terme se retrouve, décliné de manières multiples, sur de très nombreux gilets, assorti d'abord d'une situation sociale et/ou professionnelle : « ouvrière en colère », « infirmière en colère » et même « infirmière très en colère », « jardinière en colère », « auxiliaire en colère », « cheminote en colère », « déménageur en colère », « travailleur social en colère[14] ». Le fait d'arcbouter l'expression d'une telle émotion à un métier ou une profession offre aux protagonistes la possibilité de se situer socialement et de valoriser leur diversité. C'est aussi une façon d'indiquer que leur métier leur semble fragilisé par

en français : *La Lutte pour la reconnaissance*, Paris, Le Cerf, 2000, p. 199 ; Didier Fassin, « Les économies morales revisitées », *Annales. Histoire, Sciences Sociales*, 64/6 (2009) p. 1243-1244. *Cf.* l'analyse de Samuel Hayat, « Les Gilets jaunes, l'économie morale et le pouvoir », 5 décembre 2018, https://samuelhayat.wordpress.com/2018/12/05/les-gilets-jaunes-leconomie-morale-et-le-pouvoir/, consulté le 21 juillet 2021.

12 Déborah Cohen, *Peuple*, Paris, Anamosa, 2019.

13 Barbara H. Rosenwein, « Émotions en politique. Perspectives de médiéviste », *Hypothèses*, 1 (2002), p. 319.

14 Respectivement Rennes acte 15, Paris actes 4, 5, 18, 12, 19 et 35, Dunkerque acte 15 [les références seront désormais citées selon la présentation : « Dunkerque 15 »]. Le numéro correspond à l'« acte », c'est-à-dire la manifestation du samedi (voir note 1).

des politiques qui les met en cause. En somme, ces mentions servent à souligner le lieu – professionnel ou, plus largement, social – d'où l'on parle. Elles font aussi surgir, depuis ces multiples positions, une unité qui forge la communauté émotionnelle : une communauté avant tout *populaire*. D'aucuns ajoutent une touche d'humour à un affect qui de prime abord ne l'appelle pas. « Apiculteur en colère ça va piquer[15] » : la formule à double entrée évoque dans sa dimension métaphorique la volonté de ne pas se résigner. Certaines et certains ajoutent des précisions à ces professions, là encore avec le recul de l'humour qui n'empêche pas la fermeté : « J'enseigne le futur simple pas le futur compliqué », écrit sur son gilet une « enseignante très en colère[16] ».

Les jeux de mots signalent cette capacité de distance et la manière de voir l'engagement comme tout à la fois politique et ludique : « 13 en colère », clament des gilets dans les Bouches-du-Rhône, s'amusant de l'homophonie entre le « très » et le « treize » de leur département. D'autres encore valorisent l'importance de la solidarité, de celles qui forgent une communauté liée au partage d'une situation jugée similaire : « Travailleurs sociaux en colère tous dans la même galère ». Il est intéressant de relever combien cette communauté émotionnelle s'érige décidément par et dans l'unité : celle du « tous ». Des Gilets jaunes explicitent dans la foulée, à même le vêtement devenu support d'expression, les raisons de la colère : « Aide soignante en colère marre de travailler pour survivre ». Outre cette façon de s'ancrer dans un espace social, l'enjeu familial est aussi très prégnant, exprimé surtout par des femmes qui se présentent comme telles : « mamie en colère », « maman vosgienne en colère », « mère de famille nombreuse en colère[17] » … Entre les lignes on peut lire la difficulté, si souvent évoquée par les Gilets jaunes, à « joindre les deux bouts », la frustration de ne pas toujours pouvoir donner ce qui leur paraît le meilleur à leurs enfants, l'indignation de devoir les en priver.

Cette colère-là est politique : d'ailleurs, se dire « citoyen en colère », comme on le lit par exemple à Nancy, associe la citoyenneté à la capacité même de se révolter, notamment face à ce qui est considéré comme un ensemble d'injustices : « Je suis pasteur en colère contre l'injustice de

15 Paris 61.
16 Paris 5.
17 Paris 47 et 16, Poitiers 9, Nancy 17, Paris 12.

toute sorte ». « Qui sème la misère récolte la colère » : le slogan n'est pas neuf mais reparaît à la faveur de la mobilisation ; il donne à cette émotion sa légitimité. De fait, cet aspect est essentiel : la colère est un sentiment perçu comme légitime et assumé. Cet enjeu est décisif dans le dispositif de sensibilisation mis en place : des mots visibles sur des gilets. Ce dispositif ne consiste pas seulement bien sûr dans le ressenti d'une émotion, mais dans son expression en attente de légitimation. Car à la différence de la lamentation qui peut être considérée comme un atermoiement et une faiblesse, la colère est appréciée comme une force, une raison d'agir : « Je ne me plains pas je hurle ma colère ». Ces colères, il s'agit d'ailleurs de les rassembler, de les rendre communes et les faire converger : « Rouges jaunes verts fédérons nos colères[18] ».

La colère ne fait pas partie des six « passions » énumérées et classifiées par Descartes et Spinoza. On ne saurait dire si elle est une passion « triste » ou « joyeuse ». Si elle est tirée davantage vers la première de ces polarités, elle se transforme aussi en moteur de l'action, comme un catalyseur qui donne de la détermination, empuissante[19] et laisse éprouver une certaine joie d'agir pour que cette colère ne demeure pas sans effet. Parfois même, le mot et ce qu'il désigne apparaissent insuffisants à faire comprendre le sentiment d'exaspération qui déclenche la mobilisation. « Plus fort que la colère la rage » lit-on sur un gilet jaune à Cercottes, petite commune du Loiret. Une expression familière propre à traduire cette colère est répétée dans les cortèges : « On en a gros » et même « On en a gros messires », à Châtellerault[20]. Le dispositif de sensibilisation ici engagé recourt à l'histoire et dès lors à la tradition pour légitimer davantage encore la colère, comme un sentiment multiséculaire qui porte et justifie les insurrections. Il renvoie aussi aux faiblesses de la démocratie, jugées comme telles en tout cas, dans un régime où le pouvoir est renvoyé aux seigneurs d'autrefois.

18 Nancy, 5 février 2019, Paris 12, Paris 10, Périgueux 18.

19 Le verbe français s'appuie évidemment sur l'*empowering*.

20 Tours 4, Châtellerault 11.

VOULOIR LA PAIX

Bien des Gilets jaunes en revanche se défendent d'être une « foule haineuse » ainsi que les a pourtant désignés le Président de la République, le 31 décembre 2018[21]. Comme en 1968 lorsque les manifestants scandaient « Nous sommes un groupuscule » dans un retournement ironique, certaines et certains manifestants écrivent « Foule haineuse » ou « Je suis une foule haineuse » sur leurs gilets, désamorçant le stigmate tant il leur semble évident que leur action est pacifique. On trouve même parfois un cœur en guise de « o » dans le mot « foule », pour souligner le contraste entre la virulence de l'attaque et leur état d'esprit[22]. « Sans haine ni violence on ne lâche rien », écrit un Gilet jaune à Gambais, commune des Yvelines. On le sait, la haine est un sentiment non seulement dénigré mais quasiment tabou dans nos sociétés. Comme Arlette Farge l'a montré pour le XVIIIe siècle, il est de nombreuses injonctions faites à « ne pas haïr, ne pas exprimer de sentiments d'injustice, garder le silence, ne pas ébrouer son corps en gestes mauvais ou paroles déviantes[23] ». De longue date, la haine est associée au peuple par les élites qui quant à elles affirment la repousser : l'opposition entre « haine plébéienne » et « hostilité bourgeoise » innerve les discours dominants au XIXe siècle notamment[24]. Un discrédit structurel pèse sur la haine comme sentiment politique : « La démocratie moderne est un monde de sensibilités politiques dans lequel il est non seulement malséant, mais de fait interdit de haïr l'adversaire (substitut affaibli de l'ennemi), de donner libre cours à un tel sentiment. Ce sont les "autres" qui haïssent, figures diverses du barbare endogène ou exogène[25] ». Ce discrédit est intériorisé et le dos des gilets indique aussi à quel point il l'est : il faut à toute force récuser la caractérisation jugée déplacée. Ici donc, si la haine n'est pas perçue comme légitime, la colère

21 Reuters, « Macron pourfend les porte-voix d'une "foule haineuse" », 31 décembre 2018.

22 Toulouse 5.

23 Arlette Farge, *Effusion et tourment. Le récit des corps. Histoire du peuple au XVIIIe siècle*, Paris, Odile Jacob, 2007, p. 117.

24 Gilles Malandain, « La haine des Bourbons sous la Restauration : quelques remarques sur un sentiment politique », dans Frédéric Chauvaud et Ludovic Gaussot (dir.), *La Haine. Histoire et actualité*, Rennes, Presses universitaires de Rennes, 2008, p. 76.

25 Alain Brossat, « Haines et cris », dans Christine Gautier et Olivier Le Cour Grandmaison (dir.), *Passions et sciences humaines*, Paris, PUF, 2002, p. 67.

l'est : « Je ne suis pas raciste homophobe radicale antisémite extrémiste haineuse je suis juste en colère » ; « Retraité en colère gueux gaulois mais pas haineux ni violent[26] ». Ou bien encore, lorsque le sentiment de haine est ressenti et évoqué, c'est pour le dire tourné contre les inégalités : « Ni homophobe ni raciste ni antisémite ma haine n'est dirigée que contre l'injustice sociale[27] ». D'autres rejettent l'affect de haine qui leur est attribué, quel que soit l'objet même de cette haine ; mais c'est aussi pour défendre le principe de la justice tel qu'il structure décidément le mouvement : « Ni haineuse ni raciste justice sociale et fiscale[28] ». Il y a lieu ici d'exprimer ses émotions non seulement par le repoussoir et le rejet mais aussi par l'aspiration et l'espoir. Une telle affirmation assoit encore un peu plus la légitimation du soulèvement.

Quoi qu'il en soit, par contraste avec cette accusation de « foule haineuse », nombre de Gilets jaunes mettent en valeur leur vœu de paix, quand bien même leur démarche pacifique pourrait aussi leur en coûter : « Je suis venu en paix don't shoot me », « Je suis pacifiste et je fais des efforts », « Je suis pacifique mais je ne tends pas la joue[29] ». Tendre l'autre joue : si la référence au précepte christique est ici récusée, certains n'hésitent pas à évoquer une autre parole évangélique, « Paix aux hommes de bonne volonté[30] ». La paix et l'amour s'affichent sur les gilets : « JTM mon frère », « Aimez-vous », « Amour paix sérénité » – tout comme l'insistance sur l'humanité : « Humaine », « Fière d'être gilet jaune et humaine[31] ». Cette humanité est affirmée dans l'absolu mais aussi face à un système jugé déshumanisé, entre logique comptable, compétition et rentabilité : « Notre humanité contre leur froideur gestionnaire », « La vraie force c'est d'aider les plus faibles humains et animaux[32] ». L'affirmation de la dimension humaniste au sein du soulèvement, contre les critiques virulentes qui lui sont portées, se double d'une invocation à une valeur généralement absente des mouvements sociaux : le bonheur. Au fond il demeure une « idée neuve ». Or, des Gilets jaunes assument cette aspiration : « On veut du bonheur », « Chaque samedi chaque jour

26 Paris 8, La Rochelle 13.
27 Paris 8.
28 Marseille 9 janvier 2019.
29 Paris 12, 9, 3.
30 Paris 45.
31 Paris 3, Toulouse 8, Paris 45, Toulouse 8, Paris 50.
32 Rennes 11, Paris 18.

nous remettons le bonheur à l'ordre du jour[33] ». Dans une situation marquée par le flux incessant des informations, le sentiment d'une perte de sens, la logique froide voire brutale des marchés, l'impression que le pouvoir est lointain voire méprisant, mettre en exergue un sentiment rare au fond dans les insurrections, le désir de bonheur, revient à rompre cette impression d'impuissance et d'écrasement.

RECONNAISSANCE ET DIGNITÉ

En décrivant la « gestion des passions », Pierre Ansart forge la notion de « machines à décroire », « jouissances de l'imaginaire » parmi lesquelles figure en bonne place l'humour comme forme de résistance symbolique, créatrice et corrosive[34]. Sur les gilets, les mots sont un pouvoir, celui d'abord de se les approprier, d'en jouer, de les décaler ; celui ensuite d'offrir à travers eux une visibilité à ce qui n'en avait pas ou peu : celui de révéler le monde. « Dans quel monde Vuitton », « Trop de souffrance dans cette sous-France », « Les pauvres sont du même groupe sans gain », « Le paradis pour les uns pas un radis pour les autres », « ACDC Assez de coups assez de coûts », « Macron Pétain câble », « Macron tu t'es trumpé », « Je suis RIC rac », « Chômeuse en faim de droits », « Plus de banquise moins de banquiers », « La police nous prothèse », « Borgne to be free », « Ils ont la police on a la peau dure », « Si le climat était une banque il serait déjà sauvé », « Le peuple ne rond-point[35] »... L'autodérision est de celles qui font écrire « Rien » sur tel gilet, en miroir du « Nous voulons tout » ou bien encore d'un « Tout tout de suite et le reste plus tard[36] ». Le mouvement se pense grave et sérieux mais il sait aussi ne pas se prendre au sérieux en recourant à cette autre arme émotionnelle qu'est la capacité de rire ou au moins de sourire de soi.

---

33 Toulouse 8, Paris 45.

34 Pierre Ansart, *La Gestion des passions politiques*, Lausanne, L'Âge d'homme, 1983, p. 75-76, p. 179 *sq.*

35 Paris 50 et 23, Marseille 3, Paris 4, 14, 5, 20, 13, Lille 14, Paris 45 et 46, Bar-le-Duc 9, Paris 13 et 16.

36 Paris 2, 9 et 15.

Cette disposition affective peut être analysée au prisme de la « lutte pour la reconnaissance » telle que la théorise Axel Honneth. La mobilisation politique et sociale est bel et bien une expérience morale dont les motifs dépassent largement la logique utilitariste, même si sa base matérielle reste un ressort explicatif décisif. Honneth y a beaucoup insisté : le sentiment d'être méprisé configure la disposition à se révolter[37]. S'il est difficile de faire la part entre ce qui relève de motivations économiques et ce qui tient à la revendication de dignité, cette dernière s'exprime singulièrement dans le mouvement des Gilets jaunes, au point d'y occuper une place cruciale. Elle explique aussi la focalisation sur la personnalité d'Emmanuel Macron et sa manière – au moins supposée – de gouverner. Les « petites phrases » du Président de la République, des « gens qui ne sont rien » aux « ouvrières illettrées » en passant par le constat qu'il suffirait « de traverser la rue » pour trouver un emploi, ne « passent » pas. Le chef de l'État est critiqué pour ce qui est perçu comme de la condescendance et de l'arrogance. Les Gilets jaunes déclinent cette partition sur tous les tons, parfois même en indiquant seulement sur leur gilet, mélange d'humour et de dérision : « Emplacement disponible pour dire du mal de Macron[38] ». Ces variations vont d'une comparaison avec un monarque – « Macron tu te prends pour un roi, les genoux devant moi tu ploieras signé le peuple » – ou un seigneur – « Macron s(e)aigneur de la France » – jusqu'aux résonances avec l'esprit de 1968 revu et modifié – « Macron piège à cons ». L'humour consiste à reprendre les slogans afin de mieux les détourner : « Hé Manu t'as voulu nous mettre en marche c'est fait[39] ». Il s'approprie les phrases du président pour, tout autant, les retourner : « Manu t'es foutu ils ont traversé la rue », « Hey Manu prépare toi à traverser la rue tu vas te retrouver au chomdu », l'un d'eux se désignant même, non comme chômeur, mais comme « traverseur de rue[40] ». Une telle pratique de l'antiparastase, autrement dit ce retournement du stigmate, se montre assez répandue, qu'il s'agisse des « gens qui ne sont rien », de « Jojo avec un gilet jaune » ou du « pognon de dingue » qu'Emmanuel Macron avait cru bon d'évoquer à propos des aides sociales. Or, cette pratique

37 Axel Honneth, *La Lutte pour la reconnaissance*, *op. cit.*, p. 195.

38 Paris 32.

39 Belfort 1, Tarbes 2, Belfort 4, Paris 46.

40 Toulouse 10, Nantes 11.

elle-même est une manière d'affirmer une dignité : « Je suis un "rien" j'ai pas de Rolex et j'en suis fier », « Services publics la richesse de ceux qui ne sont rien », « Je suis Jojo », « affreux Jojo », « Je coûte un pognon de dingue[41] ». Il y a une force dans ces retournements et en particulier dans cette capacité à s'emparer des mots dont use le pouvoir pour les moquer. Cette force repose essentiellement dans un effet de révélation : ces mots qui pouvaient sembler dérisoires mettent finalement en lumière une certaine arrogance des puissants. C'est aussi une façon de démontrer la justesse et la justice du mouvement face à leur condescendance supposée. C'est enfin mettre en lumière l'abîme qui sépare les pôles opposés de la hiérarchie sociale.

Ponctuée par les rebondissements divers de « l'affaire Benalla », du nom de ce proche d'Emmanuel Macron qui s'était fait passer pour un policier et avait agressé un manifestant le 1er mai 2018 – ce que certains slogans traduisent par l'évocation d'une « République benallanière » –, la période est marquée au sceau de la violence, avec un haut degré d'affrontement et une intensité notable de la répression policière. Elle nous parle ainsi de cet apprentissage *par corps* qu'évoque Pierre Bourdieu dans les *Méditations pascaliennes* : « C'est parce que le corps est (à des degrés inégaux) exposé, mis en jeu, en danger dans le monde, affronté au risque de l'émotion, de la blessure, de la souffrance, parfois de la mort, donc obligé de prendre au sérieux le monde (*et rien n'est plus sérieux que l'émotion* qui touche au tréfonds des dispositifs organiques), qu'il est en mesure d'acquérir des dispositions qui sont elles-mêmes ouvertures au monde, c'est-à-dire aux structures mêmes du monde dont elles sont la forme incorporée[42] ». « Le corps est la part la moins reconnue du monde politique, note Arlette Farge ; elle est pourtant la plus puissante[43] ». Dès le premier « acte » du mouvement, le 17 novembre 2018, les Gilets jaunes comprennent que les forces de l'ordre ne seront pas de leur côté, contrairement à ce que beaucoup avaient pu imaginer. L'usage de la violence est interrogé dans la mobilisation, et il la divise. Mais ce questionnement est aussi sans cesse déplacé vers une autre affirmation, elle-même double. Pour bien des Gilets jaunes, les violences exercées sur des biens matériels, tels les bris de vitrines,

41 Marseille 11, Mâcon 12, Paris 12, Dijon 16.

42 Pierre Bourdieu, *Méditations pascaliennes*, Paris, Seuil, 1997, p. 168.

43 Arlette Farge, *Effusion et tourment*, *op. cit.*, p. 18.

quand bien même l'ensemble du mouvement ne les partagerait pas loin de là, ne semblent pas illégitimes au regard d'une autre violence, celle de la pauvreté, de la précarité et des inégalités.

Quant à la violence exercée par certains policiers, elle serait destinée à empêcher la contestation d'un ordre social – quel est cet ordre que protègent les « forces de l'ordre » ? Cet enjeu est éminemment éthique et politique, qui soulève à nouveaux frais le questionnement sur la légalité et la légitimité de la violence. Certains manifestants évoquent sur leurs gilets « la violence des riches » ou les « violences fiscales[44] ». D'autres interpellent les forces de l'ordre en espérant les convaincre que leurs intérêts sont les mêmes – et partagés : « Forces de l'ordre le peuple se bat pour vous, cessez de battre le peuple », « Vous avez besoin de nous, pourquoi nous maltraiter[45] ? ». D'autres encore ont renoncé à toute idée de fraternisation, ou ne l'ont jamais imaginée. C'est, selon elles et selon eux, la logique d'une violence d'État qui s'abat et mêle les plus hauts responsables politiques aux représentants de la force armée. La brutalité policière est soit interrogée dans ses motivations mêmes – « Sol ré mi fa la cry mo Pourquoi tant de haine » – soit accusée de vouloir écraser la lucidité : « C'est parce que nous les ouvrons qu'ils nous crèvent les yeux[46] ». Dans la veine du « Je suis » inaugurée avec le « Je suis Charlie » de janvier 2015, des gilets affichent le souvenir des morts dont le décès est attribué à la violence des forces de l'ordre : « Je suis Adama Amine Ali Wissam Zineb Redouane », « Je suis Rémi Fraisse[47] »... Une sensibilité politique s'exprime ici, qui vient pointer du doigt un manque, le manque, justement, d'une sensibilité entendue comme capacité d'empathie : « Macron Castaner Police Gendarme CRS La BAC certaines pierres sont plus douces que vos cœurs[48] ». Car ni les représentants du gouvernement ni le chef de l'État n'ont eu un mot de regret pour les mutilés, éborgnés et blessés lors du mouvement, ni pour Zineb Redouane, cette femme de 80 ans morte à Marseille le 2 décembre 2018 après avoir reçu une grenade lacrymogène en plein visage, alors qu'elle fermait ses volets.

---

44 Paris 10, Paris 15.
45 Paris 12, Amiens 10.
46 Marseille 1, Toulouse 20.
47 Marseille 9, Paris 13.
48 Paris 13.

Dès lors, la matrice affective qui s'impose au cœur de cette révolte est ancrée dans le sentiment farouche d'une dignité à affirmer et préserver. Les Gilets jaunes n'acceptent plus de consentir ni de faire allégeance sans autre forme de procès. Gilles Deleuze estimait que « les pouvoirs établis ont besoin de nos tristesses pour faire de nous des esclaves[49] ». « Esclaves » est ici à comprendre dans le sens large d'une soumission, d'une obéissance sans question. « Je préfère la liberté dangereuse à l'esclavage paisible », exprime d'ailleurs un gilet, là où un autre rejette la tranquillité supposée de l'acceptation : « Pire que le bruit des bottes le silence des pantoufles ». Les mots se jouent les uns des autres pour mieux opposer la dignité à la servilité : « Mieux vaut être en garde à vue que d'être au garde-à-vous[50] ». Or, les Gilets jaunes entendent refuser la résignation – et le proclament : « La résignation est un suicide quotidien » ; « Nos luttes ont construit nos droits nos résignations les détruiront[51] ».

Il y a là quelque chose de fondamental : la conscience affichée de faire partie d'une histoire et de devoir défendre ce qu'elle porte d'acquis, ceux des combats passés. « Nous sommes des hommes et des femmes qui avons décidé ensemble de ne plus vivre à genoux et de refuser d'être instrumentalisés ou marchandisés. L'histoire et nos enfants nous jugeront[52]. » Dans sa part déterminée et joyeuse parce qu'elle l'est, la lutte apparaît comme l'antidote aux « tristesses » qui conduisent à la passivité. Son contraire est peut-être la « résistance » et, même, les « arts de la résistance » qu'a décrits James C. Scott[53] : « Tout passe par la lutte », « Je lutte donc je suis », « Gardons nos aquis[54]. Nos grands-parents se sont battus pour nous », « S'unir pour ne plus subir ». « Celui qui ne bouge pas ne sent pas ses chaines » dit aussi un gilet en empruntant la formule à Rosa Luxemburg, tandis qu'un autre cite Brecht : « Si tu ne partages pas la lutte tu partageras la défaite[55] ». On peut lire sur un gilet :

49 Gilles Deleuze et Claire Parnet, *Dialogues*, Paris, Flammarion, 1987, p. 96.

50 Paris 10, Lille 15, Bordeaux 11.

51 Gaillac 50, Paris 46.

52 Paris 46.

53 James C. Scott, *Domination and The Arts of Resistance : Hidden Transcripts*, Yale University Press, 1990, réédition en français : *La Domination et les arts de la résistance. Fragments du discours subalterne*, Paris, Amsterdam, 2019.

54 L'orthographe a été respectée dans cette transcription.

55 Paris 13, Paris 3, Alençon 16, Le Havre 1, Forbach 21, Paris 9.

> Les GJ lisent et écrivent de la poésie ils ont un souci pour les idées de justice et d'égalité. Ils travaillent à la pensée d'un nouveau commun pour tous et à distance de l'État. Les GJ ne veulent ni la guerre ni la violence mais la paix. Nous refusons que la précarité devienne une norme de vie acceptable. Nous voulons vivre dignement. Nous disons oui à une Europe où l'hospitalité est un principe de justice, de paix et d'égalité[56].

« Vivre dignes » : ces mots lancés à Toulouse paraissent résumer l'essentiel de cette révolte, qui passe par le corps, un corps redressé – « Bras levés poings serrés tête haute » – et le refus de la charité – « Les Gilets jaunes ne demandent pas l'aumône[57] ». Peter Berger et Ute Frevert ont forgé les notions d'émotions « perdues » et d'émotions « trouvées » à propos de certaines dispositions affectives qui parfois s'enfouissent dans les sables du temps tandis que d'autres en surgissent. L'idée d'honneur par exemple, au sens qu'elle revêtait sous l'Ancien Régime et jusqu'à la fin du XIXe siècle, en s'achevant souvent par des duels, semble avoir été frappée d'obsolescence[58]. Dans ce registre, l'affirmation de dignité n'était plus monnaie courante dans les expériences sensibles, sans qu'il soit possible tout à fait de dater son affaissement. La voilà brandie de nouveau, émotion trouvée ou retrouvée, exigence de justice et de reconnaissance qui fonde une expérience morale[59].

FAIRE JUSTICE

Car la justice est centrale dans les attentes du soulèvement : justice fiscale, justice sociale qui conduisent à une revendication cruciale, celle de l'égalité. Le mouvement des Gilets jaunes part de la hausse d'une taxe, on le sait. « Souriez vous êtes taxés » : sous l'humour pointe

---

56 Paris 61.

57 Toulouse 24, Paris 11.

58 Peter Berger, « On the Obsolescence of the Concept of Honor », dans Peter Berger et *al.* (dir.), *The Homeless Mind*, New York, Random House, 1973, p. 83-96 ; Ute Frevert, *Emotions in History – Lost and Found*, Budapest et New York, CEU Press, 2011 (ici en particulier les chap. 1 et 3).

59 Samuel Hayat, « Les Gilets jaunes, l'économie morale et le pouvoir », art. cité ; Axel Honneth, *La Lutte pour la reconnaissance*, *op. cit.*, p. 193.

l'exaspération devant l'augmentation de prélèvements qui paraissent injustes précisément parce qu'ils ne sont en rien proportionnels aux revenus, au patrimoine et *a fortiori* au capital. La suppression de l'impôt sur les grandes fortunes fait quant à elle couler beaucoup d'encre – et notamment sur les gilets, là encore avec le recours à l'humour : « Nous aussi on veut payer l'ISF ». Le soulèvement n'est pas pour autant réductible à une révolte antifiscale : c'est la perception d'un déséquilibre qui est pointée du doigt et, partant, d'une injustice. Des Gilets jaunes vont même jusqu'à réclamer des taxes, mais sous couvert de services publics, contre les dépenses jugées somptuaires : « Oui aux taxes pour nos hôpitaux, pour nos écoles, pas pour la moquette » – allusion aux frais de restauration engagés à l'Élysée. Et c'est sans cesse l'évasion fiscale qui est jaugée et jugée au point d'inverser une fois de plus les stigmates : « Stop à l'assistanat des riches », sorte d'oxymore qui bouscule les pensées toutes faites et l'association automatique entre assistanat et pauvreté[60]. Le « Pas de justice pas de paix » souvent scandé dans les marches pour la vérité contre les violences racistes se retrouve ici doté d'un adjectif : « Pas de paix sociale sans justice sociale ». Les Gilets jaunes aspirent à une « société plus juste » : à une société juste, tout court. « La lutte contre les inégalités sociales est le grand dessein que la nation devrait se donner[61] ».

Cette expérience sensible du politique ne manque pas de s'interroger, partant, sur la démocratie, dégradée par les promesses non tenues, les violences policières et les inégalités. Cette perception crée un sentiment douloureux, celui d'une démocratie abîmée : « J'ai mal à ma démocratie », tandis que Marianne pleure sur plusieurs gilets. Elle y est aussi éborgnée, comme les gilets jaunes mutilés.

L'humour est amer, dans l'atmosphère des violences policières : « Démocratie mon œil », « Bienvenue en lacrymocratie[62] ». Mais, dans le même mouvement, s'opère une affirmation, celle d'une autonomie politique possible, comme émancipation et autodétermination, telle une aspiration à la démocratie vraie : « Nous pouvons nous gouverner nous-mêmes ». « Un peuple qui n'en peut plus, déclassé, rabaissé, exploité » se décrit d'abord comme force sociale, dont la désignation manie elle

60 Paris 2, Rennes 15, Toulouse 17, La Rochelle 19.
61 Paris 10.
62 Paris 1, Lille 12, Paris 18, Angers 10.

aussi l'ironie : « Salaud de pauvre », « Les pauvres sont dans la rue », « Les gueux sont dans la rue ». Le stigmate une nouvelle fois retourné accompagne la description d'une condition matérielle où « peuple » renvoie d'abord à une situation sociale, de « classes laborieuses », dont le désarroi est affirmé : « Veuve trois enfants comment s'en sortir », « Une pensée pour les retraités qui vivent avec presque rien », « Gilet jaune retraité en détresse sociale[63] ». Mais, fort de cette conscience et dans le processus même du soulèvement, « peuple » se fait catégorie et plus encore force politiques. Ce « peuple des ronds-points » est un « peuple en marche » – la formule est évidemment reprise au pouvoir et détournée de l'usage qu'il en fait –, déterminé à s'affirmer, en puisant au répertoire d'expériences historiques leurs chants et leurs slogans : « Le peuple souverain s'avance », « Le peuple uni ne sera jamais vaincu[64] ». Le sentiment est fort d'entrer dans l'histoire, d'en écrire l'une des pages, et cette conscience d'un protagonisme historique renforce l'affect d'une dignité retrouvée : « Ce qu'ils ne comprennent pas, c'est qu'on est en train de faire l'histoire », « Dans 100 ans nous serons dans les livres d'histoire », « On arrête pas l'histoire avec des flash ball[65] ». La puissance de ce sentiment donne de l'élan (« Allons enfants »), le goût des détournements (« Aux actes citoyens formez vos bataillons »), la saveur de l'histoire comme recours (« 1789-1793-1830-1848-1871-1968 Le peuple est de retour ») et, on l'a vu déjà à plusieurs reprises, l'ensemble n'est jamais dépourvu d'humour (« Sans dent sans l'sou sans culotte », « Sans culotte je veux bien me serrer la ceinture mais je ne baisserai jamais mon froc »)[66]. Mais la gravité s'y mêle, dans les citations de Louise Michel (« Le peuple n'obtient que ce qu'il prend », « Puisque tout cœur qui bat pour la liberté n'a droit qu'à un peu de plomb j'en réclame ma part ») comme dans les résonances de « La Semaine sanglante », le chant tragique de Jean-Baptiste Clément (« L'État opprime et la loi triche, l'impôt saigne le malheureux. Nul devoir ne s'impose au riche. Le droit du pauvre est un mot creux » ; « Gare à la revanche quand tous les pauvres s'y mettront »)[67]. L'histoire est là, passé présent ; les références enjambent le temps. Parfois avec la continuité d'une

63 Paris 24, Paris 13, Paris 12, Bouffères 1, Mâcon 9, Foix 12, Lille 16, Paris 46.

64 Paris 14, Paris 3, Dijon 5, Aubenas 18.

65 Cité par Michelle Zancarini-Fournel, « On est en train de faire l'Histoire », dans Joseph Confavreux (dir.), *Le Fond de l'air est jaune*, *op. cit.*, p. 57-67 ; Paris 17, Rennes 24.

66 Paris 17, Paris 9, Paris 21, Paris 16, Toulouse 9.

67 Toulouse 14, Paris 11, Besançon 5, Paris 15.

vie pensée comme une ténacité : « Mai 68 j'étais là novembre 2018 je suis toujours là » ; parfois avec le sentiment d'une métamorphose, quand les effets d'écho font grandir les colères : « 1968 sous les pavés la plage 018 sous les gilets la rage[68] ». Une fois encore, ces références à l'histoire, abondantes dans le mouvement, confirment l'aspiration à la légitimité des émotions exprimées. Elles renforcent la communauté émotionnelle, en dessinant un passé commun tout à la fois revendiqué comme tel et mobilisé pour le présent.

S'il n'y a pas, on le sait, d'homogénéité politique chez les Gilets jaunes, une partie du mouvement reprend à bras-le-corps la perspective d'en finir avec un système qui met en péril les humains, l'environnement et le vivant, de l'invasion plastique par les gadgets inutiles à l'obsolescence programmée, autant d'aberrations meurtrières : « Dans le jaune il y a du vert[69] ». Sur certains gilets s'affirme l'espoir de briser la logique capitaliste, la loi du marché et le règne des financiers : « Finance partout argent nulle part », « La dette immonde étrangle le monde », « Là où le profit passe la morale trépasse[70] ». Il y a là, c'est certain, un projet de société, plus égalitaire et plus solidaire.

« Ceci n'est pas un gilet jaune. C'est bien plus ! ! ! » À la manière de Magritte et son « Ceci n'est pas une pipe[71] », la phrase inscrite sur ce gilet, en septembre 2019, est porteuse d'un sens considérable, bien au-delà du vêtement de signalement et de détresse en cas d'accident. Il est devenu « bien plus », comme la métonymie d'un soulèvement social et politique parmi les plus longs de l'histoire. « Bien plus », aussi, parce que cette mobilisation revêt des allures inédites. Transformer des ronds-points en lieux communs ; manifester samedi après samedi, dans la ville la plus proche ou à Paris ; viser les symboles du pouvoir, avec la prise des Champs-Élysées : à bien des égards, ce mouvement est proprement inouï. Car ce qui n'était pas audible est dit. « Bien plus » donc qu'un gilet jaune : la conscience d'une légitimité à s'exprimer. Cette prise de conscience est immense : ce qui se traduit ici, c'est la capacité individuelle et collective à intervenir sur des sujets sociaux et politiques cruciaux, à le faire dans et par le mouvement. Cette légitimité

68 Paris 2, Bordeaux 10.

69 Marseille, 6.

70 Paris 17, Marseille 18, Rennes 15.

71 Paris 46. *Cf.* à ce sujet Michel Foucault, *Ceci n'est pas une pipe*, Paris, Fata Morgana, 1973.

tient dans l'hypothèse que la chose politique n'appartient pas aux seuls professionnels du pouvoir mais que c'est bel et bien du *commun* : il concerne tout un chacun. Ce commun dit bien lui aussi l'importance de la communauté émotionnelle ainsi forgée. Elle ne se fonde pas seulement sur des émotions *éprouvées* mais sur des émotions *partagées*, qui visent elles-mêmes à être *transmises*. Au fond, cette communauté émotionnelle renvoie à celle d'un *peuple*, non pas bien sûr au sens d'une population ni même d'une nation, mais d'une catégorie politique en tant que ce peuple se mobilise et s'affirme. « Nous sommes tous des hommes et des femmes politiques », dit l'un de ces gilets : le politique n'est pas réservé aux gouvernants, il est *res publica*, chose partagée. Dans cette mesure, le soulèvement des Gilets jaunes entend mettre un terme au sentiment de dépossession vivace depuis tant d'années, à l'impression de n'être plus représentés. Damien Boquet et Piroska Nagy proposent d'« envisager les émotions comme une forme d'engagement dans le monde. Pas des passions qui nous *arriveraient*. Le sens de la vie » ; et d'évoquer « une forme d'existentialisme inversé, romantique et optimiste : la vie qui a du sens est la vie passionnée[72] ». Les affects politiques comme formes de vie à laquelle aspirer imprègnent un soulèvement populaire qui revendique, simplement, le droit d'exister avec dignité, tout entier exprimé dans le « J'existe aussi », l'aspiration à « vivre une vraie vie » et un espoir, puissant et humble : « l'augmentation du goût de la vie[73] ».

Ludivine Bantigny
Université de Rouen – GRHiS

72 Damien Boquet et Piroska Nagy, « Pour une histoire des émotions. L'historien face aux questions contemporaines », dans *id.* (dir.), *Le Sujet des émotions au Moyen Âge*, Paris, Beauchesne, 2009, p. 32.

73 Barjac 30, Paris 16 et 17.

BIBLIOGRAPHIE

SOURCES

Collectif d'enquête, « Enquêter *in situ* par questionnaire sur une mobilisation. Une étude sur les gilets jaunes », *Revue française de science politique*, 69 (2019), p. 869-892.

Plein le dos. 365 gilets jaunes novembre 2018-juillet 2019, Le Mas-d'Azil, Les Éditions du Bout de la ville, 2020.

ÉTUDES

ANSART, Pierre, *La gestion des passions politiques*, Lausanne, L'Âge d'homme, 1983.

BANTIGNY, Ludivine, HAYAT Samuel, « Les Gilets jaunes, une histoire de classes ? », *Mouvements*, 100 (2019), p. 12-23.

BERGER, Peter, « On the Obsolescence of the Concept of Honor », dans Peter Berger *et al.* (dir.), *The Homeless Mind*, New York, Random House, 1973, p. 83-96

BOQUET, Damien et NAGY, Piroska, « L'historien et les émotions en politique : entre science et citoyenneté », dans *Politique des émotions au Moyen Âge*, Firenze, Edizioni del Galluzzo, 2010, p. 5-30.

BOQUET, Damien, et NAGY, Piroska (dir.), *Le sujet des émotions au Moyen Âge*, Paris, Beauchesne, 2009.

BOURDIEU, Pierre, *Méditations pascaliennes*, Paris, Seuil, 1997.

BROSSAT, Alain, « Haines et cris », dans C. Gautier et O. Le Cour Grandmaison (coord.), *Passions et sciences humaines*, Paris, PUF, 2002, p. 63-73.

CITTON, Yves et LORDON, Frédéric, (dir.), *Spinoza et les sciences sociales. De la puissance de la multitude à l'économie des affects*, Paris, Amsterdam, 2008

COHEN, Déborah, *Peuple*, Paris, Anamosa, 2019.

COUTANT, Isabelle, « Les "petits-moyens" prennent la parole », dans Joseph Confavreux (coord.), *Le fond de l'air est jaune. Comprendre une révolte inédite*, Paris, Seuil, 2019, p. 147-150.

DELEUZE, Gilles, PARNET, Claire, *Dialogues*, Paris, Flammarion, 1987.

DELUERMOZ, Quentin, FUREIX, Emmanuel, MAZUREL, Hervé et OUALDI M'hamed, « Écrire l'histoire des émotions : de l'objet à la catégorie d'analyse », *Revue d'histoire du XIXe siècle*, 47 (2013), p. 155-189.

FARGE, Arlette, *Effusion et tourment. Le récit des corps. Histoire du peuple au XVIIIe siècle*, Paris, Odile Jacob, 2007.

FASSIN, Didier, « Les économies morales revisitées », *Annales. Histoire, Sciences Sociales*, 64e année, 6 (2009) p. 1243-1244.

FOUCAULT, Michel, *Ceci n'est pas une pipe*, Paris, Fata Morgana, 1973.

FREVERT, Ute, *Emotions in History – Lost and Found*, Budapest/New York, CEU Press, 2011.

HAYAT, Samuel, « Les Gilets jaunes, l'économie morale et le pouvoir », 5 décembre 2018, https://samuelhayat.wordpress.com/2018/12/05/les-gilets-jaunes-leconomie-morale-et-le-pouvoir/ (consulté le 22 juin 2021).

HONNETH, Axel, *La Lutte pour la reconnaissance*, Paris, Le Cerf, 2000 [1992].

MALANDAIN, Gilles, « La haine des Bourbons sous la Restauration : quelques remarques sur un sentiment politique », dans Frédéric Chauvaud et Ludovic Gaussot (dir.), *La haine. Histoire et actualité*, Rennes, Presses universitaires de Rennes, 2008, p. 73-83.

REDDY, William M., « Against Constructionism : The Historical Ethnography of Emotions », *Current Anthropology*, 38/3 (1997), p. 327-351.

RIME, Bernard, *Le partage social des émotions*, Paris, PUF, 2005.

ROSENWEIN, Barbara H., « Émotions en politique. Perspectives de médiéviste », *Hypothèses*, 1 (2002), p. 315-324.

SCOTT, James C., *Domination and The Arts of Resistance : Hidden Transcripts*, Yale University Press, 1990, rééd. fr. *La Domination et les arts de la résistance. Fragments du discours subalterne*, rééd. Paris, Amsterdam, 2019.

SOMMIER, Isabelle, « Les états affectifs ou la dimension affectuelle des mouvements sociaux », dans Olivier Fillieule, Éric Agrikoliansky et Isabelle Sommier (dir.), *Penser les mouvements sociaux. Conflits sociaux et contestations dans les sociétés contemporaines*, Paris, La Découverte, 2010, p. 185-202.

THOMPSON, Edward P., « The Moral Economy Reviewed », *Customs in Common*, Londres, The Merlin Press, 1991, p. 259-351.

THOMPSON, Edward P., « The Moral Economy of the English Crowd in the Eighteenth Century », *Past & Present*, 50 (1971), p. 76-136.

TRAÏNI, Christophe, « Des sentiments aux émotions (et vice-versa) Comment devient-on militant de la cause animale ? », *Revue française de science politique*, 60 (2010), p. 335-358.

TRAÏNI, Christophe, *Émotions… Mobilisation !*, Paris, Presses de Sciences Po, 2009.

INDEX DES NOMS DE PERSONNES

INDEX DES NOMS DE LIEUX

RÉSUMÉS/*ABSTRACTS*

Piroska NAGY, « Histoire des émotions collectives. Éléments pour la trajectoire d'un phénomène et d'un concept »

L'introduction propose une réflexion historiographique et épistémologique sur le sujet. Elle expose d'abord les raisons expliquant la mise à l'écart des émotions collectives lors de l'émergence de l'histoire des émotions (1990-2010). Ensuite elle retrace l'histoire du terme et de l'idée d'émotions collectives de l'Antiquité à nos jours puis la trajectoire du concept dans les sciences sociales et l'historiographie, avant de proposer une boîte à outils d'analyse.

The introduction offers a historiographical and epistemological reflection on the subject. First, it explains the reasons why collective emotions were neglected during the emergence of the history of emotions (1990-2010). It then traces the history of the term and of the idea of collective emotions from Antiquity to the present day, as well as the pathways taken by this concept in the social sciences and historiography, before proposing a toolbox for analysis.

Damien BOQUET, « Un désir de foule. Du collectif de l'émotion à l'émotion collective dans la psychologie scientifique (XIXe – début XXe siècle) »

Avant même que se constitue une théorie psychosociale des émotions collectives en France et en Italie à la fin du XIXe siècle, celle-ci était déjà une potentialité de la catégorie scientifique d'émotion telle qu'elle est construite par la psychologie britannique dans les décennies qui ont précédé. Dès lors, c'est l'idée même d'une partition nette entre émotion individuelle et émotion collective qu'il convient de réviser dans une perspective d'histoire intellectuelle sur la longue durée.

Even before a psychosocial theory of collective emotions was developed in France and Italy in the late 19th century, such a construction was already potentially inscribed at the heart of the scientific category of emotion as it had been shaped by British psychology in the preceding decades. Consequently, it is argued that the very idea of a clear division between individual and collective emotions must be questioned in the perspective of a long-term intellectual history of emotions.

Jean-Jacques COURTINE, « La voix du peuple. Les émotions, le langage et la foule à l'aube de l'ère des masses »

Considérant la fin du XIXe siècle comme une ère nouvelle avec l'émergence de formes inédites d'observation et de réflexion sur les émotions humaines, placées au centre de la vie individuelle et sociale, l'article part des ouvrages phares de la période (Le Bon, Tarde, Durkheim) pour apprécier le nouveau statut des affects dans la vie publique. L'article discute les réponses faites au début du siècle suivant aux nouvelles questions posées alors par le lien entre émotions et langage.

The late 19th century can be considered a watershed when it comes to forms of observing and analysing human emotions, to which a central role in individual and social life was attributed. The author examines the key works of this period (Le Bon, Tarde, Durkheim) to evaluate the new status attributed to affects in public life. The article discusses the responses given in the early 20th century to the new questions raised by the link that had been thus established between emotions and language.

Sylvain FORICHON, « Étude de quelques cas d'émotions de foule lors des spectacles de l'Antiquité romaine »

Les auteurs de l'Antiquité romaine soulignent l'impulsivité et l'émotivité des foules durant les spectacles dans les cirques, théâtres et amphithéâtres. L'émergence d'une unité émotionnelle dans les édifices de spectacle s'observe en trois circonstances : dans les théâtres sous l'effet de la musique et des chants ; dans les amphithéâtres en raison de l'attitude de certains combattants ou condamnés ; enfin, dès lors que le public se sentait en danger face à un événement imprévu qui survenait durant les jeux.

Ancient Roman authors emphasize the impulsiveness and emotionality of crowds during performances in circuses, theatres, and amphitheatres. The emergence of forms of emotional unity in entertainment venues can be observed in three circumstances: in the theatres under the effect of music and songs; in the amphitheatres because of the attitude of some gladiators or convicts; and finally, when the public felt in danger because of an unforeseen event that occurred during the games.

Piroska NAGY, « Événement et émotion collective. Le cas des Flagellants à Pérouse (1260) »

Partant d'une réflexion sur le lien entre événement et émotion collective, l'article étudie l'émergence du mouvement flagellant en 1260. La description de l'événement, l'analyse du contexte belliqueux et du climat eschatologique dessinent alors une Italie déchirée. L'étude de la performativité de l'expérience sensible partagée souligne la transformation affective productrice de sens social, et permet de comprendre le succès du rituel par le lien entre sa portée politique et l'urgence eschatologique.

Starting from a reflection on the link between event and collective emotion, the article analyses the emergence of the Flagellant movement in 1260. The accounts of this event and the analysis of its military context and eschatological climate suggest how conflict-ridden Italy was. The performativity of this shared sensitive experience shows that affective transformations produce social meaning, and that this ritual was successful because it associated political impact and eschatological urgency.

Gábor Klaniczay, « Le moment du miracle. Émotions collectives dans deux collections de miracles d'Europe centrale : sainte Élisabeth et sainte Marguerite de Hongrie »

Cet essai étudie les émotions liées aux miracles dans les actes des procès de canonisation qui enregistrent les miracles sous une forme judiciaire au XIIIe siècle. Peut-on y mettre au jour les détails du processus et une description explicite des émotions collectives ? Les études de cas portant sur Élisabeth et Marguerite de Hongrie montrent que ni le genre de ces protocoles, ni les notaires n'étaient aussi attentifs aux émotions que les écrits des hagiographes ciblant les mêmes événements.

This article examines the emotions associated with miracles in 13th-century canonization trials that record miracles in legal terms. Can they shed light on the details of these affective processes and explicit descriptions of collective emotions? The case studies of St. Elizabeth and St. Margaret of Hungary show that neither the genre of these sources nor the notaries conducting the investigations were as emotionally sensitive as the hagiographies that described the same events.

Vincent Challet, « *De quo… fuerunt dolentes & turbati.* De l'émotion comme dé-légitimation du politique »

La documentation du XIVe siècle, période riche en contestations populaires, éprouve les pires difficultés à conceptualiser la notion de rébellion : le discours des élites assimile alors émotion irrationnelle et sédition et dénie aux mouvements toute légitimité politique. En envisageant le registre de l'émotion comme vecteur de mobilisation politique, l'article interroge aussi la naissance et l'efficacité de ces communautés émotionnelles à travers des exemples de reconstitution de paysages sensoriels.

Sources from the 14th century, a period in which popular protest was rife, had great difficulties in conceptualising the notion of rebellion: the discourse of the elites equated irrational emotion with sedition and denied these movements any political legitimacy. By considering the language of emotions as a vector of political mobilisation, the article also questions the birth and effectiveness of these emotional communities through examples of reconstituted sensory landscapes.

Sarah BRAZIL, « Collective Emotions and the Audience in Early English Drama »

Fondé sur l'idée de pratiques émotionnelles de Monique Scheer, l'article aborde la question du public de théâtre anglais médiéval, constitué de personnes intéressées par leurs propres expériences émotionnelles. Il propose une réflexion sur la place centrale de la foule, de ses pratiques du corps et de ses expériences émotionnelles dans les textes théâtraux, littéraires et historiques, et montre la variabilité des pratiques et des émotions chez l'auditoire, face aux autres spectateurs et aux acteurs.

This article approaches pre-modern English audiences by way of considering their members as agents and seekers of their own emotional experiences, a proposition shaped by Monique Scheer's conception of emotions as practices. It reflects on the centrality of the crowd, its bodily practices and emotional experiences in theatrical, literary, and historical texts, and sheds light on the variability of what members of audiences did and felt in the presence of fellow spectators and skilled performers.

Giulia MOROSINI, « From Fearful to Brave. The Shaping of Collective Emotions through Bodily Practices by the Italian Renaissance Condottieri »

L'article enquête sur la relation entre les émotions collectives des soldats italiens du XVe siècle et celles du *condottiero* qui les dirigeait. Les émotions des soldats, décrites par les sources comme homogènes et reflétant les passions de leur capitaine, étaient liées aux gestes du *condottiero*, et fondamentales pour l'issue d'une bataille. Par sa pratique corporelle des émotions, le *condottiero* vertueux devait moduler l'état émotionnel de ses soldats pour transformer leur peur en audace.

The article investigates the relationship between the collective emotions of 15th-century Italian soldiers and those of their condottiero. The emotions of the soldiers, described by the sources as homogeneous and reflecting those of their captain, were directly linked to the actions of the condottiero, and impacted the outcome of battles. Through his bodily practice of emotions, the virtuous condottiero had to shape the emotional state of his soldiers to transform their fear into courage.

Nathan MURRAY, « Les tumultes de la multitude. Versatilité et verticalité de l'émotion populaire chez Cicéron »

Ni docile ni irréfléchie, la foule romaine avait les moyens de se faire entendre, le peuple était attaché à ses valeurs propres et politiquement actif. Dans les assemblées publiques, refuser le silence prescrit ou recourir aux applaudissements et aux acclamations constituent autant de manifestations d'une volonté populaire incarnée. Le plaidoyer judiciaire *Pro Cluentio* montre que sur un temps plus long, l'opinion politique du *populus Romanus* pouvait se fixer en un sentiment durable et cohérent.

Neither compliant nor reckless, the Roman crowd was able to make itself heard, the people were committed to their own values and politically active. In the setting of public assemblies, rejecting the prescribed silence or resorting to applause and acclamation are all manifestations of an embodied popular will. The judicial oration Pro Cluentio *shows that, over time, the political opinion of the* populus Romanus *could also settle into a lasting and coherent feeling.*

Anne-Gaëlle WEBER, « La colère de la foule au service de la construction de l'altérité. L'exemple de l'hagiographie missionnaire carolingienne »

Les évêques missionnaires de l'époque carolingienne, des « modérateurs des foules », étaient au contact de foules effrayantes, celles des païens en marge du nord de l'Europe chrétienne. Leurs hagiographes utilisent l'affectivité comme un outil de discrimination et de contrôle particulièrement efficace, notamment à l'aide des émotions associées à la violence des foules pour distinguer colère chrétienne et colère païenne, et ultimement, les foules bonnes et mauvaises.

The missionary bishops of the Carolingian era, seen as "crowd regulators", were in contact with frightening crowds of pagans on the fringes of Christian northern Europe. Their hagiographers used affectivity as a particularly effective tool of discrimination and control, using the emotions associated with crowd violence to distinguish between Christian and pagan anger, and ultimately between good and evil crowds.

Lidia Luisa ZANETTI DOMINGUES, « Foules émues au pied de l'échafaud dans l'Italie communale des XIIIe et XIVe siècles »

Le recours plus fréquent à la peine de mort au bas Moyen Âge était justifié par les autorités sur la base de son effet dissuasif. Pourtant, les sources de l'Italie communale montrent que des émotions autres que la peur, telles l'indignation ou la compassion, dominaient chez les foules au pied de l'échafaud. Ce constat signale l'indépendance des foules, qui n'étaient pas toujours en accord avec les intentions des autorités, dans leur interprétation de la violence judiciaire chargée de sens.

The more frequent use of the death penalty in the late Middle Ages was justified by the authorities on the basis of its deterrent effect. However, sources from communal Italy show that emotions other than fear, such as indignation or compassion, dominated among the crowds gathered at the scaffold. This indicates the independence of the crowds, who did not always agree with the intentions of the authorities in their interpretation of the meaningful judicial violence.

Nicolas VIDONI, « L'émotion collective au défi de la foule. Les débuts de la Révolution à Montpellier »

En 1789, de nouvelles institutions urbaines surgissent de la mobilisation des habitants et posent problème au gouvernement de la ville. Si la foule était considérée comme un danger, la documentation n'enregistre qu'à ce moment les émotions, en soulignant leur rôle politique en tant que source de nouvelle légitimité, unissant les citoyens et leurs représentants. Parallèlement apparaît la régulation des foules et des émotions par la justification de certaines et la disqualification d'autres.

In 1789 Montpellier, new urban institutions arose from the mobilisation of the citizens and posed a problem for the city government. If the crowd was traditionally considered a danger, only now does the documentation record its emotions, emphasising their political role as a source of new legitimacy, uniting citizens and their representatives. At the same time, forms of regulation of crowds and emotions start being introduced to legitimise some gatherings and stigmatise some others.

Sophie WAHNICH, « Les émotions collectives comme émotions sacrées et souveraines pendant la Révolution française 1789-1794 »

L'article reconstitue le régime émotif de 1789-1792, période où les émotions populaires collectives aident à refonder une société de liberté et de secours réciproques. Ce régime émotif reconnaît aux émotions publiques leur valeur normative en termes de faculté de juger des situations. Les théories de Durkheim sur l'effervescence religieuse puis de Sartre sur le groupe en fusion permettent d'éclairer cette conception du politique, ancrée dans des communautés politiques sensibles et fragiles.

The article reconstructs the emotional regime of 1789-1792, a period in which collective popular emotions helped to rebuild a society based on freedom and mutual aid. This is an emotional regime that recognises the normative value of public emotions, i.e., their ability to evaluate situations. Durkheim's theory of religious effervescence and Sartre's theory of groups in fusion can shed light on this conception of politics, rooted in sensitive and fragile political communities.

Ludivine BANTIGNY, « "Gilets jaunes colère noire". Affects politiques d'un mouvement historique »

À partir d'un corpus de photographies prises lors des manifestations des Gilets jaunes, l'article étudie comment les affects qui s'expriment sur les gilets – supports matériels accueillant les indignations, revendications, espoirs et aspirations – mettent en scène des émotions politiques. Leur place est essentielle : le sentiment de faire peuple, c'est-à-dire catégorie politique mobilisée, forme un régime collectif d'affects qui crée une puissance pour les participants.

Based on a corpus of photographs taken during the protests of the Gilet jaunes, the article examines how the affects expressed on the waistcoats–material supports for indignations, claims, hopes and aspirations–display political emotions. Their strategic place is essential: the feeling of being a people, i.e., a mobilised political category, is expressed in this way, and forms a collective emotional regime that empowers the participants.

TABLE DES MATIÈRES

PREMIÈRE PARTIE

HISTOIRE INTELLECTUELLE DE LA NOTION D'ÉMOTION COLLECTIVE DEPUIS LE XIXe SIÈCLE

DEUXIÈME PARTIE

FABRIQUE DE LA FOULE ÉMUE

TROISIÈME PARTIE

LA FOULE ANIMÉE PAR L'ÉMOTION

COLLECTION
« POLEN – POUVOIRS, LETTRES, NORMES »

L'étude des discours et des systèmes de représentation – littéraires, politiques, juridiques, religieux, scientifiques, historiques... s'inscrit dans un champ de recherche interdisciplinaire, novateur en bien des points. L'objet de cette collection est de rassembler des travaux sur la période Moyen Âge – Monde contemporain, dans une dimension géographique très large, qui se penchent sur la création, la production et les transformations de ces systèmes.

Retrouvez tous les titres de la collection en scannant ce code QR :

Et pour recevoir nos dernières actualités, abonnez-vous ici :